我国区域农业协调发展问题研究

——基于区域布局、协调度与结构调整视角

Study on China's Coordinated Development of Regional Agriculture:
In View of Regional Distribution,
Coordination Degree and Structural Adjustment

陈 洁 主编

李 竣 周洪霞 袁惊柱 副主编

上海远东出版社

图书在版编目(CIP)数据

我国区域农业协调发展问题研究:基于区域布局、
协调度与结构调整视角/陈洁主编. —上海:上海远
东出版社,2021
ISBN 978 - 7 - 5476 - 1711 - 3

Ⅰ. ①我… Ⅱ. ①陈… Ⅲ. ①区域农业-农业发展规划-研究-
中国 Ⅳ. ①F327

中国版本图书馆 CIP 数据核字(2021)第 117578 号

责任编辑 李　敏　王智丽
封面设计 李　廉

"十三五"国家重点出版物出版规划项目

本书由上海文化发展基金会图书出版专项基金资助出版

我国区域农业协调发展问题研究
——基于区域布局、协调度与结构调整视角
陈　洁　主编 李　竣　周洪霞　袁惊柱　副主编

出　　版　**上海远东出版社**
　　　　　(200235　中国上海市钦州南路 81 号)
发　　行　上海人民出版社发行中心
印　　刷　上海信老印刷厂
开　　本　710×1000　1/16
印　　张　22.25
插　　页　1
字　　数　400,000
版　　次　2021 年 9 月第 1 版
印　　次　2021 年 9 月第 1 次印刷
ISBN 978 - 7 - 5476 - 1711 - 3/F・672
定　　价　88.00 元

前　言

作为农业大国,农业宏观调控和管理对我国至关重要。要满足全体人民日益增长的美好生活需要,既要时时刻刻把国家粮食安全放在首位考虑,又要不断提高农业部门的供给效能。我国地域辽阔,土壤、气候等资源类型多样,各地自然环境复杂,在地形、区位等方面存在差异,形成丰富多样的区域农业类型。这种区域差异借由水资源时空分布、经济发展水平、科技水平等,又形成不同的区域农业生产力布局。在我国,各区域农业发展不协调、不平衡、不同步的状态一直存在。我国农业宏观管理部门必须从国家层面优化农业资源配置,解决农业发展中的区域问题,协调区域分工布局和利益联结关系,才能实现区域间分类定位、优势互补和协调发展,促进区域农业协调发展。

中华人民共和国成立70多年来,从强调"以粮为纲"到鼓励发展多种经营、到提出农业结构战略性调整,再到农业供给侧结构性调整,我国区域农业协调发展政策不断明晰和完善,促进区域农业发展取得长足进步。通过建设高标准农田、推广适宜新品种和新技术模式等,粮食生产优势区域的粮食综合生产能力大为增强,粮食单产水平得到提高。自2004年以来,全国粮食生产获得"十七连丰"。2011年起,黑龙江成为全国粮食生产第一大省,河南、内蒙古、湖南等省份也成为粮食生产大省,对国家粮食安全贡献巨大。在"菜篮子"工程带动下,我国经济作物、蔬菜、水果、畜产品、水产品等极大丰富,充分满足了城乡居民多样化的食物需求,为确保国民营养健康做出巨大贡献。在发展多种经营的过程中,我国农民收入逐年攀升,已提前实现"收入倍增计划"。

促进我国区域农业协调发展,应按照国家产业发展的总体战略部署,立足各地区农业资源禀赋、发展基础和比较优势,分类分区引导重点产业结构调整和布局优化,充分发挥区域农业优势,推动全国范围内区域农业发展一体化,促进形成区域间分工合理、优势互补、联动发展的农业产业格局。2015年5月27日,《全国农业可持续发展规划(2015—2030年)》正式发布。该规划综合考虑各地农业资源承载力、环境容量、生态类型和发展基础等因素,将全国划分为优化发展区、适度发展区和保护发展区等三大区域,因地制宜、梯次推进、分类施策。2017年中央一号文件指出:协调是农业现代化的内在要求,必须树立全面统筹的系统观,着力推进产业融合、区域统筹、主体协同,加快形成内部协调、与经济社会发展水平和资源环境承载力相适应的农业产业布局,促进农业现代化水平整体跃升。具体表现为：推进农村一二三产业融合发展；促进区域农业统筹发展；重点要在资源条件良好、配套设施完善、开发潜力较大的地区，建设重要农产品优势区，加强耕地保护，推进高标准农田建设，巩固提高重要农产品供给能力，形成现代农业空间开发格局。更加注重调整优化农业结构，提升供给体系质量和效率，加快形成数量平衡、结构合理、品质优良的有效供给；推动经营主体协调发展。我国国民经济与社会发展"十三五"规划提出，要全面建成小康社会，基本形成区域协调发展新格局，使发展空间布局得到优化。2020年7月，中央政治局会议提出要形成"以国内大循环为主体、国内国际双循环相互促进的新发展格局"。2020年10月，十九届五中全会通过《中共中央关于制定国民经济和社会发展第十四个五年规划和二○三五年远景目标的建议》中提出，推动农业供给侧结构性改革，优化农业生产结构和区域布局，加强粮食生产功能区、重要农产品生产保护区和特色农产品优势区建设，推进优质粮食工程。2020年12月召开的中央农村工作会议则指出，要深化农业供给侧结构性改革，夯实粮食生产能力和农业基础，突出优质、特色、绿色等调整优化农业结构，推动农村各产业融合发展。上述政策文件和会议精神均对我国区域农业协调发展提出更高更新要求。

站在农业农村现代化的历史新起点上，对我国区域农业协调发展问题进行全面系统梳理显得十分迫切。本书是农业农村部农村经济研究中心陈洁研究员及其带领的研究团队多年研究的综合成果，是在陈洁所主持的六项研究课题的连续支持下完成的。这些课题是：①2011年农业部种植业管理司委托"不同粮油作物种植模式、生产成本及效益评价分析研究"课题；②2013年农业部发展与计划司委托"我国畜牧业生产区域布局研究"课题；③2016年农业部种植业管理司委托"镰刀弯地区粮食种植结构调整"课题；④2016年农业部发展与计划司委托"我国区域农业协调度研究"课题；⑤2016年农业部发展与计划司委托"我国农业区域布局的现状、问题及对策研究"课题；⑥2018年农业农村部种植业管理司委托"推进种植业结构调整 促进供给体系质量提升"课题。在统计数据和相关政策研究基础上，本书对我国农业区域布局进行了全面梳理，探讨了我国农业整体、种植业、畜牧业、渔业的区域布局及演进情况；梳理我国区域农业协调发展现状、评估区域农业协调度、分析存在的问题；回顾改革开放以来我国农业结构变化和农业结构调整情况，分析了北方地区的种养结构调整问题、"镰刀弯"地区的农业结构调整及政策影响，以内蒙古自治区为例对地区农业结构调整政策、做法、经验进行梳理；系统回顾了我国区域农业协调发展政策的演进情况，分析了现有政策存在的问题，立足于新发展阶段，从新发展战略的角度，对新情况和新问题进行了细致分析，对未来我国区域农业协调发展政策进行了前瞻思考。

全书由陈洁提出写作框架思路并拟定章节。全书共分十二章。第一章在概述我国水土资源和农业区划的基础上，介绍我国农业区域布局的现状与特点，梳理我国农业区域布局政策的演进及存在的问题，为优化我国农业区域布局提出政策建议。第二章主要对我国主要粮食作物的区域布局情况和特征进行分析，分析不同粮油作物区域布局的整体情况、主要粮食作物区域布局特征及演变趋势、农业区域布局调整政策及效果、影响种植业结构调整的因素及存在问题，并提出政策建议。第三章对改革开放以来我国玉米生产布局变迁及比较优势进行分析，对玉米种植结构调整进行思考。第四章在概括总结我国畜牧业资源的基础上，分析了主要畜产品区域布局的整体情况。第五章对不同畜产品的区域布局演进趋势、原因及未来发展定位进行分析，并提出优化畜牧业区域布局的政策建议。第六章对我国草食畜牧业生产区域布局变迁问题研究。第七章概述了我国渔业区域布局的现状和特点，对我国渔业区域布局整体情况、海水养殖业布局和淡水养殖业布局进行介绍。第八章以我国东、中、西和东北地区四个区域为切入点，分析了四大区域的农业发展、农业发展增速、农业人口和农产品加工业的基本情况，在此基础上对我国区域农业协调度进行测算；分析影响我国区域农业协调发展的主要因素。第九章重点分析我国北方地区种养结构的现状、种养业结构调整存在的问题，趋势和问题，并提出政策建议。第十章重点研究了"镰刀弯"地区玉米种植结构调整的政策及效果。第十一章以内蒙古自治区为例，分析其加快种植结构调整、提高种植效率、促进区域内农业协调发展，旨在形成与全国其他地区优势互补、协调共赢的农业发展新格局的做法和经验。第十二章系统梳理新中国建立以来我国区域农业发展政策的发展历程及其特征，区域农业协调发展政策演变情况和政策框架与特点，提出促进我国区域农业协调发展的政策建议和思路。

全书各章节和执笔人[①]情况如下：第一章执笔人为陈洁，袁惊柱（中国社会科学院工业经济研究所助理研究员、博士）；第二章执笔人为陈洁、曹慧、谭智心，黄雨负责数据更新；第三章执笔人为何安华；第四章执笔人为陈洁、刘锐；第五章执笔人为陈洁、何安华；第六章执笔人为袁惊柱、李竣；第七章执笔人为黄雨；第八章执笔人为李竣；第九章执笔人为陈洁、周洪霞、倪坤晓；第十章执笔人为乔光华（内蒙古农业大学经济管理学院教授）；第十一章执笔人为陈洁、周洪霞；第十二章执笔人为陈洁、倪坤晓。全书由陈洁统稿修改。

本书是对区域农业协调发展问题进行研究的、兼具科普性的学术性著作，

---

① 注：除袁惊柱、乔光华外，参与写作的均为农业农村部农村经济研究中心科研人员。

适合对区域农业和农业区划布局感兴趣的读者阅读,也可作为区域农业发展专业本科生和研究生的参考书目。文中不当或错误之处,还请读者不吝批评指正。

陈　洁

2021 年 4 月 23 日

目 录

上 篇
农业区域布局及演进

第一章
我国农业区域布局的现状、演进及问题

农业区域布局主要包括农产品的生产布局和农业发展定位的区域布局。其中,农产品的生产布局主要包括各类农产品的生产结构及其各类农产品之间的关系。农业发展定位的区域布局主要是针对区域特征而言,如主体功能区规划、优势农产品区域、特色农产品区域和农产品市场。2017 年中央一号文件、《全国农业现代化规划(2016—2020 年)》《全国农业可持续发展规划(2015—2030 年)》《农业部关于推进农业供给侧结构性改革的实施意见》(农发〔2017〕1号)等一系列政策文件都将优化现代农业生产布局和优化农业区域布局作为当前我国农业发展的重点工作之一,因此研究我国农业区域布局具有重要的理论意义和实践意义。

一、水土资源和农业区划

我国是一个农业大国,气候多样、立地情况多样,水土资源总量较为丰富,这关系着我国农业生产的分布,进而成为保障我国粮食安全和重要农产品供给保障以及制定重大方针战略的基本依据。

1934 年胡焕庸先生提出中国人口分布密度特征曲线"胡焕庸线"。[①] 这条

[①] 注:1935 年中国地理学家胡焕庸在《地理学报》第 2 卷第 2 期发表论文《论中国人口之分布》,其中揭示中国人口的分布规律,并附上《中国人口密度图》——这是中国第一张人口密度图。胡焕庸论文中说,"自黑龙江之瑷珲,向西南作一直线,至云南之腾冲为止。分全国为东南与西北两部:则此东南之面积,计四百万平方公里,约占全国总面积之百分之三十六;西北部之面积,计七百万平方公里,约占全国总面积之百分之六十四。惟人口之分布,则东南部计四万四千万,约占总人口之百分之九十六;西北部之人口,仅一千八百万,约占全国总人口之百分之四。"后来就把这条人口地理分布线称为"胡焕庸线"。最初称为"瑷珲—腾冲一线",后因地名变迁,先后改称"爱辉—腾冲一线""黑河—腾冲一线"。

划分我国人口密度的分界线直观地展示了东南地狭人稠、西北地广人稀的现实。这条线从黑龙江省瑷珲(1956年改称爱辉,1983年改称黑河市)到云南省腾冲,大致为倾斜45度直线。"胡焕庸线"以东地区以43.71%的国土面积养育了94.39%的人口,地貌以平原、丘陵为主,传统上为农耕区;"胡焕庸线"以西地区占国土面积的56.29%,而人口仅占5.61%,这些人口主要生活在适宜和基本适宜地区,地貌或者为沙漠或者为高原,传统上为牧业区。一般认为,"胡焕庸线"与中国年降雨量400毫米的等值线重合,是中国半干旱区与半湿润区的分界线,因此"胡焕庸线"的形成是气候导致的降水差异造成的。降水差异导致了"胡焕庸线"两侧农业生产能力、生态条件出现明显差异。这种由农业自然禀赋导致的差异,锁定了中国农业经济的格局。"胡焕庸线"是中国人口分布的突变线,它所区分的东南、西北两大区域,在水热条件、植被类型以及地形方面差异巨大:该线以东南的地形以平原、丘陵为主,地表景观以耕地较多;该线以西北的地形则以高原为主,草原、荒漠是主要的地表景观。另外,从气候上说,这一线基本上也是季风区与非季风区的分界线。

(一) 气候特征

我国地处北半球,跨越了从北温带到热带三个气候区,总体呈现复杂多样、季风气候显著的特点,具有夏季高温多雨、冬季寒冷少雨、高温期与多雨期一致的季风气候特征。冬季,我国盛行偏北的冬季风,在其影响下,我国大部分地区冬季普遍降水少、气温低,北方更为突出;夏季,我国盛行偏南的夏季风,在其影响下,降水普遍增多,雨热同季。东南季风主要影响我国东部地区,西南季风主要影响我国华南地区、长江中下游地区、西南地区、黄河中下游地区等。和世界同纬度的其他地区相比,我国冬季气温偏低,而夏季气温又偏高,气温年较差大,降水集中于夏季,这些又是大陆性气候的特征。因此,我国的季风气候是大陆性较强,也称作大陆性季风气候。

我国整体属于大陆性季风气候。就东部沿海地区的主要农业生产区而言,一般是温带或亚热带季风气候为主,海洋性气候特点较为突出。季风气候"夏季炎热多雨、冬季寒冷干燥、雨热同期"的特点对农业生产极为有利。受太平洋上的夏季风影响,我国东部季风区降雨量较为充足,对农作物、树木、牧草的生长和成熟有利;夏季高温,扩大了喜温作物生长的北界,因此我国是水稻生长北界最北的国家。复杂多样的气候是我国的优势,世界上大多数农作物和动植物都能在中国找到适宜生长的地方,使我国农作物与动植物资源都非常丰富[①]。

① 郭卫华,袁爱民,高民,王哲.浅议中国气候特点对农业发展的影响.甘肃农业,2010,2.

我国是世界上植物资源最为丰富的国家之一,约有 30 000 多种植物,仅次于植物最丰富的马来西亚和巴西,其中可供食用的有 2 000 多种。我国还是世界上拥有野生动物种类最多的国家之一,全国约有脊椎动物 6 266 种,其中兽类约 500 种,鸟类约 1 258 种,爬行类约 376 种,两栖类约 284 种,鱼类约 3 862 种,约占世界脊椎动物种类的 1/10。这些都是我国宝贵的农业自然资源遗产,是我国农业发展的重要物质基础条件之一。

(二)降水情况及降水线划分

季风气候带来的降水差异大、各地降水量季节分配不均匀是我国降水的主要特点,全国大多数地方降水量集中在 5—10 月,这个时期的降水量一般要占全年的 80%。就南北不同地区来看,南方雨季开始早而结束晚,北方雨季开始晚而结束早。

对于年降水量的划分一般是以 800 毫米、400 毫米、200 毫米为临界值:

800 毫米等降水量线:沿秦岭—淮河一线向西折向青藏高原东南边缘一线。此线以东以南,年降水量一般在 800 毫米以上,为湿润地区,此线以西以北年降水量一般在 800 毫米以下,为半湿润地区,包括山东、江苏、安徽、河南、陕西、四川、云南、西藏、辽宁、吉林等省份。

400 毫米等降水量线:沿大兴安岭—张家口—兰州—拉萨一线,最后到喜马拉雅山东部。此线以东年降水量一般在 400 毫米以上,为半湿润地区,包括西藏、青海、甘肃、宁夏、陕西、山西、河北、吉林、黑龙江、内蒙古等省份。

200 毫米等降水量线:从内蒙古自治区西部经河西走廊西部以及藏北高原一线。此线是干旱地区与半干旱地区分界线,以及大兴安岭—张家口—兰州—拉萨一线,最后到喜马拉雅山东部线以西,为半干旱地区,包括西藏、青海、甘肃、宁夏、内蒙古等省份。

降水量对于我国农作物的分布具有决定性的作用。秦岭—淮河 800 毫米年等降水量线,是我国传统意义上的南北方分界线,也是水田旱地分布分界线及水稻小麦种植分界线。秦淮南北的农业生产及人们生活习俗差异十分明显。北方耕地为旱地,主要粮食作物为小麦和杂粮,主要油料作物为花生和大豆,主要糖料作物为甜菜,作物制度为一年两熟或两年三熟;南方则主要是水田,主要粮食作物为水稻,主要油料作物为油菜,主要糖料作物为甘蔗,作物制度为一年两熟或三熟。人们平常所说的"北麦南稻,南船北马"是这种差异的真实写照。

(三)耕地资源

由于耕地资源稀缺,"十分珍惜和合理利用每寸土地,切实保护耕地"是我国的一项基本国策。全国耕地面积从 1992 年的 1.244 亿公顷减少到 2008 年的 1.086 亿公顷,此后有所增加,到 2017 年,全国耕地面积为 1.349 亿公顷(即 20.24 亿亩),但据中国第二次全国土地调查显示,我国适宜稳定利用的耕地是 1.2 亿多公顷,折合约 18 亿亩。

我国耕地资源的分布具有 4 个特点:①耕地主要分布在东部季风区;②集中连片的耕地分布区与地貌条件有关;③优质耕地集中分布区与大城市及高人口密度区重合;④耕地后备资源主要分布在生态脆弱地区。

就各地区而言,东北地区旱地面积占其区域国土面积的比例最大,为 78.7%,这与该地区气候较湿润、人均耕地面积大、耕作较粗放有关;华北、内蒙古和西北地区气候偏旱,灌溉条件是农业生产的基本保障,水浇地占其区域国土面积的比例大,分别为 53.1%、75.4%和 93.3%;华中地区和华南地区水热条件较好,水田较多,分别占其区域国土面积的 65.6%和 59.2%;青藏高原耕地较少,其中水浇地占其区域国土面积的 76.9%。值得注意的是,除东北地区以外,华北、华中、华南、内蒙古等地区的优质耕地集中区内,仍有较大比例的旱地,51 个耕地集中分布区的旱地总计占其区域国土面积的 38.7%,约为 0.253×10^8 公顷,占全国耕地总面积的 20.8%,这是具有质量提升潜力的重要耕地资源[1]。

就发展潜力而言,东北地区是我国重要的商品粮基地,耕地主要分布在三江平原和松嫩平原;华北地区是主要粮食产区,耕地主要分布在辽河平原、黄淮海平原、关中盆地等地区,面积占全国优耕区耕地总面积的 39.27%,是我国耕地资源保护的重点地区之一;华中地区也是我国粮食主产区,分布有 28 个优耕区;华南地区分布有珠江三角洲平原等 6 个优耕区,耕地面积有限。珠江三角洲是我国水热条件最优越的地区之一,但其耕地的平均利用率却不是最高的;华南地区大城市数量少于华北地区和华中地区,但耕地面积相对较小,单位面积耕地承载的人口数量仍很庞大;西北干旱区分布有河套平原等 7 个优耕区,耕地面积较小;内蒙古地区耕地后备资源面积较大,但水资源匮乏导致生态脆弱,不宜大规模开发;青藏高原海拔高,只在热量和水分条件较好的低海拔河谷、盆地有一定规模的种植业,且面积很小,优质耕地主要位于青海湟水谷地和西藏一江两河谷地,不宜大规模开垦。

(四) 水资源情况

水是人类发展不可缺少的自然资源,是人类和一切生物赖以生存的物质基

---

① 司振中,李貌,邱维理,郧文聚. 中国耕地资源的区域差异与保护问题. 自然资源学报. 2010, 5.

础。当今世界,由水资源缺乏和水体污染构成的水危机严重制约着世界经济的健康发展。进入 21 世纪以后,世界各国普遍面临严峻缺水形势,预计到 2025 年,世界上将会有 30 亿人面临缺水,40 个国家和地区淡水严重不足。我国是一个干旱和缺水严重的国家,淡水资源总量为 28 000 亿 m³,占全球水资源总量的 6%,居世界第四位,但人均淡水资源拥有量只有 2 200 m³,为世界平均水平的 1/4、美国的 1/5,是全球 13 个人均水资源最贫乏的国家之一。此外,我国水资源地区分布很不平衡,长江流域及其以南地区,国土面积占全国的 36.5%,水资源量占全国的 81%;长江流域以北地区,国土面积占全国的 63.5%,而水资源量仅占全国的 19%。20 世纪末,我国 600 多个城市中已有 400 多个城市存在供水不足问题,其中比较严重的缺水城市达 110 个,全国城市缺水总量为 60 亿 m³[①]。

我国农业用水十分短缺,对粮食等农作物生产的影响逐年增加。我国多年平均降水总量为 6.2 万亿 m³,除通过土壤水直接利用于天然生态系统和人工生态系统外,可通过水循环更新的地表水和地下水的多年平均水资源总量为 2.8 万亿 m³。目前全国耕地实际灌溉面积仅 40%,农业用水每年匮缺 300 亿 m³,旱灾已成为我国覆盖面最广、成灾损失最大的灾害。近 10 多年来,我国每年受旱面积在 2 000 万～2 700 万公顷。由于缺水,我国每年少产粮食 700 亿～800 亿千克,而且受灾面积逐年扩大。随着我国经济的高速增长以及工业化和城市化水平不断提高,已经明显不足的水资源还要不断地向工业等非农产业转移,人口增加一方面会直接扩大用水需求,另一方面又会加大对农产品需求的压力,进而加剧农业用水短缺的矛盾[②]。

(五) 农业区划

农业区划是管理和指导农业生产的重要手段。我国农业区划种类较多,目前主要根据全国农业区划委员会编制的《中国农业自然资源和农业区划》[③]中的"中国综合农业区划"的结果,将全国划分为 10 个一级农业区和 38 个二级农业区,其中第十区为海洋水产区,一般将海洋水产区外的其他九个综合农业区称为九大综合农业区。

1. 东北区

该区包括黑龙江、吉林、辽宁(除朝阳地区外)三省及内蒙古东北部大兴安

---

① 钱文婧,贺灿飞. 中国水资源利用效率区域差异及影响因素研究. 中国人口·资源与环境,2011,21.

② 姚素梅,朱晓翔. 我国农业可持续发展的水问题及对策. 中国人口·资源与环境,2005,15.

③ 全国农业区划委员会. 中国农业自然资源和农业区划. 中国农业出版社,1991.

岭地区共181个县(市),面积95.3万平方公里。除辽宁南部外,大部分地区只能一年一熟。该区是我国人均粮食产量最多的地区,每个农业人口平均产粮801千克,常年向国家提供大量商品粮和大豆。柞蚕茧产量占全国产量的70%。

该区平原广阔,土地肥沃,适宜发展种植业。三江平原、大小兴安岭两侧和松嫩平原北部,有大量的宜农荒地,是我国开荒扩耕的重点区。玉米、高粱在粮食总产量中占的比重很大,加上甜菜、大豆加工的副产品等,该区有极其丰富的饲料资源,但肉类却不能自给。本区包括4个二级区:①兴安岭林区;②松嫩—三江平原农业区;③长白山地林农区;④辽宁平原丘陵农林区。

2. **内蒙古及长城沿线区**

该区包括内蒙古自治区包头以东地区(除大兴安岭地区)、辽宁朝阳地区、河北承德和张家口地区、北京市延庆县、山西晋北和晋西北地区、陕西榆林地区沿长城各县、宁夏盐池县和同心县等共130个县(旗、市)。

该区农业主要种植各种旱杂粮(春小麦、小米、高粱、谷子、莜麦、马铃薯等)、耐寒油料(胡麻等)及甜菜。农区大都耕作粗放,单产在各农业区中最低。内蒙古呼伦贝尔市和锡林郭勒盟东部是我国优良的草甸草原,草原畜牧业占有重要地位。本区包括3个二级区:①内蒙古北部牧区;②内蒙古中南部牧农区;③长城沿线农牧林区。

3. **黄淮海区**

该区位于长城以南、淮河以北、太行山和豫西山地以东,包括京、津、冀、鲁、豫、皖、苏的375个县(市),耕地面积3.36亿亩(居各农区之首),垦殖指数达50%,是全国最大的小麦、棉花、花生、芝麻、烤烟生产基地。

该区包括4个二级区:①燕山太行山山麓平原农业区;②冀、鲁、豫低洼平原农业区;③黄淮平原农业区;④山东丘陵农林区。

4. **黄土高原区**

该区位于太行山以西、青海日月山以东、伏牛山和秦岭以北、长城以南,包括冀、晋、豫、陕、甘、青、宁的227个县(市)。这是一个以旱杂粮生产为主、水土流失严重、产量不高不稳,亟待综合治理的地区。长城以南、南盘山以东大部分地区农作物可以复种,山西、陕西的汾渭谷地是小麦、棉花的集中产区。黄土高原上大部分坡耕地可种抗旱耐瘠的谷子、糜子。

该区包括4个二级区:①晋东、豫西丘陵山地农林牧区;②汾渭谷地农业区;③晋、陕、甘黄土丘陵沟谷牧林农区;④陇中青东丘陵农牧区。

5. **长江中下游区**

该区位于淮河—伏牛山以南,福州—英德—梧州一线以北,鄂西山地—雪峰山一线以东,包括豫、苏、皖、鄂、湘、沪、浙、赣、闽、粤、桂的 544 个县(市),是一个人多地少、水热资源丰富、农林渔比较发达、农业单产水平较高的地区。农作物可以一年二熟或三熟,平均复种指数达 223%。稻谷产量占全国的 57%,油菜籽(按播种面积)占全国的 50%,茶叶产量占 73%,桑蚕茧产量占 48%,油茶籽产量占 75%,淡水水产品占 60%。柑橘、油桐、杉木、毛竹等在全国也占有重要地位。

该区包括 6 个二级区:①长江下游平原丘陵农畜水产区;②豫、鄂、皖低山平原农林区;③长江中游平原农业水产区;④江南丘陵山地农林区;⑤浙、闽丘陵山地林农区;⑥南岭丘陵山地林农区。

6. 西南区

该区位于秦岭以南,百色—新平—盈江一线以北、宜昌—溆浦一线以西,川西高原以东,包括陕、甘、川、云、贵、鄂、湘、桂的 432 个县(市),是一个地处亚热带、以山地丘陵占优势的重要农林基地。

种植业集中在成都平原和数千个小块的河谷平原、山间盆地,是我国重要的粮食、油料、甘蔗、烟叶、茶叶、柑橘、蚕丝产区,也是用材林、经济林和畜产品基地,油桐籽、生漆、乌桕籽等林特产品和药材在全国也占有重要地位。全区平均复种指数仅为 159%,云贵高原复种指数只有 130%,粮食平均亩产较低,与其优越的自然条件不相称,具有较好的开发潜力。

该区包括 5 个二级区:①秦岭大巴山林农区;②四川盆地农林区;③川、鄂、湘、黔边境山地林农牧区;④黔、桂高原山地林农牧区;⑤川、滇高原山地农林牧区。

7. 华南区

该区位于福州—大埔—英德—百色—新平—盈江一线以南,包括闽、粤、桂、滇的 191 个县,是我国唯一适宜发展热带作物的地区。

该区山多田少,人多地少,近 90% 的面积是丘陵山地,宜农的平原盆地有限,是甘蔗、香蕉、菠萝、荔枝、龙眼、柑橙等的主产区,橡胶的唯一产区,也是重要的水产品和蚕丝生产基地。

该区包括 5 个二级区:①闽南、粤中农林水产区;②粤西、桂南农林区;③滇南农林区;④琼雷及南海诸岛农林区;⑥台湾农林区。

8. 甘新区

该区位于包头—盐池—天祝一线以西,祁连山—阿尔金山以北,包括新、甘、宁、蒙的 131 个县(旗、市),是一个国境线长、气候干旱、地广人稀、少数民族聚居、以依靠灌溉的沃州农业和荒漠放牧业为主的地区。

河套平原、河西走廊、伊犁地区是本区的粮食(以小麦为主)生产基地,南疆地区是重要的长绒棉生产基地。荒漠区牧业的特点是：平原(盆地)牧场和山地牧场结合的季节游牧,绵羊、山羊、牛、马等家畜利用山体(阿尔泰山、天山、祁连山、昆仑山等)明显存在的垂直地带作为不同季节的牧场,夏季放牧于高山亚高山草甸,冬季放牧于背风向阳的山麓谷地荒漠草原,春秋放牧于其间的疏林地、山前平原和荒漠。

该区包括 3 个二级区：①蒙、宁、甘农牧区;②北疆农牧林区;③南疆农牧区。

9. 青藏区

该区包括西藏自治区、青海大部、甘肃甘南自治州和天祝县、肃南县、四川西部、云南西北部共 155 个县(市),是我国重要的牧区和林区。

该区有天然草场约 1.3 亿公顷,东部和南部以草甸为主,为优质牧场。牲畜以耐高寒的牦牛、藏绵羊和藏山羊为主。农作物以青稞、小麦、豌豆、马铃薯、油菜等耐寒性较强的农作物为主。东南部及东部有广阔的天然森林,树种以云杉、冷杉为主。

该区包括 4 个二级区：①藏南农牧区;②川藏林农牧区;③青甘牧农区;④青藏高寒牧区。

二、我国农业区域布局的现状与特点

在分析之前需要说明的是,本部分的数据除非特别说明,均来自国家统计局《中国统计年鉴 2019》。

(一) 我国农业区域布局的现状

1. 以谷物为主导的粮食作物种植结构进一步强化,保障我国口粮绝对安全

1995 年以来,我国农作物总播种面积呈波动式增长,特别是 2006 年开始取消农业税后,农作物总播种面积稳定增长,截止 2018 年年底,已达 165 902 千公顷。在粮食安全一直处于较高的战略地位的背景下,粮食作物播种面积占据着我国农作物总播种面积的主导地位。如图 1.1 所示,1995—2018 年,我国粮食作物播种面积呈现振荡式增长态势,即从 110 060 千公顷增长到 117 038 千公顷;粮食作物播种面积在农作物总播种面积中的比例有所降低,即从73.43％降低至 70.55％,但总体保持在较高的比例水平上。

在粮食作物的种植结构上,谷物、豆类和薯类的种植比例发生了明显变化,

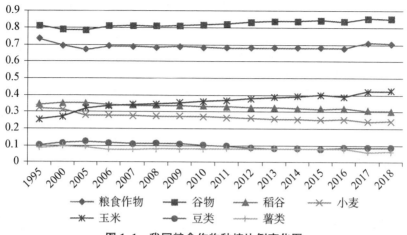

图1.1　我国粮食作物种植比例变化图

总体趋势是：谷物播种比重增大,豆类播种比重下降,薯类播种比重下降。从表1.1数据看,1995—2018年,谷物种植面积占粮食作物总播种面积的比例从81.15%增长到85.16%,豆类和薯类种植面积占粮食作物总播种面积的比例分别从10.21%和8.65%降为8.70%和6.14%。谷物:豆类:薯类的结构比从1995年的9.38:1.18:1变为2018年的13.88:1.42:1,谷物继续增加。

表1.1　我国粮食作物种植面积内部结构

年份	谷物（千公顷）	占比（%）	豆类（千公顷）	占比（%）	薯类（千公顷）	占比（%）	谷物:豆类:薯类
1995	89310	81.15	11232	10.21	9519	8.65	9.38:1.18:1
2000	85264	78.61	12660	11.67	10538	9.72	8.09:1.20:1
2005	81874	78.51	12901	12.37	9503	9.11	8.62:1.36:1
2006	84931	80.92	12149	11.58	7877	7.51	10.78:1.54:1
2007	85777	81.20	11780	11.15	8082	7.65	10.61:1.46:1
2008	86248	80.76	12118	11.35	8427	7.89	10.23:1.43:1
2009	88401	81.11	11949	10.96	8636	7.92	10.23:1.38:1
2010	89851	81.77	11276	10.26	8750	7.96	10.27:1.29:1
2011	91016	82.31	10651	9.63	8906	8.05	10.22:1.20:1
2012	92612	83.28	9709	8.73	8886	7.99	10.42:1.09:1
2013	93769	83.76	9224	8.24	8963	8.01	10.46:1.03:1
2014	94603	83.93	9179	8.14	8940	7.93	10.58:1.03:1
2015	95636	84.38	8868	7.82	8839	7.80	10.82:1:1
2016	94394	83.51	9700	8.58	8941	7.91	10.56:1.08:1
2017	100765	85.40	10051	8.52	7173	6.08	14.05:1.40:1
2018	99671	85.16	10186	8.70	7180	6.14	13.88:1.42:1

在粮食贸易上,我国主要进口谷物及谷物粉(小麦、稻谷和大米)和大豆,出口谷物及谷物粉(稻谷和大米)和玉米。如图 1.2 所示,2006—2018 年,我国进口谷物及谷物粉数量从 358 万吨增长到 2 047 万吨,其中,小麦进口从 61 万吨增长到 310 万吨,稻谷和大米进口从 73 万吨增长到 308 万吨;大豆进口数量增长迅速,从 2 824 万吨增长到 8 804 万吨。2018 年,我国出口谷物及谷物粉 249 万吨,其中,稻谷和大米 209 万吨,出口玉米 12 192 吨。在谷物与大豆上的贸易逆差进一步变大,增加了我国保障粮食安全的压力。

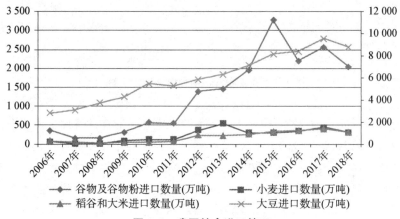

图 1.2　我国粮食进口情况

在粮食生产和消费方面,根据国家统计局的资料,按照我国城乡人口数及分别的原粮消费量计算,我国目前的口粮消费量大约为 2 亿吨,而我国粮食产量早已突破 6 亿吨,其中谷物产量已经达到 5.7 亿吨,因此可以认为,我国初步实现了谷物基本自给、口粮绝对安全的目标。但由于粮食存在饲料化、工业化等竞用性,要真正持续实现谷物基本自给、口粮绝对安全的目标,我国还需根据粮食市场需求情况调整生产布局,提升粮食生产能力。

2. 粮食作物与经济作物生产布局不断调整,种植业内部的生产结构协调性增强

1995—2018 年,我国粮食作物和经济作物生产布局不断调整。如表 1.2 数据所示,主要表现为:粮食作物种植面积占比有所下降,经济作物种植面积占比有所上升。在粮食作物内部,谷物种植面积占比下降,其中,除了玉米种植面积占比有所增加,其他类别谷物种植面积占比都下降;豆类种植面积占比下降,其中,大豆和杂豆种植面积占比都下降;薯类种植面积占比下降,其中,马铃薯种植面积占比上升。在经济作物内部,油料作物、棉花、麻类、糖类、烟叶、其他农作物播种面积占比下降,药材、蔬菜、瓜类种植面积占比增加。

表 1.2　我国种植业内部生产结构

（%）

项目	1995	2000	2005	2010	2015	2017	2018
总播种面积	100.00	100.00	100.00	100.00	100.00	100.00	100.00
粮食作物	73.43	69.39	67.07	70.99	71.31	70.94	70.55
谷物	59.59	54.55	52.66	58.86	61.87	60.58	60.08
稻谷	20.51	19.17	18.55	19.13	18.45	18.49	18.20
小麦	19.26	17.05	14.66	15.54	14.74	14.73	14.63
玉米	15.20	14.75	16.95	22.23	26.95	25.49	25.39
谷子	1.02	0.80	0.55	0.52	0.50	0.52	0.47
高粱	0.81	0.57	0.37	0.32	0.25	0.30	0.37
其他谷物	2.80	2.21	1.58	1.12	0.96	1.05	1.02
豆类	7.49	8.10	8.30	7.02	5.05	6.04	6.14
#大豆	5.42	5.95	6.17	5.53	4.09	4.96	5.07
杂豆	2.07	2.15	2.13	1.50	0.96	1.09	1.07
薯类	6.35	6.74	6.11	5.10	4.38	4.31	4.33
#马铃薯	2.29	3.02	3.14	3.11	2.87	2.92	2.87
油料作物	8.74	9.85	9.21	8.70	7.98	7.95	7.76
#花生	2.54	3.11	3.00	2.78	2.63	2.77	2.78
油菜籽	4.61	4.79	4.68	4.65	4.21	4.00	3.95
芝麻	0.43	0.50	0.38	0.23	0.18	0.14	0.16
胡麻籽	0.41	0.32	0.26	0.19	0.15	0.14	0.14
向日葵	0.54	0.79	0.66	0.63	0.65	0.70	0.56
棉花	3.62	2.59	3.26	2.77	2.26	1.92	2.02
麻类	0.25	0.17	0.22	0.06	0.03	0.04	0.03
#黄红麻	0.10	0.03	0.02	0.01	0.01	0.00	0.00
苎麻	0.06	0.06	0.08	0.04	0.02	0.02	0.02
大麻	—①	0.01	0.01	—	0.00	0.01	0.01
亚麻	0.08	0.06	0.10	0.01	0.00	0.00	0.00
糖料	1.21	0.97	1.01	1.15	0.94	0.93	0.98
甘蔗	0.75	0.76	0.87	1.03	0.88	0.83	0.85
甜菜	0.46	0.21	0.14	0.12	0.06	0.10	0.13
烟叶	0.98	0.92	0.88	0.83	0.75	0.68	0.64
#烤烟	0.87	0.81	0.80	0.77	0.72	0.65	0.60
药材	0.19	0.43	0.78	0.80	1.12	1.30	1.44
蔬菜、瓜类	7.08	11.06	12.82	11.71	13.07	13.28	13.60
#蔬菜	6.35	9.75	11.40	10.30	11.76	12.01	12.32
其他农作物	4.49	4.70	4.78	2.98	2.53	2.97	2.98
#青饲料	1.22	1.37	2.17	1.12	0.98	1.13	1.19

---

① "—"意为数据不可得,下同。

具体从粮食作物来看,粮食作物的生产布局越来越向十三个粮食主产区集聚,粮食生产区稳产增产的作用日益显现。如图 1.3 所示,从播种面积来看,2018 年,粮食主产区播种面积达 89 145.32 千公顷,比 2010 年增长 8.2%;占全国粮食播种面积的比重为 76.17%,比 2010 年提高 2.4%。

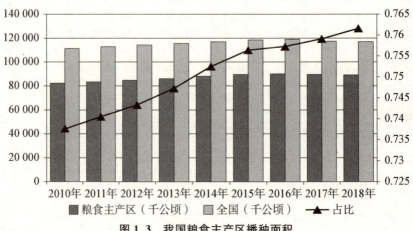

图 1.3 我国粮食主产区播种面积

从产量来看,如图 1.4 所示,2018 年粮食主产区粮食产量为 51 768.85 万吨,比 2010 年增长 21.44%;占全国粮食总产量的比重为 78.69%,比 2010 年提高 2.45%。从对增产的贡献来看,粮食主产区 2010 年至 2018 年累计增产粮食 9 140.65 万吨,占同期全国粮食增产量的比重达 92.54%。

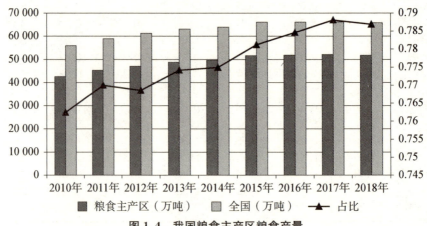

图 1.4 我国粮食主产区粮食产量

具体从经济作物来看,虽然很多类别经济作物的种植面积占比都呈下降趋势,但总体来看,经济作物种植面积占比呈上升趋势,主要是蔬菜、瓜类经济作物种植面积占比上升势头强劲。而在产量上,主要经济作物产量总体仍保持较高水平。油料、蔬菜、水果和茶叶产量增加。2018 年,全国油料产量达 3 400.05 万吨,比 2010 年增加 276.62 万吨,增长 8.76%;蔬菜、水果和茶叶产量分别达 70 346.72 万吨、25 688.4 万吨和 261.0 万吨,比 2010 年分别增长 14.15%、16.28% 和 48.21%。棉花和糖料减产。受库存积压较多、需求下降和价格总体走低的影响,棉花产量下降较多。2018 年,棉花产量为 610.28 万吨,比 2010 年减少 50.52 万吨,下降 7.65%。2018 年,糖料产量为 11 937.41 万吨,比 2010 年减少 514.4 万吨,下降 4.13%。

3. 农林牧渔生产布局不断调整,农业种养结构协调性增强

2010—2018 年,我国农业内部的农林牧渔生产布局不断调整,虽然内部种植业和养殖业生产布局结构发生了一些变化,但农业仍保持产量稳定增长。如图 1.5 所示,根据农业产量来看,主要表现为:粮食产量增长稳定,油料、糖料和蔬菜等经济作物产量增长较快,棉花产量下降,木材产量先增长再下降,肉类产量增多降少,水产品产量增长稳定。这表明,这种产量稳定增长背后的农业种养结构调整正向协调性增强方向推进。

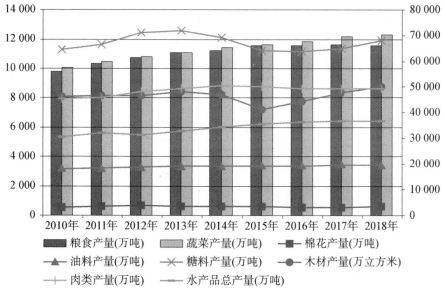

图 1.5 农业产量变化情况

在种植业方面,2010—2018 年,从播种面积来看,粮食作物播种面积占比下降,经济作物播种面积占比上升。在"镰刀弯"地区,根据青贮玉米和食用玉米功能的划分对玉米生产布局进行了调整;经济作物内部中的青饲料播种面积占比有所增长。从种植业的生产布局调整趋势来看,农业种养结构协调性增强。在林业方面,我国林业用地面积从 2009 年开始一直稳定在 31 259 万公顷,森林面积为 20 769 万公顷,森林覆盖率已达 21.6%。从林产品产量来看,如表1.3 数据所示,木材产量、橡胶产量、生漆产量和油桐籽产量都经历了先增长后降低的过程,松脂产量和油茶籽产量增长稳定。

表1.3　我国林产品产量变化情况

年份	木材(万立方米)	橡胶(吨)	松脂(吨)	生漆(吨)	油桐籽(吨)	油茶籽(吨)
2010 年	8 090	693 022	1 115 711	20 093	433 624	1 092 243
2011 年	8 146	750 850	1 156 612	18 867	437 702	1 480 044
2012 年	8 175	802 255	1 215 065	26 027	427 048	1 727 708
2013 年	8 438	864 806	1 307 747	25 154	418 924	1 776 506
2014 年	8 233	840 171	1 309 520	22 290	416 065	2 023 445
2015 年	7 200	816 103	1 326 292	22 806	412 042	2 163 492
2016 年	7 776	815 918	1 328 877	21 934	408 518	2 164 440
2017 年	8 398	817 366	1 443 868	18 145	370 083	2 431 647
2018 年	8 811	824 093	1 375 367	18 882	348 173	2 629 796

在养殖业方面,2010—2019 年,主要畜产品产量呈振荡式小幅上升。其中,在肉类产量中,如图 1.6 所示,猪肉仍占主导地位,牛肉、羊肉占比不高;

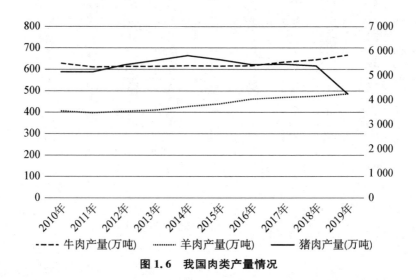

图1.6　我国肉类产量情况

在羊毛产量中,绵羊毛占主导地位,细羊毛和半细羊毛也占有一定比例;牛奶、禽蛋和蜂蜜产量都有所增加。在水产品方面,海水产品与淡水产品几乎各占一半,海水产品略多。海水产品主要以天然生产的海水产品、人工养殖的海水鱼类、海水贝类为主,淡水产品主要以人工养殖的淡水鱼类产品为主。

(二) 我国农业区域布局的特点

1. 农业区域布局受地方产业规划与产业区域规划双重约束,能否进一步优化取决于规划交集是否产生合力

总体而言,我国农业区域布局目前主要受地方产业规划和产业的全国区域规划交叉影响。地方产业规划主要是根据地方的主体功能区规划进行细化。地方的主体功能区规划一般分为重点发展区域、限制开发区域和禁止开发区域。农业发展的区域布局大多处于限制开发区域,另外有一部分基本农田位于禁止开发区域内。根据我国地方主体功能区专项规划中的农田区域布局发展规划,如表 1.4 数据所示,在基本农田项目上,到 2020 年,除了甘肃、广西、湖南有少量减少外,其他地区都保持不变;而在耕地保有量项目上,到 2020 年,除了甘肃耕地保有量增加,河南和新疆建设兵团耕地保有量不变,其他地区都有不同程度的减少。其中,湖南的减少幅度最大,达到 8.8%,其次是浙江(4.75%)、广西(4.53%)、安徽(3.42%)、贵州(2.67%)、陕西(2.49%)、内蒙古(2.40%)、新疆(2.18%)。这表明,农田的区域布局规模受地方主体功能区专项规划约束。

表 1.4 我国地方主体功能区专项规划中的农田区域布局

年份 地区	2010 年		2020 年	
	耕地保有量	基本农田	耕地保有量	基本农田
安徽	58 949	49 073	56 933	49 073
福建	13 418	11 400	不低于国家下达指标	11 400
甘肃	46 237	38 570	46 460	38 167
广东	29 140	25 560	29 087	25 560
广西	44 076	36 743	42 080	36 027
贵州	44 900	—	43 700	
海南	7 227	—	7 180	
河北	63 333	—	63 027	
河南	78 980	67 833	78 980	67 833
湖北	46 580	—	46 313	
湖南	41 337	32 592	37 700	32 353

| 年份 | 2010 年 | | 2020 年 | |
地区	耕地保有量	基本农田	耕地保有量	基本农田
吉林	55 300	48 340	55 193	48 340
江西	28 253.33	—	28 133.33	—
内蒙古	71 486	—	69 773	—
陕西	39 907	35 227	38 913	35 227
四川	59 500	51 400	58 900	51 400
天津	4 420	3 567	4 373	3 567
新疆	41 200	—	40 300	—
新疆建设兵团	10 252	9 058.9	10 252	9 058.9
浙江	19 849	—	18 907	—

注：在以 2010 年为基期的数据中，有部分地区不是以 2010 年为基期，它们的基期数据年份分别是——甘肃、贵州、新疆是 2008 年；福建、湖南、内蒙古是 2009 年；新疆建设兵团是 2011 年；河南是 2012 年。本表主要根据各地主体功能区专项规划整理而得。

　　而产业的全国区域规划一般是基于不同视角将产业在全国不同区域的发展进行定位，如《全国农业可持续发展规划(2015—2030 年)》《全国农业现代化规划(2016—2020 年)》等。我国农业可持续发展规划中指出，要确保耕地保有量在 18 亿亩以上，确保基本农田不低于 15.6 亿亩。且将我国农业发展的区域布局分为：优化发展区、适度发展区和保护发展区，并划定了具体的区域范围。[①] 这种分区的农业发展规划也会影响农业发展的区域布局规模。如表 1.5 所示，结合我国地方主体功能区规划，可以发现，耕地保有量减少幅度较大的地区都处于农业发展的优化发展区和适度发展区，这会增大保持耕地保有量红线的压力。而农业发展的区域布局是否能得到优化，还要取决于地方主体功能区专项规划与农业可持续发展规划在农业的区域布局发展上能否形成合力。

表 1.5　我国农业可持续发展规划中的区域布局规划

	分区	区域范围
优化发展区	东北区	黑龙江、吉林、辽宁，内蒙古东部
	黄淮海区	北京、天津，河北中南部，河南、山东，安徽、江苏北部
	长江中下游区	江西、浙江、上海，江苏、安徽中南部，湖北、湖南大部
	华南区	福建、广东、海南

① 农业部等 8 部委. 全国农业可持续发展规划(2015—2030 年)[EB/OL]. (2015 - 05 - 20)[2015 - 05 - 28]. http://www. gov. cn/xinwen/2015 - 05/28/content_2869902. htm.

	分区	区域范围
适度发展区	西北及长城沿线区	新疆、宁夏,甘肃大部,山西,陕西中北部,内蒙古中西部,河北北部
	西南区	广西、贵州、重庆,陕西南部,四川东部,云南大部,湖北、湖南西部
保护发展区	青藏区	西藏、青海,甘肃藏区,四川西部,云南西北部
	海洋渔业区	我国管辖海域

资料来源:《全国农业可持续发展规划(2015—2030年)》

为促进我国农业现代化发展,我国制定了"十三五"农业现代化发展规划。其中,设定了2020年农业现代化发展的目标。如表1.6所示,从目前的发展形势来看,粮食供给保障目标已基本上实现;结构性目标还需要通过进一步调整农业生产布局与区域布局来实现。具体来看,主要是:降低玉米、棉花、糖料种植比例,增加大豆等种植比例;增加肉类、奶类等农产品供给;使畜牧渔业在农业总产值中的比例增加等。这些目标要具体通过农业的区域布局调整来实现。各区域在划分目标任务时,会面对该项目标与地方主体功能区专项规划或是其他发展规划发生冲突的问题,最终会影响到地方的农业区域布局调整。如玉米种植面积的调整,"镰刀弯"地区减少玉米种植面积的政策的实施情况并不理想。表1.6中玉米种植面积的预期性方向、"镰刀弯"地区玉米种植结构调整的方向与现实发展不一致。这说明玉米种植结构调整政策需要重新评估。

表1.6　我国农业"十三五"现代化发展规划中的区域布局目标

"十三五"农业现代化主要指标

类别	指标	2015年基期值	2020年目标值	年均增速〔累计〕	指标属性
粮食供给保障	粮食(谷物)综合生产能力(亿吨)	5	5.5	〔0.5〕	约束性
	小麦稻谷自给率(%)	100	100	—	约束性
农业结构	玉米种植面积(亿亩)	5.7	5	〔-0.7〕	预期性
	大豆种植面积(亿亩)	0.98	1.4	〔0.42〕	预期性
	棉花种植面积(万亩)	5 698	5 000	〔-698〕	预期性
	油料种植面积(亿亩)	2.1	2	〔-0.1〕	预期性
	糖料种植面积(万亩)	2 610	2 400	〔-210〕	预期性

"十三五"农业现代化主要指标

类别	指　标	2015 年 基期值	2020 年 目标值	年均增速 〔累计〕	指标属性
农业结构	肉类产量(万吨)	8 625	9 000	0.85%	预期性
	奶类产量(万吨)	3 870	4 100	1.16%	预期性
	水产品产量(万吨)	6 699	6 600	−0.3%	预期性
	畜牧业产值占农业 总产值比重(%)	28	>30	〔>2〕	预期性
	渔业总产值占农业 总产值比重(%)	10	>10	—	预期性
	农产品加工业与农业 总产值比	2.2	2.4	〔0.2〕	预期性
	畜禽养殖 规模化率(%)	54	65	〔11〕	预期性
	水产健康养殖示范 面积比重(%)	45	65	〔20〕	预期性

资料来源:《全国农业现代化规划(2016—2020 年)》

　　另外,农业部门和地方政府都面临着多重目标的问题,即农业部门存在着多项发展规划或政策,要实现各自的政策目标,需要首先在政策层面进行充分的沟通,否则可能存在政策目标冲突的情况;而地方也存在多种产业的布局问题,不同产业的区域布局如果不进行充分的协调,产业的区域布局难以得到优化发展。如表 1.7 为我国最新的政策文件内容,提出了设定粮食主产功能区和重要农产品生产保护区的要求,但如何将内容中的区域定位总目标细分给各省、直辖市、自治区,不仅会影响我国粮食和农产品供给安全,而且还会影响我国农业区域布局优化发展的进程。

表 1.7　我国粮食和重要农产品区域布局定位

分区	区域定位
粮食生产功能区	划定粮食生产功能区 9 亿亩,其中 6 亿亩用于稻麦生产。以东北平原、长江流域、东南沿海优势区为重点,划定水稻生产功能区 3.4 亿亩;以黄淮海地区、长江中下游、西北及西南优势区为重点,划定小麦生产功能区 3.2 亿亩(含水稻和小麦复种区 6000 万亩);以松嫩平原、三江平原、辽河平原、黄淮海地区以及汾河和渭河流域等优势区为重点,划定玉米生产功能区 4.5 亿亩(含小麦和玉米复种区 1.5 亿亩)。

分区	区域定位
重要农产品生产保护区	划定重要农产品生产保护区 2.38 亿亩(与粮食生产功能区重叠 8000 万亩)。以东北地区为重点,黄淮海地区为补充,划定大豆生产保护区 1 亿亩(含小麦和大豆复种区 2000 万亩);以新疆为重点,黄河流域、长江流域主产区为补充,划定棉花生产保护区 3500 万亩;以长江流域为重点,划定油菜籽生产保护区 7000 万亩(含水稻和油菜籽复种区 6000 万亩);以广西、云南为重点,划定糖料蔗生产保护区 1500 万亩;以海南、云南、广东为重点,划定天然橡胶生产保护区 1800 万亩。

资料来源:《国务院关于建立粮食生产功能区和重要农产品生产保护区的指导意见》(国发〔2017〕24 号)

2. 农产品向优势产区聚集的区域布局进一步优化,促使优势农产品区域布局逐步完善

根据我国优势农产品区域布局规划,优势农产品是指在我国的资源和生产条件较好、商品量大、市场前景广阔,在国内市场与国外产品竞争有优势,能够抵御进口冲击的农产品,或在国际市场上具有竞争优势,能够进一步扩大出口的农产品。

改革开放以来,农作物的重大布局调整,只有 20 世纪 90 年代中期的棉花西移战略,使得棉花主产区从冀鲁豫和长江流域转移到了新疆。2003 年,我国出台《优势农产品区域布局规划(2003—2007 年)》,选定专用小麦、专用玉米、高油大豆、棉花、"双低"油菜、"双高"甘蔗、柑橘、苹果、牛奶、牛羊肉和水产品等 11 种优势农产品进行扶持,经过五年的发展,优势农产品生产日益向优势区域集聚,"大而全、小而全"的生产格局进一步打破。粮食作物九大优势产业带初步形成,2007 年水稻、小麦、玉米、大豆集中度分别达到 98%、80%、70% 和 59%。经济作物优势区域在全国地位稳步上升,棉花、甘蔗、苹果、柑橘集中度分别达到 99.9%、63%、50.7% 和 54%,分别比 2002 年提高 0.25 个、5.6 个、5.7 个和 4 个百分点。养殖业优势区域加快发展,肉牛和肉羊优势产区地位继续巩固;奶牛优势区域涉及的内蒙古、黑龙江、河北、山西、北京、天津、上海等 7 省市奶牛存栏量占全国比重达 50%;东南沿海优势出口水产品养殖带、黄渤海优势出口水产品养殖带、长江中下游优质河蟹养殖区"两带一区"布局趋于稳定,大黄鱼、罗非鱼和鳗鲡集中度均已超过 80%。总体而言,我国优势农产品区域集中度稳步提高,为优化农业生产力布局奠定了良好的基础。

2008 年,我国出台新的优势农产品规划,即《全国优势农产品区域布局规划(2008—2015 年)》。选定水稻、小麦、玉米、大豆、棉花、油菜、甘蔗、苹果、柑

橘、生猪、奶牛、马铃薯、天然橡胶、肉牛、肉羊和出口水产品16个品种为优势农产品,确定优势区域进行区域布局调整。在粮食出现结构性过剩的背景下,我国开始进行玉米区域布局调整,重点是在"镰刀弯"地区。同时,在保障粮食生产能力的情况下,我国深入推进农业供给侧结构性改革,进一步促进农产品优势区域布局形成。如:坚持有保有压,推进以玉米为重点的种植业结构调整;稳定冬小麦面积,扩大专用小麦面积,巩固北方粳稻和南方双季稻生产能力;减少东北冷凉区、北方农牧交错区、西北风沙干旱区、太行山沿线区、西南石漠化区籽粒玉米面积,推进粮改饲;恢复和增加大豆面积,发展高蛋白食用大豆,保持东北优势区油用大豆生产能力,扩大粮豆轮作范围;在棉花、油料、糖料、蚕桑优势产区,建设一批规模化、标准化生产基地;推动马铃薯主食产业开发;稳定大中城市郊区蔬菜保有面积,确保一定的自给率;推进种植业与畜牧业的结合发展,促进特殊地区的农牧业协调发展。如表1.8所示的农业区域布局具体调整方向,总体看来,优势农产品扶持政策正在促使农产品的区域布局进一步向优势产区聚集,我国农业优势产品区域布局得到了进一步优化和完善。

表1.8 我国优势农产品区域布局调整政策

区域	优势农产品区域布局调整内容
东北区	合理控制地下水开发利用强度较大的三江平原地区水稻种植规模,适当减少高纬度区玉米种植面积,增加食用大豆生产。适度扩大生猪、奶牛、肉牛生产规模。提高粮油、畜禽产品深加工能力,加快推进黑龙江等垦区大型商品粮基地和优质奶源基地建设。
华北区	适度调减地下水严重超采地区的小麦种植,加强果蔬、小杂粮等特色农产品生产。稳定生猪、奶牛、肉牛肉羊养殖规模,发展净水渔业。推动京津冀现代农业协同发展。
长江中下游区	稳步提升水稻综合生产能力,巩固长江流域"双低"(低芥酸、低硫甙)油菜生产,发展高效园艺产业。调减重金属污染区水稻种植面积。控制水网密集区生猪、奶牛养殖规模,适度开发草山草坡资源发展草食畜牧业,大力发展名优水产品生产。
华南区	稳定水稻面积,扩大南菜北运基地和热带作物产业规模。巩固海南、广东天然橡胶生产能力,稳定广西糖料蔗产能,加强海南南繁基地建设。稳步发展大宗畜产品,加快发展现代水产养殖。
西北区	调减小麦种植面积,增加马铃薯、饲用玉米、牧草、小杂粮种植。扩大甘肃玉米良种繁育基地规模,稳定新疆优质棉花种植面积,稳步发展设施蔬菜和特色园艺。发展适度规模草食畜牧业,推进冷水鱼类资源开发利用。

区域	优势农产品区域布局调整内容
北方农牧交错区	推进农林复合、农牧结合、农牧业发展与生态环境深度融合,发展粮草兼顾型农业和草食畜牧业。调减籽粒玉米种植面积,扩大青贮玉米和优质牧草生产规模,发展奶牛和肉牛肉羊养殖。
西南区	稳定水稻面积,扩大马铃薯种植,大力发展特色园艺产业,巩固云南天然橡胶和糖料蔗生产能力。合理开发利用草地资源和水产资源,发展生态畜牧业和特色渔业。
青藏区	严守生态保护红线,加强草原保护建设。稳定青稞、马铃薯、油菜发展规模,推行禁牧休牧轮牧和舍饲半舍饲,发展牦牛、藏系绵羊、绒山羊等特色畜牧业。
海洋渔业区	控制近海养殖规模,拓展外海养殖空间。扩大海洋牧场立体养殖、深水网箱养殖规模,建设海洋渔业优势产业带。

资料来源:《全国农业现代化规划(2016—2020年)》

在我国优势农产品布局的基础上,将我国粮食产区划分为7大区域,分别为:东北区(吉林、黑龙江、辽宁)、华北区(北京、河北、天津、山西、内蒙古)、华东区(上海、江苏、浙江、山东、安徽、江西、福建)、华南区(广西、广东、海南)、华中区(湖北、河南、湖南)、西南区(四川、重庆、贵州、云南、西藏)和西北区(陕西、甘肃、宁夏、青海、新疆)。通过计算分析发现,水稻生产的综合比较优势指数较高的地区为华东、华南和华中地区,小麦生产的综合比较优势指数较高的地区为华北和西北区,玉米生产的综合比较优势指数较高的地区为华北和西北区。

目前,我国粮食生产区域布局呈现出如下变化趋势:北方粮食生产在播种面积和产量上全面超越南方;粮食生产日趋向中部地区集中;东北优质粳稻扩大,南方稻谷优势稳固;小麦生产北多南少西部萎缩,优势核心向黄淮流域集中;玉米区域较大规模扩张,并向北方与中部优势地区集中;大豆生产整体萎缩,区域分布格局变化不大;马铃薯产业稳定发展,并且向西部优势地区集中。这表明,各类粮食作物已经出现了明显的向优势产区聚集的趋势。在经济作物方面,主要经济作物区域布局进一步优化,向优势产区聚集的趋势增强。如:棉花生产向新疆产区聚集,2020年,新疆棉花产量为516.2万吨,占全国棉花产量的87.3%,比2016年提高19.5%;糖料生产向广西、云南和广东等省集中,2019年,三省甘蔗产量合计为10495万吨,占全国甘蔗产量的比重达95.9%。

3. 特色农产品区域布局已经初步形成,将得到进一步优化发展

20世纪90年代以来,我国先后开展了无公害农产品、绿色食品、有机农产品、地理标志农产品认证工作,大量特色农产品获得"三品一标"认证。2006年,我国出台了《特色农产品区域布局规划(2006—2015年)》,促进区域特色农产品产业发展。经过了十年发展,特色农产品生产的区域化、规模化、专业化水平显著提升,一批新的优势产业区稳步发展壮大,区域资源得到合理高效利用,比较优势进一步巩固,各区域农业主体功能不断强化,分工合理、优势互补、各具特色、协调发展的特色农产品区域布局正在形成。具体表现为:四川省已初步形成川西"稻菜""稻菇"轮作产业带、川西南茶叶产业带、龙门山脉优质红心猕猴桃集中发展;浙江省基本形成了沿杭州湾加工蔬菜产业区,沿海钜缘青蟹等特色水产养殖带,会稽山脉和天目山脉的香榧、山核桃等特色干果产业区,丘陵山地的杨梅、枇杷、名优茶、食用笋、山茶油等特色农产品产业区,并形成了珍珠、中药材、食用菌、花卉、龟鳖、蛋鸭等特色农产品产业集聚区;云南省初步形成了以滇中、滇东北为主的花卉、中药材产业区,以滇南、滇西南为主的茶叶、咖啡等特色饮料产业区,以滇西、滇西北为主的畜牧、药材产业区,以滇南、滇东南为主的热带水果、中药材产业区;重庆市初步形成了以涪陵、黔江为主的蚕桑产业区,以永川、荣昌为主的笋竹产业带,以九龙坡、北碚为主的花卉苗木产业区;安徽省形成以皖南和皖西为主的蚕茧产业区;陕西省强力实施果业提质增效工程,建成秦岭北麓、渭河以南百万亩猕猴桃优势产业带,面积、产量居世界第一。

2013年,我国出台《特色农产品区域布局规划(2013—2020年)》,确定了10类144种特色农产品,并结合《全国主体功能区规划》中"七区二十三带"的农业战略格局要求,规划了一批特色农产品的优势区,促进我国特色农产品区域布局进一步优化发展。据不完全统计,2017年我国各类特色农产品产值达5万亿元左右,约为我国农业总产值的50%,占据我国农业的"半壁江山"。① 截至2020年,农业农村部登记的地理标志产品已经有3090个。2017年,我国出台了《特色农产品优势区建设规划纲要》,主要确定了5大类特色农产品的优势区的区域布局,具体如表1.9所示。通过特色农产品优势区的建设,我国特色农产品区域布局得到进一步的完善和发展。

---

① 发改委,农业部,国家林业局. 特色农产品优势区建设规划纲要[EB/OL]. [2017-10-31]. http://www.gov.cn/xinwen/2017-10/31/content_5235803.htm.

表1.9 国家级特色农产品优势区的品种(类)与重点区域

类别	品种	区域
特色粮经作物	马铃薯	黄土高原、西南地区、黄淮海地区、东北地区
	特色粮豆	黄土高原区、内蒙古及长城沿线区、东北地区
	特色油料	黄淮海平原、内蒙古高原、黄土高原、新疆
	特色纤维	长江上中游地区、华南地区、西南地区、东北地区
	道地药材	西南地区、黄土高原、内蒙古高原区、大小兴安岭长白山、黄淮海地区、南方丘陵地区
特色园艺产品	特色出口蔬菜及瓜类	黄淮海、西北、华东、西南地区
	季节性外调蔬菜及瓜类	华南、长江上中游、云贵高原、黄土高原、东北地区
	苹果	渤海湾、黄土高原区
	柑橘	长江上中游、赣南—湘南—桂北、浙—闽—粤、鄂西—湘西
	梨	环渤海、黄河故道、西北、长江流域产区、黄土高原
	桃	华北、黄河流域、长江流域
	葡萄及特色浆果	西北、东北、环渤海、西南、华东
	热带水果	海南、广东、广西、云南、贵州、福建、四川
	猕猴桃	西北及华北、西南、华中、华东和东南、华南产区
	食用菌	东北、冀鲁豫、闽浙、川陕、秦巴伏牛山区、长江中上游
	茶叶	长江流域、东南沿海、西南地区
	咖啡	云南南部、海南
	花卉	云南、浙江、福建、青海、甘肃、辽宁
特色畜产品	特色猪	东北、江苏、湖南、广东、广西、浙江、重庆、云南
	特色家禽	河南、广东、广西、海南、江西、辽宁、北京、江苏、浙江、四川
	特色牛	东北和内蒙古地区、陕西、云南、青藏高原
	特色羊	内蒙古、山东、江苏、宁夏、陕西、新疆、辽宁、山西、青藏高原
	特色马、驴	新疆、广西、山东、内蒙古(特色马);山东、河北、山西、甘肃、内蒙、辽宁、新疆(特色驴)
特色水产品	淡水养殖产品	长江流域、珠江流域、黄河中下游;东北、西北、西南(冷水鱼及特色鱼类)
	海水养殖产品	各沿海地区
林特产品	木本油料	江西、湖南等南方油茶产区,山东、山西等北方油用牡丹产区,甘肃等油橄榄产区
	特色干果	东北、西北、西南、华中和华东地区
	木本调料	黄淮海地区、西北、西南
	竹子	浙江、福建、江西、湖南、广西、安徽、四川、江苏、湖北、贵州

资料来源:《特色农产品优势区建设规划纲要》(2017年)

4. 农产品产地市场发展相对缓慢,仍需进一步促进分类市场布局的优化发展

农产品产地市场是我国现代农业产业体系和农产品市场体系的重要组成部分,是指具有较高商品率的农产品主产区为了快捷、大批量集散当地农产品,稳定农产品供应而兴建的市场,其市场交易量60%以上是本地农产品[①]。目前,我国农产品产地市场的发展现状为:(1)农产品批发市场体系初步形成。目前,我国农产品批发市场4 469家。年交易额亿元以上的农产品批发市场1 790家,其中专业性市场1 101家,占61.5%,年交易总额占67.3%。在专业市场中蔬菜、干鲜果品、畜禽、水产品和特色农产品市场数量约占89.9%;(2)与优势农产品产区对接的全国性农产品产地市场、区域性农产品产地市场、田头(村头、码头)市场正在形成。2015年,我国出台了《全国农产品产地市场发展纲要》,计划到2020年,在优势产区和特色产区建成一批直接服务农户营销的产地市场,其中全国性产地示范市场30个,区域性产地示范市场300个,田头示范市场1 000个,通过示范带动和政策引导,形成布局合理、分工明确、优势互补的全国性、区域性和田头市场的三级产地市场体系。具体的区域布局情况如表1.10所示。总体而言,我国的农产品产地市场发展还相对缓慢,还存在市场布局不够合理、基础设施建设薄弱、信息服务功能不全、交易方式总体落后、主体经营能力不强等问题,仍需在优势农产品产区大力推进分类农产品产地市场的发展,快速调整区域布局。

表1.10　我国农产品市场区域布局规划

农产品市场	区 域 布 局
全国性农产品产地市场	在黄土高原苹果优势区、华北白梨优势区、赣南—湘南—桂北柑橘优势区、粤桂热带水果优势区、西北葡萄优势区、陕西关中猕猴桃优势区等水果优势区建设全国性水果产地市场。在华南冬春蔬菜优势区、长江上中游冬春蔬菜优势区、黄土高原夏秋蔬菜优势区、云贵高原夏秋蔬菜优势区、黄淮海与环渤海设施蔬菜优势区和西北鲜食用、加工用和种用马铃薯及蔬菜优势区等建设全国性专业产地市场。在黄渤海海产品优势区、东海海产品优势区、南海海产品优势区、长江流域淡水产品优势养殖区等水产品优势区建设全国性水产品产地市场。在中原禽蛋优势区、西南生猪优势区、西北清真牛羊肉优势区等畜禽产品优势区建设全国性畜禽产品产地市场。在东北黑木耳优势区、云南中部鲜切花卉优势区、河南绿茶优势区等特色农产品优势区建设全国性特色农产品产地市场

① 农业部. 全国农产品产地市场发展纲要[EB/OL]. (2015 - 05 - 22)[2015 - 06 - 28]. http://www. moa. gov. cn/nybgb/2015/liu/201712/t20171219_6103857. htm.

农产品市场	区 域 布 局
区域性农产品 产地市场	区域性水果产地市场分布在苹果优势产区（渤海湾产区与黄土高原产区）、柑橘优势产区（长江上中游产区、赣南—湘南—桂北产区、浙—闽—粤产区和湘西—鄂西产区）、梨优势产区（华北白梨区、长江中下游砂梨区、西北白梨区和特色梨区）以及《特色农产品区域布局规划（2013—2020 年）》中热带水果、猕猴桃、葡萄、桃等特色果品的优势产区；区域性蔬菜产地市场分布在华南冬春蔬菜优势区、长江上中游冬春蔬菜优势区、黄土高原夏秋蔬菜优势区、云贵高原夏秋蔬菜优势区、黄淮海与环渤海设施蔬菜优势区；区域性畜禽产地市场分布在生猪优势产区（沿海地区、东北地区、中部地区和西南地区）、肉羊和肉牛优势产区（中原地区、东北地区、西北地区和西南地区）、禽蛋优势产区（东北地区、渤海湾地区、中部地区）；区域性水产品产地市场分布在黄渤海优势区、东南沿海优势区和长江流域优势区；建设区域性特色农产品产地市场分布在《特色农产品区域布局规划（2013—2020 年）》中特色蔬菜、特色饮料、特色花卉等特色产品优势产区
田头（村头、码头） 市场	按照东中西均衡发展，适度向西部倾斜的原则，水果田头市场示范点分布在苹果、柑橘、梨、葡萄、桃等果品优势区；蔬菜田头市场分布在华南冬春蔬菜优势区、长江上中游冬春蔬菜优势区、黄土高原夏秋蔬菜优势区、云贵高原夏秋蔬菜优势区、黄淮海与环渤海设施蔬菜优势区、东南沿海出口蔬菜优势区、西北内陆出口蔬菜优势区和东北沿边出口蔬菜优势区；特色农产品分布在《特色农产品区域布局规划（2013—2020 年）》中特色蔬菜、特色饮料、特色花卉等特色产品优势产区；水产品田头市场分布在《全国优势农产品区域布局规划（2008—2015 年）》中水产品优势产区及中心渔港、以及渔港所在地

资料来源：《全国农产品产地市场发展纲要》（2015 年）

三、我国农业区域布局政策的演进与特点

改革开放以来，为促进我国农业发展，提高生产力和促进农民增收，农业政策大多是针对整体的农业和农民，对于农业区域布局的关注很少。最早的农业区域布局政策是 20 世纪 90 年代中期的棉花西移战略，之后，"十五"时期虽然出台了《优势农产品区域布局规划（2003—2007 年）》，但仍以粮食生产为重点。进入"十一五"时期后，农业发展区域布局规划开始细化为农产品的区域布局规划，但真正开始重视农业区域布局调整的时期是"十二五"时期。"十二五"以来，为了解决农业内部的结构性矛盾，农业区域布局政策发生了一系列变化。

（一）注重农业生产布局调整，关注点越来越细化

改革开放以来，我国一共出台了 22 个中央一号文件，指导和促进我国农业发展。但由于处于不同的发展阶段，农业的发展需求不同，中央一号文件的针

对重点也不同,直到 2015 年,中央一号文件才真正以农业结构调整为重点。如表 1.11 所示,2015 年中央一号文件只是注重农业整体的结构调整,2016 年中央一号文件开始细化为生产结构和区域布局,2017 年中央一号文件进一步细化为粮经饲结构、养殖业、特色产业和区域布局。2018 年和 2019 年中央一号文件主要以农产品提质为目标,聚焦优势农产品区域建设。2020 年中央一号文件主要以农业基础设施建设为目标,重视高标准农田建设,更好地发挥功能区布局的作用。

表 1.11　中央一号文件中的生产布局调整内容

年份	生产布局政策调整内容
2015	**深入推进农业结构调整。**科学确定主要农产品自给水平,合理安排农业产业发展优先序。启动实施油料、糖料、天然橡胶生产能力建设规划。加快发展草牧业,支持青贮玉米和苜蓿等饲草料种植,开展粮改饲和种养结合模式试点,促进粮食、经济作物、饲草料三元种植结构协调发展。立足各地资源优势,大力培育特色农业。推进农业综合开发布局调整。支持粮食主产区发展畜牧业和粮食加工业,继续实施农产品产地初加工补助政策,发展农产品精深加工。继续开展园艺作物标准园创建,实施园艺产品提质增效工程。加大对生猪、奶牛、肉牛、肉羊标准化规模养殖场(小区)建设支持力度,实施畜禽良种工程,加快推进规模化、集约化、标准化畜禽养殖,增强畜牧业竞争力。完善动物疫病防控政策。推进水产健康养殖,加大标准池塘改造力度,继续支持远洋渔船更新改造,加强渔政渔港等渔业基础设施建设
2016	**优化农业生产结构和区域布局。**树立大食物观,面向整个国土资源,全方位、多途径开发食物资源,满足日益多元化的食物消费需求。在确保谷物基本自给、口粮绝对安全的前提下,基本形成与市场需求相适应、与资源禀赋相匹配的现代农业生产结构和区域布局,提高农业综合效益。启动实施种植业结构调整规划,稳定水稻和小麦生产,适当调减非优势区玉米种植。支持粮食主产区建设粮食生产核心区。扩大粮改饲试点,加快建设现代饲草料产业体系。合理调整粮食统计口径。制定划定粮食生产功能区和大豆、棉花、油料、糖料蔗等重要农产品生产保护区的指导意见。积极推进马铃薯主食开发。加快现代畜牧业建设,根据环境容量调整区域养殖布局,优化畜禽养殖结构,发展草食畜牧业,形成规模化生产、集约化经营为主导的产业发展格局。启动实施种养结合循环农业示范工程,推动种养结合、农牧循环发展。加强渔政渔港建设。大力发展旱作农业、热作农业、优质特色杂粮、特色经济林、木本油料、竹藤花卉、林下经济
2017	**统筹调整粮经饲种植结构。**按照稳粮、优经、扩饲的要求,加快构建粮经饲协调发展的三元种植结构。粮食作物要稳定水稻、小麦生产,确保口粮绝对安全,重点发展优质稻米和强筋弱筋小麦,继续调减非优势区籽粒玉米,增加优质食用大豆、薯类、杂粮杂豆等。经济作物要优化品种品质和区域布局,巩固主产区棉花、油料、糖料生产,促进园艺作物增值增效。饲料作物要扩大种植面积,发展青贮玉米、苜蓿等优质牧草,大力培育现代饲草料产业体系。加快北方农牧交错带结构调整,形成以养带种、牧林农复合、草果菜结合的种植结构。继续开展粮改饲、粮改豆补贴试点

年份	生产布局政策调整内容
	发展规模高效养殖业。稳定生猪生产,优化南方水网地区生猪养殖区域布局,引导产能向环境容量大的地区和玉米主产区转移。加快品种改良,大力发展牛羊等草食畜牧业。全面振兴奶业,重点支持适度规模的家庭牧场,引导扩大生鲜乳消费,严格执行复原乳标识制度,培育国产优质品牌。合理确定湖泊水库等内陆水域养殖规模,推动水产养殖减量增效。推进稻田综合种养和低洼盐碱地养殖。完善江河湖海限捕、禁捕时限和区域,率先在长江流域水生生物保护区实现全面禁捕。科学有序开发滩涂资源。支持集约化海水健康养殖,发展现代化海洋牧场,加强区域协同保护,合理控制近海捕捞。积极发展远洋渔业。建立海洋渔业资源总量管理制度,规范各类渔业用海活动,支持渔民减船转产
	做大做强优势特色产业。实施优势特色农业提质增效行动计划,促进杂粮杂豆、蔬菜瓜果、茶叶蚕桑、花卉苗木、食用菌、中药材和特色养殖等产业提档升级,把地方土特产和小品种做成带动农民增收的大产业。大力发展木本粮油等特色经济林、珍贵树种用材林、花卉竹藤、森林食品等绿色产业。实施森林生态标志产品建设工程。开展特色农产品标准化生产示范,建设一批地理标志农产品和原产地保护基地。推进区域农产品公用品牌建设,支持地方以优势企业和行业协会为依托打造区域特色品牌,引入现代要素改造提升传统名优品牌
	进一步优化农业区域布局。以主体功能区规划和优势农产品布局规划为依托,科学合理划定稻谷、小麦、玉米粮食生产功能区和大豆、棉花、油菜籽、糖料蔗、天然橡胶等重要农产品生产保护区。功能区和保护区内地块全部建档立册、上图入库,实现信息化精准化管理。抓紧研究制定功能区和保护区建设标准,完善激励机制和支持政策,层层落实建设管护主体责任。制定特色农产品优势区建设规划,建立评价标准和技术支撑体系,鼓励各地争创园艺产品、畜产品、水产品、林特产品等特色农产品优势区
2018	深入推进农业绿色化、优质化、特色化、品牌化,调整优化农业生产力布局,推动农业由增产导向转向提质导向。推进特色农产品优势区创建,建设现代农业产业园、农业科技园
2019	**调整优化农业结构。**大力发展紧缺和绿色优质农产品生产,推进农业由增产导向转向提质导向。深入推进优质粮食工程。实施大豆振兴计划,多途径扩大种植面积。支持长江流域油菜生产,推进新品种新技术示范推广和全程机械化。积极发展木本油料。实施奶业振兴行动,加强优质奶源基地建设,升级改造中小奶牛养殖场,实施婴幼儿配方奶粉提升行动。合理调整粮经饲结构,发展青贮玉米、苜蓿等优质饲草料生产。合理确定内陆水域养殖规模,压减近海、湖库过密网箱养殖,推进海洋牧场建设,规范有序发展远洋渔业。降低江河湖泊和近海渔业捕捞强度,全面实施长江水生生物保护区禁捕。实施农产品质量安全保障工程,健全监管体系、监测体系、追溯体系。加大非洲猪瘟等动物疫情监测防控力度,严格落实防控举措,确保产业安全
2020	以北方农牧交错带为重点扩大粮改饲规模,推广种养结合模式。以粮食生产功能区和重要农产品生产保护区为重点加快推进高标准农田建设,修编建设规划,合理确定投资标准,完善工程建设、验收、监督检查机制,确保建一块成一块。如期完成大中型灌区续建配套与节水改造,提高防汛抗旱能力,加大农业节水力度

资料来源:根据 2015 年到 2020 年的中央一号文件相关内容整理

（二）更加注重发展阶段需求、区域资源禀赋和生产效率及质量

长期以来,我国农业政策大多是为了保障粮食安全和农产品供给,农业生产布局政策也大多是为实现这一目标服务。到"十二五"时期,我国粮食出现了结构性剩余,且在有些粮食品种上过度依赖进口,粮食的结构性矛盾突出。这一问题的出现主要是因为,我国在制定《全国农村经济发展"十二五"规划》时,主要生产布局政策仍是以提高粮食播种面积、建设粮食主产区、向优势产区集聚等为主,没有考虑农业发展阶段的变化,忽略了农业内部结构的协调性、供给与需求的匹配性以及环境、质量等问题。当这些问题开始凸显之后,我国出台了一些农业政策,开始在粮食结构、供给侧结构性改革、资源环境等方面进行农业生产布局调整,调整方向综合考虑了市场、资源禀赋、农业内部结构以及质量效益问题。

表 1.12 我国玉米生产布局政策调整方向

区域	生产布局调整方向
东北冷凉区	通过市场引导和政策扶持,把越区种植的玉米退出去,扩大粮豆轮作和"粮改饲"规模。内蒙古、黑龙江和吉林要结合区内畜牧业发展的要求,大力发展青贮玉米,扩大饲料油菜种植,发展苜蓿等牧草生产,满足畜牧业发展对优质饲料的需求。发挥东北地区种植大豆的传统优势,恢复粮豆轮作种植模式。发展优质强筋春小麦,建立硬红春小麦生产基地。力争到 2020 年,调减籽粒玉米 1000 万亩以上
北方农牧交错区	东北四省区结合畜牧业发展需求和大豆、花生、杂粮杂豆传统种植优势,以发展青贮玉米和粮豆轮作、花生、杂粮生产为主,同时积极发展饲草种植和饲料油菜;冀北、晋北和内蒙古中部以发展耐旱型杂粮杂豆、马铃薯、经济林果为主,陕甘农牧交错区以发展杂粮杂豆为主,因地制宜发展饲料油菜;在生态脆弱区,积极发展耐盐耐旱的沙生植物等。力争到 2020 年,调减籽粒玉米 3000 万亩以上
西北风沙干旱区	充分利用丰富的光热资源,重点推广水肥一体化等高效节水措施。在河西走廊灌溉条件较好的地区,发展玉米等制种产业;在宁夏、内蒙古河套灌区,逐步调减高耗水的玉米种植,发展胡麻、油葵、饲料油菜等低耗水作物;在生态脆弱区,积极发展耐盐耐旱的饲油兼用油莎豆等沙生植物;在新疆地区发展青贮玉米和苜蓿生产,满足畜牧业发展对优质饲料的需求。力争到 2020 年,调减籽粒玉米 500 万亩
太行山沿线区	大力发展耐旱的杂粮杂豆和生育期短的青贮玉米。发展沟域经济,促进板栗、核桃、山楂、蔬菜、中药材等特色种养业、农产品加工业和休闲服务业融合发展,提高农业生产效益。力争到 2020 年,调减籽粒玉米 200 万亩
西南石漠化区	结合落实国家退耕还林还草政策,调减山坡地和缺少灌溉保障地区的玉米种植,积极发展杂粮杂豆、茶叶、核桃、油茶、中药材等,改良草山草坡,发展饲用麻、饲用桑、饲油兼用油莎豆和人工草地,支撑本地草食畜牧业发展。力争到 2020 年,调减籽粒玉米 500 万亩

资料来源:《农业部关于"镰刀弯"地区玉米结构调整的指导意见》(2015 年)

（三）农业发展产业规划和主体功能区规划开始在国家层面和地方层面进行统筹，形成指导区域布局调整的合力

在"十一五"之前，农业发展的产业政策与区域的发展政策之间缺乏协调和统筹，政策目标间往往存在冲突，对农业区域布局的调整不利。随着经济社会发展到一定水平，各项政策开始在顶层设计、产业层面、区域层面进行了统筹，使得政策实施效率得到提高。在农业区域布局方面，《全国农业现代化规划（2016—2020年）》《全国农业可持续发展规划（2015—2030年）》等农业产业发展规划，开始与全国主体功能区规划及地方主体功能区专项规划在农业区域布局调整的政策上形成了一致的指导意见，多项政策形成合力。不仅在农业整体发展的区域布局上进行了统筹，在具体的农产品区域布局上也进行了统筹，有利地促进了地方和全国范围内农业产业区域布局的优化发展。

表1.13　我国农业区域布局政策内容的统筹情况

	农业区域布局政策		
	国家主体功能区规划	地方主体功能区规划	全国农业可持续发展规划（2015—2030年）
区域布局具体内容	从确保国家粮食安全和食物安全的大局出发，充分发挥各地区比较优势，重点建设以"七区二十三带"为主体的农产品主产区 **东北平原主产区。**建设以优质粳稻为主的水稻产业带，以籽粒与青贮兼用型玉米为主的专用玉米产业带，以高油大豆为主的大豆产业带，以肉牛、奶牛、生猪为主的畜产品产业带 **黄淮海平原主产区。**建设以优质强筋、中强筋和中筋小麦为主的优质专用小麦产业带，优质棉花产业带，以籽粒与青贮兼用和专用玉米为主的专用玉米产业带，以高蛋白大豆为主的大豆产业带，以肉牛、肉羊、奶牛、生猪、家禽为主的畜产品产业带 **长江流域主产区。**建设以双季稻为主的优质水稻产业	**安徽**规划形成淮北平原农业区、江淮丘陵农业区、皖西大别山地林茶区、皖南山地林茶粮区、沿江平原农业区的农业发展战略格局，其中划定限制开发区域中的淮北平原产区、江淮丘陵主产区、沿江平原主产区的40个县（市、区）为国家农产品主产区 **福建**规划构建以热带南亚热带粮食、水果、茶叶、花卉、蔬菜及水产业等为重点的闽东南高优农业区，以粮食和茶菌、反季节蔬菜等为重点的闽东北山地农业区，以生态型畜牧业和粮食、林、水果等为重点的闽西南绿色农业区，以优质稻米和林、果、茶、菌、奶业等为重点的闽西北山地绿色农业区，努力推进形成闽东南沿海高优农业、沿海蓝色农业、闽西北绿色农业三大特色农业产业带	针对各地农业可持续发展面临的问题，综合考虑各地农业资源承载力、环境容量、生态类型和发展基础等因素，将全国划分为优化发展区、适度发展区和保护发展区 **（一）优化发展区** 包括东北、黄淮海、长江中下游区和华南区，是我国大宗农产品主产区，农业生产条件好、潜力大，但也存在水土资源过度消耗、环境污染、农业投入品过量使用、资源循环利用程度不高等问题。**东北区。**以保护黑土地，综合利用水资源，推进农牧结合为重点，建设资源永续利用、种养产业融合、生态系统良性循环的现代粮畜产品生产基地。**黄淮海区。**以治理地下水超采、

农业区域布局政策		
国家主体功能区规划	地方主体功能区规划	全国农业可持续发展规划（2015—2030 年）

带，以优质弱筋和中筋小麦为主的优质专用小麦产业带，优质棉花产业带，"双低"优质油菜产业带，以生猪、家禽为主的畜产品产业带，以淡水鱼类、河蟹为主的水产品产业带 **汾渭平原主产区。**建设以优质强筋、中筋小麦为主的优质专用小麦产业带，以籽粒与青贮兼用型玉米为主的专用玉米产业带 **河套灌区主产区。**建设以优质强筋、中筋小麦为主的优质专用小麦产业带 **华南主产区。**建设以优质高档籼稻为主的优质水稻产业带，甘蔗产业带，以对虾、罗非鱼、鳗鲡为主的水产品产业带 **甘肃新疆主产区。**建设以优质强筋、中筋小麦为主的优质专用小麦产业带，优质棉花产业带 **其他区域。**主要包括：西南和东北的小麦产业带，西南和东南的玉米产业带，南方的高蛋白及菜用大豆产业带，北方的油菜产业带，东北、华北、西北、西南和南方的马铃薯产业带，广西、云南、广东、海南的甘蔗产业带，海南、云南和广东的天然橡胶产业带，海南的热带农产品产业带，沿海的生猪产业带，西北的肉牛、肉羊产业带，京津沪郊区和西北的奶牛产业带，黄渤海的水产品产业带等	**甘肃**规划在限制开发区域中的沿黄农业产业带、河西农产品主产区、陇东农产品主产区和中部重点旱作农业区的 26 个县为国家农产品主产区 **广东**规划形成北部山地生态农业区、潮汕平原精细农业区、南亚热带农业带、珠三角都市农业区、粤西热带农业区和沿海海水增、养殖农业带的农业战略格局，形成包括 16 个县（市）的粮食主产区、3 个县的甘蔗主产区和 3 个县的水产品主产区构成的国家级农产品主产区 **广西**规划形成桂北、桂中、桂东南和沿海地区等优质粮食主产区，桂西南、桂中、桂东南和沿海地区等糖蔗优势生产区，南亚热带优势水果及柑橘生产基地，桂西北、桂中和桂南等桑蚕优势产业带，桂东南、桂西南、桂中和沿海地区为主的木薯生产区，桂南优势水产品产业带 **贵州**规划在限制开发区域中形成包括黔中丘原盆地都市农业发展区、黔北山原中山农—林—牧发展区、黔东低山丘陵林—农发展区、黔南丘原中山低山农—牧发展区、黔西高原山地农—牧发展区的 35 个县和 90 个镇的国家农产品主产区 **黑龙江省**规划构建"三区五带"为主体的农业战略格局，形成松嫩平原、三江平原和中部山区的国家农产品主产区，形成以优质粳稻为主的水稻产业带，以籽粒与青贮兼用型玉米为主的专用玉米产	控肥控药和废弃物资源化利用为重点，构建与资源环境承载力相适应、粮食和"菜篮子"产品稳定发展的现代农业生产体系。**长江中下游区。**以治理农业面源污染和耕地重金属污染为重点，建立水稻、生猪、水产健康安全生产模式，确保农产品质量，巩固农产品主产区供给地位，改善农业农村环境。**华南区。**以减量施肥用药、红壤改良、水土流失治理为重点，发展生态农业、特色农业和高效农业，构建优质安全的热带亚热带农产品生产体系 **（二）适度发展区** 包括西北及长城沿线区、西南区，农业生产特色鲜明，但生态脆弱，水土配置错位，资源性和工程性缺水严重，资源环境承载力有限，农业基础设施相对薄弱。**西北及长城沿线区。**以水资源高效利用、草畜平衡为核心，突出生态屏障、特色产区、稳农增收三大功能，大力发展旱作节水农业、草食畜牧业、循环农业和生态农业，加强中低产田改造和盐碱地治理，实现生产、生活、生态互利共赢。**西南区。**突出小流域综合治理、草地资源开发利用和解决工程性缺水，在生态保护中发展特色农业，实现生态效益和经济效益相统一 **（三）保护发展区** 包括青藏区和海洋渔业区，

农业区域布局政策		
国家主体功能区规划	地方主体功能区规划	全国农业可持续发展规划 （2015—2030 年）
	业带,以高油高蛋白大豆为主的大豆产业带,以肉牛、奶牛、生猪为主的畜牧产品产业带以及马铃薯产业带	在生态保护与建设方面具有特殊重要的战略地位。**青藏区。**突出三江源头自然保护区和三江并流区的生态保护,实现草原生态整体好转,构建稳固的国家生态安全屏障。**海洋渔业区。**严格控制海洋渔业捕捞强度,限制海洋捕捞机动渔船数量和功率,加强禁渔期监管

资料来源：根据《国家主体功能区规划》《全国农业可持续发展规划(2015—2030 年)》和上表中涉及省份的主体功能区规划整理

（四）农业区域布局政策由整体开始细化为种植业、养殖业、粮食、经济作物、蔬菜等专项区域布局

随着农业发展水平的提高,我国农业已由传统农业阶段向现代农业阶段迈进,农业发展的阶段性特征发生了改变,农业区域布局政策的重心也由针对农业普遍问题的覆盖全区域、全品种的模式,转向了针对结构问题、区域问题的覆盖某一品种、某一区域的模式。如近年来出台的《农业部关于"镰刀弯"地区玉米结构调整的指导意见》《全国种植业结构调整规划(2016—2020 年)》《粮食行业"十三五"发展规划纲要》《全国蔬菜重点区域发展规划(2009—2015 年)》《全国蔬菜产业发展规划(2011—2020 年)》《全国大宗油料作物生产发展规划(2016—2020 年)》等一系列政策,已经针对种植业、粮食、玉米、蔬菜、大宗油料作物等某一品种农产品进行专项区域布局。

（五）农业区域布局政策由品种、区域全覆盖向优势农产区、特色农产品聚焦

从"十五"时期开始,我国农业区域布局政策开始向优势农业生产区、特色农产品方向聚焦。在优势农产品区域布局方面,形成了《优势农产品区域布局规划(2003—2007 年)》《全国优势农产品区域布局规划(2008—2015 年)》《中国柑橘优势区域布局规划(2008—2015 年)》《全国生猪优势区域布局规划

(2008—2015年)》《全国肉羊优势区域布局规划(2008—2015年)》《全国肉牛优势区域布局规划(2008—2015年)》等规划类政策;在特色农产品方面,形成了《特色农产品区域布局规划(2006—2015年)》《特色农产品区域布局规划(2013—2020年)》《特色农产品优势区建设规划纲要》等规划类政策。具体看来,优势农业生产区的区域布局政策针对的农产品种类更多,区域瞄准更精准,如从表1.14到表1.15,优势农产品的覆盖种类增多了,优势农产品的品种划分更细致,具体的优势农产品区域布局更精准。又如表1.16所示,从"十一五"期间的特色农产品区域布局规划,到"十二五"与"十三五"期间的特色农产品区域布局规划,特色农产品的品种以及区域范围更大,精细程度更深。

表 1.14 "十五"期间我国优势农产区区域布局

优势农产品	优势农产区区域布局
专用小麦	重点建设黄淮海、长江下游和大兴安岭沿麓等3个专用小麦带。黄淮海优质强筋小麦带主要布局在河北、山东、河南、陕西、山西、江苏、安徽7个省的39个地市82个县市。长江下游优质弱筋小麦带主要布局在江苏、安徽、河南、湖北4个省的10个地市20个县市。大兴安岭沿麓优质强筋小麦带主要布局在黑龙江、内蒙古2个省区的3个地市11个县旗(农场)及黑龙江垦区2个管理局
专用玉米	重点建设东北—内蒙古专用玉米优势区和黄淮海专用玉米优势区。东北—内蒙古专用玉米优势区主要布局在黑龙江、内蒙古、吉林、辽宁4个省区的26个地市102个县市(旗);黄淮海专用玉米优势区主要布局在河北、山东、河南3个省的33个地市98个县市
高油大豆	重点建设东北高油大豆带,主要抓好松嫩平原、三江平原、吉林中部、辽河平原、内蒙古东四盟市5个优势产区,把东北地区建设成为世界上最大的非转基因高油大豆生产区。主要布局在黑龙江、吉林、辽宁、内蒙古4个省区的30个地市(盟)127个县市(旗)
棉花	在黄河流域棉区、长江流域棉区、西北内陆棉区重点建设120个棉花生产基地。其中,黄河流域棉区主要建设河北、山东、河南、江苏、安徽5个省的50个县,长江流域棉区主要建设江汉平原、洞庭湖、鄱阳湖、南襄盆地等地的40个县,西北内陆棉区主要建设新疆维吾尔自治区、新疆兵团和甘肃河西走廊地区的30个县、团场
"双低"油菜	重点建设长江上游区、中游区和下游区3个"双低"油菜优势区。长江上游优势区主要布局在四川、贵州、重庆、云南4个省(市)的36个县(市、区)。长江中游优势区主要布局在湖北、湖南、江西、安徽和河南5个省的92个县(市、区)。长江下游优势区主要布局在江苏、浙江2个省的22个县(市、区)
"双高"甘蔗	重点建设桂中南、滇西南、粤西3个"双高"甘蔗优势产区,主要布局在广西、云南、广东3个省区的18个地市48个县市
柑橘	重点建设长江上中游、赣南—湘南—桂北和浙南—闽西—粤东三大优势产区,近期集中抓好长江上中游和赣南—湘南—桂北2个柑橘优势区的建设。主要布局在四川、重庆、湖北、江西、湖南、广西6个省市的13个地市46个县市及8个国有柑橘农场。浙南—闽西—粤东柑橘优势区近期作示范性启动

优势农产品	优势农产区区域布局
苹果	重点扶持和发展渤海湾、西北黄土高原2个苹果优势区。渤海湾苹果优势区主要布局在山东、辽宁、河北3省的12个地市28个县市。西北黄土高原苹果优势区主要布局在陕西、山西、河南、甘肃4省的11个地市27个县市
肉牛肉羊	重点建设中原、东北2个肉牛优势产区,建设中原、内蒙古中东部及河北北部、西北和西南4个肉羊优势产区。中原肉牛优势产区主要布局在河南、山东、河北、安徽4个省的7个地市38个县市。东北肉牛优势产区主要布局在辽宁、吉林、黑龙江、内蒙古4个省区的7个地市24个县市(旗)。中原肉羊优势区主要布局在河南、山东、河北、江苏、安徽5个省的6个地市20个县市。内蒙古中东部及河北北部肉羊优势区主要布局在内蒙古和河北2个省区的2个地市10个县市。西北肉羊优势产区主要布局在宁夏、甘肃、青海、新疆4个省区的5个地市(州)15个县市。西南肉羊优势产区主要布局在四川、重庆、云南、贵州、广西5个省区市的5个地市16个县市
牛奶	重点发展东北、华北及京津沪3个牛奶优势产区。东北优势产区主要布局在黑龙江、内蒙古2个省区的12个地市(盟)37个县市(旗)。华北优势产区主要布局在河北、山西2个省的10个地市29个县区。京津沪优势产区主要布局在13个郊区县和25个农场
水产品	优先发展东南沿海、黄渤海出口水产品优势养殖带和长江中下游出口河蟹优势养殖区。东南沿海养殖带主要布局在浙江、福建、广东、广西、海南5个省区的28个地市43个县市,重点发展鳗鱼、对虾、罗非鱼、大黄鱼。黄渤海养殖带主要布局在山东、河北、辽宁3个省的9个地市23个县市,重点发展对虾、贝类。长江中下游养殖区主要布局在江苏、安徽、江西3个省的11个地市12个县市,重点发展河蟹

资料来源:《优势农产品区域布局规划(2003—2007年)》

表1.15 "十一五"与"十二五"期间我国优势农产品区域布局

优势农产品	优势农产区区域布局
水稻	着力建设东北平原、长江流域和东南沿海3个优势区。其中,东北平原水稻优势区主要位于三江平原、松嫩平原、辽河平原,主要包括黑龙江、吉林、辽宁3个省的82个重点县,着力发展优质粳稻;长江流域水稻优势区主要位于四川盆地、云贵高原丘陵平坝地区、洞庭湖平原、江汉平原、河南南部地区、鄱阳湖平原、沿淮和沿江平原与丘陵地区,主要包括四川、重庆、云南、贵州、湖南、湖北、河南、安徽、江西、江苏10个省(市)的449个重点县,着力稳定双季稻面积,逐步扩大江淮粳稻生产,提高单季稻产量水平;东南沿海水稻优势区主要位于杭嘉湖平原、闽江流域、珠江三角洲、潮汕平原、广西及海南的平原地区,主要包括上海、浙江、福建、广东、广西、海南6个省(区、市)的208个重点县,稳定水稻面积,着力发展优质高档籼稻

优势农产品	优势农产区区域布局
小麦	着力建设黄淮海、长江中下游、西南、西北、东北 5 个优势区。其中,黄淮海小麦优势区包括河北、山东、北京、天津全部,河南中北部、江苏和安徽北部、山西中南部以及陕西关中地区,主要包括 336 个重点县,着力发展优质强筋、中强筋和中筋小麦;长江中下游小麦优势区包括江苏、安徽两省淮河以南、湖北北部、河南南部等地区,主要包括 73 个重点县,着力发展优质弱筋和中筋小麦;西南小麦优势区包括四川、重庆、云南、贵州等省(市),主要包括 59 个重点县,着力发展优质中筋小麦;西北小麦优势区包括甘肃、宁夏、青海、新疆,陕西北部及内蒙古河套土默川地区,主要包括 74 个重点县,着力发展优质强筋、中筋小麦;东北小麦优势区包括黑龙江、吉林、辽宁全部及内蒙古东部,主要包括 16 个重点县,着力发展优质强筋、中筋小麦
玉米	着力建设北方、黄淮海和西南 3 个优势区。其中,北方玉米优势区包括黑龙江、吉林、辽宁、内蒙古、宁夏、甘肃、新疆,陕西北部、山西中北部、北京和河北北部及太行山沿线的玉米种植,主要包括 233 个重点县,着力发展籽粒与青贮兼用型玉米;黄淮海玉米优势区包括河南、山东、天津、河北、北京大部,山西、陕西中南部和江苏、安徽淮河以北的玉米种植区,主要包括 275 个重点县,着力发展籽粒玉米,积极发展籽粒与青贮兼用和青贮专用玉米,适度发展鲜食玉米;西南玉米优势区包括重庆、四川、云南、贵州、广西及湖北、湖南西部的玉米种植,主要包括 67 个重点县,着力发展青贮专用和籽粒与青贮兼用玉米
大豆	着力建设东北高油大豆、东北中南部兼用大豆和黄淮海高蛋白大豆 3 个优势区,其中,东北高油大豆优势区包括内蒙古东四盟和黑龙江的三江平原、松嫩平原第二积温带以北地区,主要包括 59 个重点县;东北中南部兼用大豆优势区包括黑龙江南部、内蒙古的通辽赤峰及吉林辽宁大部,主要包括 22 个重点县;黄淮海高蛋白大豆优势区包括河北、山东、河南、江苏和安徽两省的沿淮及淮河以北、山西西南地区,主要包括 36 个重点县
马铃薯	着力建设东北、华北、西北、西南、南方 5 个优势区。其中,东北马铃薯优势区包括东北地区的黑龙江和吉林 2 省、辽宁北部和西部、内蒙古东部地区,主要包括 34 个重点县,着力发展种用、加工用和鲜食用马铃薯;华北马铃薯优势区包括内蒙古中西部、河北北部、山西中北部和山东西南部地区,主要包括 44 个重点县,着力发展种用、加工用和鲜食用马铃薯;西北马铃薯优势区包括甘肃、宁夏、陕西西北部和青海东部地区,主要包括 51 个重点县,着力发展鲜食用、加工用和种用马铃薯;西南马铃薯优势区包括云南、贵州、四川、重庆 4 省(市)和湖北、湖南 2 省的西部山区,陕西的安康地区,主要包括 182 个重点县,着力发展鲜食用、加工用和种用马铃薯;南方马铃薯优势区包括广东、广西、福建 3 省,江西南部、湖北和湖南中东部地区,主要包括 82 个重点县,着力发展鲜食用薯和出口鲜薯品种
棉花	着力建设黄河流域、长江流域、西北内陆 3 个优势区。其中,黄河流域棉花优势区包括天津、冀东、冀中、冀南、鲁西南、鲁西北、鲁北、苏北、豫东、豫北、皖北、晋南、陕西关中东部地区,主要包括 146 个重点县;长江流域棉花优势区包括江汉平原、洞庭湖、鄱阳湖、南襄盆地、安徽沿江棉区、苏北灌溉总渠以南地区,主要包括 60 个重点县。黄河流域和长江流域两个优势区着力提高棉花品质一致性,有效控制异性纤维混入。西北内陆棉花优势区包括南疆、东疆、北疆和甘肃河西走廊地区,主要包括 98 个重点县,稳定发展海岛棉,着重提高纤维强力和原棉一致性,扩大异性纤维治理成效

优势农产品	优势农产区区域布局
油菜	着力建设长江上游、中游、下游和北方4个优势区。其中,长江上游油菜优势区包括四川、贵州、云南、重庆和陕西5省(市),主要包括101个重点县,着力发展高产、高含油量、耐湿、抗病"双低"油菜;长江中游油菜优势区包括湖北、湖南、江西、安徽4省及河南信阳地区,主要包括166个重点县,着力发展早熟、多抗、高含油量的"双低"优质油菜;长江下游油菜优势区包括江苏、浙江两省,主要包括24个重点县,着力发展高含油量、抗病、中早熟、耐裂角和耐渍优质油菜;北方油菜优势区包括青海、内蒙、甘肃3省(区),主要包括27个重点县,着力发展抗旱、抗冻的优质甘蓝型特早熟春油菜
甘蔗	着力建设桂中南、滇西南、粤西琼北3个优势区。其中,桂中南甘蔗优势区包括33个县,着力发展高产高糖品种;滇西南甘蔗优势区包括18个县,着力发展耐旱高产高糖品种;粤西琼北甘蔗优势区包括9个县,着力发展高糖高抗性品种
苹果	着力建设渤海湾和黄土高原2个优势区。其中,渤海湾苹果优势区位于胶东半岛、泰沂山区、辽南及辽西部分地区,燕山、太行山浅山丘陵区,包括山东、辽宁、河北3省的53个县,着力发展鲜食品种;黄土高原苹果优势区位于陕西渭北和陕北南部地区、山西晋南和晋中、河南三门峡地区和甘肃的陇东及陇南地区,包括陕西、甘肃、山西、河南4省的69个县,着力发展鲜食品种,加快发展加工鲜食兼用品种
柑橘	着力建设长江上中游、赣南—湘南—桂北、浙—闽—粤、鄂西—湘西、特色柑橘生产基地5个优势区。其中,长江上中游柑橘优势区位于湖北秭归以西、四川宜宾以东、以重庆三峡库区为核心的长江上中游沿江区域,主要包括38个重点县,着力发展鲜食加工兼用柑橘、橙汁原料柑橘和早、晚熟柑橘;赣南—湘南—桂北柑橘优势区位于江西赣州、湖南郴州、永州、邵阳和广西桂林、贺州等地,主要包括44个重点县,着力发展优质鲜食脐橙;浙—闽—粤柑橘优势区位于东南沿海地区,主要包括50个重点县,着力发展宽皮柑橘、柚类和杂柑类;鄂西—湘西柑橘优势区包括湖北西部、湖南西部地区,主要包括24个重点县,着力发展早熟、极早熟宽皮柑橘;特色柑橘生产基地包括南丰蜜橘基地、岭南晚熟宽皮橘基地、云南特早熟柑橘基地、丹江库区北缘柑橘基地和云南、四川柠檬基地,主要包括20个重点县,着力发展极早熟、早熟宽皮柑橘等特色品种
天然橡胶	着力建设海南、云南、广东3个优势区。其中,海南天然橡胶优势区包括18个县,着力发展高产抗风优良品种;云南天然橡胶优势区包括29个县,着力发展抗寒高产新品种;广东天然橡胶优势区包括13个县,着力发展抗风、抗寒高产速生品种
肉牛	着力建设中原、东北、西北、西南4个优势区。其中,中原肉牛优势区包括山东、河南、河北、安徽4省的51个县,着力满足京津冀都市圈、环渤海经济圈和长三角地区优质牛肉需求;东北肉牛优势区包括吉林、黑龙江、辽宁、内蒙古、河北5省(区)的60个县,在满足本区域优质牛肉需求同时,着力开拓东北亚市场;西北肉牛优势区包括新疆、甘肃、陕西、宁夏4省(区)的29个县,在满足本区域优质牛肉需求同时,着力开拓中亚、中东市场;西南肉牛优势区包括四川、重庆、云南、贵州、广西5省(区、市)的67个县,着力满足本区域和华南地区优质牛肉需求

优势农产品	优势农产区区域布局
肉羊	着力建设中原、中东部农牧交错带、西北和西南4个优势区。其中,中原肉羊优势区包括山东、河北南部、湖北、山东东部、河南、江苏和安徽7省的56个县,着力发展秸秆舍饲肉羊养殖;中东部农牧交错带肉羊优势区包括山西、河北北部、内蒙古、辽宁、吉林、黑龙江6省(区)的32个县,着力发展高档肉羊养殖;西北肉羊优势区包括甘肃、宁夏、新疆、陕西4省(区)的44个县,着力发展无污染优质肉羊养殖;西南肉羊优势区包括四川、云南、贵州、重庆、湖南5省的21个县,着力发展山羊养殖
奶牛	着力建设京津沪郊区、东北内蒙、中原、西北4个奶牛优势区。其中,京津沪郊区奶牛优势区包括北京、上海、天津3市的17个郊县,着力提高奶业现代化水平,加快产加销一体化进程,保障市场供给;东北内蒙奶牛优势区包括黑龙江、辽宁和内蒙古3省(区)的117个县,着力发展规模化、标准化奶牛养殖;中原奶牛优势区包括河北、山西、河南、山东4省的111个县,着力发展专业化养殖场和规模化小区,大力提高奶牛单产;西北奶牛优势区包括新疆、陕西、宁夏3省(区)的68个县,着力发展舍饲、半舍饲规模化养殖,大力提高饲养管理水平
生猪	着力建设沿海、东北、中部和西南4个生猪优势区。其中,沿海生猪优势区包括江苏、浙江、广东、福建4省的55个县,着力发展现代化养殖,确保一定的自给率;东北生猪优势区包括吉林、辽宁、黑龙江3省的30个县,着力发展规模化养殖,确保京、津等大中城市市场供应;中部生猪优势区包括河北、山东、安徽、江西、河南、湖北、湖南7省的226个县,着力发展健康养殖,稳定提高调出能力;西南生猪优势区包括广西、四川、重庆、云南、贵州5省(区、市)的126个县,着力发展各种类型的生态养殖,提高规模化养殖水平,拓宽市场空间
出口水产品	着力建设黄渤海出口水产品优势养殖带、东南沿海出口水产品优势养殖带、长江流域出口水产品优势养殖带3个优势区。其中,黄渤海出口水产品优势养殖带包括天津、河北、辽宁、山东4省(市)的62个县,着力发展对虾、贝类、河蟹、海藻;东南沿海出口水产品优势养殖带包括浙江、福建、广东、广西、海南5省(区)的121个县,着力发展鳗鲡、对虾、贝类、大黄鱼、罗非鱼、海藻;长江流域出口水产品优势养殖带包括江苏、安徽、江西、湖北、湖南、重庆、四川7省(市)的102个县,着力发展河蟹、斑点叉尾鮰、鳗鲡、海藻

资料来源:《全国优势农产品区域布局规划(2008—2015年)》

表1.16 "十二五"与"十三五"期间我国特色农产品区域布局

特色农产品	区域布局
特色蔬菜	(1) 莲藕:江苏北部、浙江区、山东微山、江汉平原、广西中部 (2) 魔芋:秦巴武陵区、云贵川区 (3) 莼菜:江苏太湖区、浙江杭州、湖北武陵山区、重庆石柱、四川雷波 (4) 藠头:鄂湘赣区、云南区 (5) 芋头:浙闽区、山东、桂东北区、云南弥渡 (6) 竹笋:东南区、湖北区、西南区、陕南区

特色农产品	区域布局
特色果品	(7) 黄花菜：湘黔区、甘陕区 (8) 荸荠：浙江区、鄂中区、桂东北区、滇西区 (9) 山药：黄淮海区、云贵区、湖北区 (10) 黑木耳：东北区、浙闽区、秦巴伏牛山区、长江中上游地区、桂北区 (11) 银耳：福建区、秦巴山区、黔西北区 (12) 辣椒*：东北区、黄淮海区、西南区、湖南区、西北区、海南区 (13) 花椒：西南区、藏东南、陕甘青区 (14) 大料：桂西南区、桂东南区、滇东南区 (1) 葡萄：华北区、东北区、华东区、中南区、西南区、西北区 (2) 特色梨：塔里木盆地北缘（库尔勒香梨）、山东莱阳（莱阳茌梨）、冀中和鲁西北（鸭梨）、冀中（雪花梨）、鲁苏皖黄淮平原（砀山酥梨、丰水）、河南南部（中梨1号、黄冠）、吉林延边（苹果梨）、辽宁沿海（南果梨、锦丰梨）、甘肃河西走廊（苹果梨）、京郊（京白梨）、云南中部（翠冠、满天红） (3) 特色桃：北京产区、河北产区、晋南产区、辽南产区、山东产区、陕甘高原产区、苏浙沪区、鄂北产区、成都产区、皖北产区、滇黔产区、桂北产区、东南产区 (4) 樱桃：河北秦皇岛、辽南、江苏栖霞、山东胶东半岛和泰沂西部、关中—天水产区、青海乐都 (5) 石榴：河北元氏、安徽怀远、山东枣庄、琼东地区、川滇区、新疆绿洲区 (6) 杨梅：浙闽大部、云南中东部 (7) 枇杷：浙闽粤区、湘桂区、四川区、江苏吴中、安徽歙县 (8) 特色柚：闽粤区、桂东北湘南区、浙江中南部、湖北宣恩 (9) 猕猴桃：河北坝上、陕西关中、甘肃陇南、渝湘黔区、江西西北部、江苏沿海、川中区、豫西地区 (10) 特色枣：冀鲁豫平原、黄土高原、甘肃民勤、新疆南部、辽西北区、闽南区、海南区 (11) 特色杏：冀北山区（仁用杏）、辽西地区（仁用杏）、南疆地区（鲜食杏） (12) 特色核桃：云南中西部、晋冀区、青海东部、藏东南、南疆地区、鄂西、山东泰山、浙皖天目山区（山核桃）、辽东南 (13) 板栗：京津冀区、辽东地区、鲁中低山丘陵、福建北部、鄂皖大别山区、陕南鄂西、云南中部 (14) 柿子：京冀太行山区、陕甘区、桂北区、湖北罗田 (15) 香榧：浙江会稽山脉 (16) 龙眼：粤桂南部、福建沿海、海南、滇西南干热河谷 (17) 荔枝：粤桂南部、福建沿海、海南、滇西南干热河谷、四川泸州 (18) 香蕉：海南—雷州半岛、粤西—桂南、桂西南—滇南—滇西南、珠三角—粤东—闽南 (19) 橄榄：闽粤沿海 (20) 椰子：海南 (21) 腰果：海南 (22) 菠萝：桂西南、闽粤南部、海南东部、滇南和干热河谷 (23) 芒果：粤桂南部、海南西部、滇南、川滇干热河谷、闽南 (24) 番木瓜：粤桂南部、滇东南 (25) 槟榔：海南、闽南

特色农产品	区域布局
特色粮油	（1）芸豆：河北、山西、内蒙古、吉林、黑龙江、山东、重庆、四川、贵州、云南、陕西、甘肃、新疆等地的部分县市 （2）绿豆：河北、山西、内蒙古、辽宁、吉林、黑龙江、江苏、安徽、山东、河南、湖北、广西、重庆、四川、贵州、陕西、新疆等地的部分县市 （3）红小豆：北京、天津、河北、山西、内蒙古、辽宁、吉林、黑龙江、江苏、山东、湖北、四川、贵州、云南、陕西、甘肃等地的部分县市 （4）蚕豆：河北、江苏、安徽、湖北、广西、重庆、四川、贵州、云南、陕西、甘肃、青海、宁夏等地的部分县市 （5）豌豆：河北、山西、江苏、山东、湖北、广东、重庆、四川、贵州、云南、甘肃、青海、宁夏等地的部分县市 （6）豇豆：大兴安岭南麓地区 （7）荞麦：河北、山西、内蒙古、安徽、广西、重庆、四川、贵州、云南、西藏、陕西、甘肃、宁夏等地的部分县市 （8）燕麦：河北、山西、内蒙古、吉林、四川、贵州、云南、甘肃、宁夏等地的部分县市 （9）青稞：四川、云南、西藏、甘肃、青海等地的部分县市 （10）谷子：河北、山西、内蒙古、辽宁、吉林、黑龙江、山东、河南、陕西、甘肃等地的部分县市 （11）糜子：河北、山西、内蒙古、辽宁、吉林、黑龙江、陕西、甘肃、宁夏等地的部分县市 （12）高粱：河北、山西、内蒙古、辽宁、吉林、黑龙江、山东、湖北、重庆、四川、贵州、陕西、甘肃、新疆等地的部分县市 （13）薏苡：浙江、广西、贵州、云南等地的部分县市 （14）啤酒大麦：内蒙古、黑龙江、江苏、安徽、河南、云南、陕西、甘肃、新疆等地的部分县市 （15）啤酒花：甘肃、新疆等地的部分县市 （16）芝麻：吉林、江苏、安徽、福建、江西、河南、湖北、陕西、新疆等地的部分县市 （17）胡麻：河北、山西、内蒙古、陕西、甘肃、宁夏、新疆等地的部分县市 （18）向日葵：山西、内蒙古、辽宁、吉林、黑龙江、新疆等地的部分县市 （19）木本油料：浙江、湖北、湖南、贵州等地的部分县市
特色饮料	（1）红茶：皖南、滇西、赣西北、粤桂部分县、福建部分县市 （2）乌龙茶：闽西北、闽南、粤东、粤西 （3）普洱茶：滇西南 （4）绿茶：江苏、浙江、安徽、江西、福建、河南、湖北、湖南、广东、广西、海南、重庆、四川、贵州、云南、陕西、甘肃等地的部分县市 （5）咖啡：云南西南部、广东雷州半岛、海南北部
特色花卉	（1）鲜切花：云南中部、浙江东北部 （2）种球花卉：福建漳州、青海东部、滇西北和滇东北、甘肃中部、辽宁凌源 （3）盆栽花卉：福建沿海、浙江中北部、广东珠江三角洲、江苏如皋、辽宁海城、天津东丽 （4）园林花卉：湖北、河南

特色农产品	区域布局
特色纤维	(1) 蚕茧：广西中部、川东南、渝东南、云南、苏北、浙江中北部和西部、鄂北、粤西粤北、陕甘南部、皖南(桑蚕)；豫南、东北地区(柞蚕) (2) 苎麻：湘鄂赣、川东—渝中南地区、桂北地区 (3) 亚麻：黑龙江、新疆伊犁、甘肃中东部 (4) 剑麻：华南南部
道地中药材	(1) 三七：桂西南、滇东南 (2) 川贝母：川西、藏东、甘肃南部 (3) 天麻：云贵川、秦巴山区、武陵山区、皖西 (4) 怀药：河南焦作 (5) 杜仲：秦巴山区、武陵山区、大娄山区、湖南中东部部分县市 (6) 枸杞：宁蒙河套地区、新疆精河、青海中西部 (7) 黄芪：内蒙古中东部、辽宁东部、吉林长白山、黑龙江北部、川西北、山东半岛、陕西中部、甘肃南部、青海东部 (8) 人参：长白山 (9) 丹参：天津蓟县、四川中江和青川、湖北孝感、甘肃南部 (10) 林蛙：长白山及大小兴安岭、辽西个别县市 (11) 鹿茸：辽宁北部、吉林中南部、黑龙江中南部 (12) 当归：滇西北、甘肃南部 (13) 罗汉果：桂东北 (14) 北五味子：东北区 (15) 浙贝母：浙江中部 (16) 川芎：四川成都 (17) 金银花：河南新乡、山东平邑、四川巴中、广西忻城 (18) 白术：贵州松桃县、河北安国市、河南、浙江 (19) 藏药：藏区 (20) 甘草：黑龙江西南部、新疆中西部 (21) 黄芩：河北、山东 (22) 桔梗：河北安国、鲁中地区、豫南—鄂北 (23) 细辛：辽宁东部 (24) 龙胆草：辽宁东部、黑龙江西南部 (25) 山茱萸：豫西、浙西北
特色草食畜	(1) 牦牛：青藏高原、南疆中部 (2) 延边牛：东北三省东部 (3) 渤海黑牛：山东北部 (4) 郏县红牛：河南中西部 (5) 复州牛：辽宁南部 (6) 湘西黄牛：湖南湘西北地区 (7) 奶水牛：广西、云南 (8) 德州驴：鲁北平原 (9) 关中驴：陕西关中平原 (10) 晋南驴：山西南部 (11) 广灵驴：山西东北部 (12) 泌阳驴：河南南部 (13) 福建黄兔：福建西南、福建东北

特色农产品	区域布局
特色猪禽蜂	（14）闽西南黑兔：福建西南部 （15）九嶷山兔：湖南南部 （16）吉林梅花鹿：吉林省 （17）东北马鹿：东北三省东部地区、内蒙古赤峰 （18）细毛羊：新疆天山北坡及南坡地带、内蒙古中东部、甘肃祁连山区、青海中部 （19）绒山羊：西藏西部、内蒙古中西部、辽东半地区、辽西地区、新疆准噶尔盆地和塔里木盆地周边、青海柴达木 （20）藏系绵羊：青藏高原等藏区 （21）滩羊：宁夏中部、甘肃中部 （22）奶山羊：陕西中部、胶东半岛、四川中部 （1）金华猪：浙江中西部、江西东北部 （2）乌金猪：云贵川乌蒙山和大小凉山地区 （3）香猪：黔东南、桂西北 （4）藏猪：西藏东南部、云南西北部、四川西部、甘肃南部 （5）滇南小耳猪：滇西边境山区 （6）八眉猪：陕西泾河流域、甘肃陇东、青海东部 （7）太湖猪：江苏、浙江和上海交界的太湖流域 （8）优质地方鸡：北京、山西、辽宁、黑龙江、上海、浙江、安徽、福建、江西、山东、河南、湖北、湖南、广东、广西、海南、重庆、四川、贵州、云南、西藏、陕西、青海、新疆等地的部分县市 （9）特色水禽：长江中下游区、东南沿海区、西南区、黄淮海区、东北松花江区 （10）特色肉鸽：新疆塔里木盆地西部（塔里木鸽）、广东中南部、珠江三角洲地区（石岐鸽） （11）特色蜂产品：东北区（包括吉林和黑龙江2省）、中南区（包括河南、湖北、湖南、广东、广西、海南6省区）、华东区（包括江苏、浙江、安徽、江西、福建、山东6省市）、西北区（包括陕西、甘肃、青海、宁夏和新疆5省区）、西南地区（包括重庆、四川、云南和西藏4省市区市）和华北区（包括北京和河北2省市）
特色水产	（1）鲍鱼：辽宁、山东、福建、广东、海南等地沿海 （2）海参：辽宁、河北、山东、江苏、福建等地沿海 （3）海胆：辽宁、山东、广东等地沿海 （4）珍珠：江苏、浙江、安徽、江西、湖北、湖南、广东、广西、海南等地的部分县市 （5）鳜鱼：江苏、浙江、安徽、江西、湖北、湖南、广东等地的部分县市 （6）鲟鳇鱼：北京、河北、山西、辽宁、黑龙江、山东、湖北、四川、贵州、云南、甘肃、青海等地的部分县市 （7）长吻鮠：江苏、安徽、江西、湖北、广东、重庆、四川等地的部分县市 （8）青虾（学名为日本沼虾）：江苏、浙江、安徽、江西、山东、湖北的部分县市 （9）锯缘青蟹：浙江、福建、广东、广西、海南等地沿海 （10）黄颡鱼：辽宁、黑龙江、江苏、浙江、安徽、江西、湖北、湖南、四川等地的部分县市

特色农产品	区域布局
	（11）黄鳝：江苏、安徽、江西、湖北、湖南、四川等地的部分县市 （12）乌鳢：江苏、浙江、安徽、江西、山东、湖北、湖南、广东等地的部分县市 （13）鲶鱼：辽宁、江苏、安徽、江西、山东、湖北、湖南、广东、广西、四川等地的部分县市 （14）龟鳖：河北、江苏、浙江、江西、山东、河南、湖北、湖南、广东等地的部分县市 （15）海蜇：辽宁、河北、山东、江苏等地的沿海地区

资料来源：《特色农产品区域布局规划(2013—2020年)》

（六）农业区域布局政策由生产环节向全产业链扩散，逐步形成了农业全产业链区域布局政策体系

在长期保障粮食安全和农产品供给的战略布局下，我国农业区域布局政策主要注重农产品的生产环节，而忽略了农产品产业链的其他部分。随着经济社会发展进入新时代，农业也进入了农业现代化发展阶段。为了促进农业产业竞争力，提升农业生产附加价值，必须拓展农业产业链，农产品加工以及农产品市场建设也逐渐成为了农业政策关注的领域。特别是"十二五"末期以来，我国已经形成了《全国农产品产地市场发展纲要》(2015年)、《全国农产品加工业与农村一二三产业融合发展规划(2016—2020年)》等政策文件，更加注重农产品加工、销售等环节的区域布局，逐步形成了覆盖农业全产业链的区域布局政策体系。如表1.17所示，农业区域布局政策已经覆盖到原料、加工、物流、营销等环节。

表1.17　我国农产品加工环节的农业区域布局政策

农产品区域	农产品加工环节区域布局
粮油生产核心区	在粮食生产核心区，大力发展优质原料基地及加工专用品种生产，积极推动大宗粮食作物产地初加工、传统加工技术升级与装备创制。在东北、长江中下游等稻谷主区，黄淮海、长江中下游等小麦主区，东北、华北等玉米主产区，东北、华北、西北和西南等马铃薯主产区，东北和黄淮海等大豆主产区，长江流域和北方等油菜主产区，东北农牧交错区及沿黄河花生主产区，重点开展优质原料基地建设。在东北、华北、长江中下游、大宗粮油作物生产核心区形成初加工产业带，引导生产合作组织、创新联盟发挥更大作用，建立更加专业的、便捷的粮油生产仓储、物流、金融、信贷平台与服务网络，打造自然生态与传统文化结合的休闲农业发展模式

农产品区域	农产品加工环节区域布局
经济作物生产优势区	在经济作物生产优势区,加强加工专用原料基地建设,加快电子商务平台建设,积极推动经济作物产地初加工、精深加工和综合利用技术升级与装备创制,大力促进休闲农业发展。在渤海湾和西北黄土高原地区发展苹果原料基地;在长江上中游、浙闽粤和赣南湘南桂北、鄂西湘西发展柑橘原料基地;在华南与西南热区、长江流域、黄土高原、云贵高原、北部高纬度、黄淮海与环渤海等地发展蔬菜原料基地;在长江流域、东南沿海、西南地区发展绿茶、乌龙茶等茶专用原料基地,在华南、西南热区发展热带水果原料基地。在东南沿海、环渤海等地以及西部地区分别建设速冻果蔬、果蔬浆及果蔬干制等初加工产业带;在热带、亚热带、东北地区建设果蔬制汁制罐及副产物高值化加工产业带;在河北、山西、山东、福建、浙江、广东、广西、江苏、新疆等地建设果蔬干制及营养健康食品加工产业带;在中原、西北、贵州及江浙闽地区等建设茶饮料及速溶茶加工产业带。在新疆、长江及黄河流域等棉花主产区和广西、云南等糖料主产区,发展优质原料基地及加工产业带。推动果蔬茶原料企业电子商务平台与物流体系建设,积极拓展"农产品生产＋精深加工＋休闲旅游"的融合模式,大力发展休闲农业
养殖产品优势区	在养殖产品优势区,进一步加强加工原料基地建设,大力发展产地初加工和高值化综合利用,物流体系和信息网络共享平台。稳步推进养殖标准化和适度规模养殖,在东北、中部、西南的生猪主产区,在中原、东北、西北、西南的肉牛主产区,在中原、中东部、西北、西南的肉羊主产区,在东北、内蒙古、华北、西北、南方和大城市郊区奶业主产区,在华北、长江中下游、华南、西南、东北等肉禽优势产区,在华东、华北、华中、华南、西南禽蛋主产区,分别建设肉、奶、蛋品优质原料生产基地。在沿海地区积极保护滩涂生态环境,鼓励发展生态养殖、深水抗风浪网箱养殖和工厂化循环水养殖,开展海洋牧场建设,拓展外海养殖空间,打造生态"海上粮仓",提供优质海产品食材。在内陆地区稳定宜养区域养殖规模,充分利用稻田、低洼地和盐碱地资源,积极发展生态健康养殖,建设优质淡水产品生产基地。在沿海和长江中下游地区建设优质水产品加工产业带。推动产学研结合,大力推进技术创新与先进装备研发与推广,建立市场导向、资源聚集的加工产业集群。在原料主产区建立初加工和高值化综合利用产业带
大中城市郊区及都市农业区	在京津冀、长三角、珠三角、东南沿海、长江经济带等大中城市郊区及都市农业发展区建立主食加工、方便食品加工、休闲食品加工产业带以及农产品精深加工与综合利用产业带,培育一批大型农产品加工企业、产业园区,形成具有国际竞争优势的产业带。结合大中城市郊区及都市农业区农业资源及农产品加工产业带,创新农业文化、农耕(渔事)体验、教育科普、生态观光、人文创意、饮食文化、生活服务、餐饮服务等休闲农业和乡村旅游发展模式,鼓励建设中央主食厨房、休闲农园、农产品及加工品的仓储物流设施及配送体系、网上营销等设施平台,满足城乡居民多元化、个性化的消费需求
贫困地区	实施精准扶贫、精准脱贫,立足当地资源优势,因地制宜发展农产品加工、休闲农业和乡村旅游,探索支持贫困地区、革命老区、民族地区、边疆地区和生态涵养地区的产业扶贫新模式,加快农村贫困劳动力向加工业、休闲农业及服务业的转移。以农民合作社、企业等新型经营主体为龙头,立足当地资源,与农户建立稳固的利益联结机制,发展农产品生产、加工、储藏保鲜、销售及休闲、服务等融合经营,确保贫困人口精准受益。适当集中布局,培育重点产品,以县为单元建设特色产业基地,以村(乡)为基础培植特色拳头产品,实现就地脱贫,提高扶贫实效

资料来源:《全国农产品加工业与农村一二三产业融合发展规划(2016—2020年)》

四、我国农业区域布局存在的问题

在农业发展中的结构性问题凸显后,我国农业政策开始重视区域布局。农业区域布局面临许多问题,如供给侧结构性矛盾问题、产业结构与资源禀赋匹配问题、产业融合问题、区域统筹问题以及主体协调发展问题等。

(一)农作物品种结构、供需数量与品质等供给侧结构性矛盾问题突出

截止到"十一五"时期,我国农业政策一直以重视粮食生产和农产品数量供应为中心,促进我国农作物播种面积、粮食播种面积及产量快速增长。在"十二五"时期,我国粮食产量已经突破 6 亿吨,经济作物产量增长迅速,小麦、稻谷等口粮品种供求平衡,玉米出现阶段性供大于求,大豆供求缺口逐年扩大;棉花、油料、糖料等受资源约束和国际市场冲击,进口大幅增加,生产出现下滑;优质饲草短缺,进口逐年增加。农业供给侧结构性矛盾突出。具体表现为:玉米等农产品库存积压和优质化、多样化、专用化农产品供给不足;农业生产成本持续上升,农业生产效益低而不稳;农业基础设施建设滞后;农产品质量安全风险增多;农业面临的国际竞争压力加大。

近些年来,"镰刀弯"地区玉米发展过快,种植结构单一,种养不衔接,产业融合度较低,影响种植效益和农民收入。由于玉米生产快速扩张,水土流失、土壤沙化等问题加重,资源环境约束与生产发展的矛盾日益突出。受全球经济低迷、石油价格下跌、深加工疲软等多种因素影响,国际市场玉米供给宽松、价格下跌,而我国因成本上升等因素影响,玉米价格持续上涨,国内外玉米价格倒挂。受此影响,玉米及玉米替代品进口量快速增长,对国内玉米生产造成较大冲击。2015 年,我国玉米产量 2.25 亿吨,进口量 473 万吨,而国内消费量仅 1.94 亿吨,库存量超过 2.5 亿吨,出现"三量齐增"现象。我国粮食生产存在总量供过于求,高品质供给不足,生产效率低下问题。自 2006 年以来,我国粮棉油生产成本年均增长 10% 以上,我国稻谷生产成本比美国高出 39%,玉米生产成本比美国高出 112%,大豆生产成本比美国高出 103.3%。

(二)农业生产与地方主体功能区定位不匹配,产业结构与资源禀赋不匹配问题凸显

在促进农业增产的过程中,我国农业已从"低投入、低产出、低污染"的传统

农业转变成为"高投入、高产出、高污染"的现代农业,农业产业结构与资源禀赋出现了许多不匹配的问题,主要有:农业生产与地方主体功能区定位不匹配,造成资源环境破坏严重;农业产业结构不能有效地整合农业生产要素,造成农业资源大量外流。

在制定主体功能区规划之前,农业发展并没有优先发展、适当发展和限制发展区域的区域划定。广泛、长期的过度开发农业资源,使得农业资源环境承载力已经到达极限。主要表现为:多年来的土地过度开垦,导致水土流失严重,全国水土流失面积达 295 万平方公里,年均土壤侵蚀量 45 亿吨,沙化土地173 万平方公里,石漠化面积 12 万平方公里;耕地质量下降,黑土层变薄、土壤酸化、耕作层变浅等问题凸显;农田灌溉水有效利用系数比发达国家平均水平低 0.2,华北地下水超采严重。农业增长过度依赖化肥、农药的格局仍未根本扭转,内源性污染严重,化肥、农药利用率不足 1/3,农膜回收率不足 2/3,畜禽粪污有效处理率不到一半,秸秆焚烧现象严重,农村垃圾、污水处理严重不足,使得农业资源环境遭到破坏的程度越来越深。工业"三废"和城市生活等外源污染向农业农村扩散,镉、汞、砷等重金属不断向农产品产地环境渗透,全国土壤主要污染物点位超标率为 16.1%。[①] 海洋富营养化问题突出,赤潮、绿潮时有发生,渔业水域生态恶化。高强度、粗放式生产方式导致农田生态系统结构失衡、功能退化,草原超载过牧问题依然突出,草原生态总体恶化局面尚未根本扭转。湖泊、湿地面积萎缩,生态服务功能弱化。生物多样性受到严重威胁,濒危物种增多。从 20 世纪 90 年代开始,农业土地、劳动力和资本三大要素持续流出农村,全国新增建设用地占用耕地年均约 480 万亩,被占用耕地的土壤耕作层资源浪费严重,占补平衡补充耕地质量不高,守住 18 亿亩耕地红线的压力越来越大;中国农业劳动力的老龄化矛盾日益加剧,专业型、技术型、创新型人才和青壮年劳动力缺乏,导致农业出现兼业化和粗放化现象,"谁来种地"成为很多地方的突出矛盾;工业化城镇化快速推进,还要占用一部分耕地,还要挤压一部分农业用水空间。[②]

(三) 农业与工业、生产性服务业等产业融合程度低,区域间农业统筹等仍存在障碍

受历史和体制性障碍影响,我国城乡二元结构问题突出,同一区域内农业

① 农业部等 8 部委. 全国农业可持续发展规划(2015—2030 年)[EB/OL]. (2015 - 05 - 20)[2015 - 05 - 28]. http://www.gov.cn/xinwen/2015 - 05/28/content_2869902.htm.
② 农业部. 全国种植业结构调整规划(2016—2020 年)[EB/OL]. (2016 - 04 - 11)[2016 - 04 - 28]. http://www.gov.cn/xinwen/2016 - 04/28/content_5068722.htm.

供需矛盾突出,不同区域农业同质竞争、流通不畅,农业区域布局统筹难以实现,容易造成农产品贱卖或卖难问题。[①] 由于农业的产前、产中和产后环节被分割在城乡工农之间不同的领域、地域,导致农业成本高、效益低。在农业与工业的融合方面,我国农产品加工业与农业总产值比 2.2∶1,明显低于发达国家;技术装备水平不高,比发达国家落后 15～20 年;精深加工及综合利用不足,一般性、资源性的传统产品多,高技术、高附加值的产品少;加工专用品种选育和原料生产滞后,农产品产地普遍缺少储藏、保鲜等加工设施。在农业与信息产业的融合方面,"互联网＋农业"的销售模式正成为新的业态,2015 年全国有各类涉农电商超过 3 万家,农产品电子商务交易额达 1 500 多亿元。随着互联网技术的引入,涉农电商、物联网、大数据、云计算、众筹等亮点频出,农产品市场流通、物流配送等服务体系日趋完善,农业生产租赁业务、农商直供、产地直销、食物短链、社区支农、会员配送等新型经营模式不断涌现。但总体上看,"互联网＋农业"的生产模式还不能普遍运用到农业生产中,供求双方仍不能进行良好的匹配和对接。在农业与服务业的融合方面,发展水平仍很低,尤其是与生产性服务业的融合,如物流和仓储服务仍不能满足市场需求,农产品不能快速流通,损耗大。

五、促进我国农业区域布局优化的建议

当前,我国经济社会发展进入了新的历史方位。为了促进农业现代化与新型工业化、信息化、城镇化同步发展,必须精准识别农业发展中存在的问题,对症下药,探索适合我国农业发展的特色道路。针对我国农业区域布局存在的问题,应该调整优化农业结构,保障粮食和重要农产品有效供给;实现农业区域的分类定位,促进各类农业区域协调发展;加快推进农业现代化发展,促进农业产业融合、区域统筹和各经营主体协调发展;加强政策保障,促进我国农业区域布局进一步优化和提升。

(一) 调整优化农业结构,保障粮食和重要农产品有效供给

以农业部《关于进一步调整优化农业结构的指导意见》为指导,调整优化农业结构,具体调整方向为:以"保、调、稳、扩"为重点,调整优化粮经作物生产结

---

① 国家发展和改革委员会. 全国农村经济发展"十三五"规划 [EB/OL]. (2016 - 10 - 27) [2016 - 11 - 17]. http://www.ndrc.gov.cn/zcfb/zcfbghwb/201611/t20161117_826973.html.

构;以"粮草兼顾、农牧结合、循环发展"为导向,调整优化种养结构;以"做强一产、做优二产、做活三产"为途径,调整优化产业结构;以"改进品种、提升质量、创建品牌"为抓手,调整优化产品结构。

以《全国农业可持续发展规划(2015—2030年)》为指导,按照"谷物基本自给、口粮绝对安全"的要求,坚持因地制宜,宜农则农、宜牧则牧、宜林则林,逐步建立起农业生产力与资源环境承载力相匹配的农业生产新格局。在农业生产与水土资源匹配较好地区,稳定发展有比较优势的区域性特色农业;在资源过度利用和环境问题突出地区,适度休养,调整结构,治理污染;在生态脆弱区,实施退耕还林还草、退牧还草等措施,加大农业生态建设力度,修复农业生态系统功能。将全国划分为包括东北区、黄淮海区、长江中下游区和华南区的农业优化发展区,包括西北及长城沿线区、西南区的适度发展区和包括青藏区和海洋渔业区的保护发展区,进行农业结构调整和区域布局。

贯彻落实《国务院关于建立粮食生产功能区和重要农产品生产保护区的指导意见》,尽快建立粮食生产功能区和重要农产品生产保护区,大规模推进高标准农田建设;构建粮经饲协调发展的作物结构;构建适应市场需求的品种结构;构建生产生态协调的区域结构;构建用地养地结合的耕作制度。尽快落实《2017年推进北方农牧交错带农业结构调整工作方案》,推动北方农牧交错区农业结构调整,建立健全牧林农融合发展推进机制。加快推进以玉米为重点的种植业结构调整,适当调减非优势区籽粒玉米种植面积;聚焦增牛稳羊优奶做强草食畜牧业,深入开展畜禽养殖标准化示范和畜牧业绿色发展示范县创建活动。

(二) 实现农业区域的分类定位,促进各类农业区域协调发展

按照主体功能区规划给农业区域定位,划分优先发展区、适度发展区和保护发展区。在此基础上,分类划定特色农产品产区、优势农产品产区、农产品主产区、农产品加工区以及农产品产地市场等区域,并进行区域布局调整,促进各类农业区域协调发展。

在特色农产品产区布局方面,开展特色农产品标准化生产示范,推广名优品种和适用技术,建设一批原产地保护基地,培育一批特色明显、类型多样、竞争力强的专业村、专业乡镇。实施木本粮油建设工程和林业特色产业工程,发展林下经济。选择地域性强、品质优和市场前景好的特色农产品,进一步实施《特色农产品区域布局规划(2013—2020年)》,对指导各地充分利用资源比较优势,发展特色农业,引导特色农产品向最适宜区集中,加快培育优势产区,深化全国农业区域专业分工,深化农业结构战略性调整,确定特色蔬菜、特色果

品、特色粮油、特色饮料、特色花卉、特色纤维、道地中药材、特色草食畜、特色猪禽蜂、特色水产等 10 类特色农产品,重点予以扶持建设,尽快提高这些特色产品的市场竞争力,培植区域特色支柱产业。

在优势农产区布局方面,深入贯彻落实《特色农产品优势区建设规划纲要》,围绕特色粮经作物、特色园艺产品、特色畜产品、特色水产品、林特产品五大类,创建并认定 300 个左右国家级特优区,区内形成以特色农产品生产、加工、流通、销售产业链为基础,集科技创新、休闲观光、配套农资生产和制造融合发展的特色农业产业集群,打造一批"中国第一、世界有名"的特色农产品优势区,培育特色品牌,增强绿色优质中高端特色农产品供给能力,丰富和满足城乡居民的餐桌,促进特色农产品出口,持续带动区域经济增长和农民增收。各省要积极推进省级特优区创建和认定工作,着力打造"全国知名、区域畅销"特色品牌,推动形成国家级、省级两级特优区体系,基本覆盖全国特色农产品主产区,以此为核心引领带动整个特色优势产业做大做强,逐步打造世界闻名的特色农业产业带,推动农业供给侧结构调整和农民增收。

在农产品主产区布局方面,根据各地主体功能区规划划定国家农产品主产区;在农产品加工区布局方面,进一步实施《全国农产品加工业与农村一二三产业融合发展规划(2016—2020 年)》;在农产品产地市场布局方面,加强执行《全国农产品产地市场发展纲要》(2015 年),促进建成和完善由全国农产品产地市场、区域农产品产地市场和田头(村头、码头)市场组成的三级市场体系。

(三)加快推进农业现代化,促进农业产业融合、区域统筹和各经营主体协调发展

以《全国农业现代化规划(2016—2020 年)》为指导,坚持"以提高质量效益和竞争力为中心,以推进农业供给侧结构性改革为主线,以多种形式适度规模经营为引领"的发展思路[①],加快转变农业发展方式,构建现代农业产业体系、生产体系、经营体系,保障农产品有效供给、农民持续增收和农业可持续发展,促进农业产业融合、区域统筹和各经营主体协调发展,走产出高效、产品安全、资源节约、环境友好的农业现代化发展道路。

加快落实《全国农产品加工业与农村一二三产业融合发展规划(2016—

---

① 中共中央,国务院. 关于深入推进农业供给侧结构性改革加快培育农业农村发展新动能的若干意见 [EB/OL]. (2016 - 12 - 31)[2017 - 02 - 05]. http://www.gov.cn/zhengce/2017 - 02/05/content_ 5165626. htm.

2020年)》，促进农业产业融合快速发展，具体政策建议包括：发展绿色循环农业，推进优质农产品生产，优化农业发展设施条件，夯实产业融合发展基础；大力支持发展农产品产地初加工，全面提升农产品精深加工整体水平，努力推动农产品及加工副产物综合利用，做强农产品加工业，提升产业融合发展带动能力；大力发展各类专业流通服务，积极发展电子商务等新业态新模式，加快发展休闲农业和乡村旅游，拓宽产业融合发展途径；培育多元化产业融合主体，发展多类型产业融合方式，建立多形式利益联结机制，激发产业融合发展内生动力；在粮食生产核心区、经济作物生产优势区、养殖产品优势区、大中城市郊区及都市农业区、贫困地区进行分类别的区域布局，支持农村产业融合发展；依托国家现代农业示范区、现代农业产业园、农村产业融合发展试点示范工程等，率先建成一批产业融合发展区；加快实施"互联网＋"现代农业行动，加强物联网、智能装备的推广应用，推进信息进村入户，提升农民手机应用技能，力争到2020年农业物联网等信息技术应用比例达17%、农村互联网普及率达52%、信息进村入户村级信息服务站覆盖率达80%；建设全球农业数据调查分析系统，定期发布重要农产品供需信息，基本建成集数据监测、分析、发布和服务于一体的国家数据云平台；加强农业遥感基础设施建设，建立重要农业资源台账制度；健全农村固定观察点调查体系。

以《全国农村经济发展"十三五"规划》为指导，加大农业区域布局在优化发展区、适度发展区和保护发展区之间的统筹力度，促进农业区域协调发展。加快构建新型职业农民队伍，提升新型经营主体带动农户能力，促进农村人才创业就业，加强新型农业经营主体培育，通过贴息贷款、项目支持等方式，支持种养大户、家庭农场、农民合作社、龙头企业等发展适度规模种养业和生态循环农业；深入推进农民合作社示范社创建行动，鼓励合作社兴办加工流通实体，大力发展农社对接，加快构建新型农业经营体系。

（四）加强政策保障

加强组织领导，科学制定规划和具体实施方案。加强沟通协调，加大投入力度，强化政策和资金保障。坚持试点先行，支持引导国家现代农业示范区和农村改革试验区、大型垦区率先调整优化农业结构，选择重点区域建立示范基地，结合本地实际、产业特征和市场需求，稳步开展试点工作，及时总结先进经验，宣传推广典型做法，通过以点带面，带动农业结构调整的深入推进。推动完善相关法律法规，加大农业综合执法力度，确保调整优化农业结构有法可依、依法推进。强化政策扶持，完善调整优化农业结构的政策支撑体系。完善农业补贴政策。在继续落实好各项现有补贴政策的基础上，推动新增补贴向农业结构调整优化倾斜,支持农产品主产区、特色农产品产区、优势农产区、农产品加工区、农产品产地市场等集聚发展,促进农业区域布局不断优化。同时,要加强农业不同层次政策以及不同类别规划在区域布局上的衔接协调,分清顶层设计政策、指导层政策和操作层政策,分类有序推进农业区域布局的优化发展。

第二章
我国粮食生产区域布局、演进及原因

随着经济社会发展,我国粮食作物生产布局发生了明显的历史性变动,粮食生产的集中化程度在波动中呈现出提高的趋势。本章主要分析我国粮食生产区域布局、演进及其原因。

一、不同粮食作物种植区域布局的整体情况

(一)主要粮食作物种植区域分布

改革开放以来,我国粮食作物随产量和播种面积的增减在总产量和种植布局方面都发生了明显变化:南方粮食生产比重不断下降而北方逐步上升;中部粮食生产逐步取代了东部粮食生产的主导地位;北方和中部省份的粮食生产能力逐渐加强而东南沿海省份的粮食生产能力逐渐缩减。粮食生产重心变动轨迹沿"东北—西南"方向往复推进,变动方向由"趋向东南"转为"趋向东北"。我国粮食作物生产布局呈现出向耕地资源相对丰富、农民非农就业机会较少、种植经济效益比较高的北部、中部地区转移和集中。

我国粮食作物播种面积和产量的增长已经不限于 1978 年时的区域范围,尤其是农村改革开放以后,我国粮食产量逐年上升,种植区域也在发生变化,正如上述,粮食种植区域正在向农业资源较为丰富的地区集中。这种集中既有它的优点,也有一定的风险,对我国农业是一个考验。

根据目前的统计口径,我国主要粮食品种包括小麦、玉米、大豆、稻谷等。如表 2.1 所示,1978—2018 年的 40 年间,我国粮食播种面积变化不大,基本满足了国内粮食需求。除了 2003 年粮食播种面积在 1 亿公顷以下,其余 39 年粮食播种面积都在 1 亿公顷以上,其中,粮食播种面积在 1.1 亿公顷以上的年份

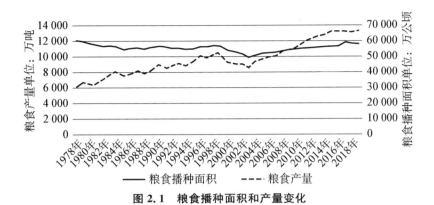

图 2.1　粮食播种面积和产量变化

有 28 年,且都集中在 20 世纪 80 年代初期到 90 年代以及 2012 年以后;粮食播
种面积在 1 亿～1.1 亿公顷的年份有 11 年,主要集中在本世纪前 10 年。我国
40 年的粮食年均耕种面积为 11070.46 万公顷。

表 2.1　1978—2018 年中国主要粮食作物和农作物播种面积

(万公顷)

年份	稻谷			小麦	玉米	大豆	粮食作物	农作物
	早稻	中稻和一季晚稻	双季晚稻					
1978	1218.92	—	—	2918.26	1996.11	714.37	12058.72	15010.41
1979	1142.17	—	—	2935.67	2013.29	724.68	11926.27	14847.89
1980	1111.01	1160.00	1116.82	2884.44	2008.74	722.63	11723.43	14637.95
1981	1064.19	1194.60	1070.67	2830.67	1942.49	802.35	11495.77	14515.71
1982	1051.13	1195.53	1060.29	2795.53	1854.30	841.88	11346.24	14475.46
1983	1049.59	1221.65	1042.36	2904.99	1882.42	756.71	11404.72	14399.35
1984	1026.19	1253.74	1037.93	2957.65	1853.65	728.61	11288.39	14422.13
1985	957.51	1278.83	970.66	2921.81	1769.41	771.77	10884.51	14362.59
1986	954.26	1292.61	979.74	2961.63	1912.37	829.45	11093.26	14420.40
1987	936.97	1305.52	976.78	2879.79	2021.17	844.49	11126.78	14495.65
1988	922.03	1320.95	955.77	2878.48	1969.18	811.98	11012.26	14486.89
1989	936.45	1356.07	977.50	2984.14	2035.33	805.73	11220.47	14655.39
1990	941.77	1380.78	983.87	3075.32	2140.15	755.96	11346.59	14836.23
1991	913.25	1382.41	963.33	3094.79	2157.43	704.10	11231.36	14958.58
1992	876.83	1417.79	914.40	3049.58	2104.35	722.61	11055.97	14900.71
1993	799.91	1214.39	1021.24	3023.46	2069.41	945.41	11050.87	14774.07
1994	800.16	1246.19	970.79	2898.06	2115.21	922.18	10954.37	14824.06
1995	819.94	1245.58	1008.89	2886.02	2277.57	812.67	11006.04	14987.93

年份	稻谷			小麦	玉米	大豆	粮食作物	农作物
	早稻	中稻和一季晚稻	双季晚稻					
1996	828.39	1407.78	904.51	2961.05	2449.82	747.06	11254.79	15238.06
1997	816.09	1465.35	895.06	3005.67	2377.51	834.62	11291.21	15396.92
1998	780.81	1496.22	844.35	2977.41	2523.88	850.02	11378.74	15570.57
1999	757.53	1530.03	840.80	2885.51	2590.37	796.20	11316.10	15637.28
2000	681.97	1557.29	756.91	2665.33	2305.61	930.66	10846.25	15629.99
2001	638.84	1537.04	705.36	2466.38	2428.21	948.17	10608.00	15570.79
2002	587.27	1576.42	656.46	2390.83	2463.37	871.96	10389.08	15463.55
2003	559.02	1488.10	603.66	2199.69	2406.82	931.29	9941.04	15241.50
2004	594.65	1606.80	636.43	2162.60	2544.57	958.88	10160.60	15355.26
2005	602.80	1627.22	654.70	2279.26	2635.83	959.08	10427.84	15548.77
2006	588.79	1684.00	621.00	2361.30	2846.30	930.44	10495.80	15214.90
2007	574.24	1713.82	603.82	2372.06	2947.75	875.38	10563.84	15346.39
2008	570.79	1742.27	611.05	2361.72	2986.37	912.71	10679.27	15626.57
2009	587.01	1752.72	622.96	2429.08	3118.26	918.98	10898.58	15861.36
2010	579.59	1785.28	622.47	2425.65	3250.01	851.58	10987.61	16067.48
2011	574.95	1810.05	620.70	2427.04	3354.17	788.85	11057.30	16228.32
2012	576.49	1801.88	635.35	2426.83	3502.98	717.11	11120.46	16341.57
2013	580.44	1818.63	632.10	2411.73	3631.84	679.05	11195.56	16462.69
2014	579.50	1833.31	618.18	2406.94	3712.34	679.99	11272.26	16544.63
2015	571.54	1819.19	630.90	2414.13	3811.66	650.61	11334.05	16637.38
2016	561.99	1841.23	614.50	2418.68	3676.77	720.23	11303.45	16664.96
2017	514.16	2002.81	557.75	2447.82	4239.90	824.48	11798.90	16633.19
2018	479.13	2012.53	527.28	2426.62	4213.00	841.28	11703.82	16590.24
2019	445	2969	—	2373	4128	841.12	11606.36	16593.07

但就某些粮食品种而言,播种面积还是有波动的。首先是稻谷的变化。稻谷主要包括早稻、中稻和一季晚稻、双季晚稻三类,播种面积变化情况是:早稻的播种面积随时间的增加呈下降趋势,从 1978 年的 1 218.92 万公顷下降到 2018 年的 479.134 万公顷,主要原因是早稻播种时间在春节前夕,这段时间大部分农民仍在外务工;2009 年春节早稻播种面积曾出现小幅度回升,主要是受 2008 年金融危机影响,导致部分农村劳动力提早返乡。双季晚稻的播种面积与早稻情况一致,也呈下降趋势;中稻和一季晚稻的播种面积呈上升趋势,从 1980 年的 1 160 万公顷增长到 2018 年的 2 012.53 万公顷。整体上,稻谷播种面积从 1980 年的 3 387.83 万公顷下降到 2019 年的 2 969 万公顷。

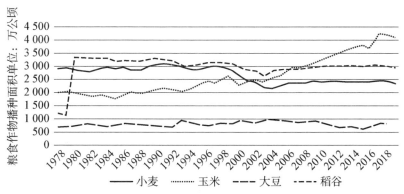

图 2.2　1978—2018 年四类粮食作物播种面积变化

　　省际间粮食作物的播种面积发生了一定变化,尤其近些年,一些区域的粮食生产优势开始显现。2018 年,黑龙江、河南、山东、安徽、内蒙古、河北、四川、吉林、江苏、湖南 10 省的粮食播种面积都在 300 万公顷以上,10 省播种面积总和为 4 454.6 万公顷,占全国粮食总播种面积的 67.71%。从播种面积前 10 名可以看出,我国粮食种植区域确实在向北方地区和中部地区扩大。

表 2.2　2018 年各省(市、自治区)粮食播种面积及产量

(万吨、千公顷)

排名	地区	粮食产量	粮食播种面积	排名	地区	粮食产量	粮食播种面积
1	黑龙江	14 214.54	7 506.8	17	广西	2 802.12	1 372.8
2	河南	10 906.08	6 648.91	18	贵州	2 740.2	1 059.7
3	山东	8 404.84	5 319.51	19	甘肃	2 645.25	1 151.43
4	安徽	7 316.33	4 007.25	20	新疆	2 219.63	1 504.23
5	内蒙古	6 789.85	3 553.28	21	广东	2 151.04	1 193.49
6	河北	6 538.68	3 700.86	22	重庆	2 017.85	1 079.34
7	四川	6 265.57	3 493.7	23	浙江	975.73	599.14
8	吉林	5 599.72	3 632.74	24	福建	833.51	498.58
9	江苏	5 475.93	3 660.28	25	宁夏	735.68	392.58
10	湖北	4 847.01	2 839.47	26	天津	350.21	209.69
11	湖南	4 747.9	3 022.9	27	海南	286.11	147.12
12	云南	4 174.58	1 860.54	28	青海	281.26	103.06
13	江西	3 721.33	2 190.7	29	西藏	184.68	104.4
14	辽宁	3 484.03	2 192.45	30	上海	129.87	103.74
15	山西	3 137.06	1 380.4	31	北京	55.64	34.14
16	陕西	3 005.98	1 226				

(二) 不同品种粮食作物分布情况

1. 小麦

小麦是世界上总产量居第二的粮食作物，仅次于玉米。小麦营养丰富，是经济价值较高的商品粮。

我国小麦生产大体可以分为三个不同的区域：

(1) 春小麦区。主要分布在长城以北。这些地区大部分处在高寒或干冷地带，冬季严寒，冬小麦不能安全越冬，因此种植春小麦；因无霜期大多在200天以内，栽培制度绝大部分为一年一熟。主产区有东北平原、内蒙古、甘肃和新疆。

(2) 北方冬小麦区。主要在长城以南，六盘山以东，秦岭、淮河以北地区。这里是中国最大的小麦集中产区和消费区，小麦播种面积和产量均占全国2/3左右。这一地区大多实行一年两熟或两年三熟耕作制度。主产区有河南、河北、山东、陕西、山西等省。

(3) 南方冬小麦。位于秦岭、淮河以南，折多山以东，播种面积和总产量接近全国的30%。南方本来是我国水稻主产区，但种植冬小麦有利于提高复种指数，增加粮食产量。南方冬小麦区集中在江苏、四川、安徽、湖北等省。

表 2.3　2018 年我国 10 个小麦主产省的播种面积及产量

排序	地区	播种面积（千公顷）	产量（万吨）
1	河南	5 739.85	3 602.85
2	山东	4 058.59	2 471.68
3	安徽	2 875.86	1 607.45
4	江苏	2 403.96	1 289.12
5	河北	2 357.19	1 450.73
6	湖北	1 104.96	410.37
7	新疆	1 031.47	571.89
8	陕西	967.31	401.34
9	甘肃	775.56	280.51
10	四川	635	247.3

我国小麦生产布局相对稳定，小麦生产主要集中在河南、山东、安徽、江苏、河北、湖北、新疆、陕西、甘肃、四川 10 个省。2018 年，这 10 省的小麦总播种面积为 2 157.72 万公顷，占全国总播种面积的 89.2%；产量为 12 026.77 万吨，占全国小麦总产量的 93.3%。华北平原是小麦的主产区，河南是全国小麦产量

最大的省份,2018 年河南小麦产量达 3 466 万吨,占当年全国小麦总产量的 26.9%。

2. 玉米

玉米不仅是人们的口粮,也是我国谷实类饲料的主体和主要的能量饲料。玉米还是重要的工业原料,其工业产品达 3 000 多种。近年来,我国玉米工业加工迅速发展,玉米消费量大幅增加,对我国乃至世界的玉米供求平衡和流通格局都产生了重大的影响。

全国玉米大致可分为六个种植区:

(1) 北方春播玉米区。以东北三省、内蒙古和宁夏为主,种植面积约占全国种植面积的 18.91%;总产占全国总产量的 44.6%,基本上为一年一熟制。

(2) 黄淮海平原夏播玉米区。以山东和河南为主,种植面积约占全国种植面积的 15.3%,总产约占全国总产量的 17.4%。

(3) 西南山地玉米区。以四川、云南和贵州为主,面积约占全国的 8.5%,总产量占全国的 13.6%。

(4) 南方丘陵玉米区。以广东、福建、台湾、浙江和江西为主。

(5) 西北灌溉玉米区。包括新疆维吾尔自治区和甘肃省一部分地区。

(6) 青藏高原玉米区。青海省和西藏自治区海拔高,这两个省份的玉米种植面积及总产量都不足全国的 1%。

表 2.4　2018 年我国玉米主产省播种面积及产量

排序	地区	播种面积(千公顷)	产量(万吨)
1	黑龙江	6 317.82	3 982.16
2	吉林	4 231.47	2 799.88
3	山东	3 934.68	2 607.16
4	河南	3 918.96	2 351.38
5	内蒙古	3 742.14	2 699.95
6	河北	3 437.74	1 941.15
7	辽宁	2 712.98	1 662.79
8	四川	1 856	1 066.3
9	云南	1 785.2	926
10	山西	1 747.67	981.62
11	安徽	1 138.56	595.61
12	贵州	602.12	258.96
13	新疆	103	827.57

我国玉米种植面积分布很广,但主要集中在东北三省和内蒙古,华北的山东、河南、河北,云贵高原和川西北高原,以及山西、安徽等省区,新疆的种植面积虽然排在第13位,但是单产水平较高。2018年,上表2.4中13个省区的玉米总播种面积为3 703.598万公顷,占全国玉米总播种面积的87.9%;总产量为19 040.19万吨,占全国玉米总产量的86.7%。其中,黑龙江、吉林、山东、河南、内蒙古和河北六省玉米产量合计超过1.5亿吨,这六省区的玉米产量占2018年全国玉米总产量的62.2%,说明玉米生产比较集中,有一定的集聚效应。

3. 水稻

水稻是我国重要粮食作物,其生产发展对保障国内粮食供给、增加农民收入、促进区域经济发展具有重要意义。我国传统水稻种植主要分布在湖南、江西、江苏、湖北、黑龙江、四川、安徽、广西、广东、浙江、云南、福建、重庆、辽宁、吉林等省市。这些地区大致可划分为6个稻作区:

(1) 华南双季稻稻作区,水稻面积占全国的17.6%;

(2) 华中双季稻稻作区,是我国最大的稻作区,占全国水稻面积的67%;

(3) 西南高原单双季稻稻作区,水稻面积占全国的8%;

(4) 华北单季稻稻作区,水稻面积占全国的3%。

此外,还有东北早熟单季稻稻作区和西北干燥区单季稻稻作区。

目前,东南沿海地区、长江流域地区和东北地区是我国水稻的优势产区。

表2.5　2018年我国水稻主产省播种面积及产量

排序	地区	播种面积(千公顷)	产量(万吨)
1	湖南	4 009	2 674.01
2	黑龙江	3 783.1	2 685.54
3	江西	3 436.2	2 092.2
4	安徽	2 544.76	1 681.21
5	湖北	2 391	1 965.62
6	江苏	2 214.72	1 958.03
7	四川	1 874	1 478.6
8	广东	1 787.39	1 032.07
9	广西	1 752.55	1 016.24
10	云南	849.55	527.7
11	浙江	651.07	477.4
12	福建	619.61	398.31

从区域角度看,水稻种植主要集中在湖南、黑龙江、江西、安徽、湖北、江苏、四川、广东、广西、云南、浙江、福建等省,多分布在长江流域地区、东北平原、珠江流域和东南沿海地区。从总量上看,2019 年全国水稻播种面积为 2 969 万公顷,比 1978 年减少了 11.74%;而水稻总产量为 20 691.4 万吨,比 1978 年增加了 6 998.4 万吨。2018 年,我国水稻种植面积较大的 9 个省分别为湖南、黑龙江、江西、安徽、湖北、江苏、四川、广东、广西,占全国水稻种植面积的 78.8%。与 1978 年相比,水稻种植大省如广东、浙江等地大幅减少了水稻种植面积;之前种植水稻不多的经济较发达地区如北京、天津、上海等地也削减水稻种植。黑龙江目前是全国水稻产量最多的省份,2018 年该省水稻产量达 2 685.54 万吨,占全国的 12.7%。

4. 大豆

大豆既是粮食作物,又是油料作物,同时也是重要的饲料原料,营养价值高,在农业中具有特殊的地位。我国是大豆的故乡,主产地东北是世界上最适宜种大豆的地区之一,被称为"大豆种植的黄金地带"。在历史上,大豆曾经是我国在国际市场上最具竞争力的农产品,1995 年以前,我国是世界大豆主要出口国之一。我国加入世界贸易组织之后,"洋大豆"大举进入中国。我国在 1996 年以后成为大豆净进口国。2019 年,我国大豆进口 9 554 万吨,约占全球总进口量的六成以上。

大豆是喜温作物,生长旺季需要高温,收获季节以干燥为宜,很适宜在我国北方温带地区栽培。我国大豆分布广泛,以东北的松辽平原和华北的黄淮平原最为集中。松辽平原是我国最主要的大豆生产基地,主要集中于松花江、辽河沿岸和哈大线沿线。其中,哈尔滨、辽源、长春被称作我国大豆的"三大仓库",其单产和商品率居全国之冠。

我国大豆生产大致分为三个区域:

(1) 北方春大豆区。分布在黑龙江、吉林、辽宁、内蒙古、宁夏、新疆等省(区)及河北、山西、陕西、甘肃等省北部,其中东北春大豆亚区为大豆最重要的内、外销生产基地,占全国种植面积的一半以上。多为一年一熟制。

(2) 黄淮海流域夏大豆区。包括河北长城以南区域、天津、陕西中部和东南部、山东、河南大部、江苏洪泽湖、安徽淮河以北、山西西南部、甘肃天水地区等。多为一年两熟或两年三熟制。

(3) 南方多熟大豆区。分布在广东、广西、云南、四川、浙江、福建等省。多为一年三熟和两年五熟制。

大豆主要分布在黑龙江、内蒙古、安徽、河南、四川、吉林、湖北、贵州、江苏、山东、山西、辽宁等省份。整体而言,大豆生产还是呈现减少的趋势。2018 年

表 2.6　2018 年我国大豆主产省播种面积及产量

排序	地区	播种面积（千公顷）	产量（万吨）
1	黑龙江	3 567.74	657.77
2	内蒙古	1 094.24	179.4
3	安徽	649.89	97.49
4	河南	385.55	95.57
5	四川	377	88.8
6	吉林	279.24	55.14
7	湖北	219.77	34.21
8	贵州	198.9	19.72
9	江苏	193.75	49.12
10	山东	153.52	43.33
11	山西	150.53	23.6
12	辽宁	73.46	17.99

　　与 1978 年相比，12 个大豆主产省份播种面积从 5 922.7 千公顷增加到 7 343.59 千公顷。2018 年，黑龙江、内蒙古、安徽和河南四省的大豆种植面积占全国的 67.72%，黑龙江省是我国最大的大豆种植省份，播种面积为 3 567.74 千公顷，占全国种植总面积的 42.4%。从产量来看，2018 年全国大豆总产量 1 596.71 万吨，较 1978 年的 756.50 万吨增长了 800 万吨以上。近年因为大豆价格和农产品国际贸易因素，国产大豆种植面积及产量都有所回升。内蒙古、四川和黑龙江三个省的产量增加尤为明显，2018 年较 1978 年分别增产了 89.7 倍、3.3 倍和 3.1 倍。

　　通过比较发现，1978—2018 年，我国主要粮食作物的种植区域、种植面积和产量都发生了很大变化。原因包括：一是自改革开放以来，我国南方和东部地区经济发展迅速，工业化和城市化发展挤占了大量耕地，导致这些地区的粮油作物种植面积减少，使粮食种植重心从东南地区转向中西部地区。二是受生活水平提高和市场需求变化的影响，以小麦和玉米为原料的主食占比逐渐下降，需求减少导致各地种植面积存在不同程度的减少，而玉米、大豆用途多样，不仅能作为粮食油料，还是许多工业和饲料行业的原料，因而产品市场需求旺盛，促使种植面积增加。与 1978 年相比，2019 年我国玉米种植面积增长了 107.80%。三是我国对粮食安全十分重视，进入 21 世纪以来，我国一直加大农业补贴等各项惠农政策力度，提高农民种粮积极性，使得粮食种植面积基本保持稳定，粮食产量实现了连续十七年丰产。四是国家加大了粮食科技投入和提高了种粮的科学管理水平。在加快研发高产优质品种的同时，政府积极引导农民科学种植和科学管理,大力推广农业机械,使粮食产量有了大幅度增加。

二、我国主要粮食作物区域布局特征及演变趋势

改革开放以来,我国粮食生产的区域布局发生了一系列演变。受自然地理环境约束、农业科技进步、区域比较优势差异、人地矛盾等因素影响,我国东南沿海省份播种面积大量减少,从粮食盈余或基本自给状态逐渐变为粮食大量调入;长江中下游地区虽然仍是我国粮食的主产区之一,但其盈余量也在逐年减少;黄淮海地区保持着商品小麦的主体供给地位;东北地区已成为重要的粳稻、玉米等商品粮源供应地;西部地区随着退耕还林还草等工程的实施,粮食生产能力小幅下降。总体而言,我国粮食流通格局正呈现出"北粮南运""中粮西运"的态势,粮食生产地域重心发生了由南向北、由东向中的逐渐转移。

(一)粮食生产的区域格局变动

1. 粮食作物播种区域整体变化

我国粮食生产的区域集中程度主要看播种面积和产量的分布,我国按常规分类可分为:华北、东北、华东、华中华南、西南、西北等六个区域。下面将1978年、1990年、2000年、2010年及2018年粮食播种面积制作成表格,对我国粮食播种面积的区域变化进行比较。

表2.7　中国各区域粮食播种面积及比例

(万吨、%)

地区	省份	1978年	占比	1990年	占比	2000年	占比	2010年	占比	2018年	占比
华北地区	北京	561.3	0.46	484.4	0.43	308.26	0.28	223.47	0.20	55.64	0.05
	天津	601.3	0.50	457.9	0.40	345.9	0.32	311.78	0.28	350.21	0.30
	河北	3692.7	3.05	3290.3	2.90	3186.46	2.94	3239.23	2.95	6538.68	5.59
	山西	7949.3	6.56	6827.8	6.02	6918.67	6.38	6282.2	5.72	3137.06	2.68
	内蒙古	2024	1.67	3874.5	3.41	4435.9	4.09	5498.72	5.00	6789.85	5.80
	小计	14828.6	12.23	14934.9	13.16	15195.19	14.01	15555.4	14.16	16871.44	14.42
东北地区	辽宁	4071.3	3.36	3121.6	2.75	2858.6	2.64	3179.3	2.89	3484.03	2.98
	吉林	4410	3.64	3525.9	3.11	3833.7	3.53	4492.24	4.09	5599.72	4.78
	黑龙江	7647.3	6.31	7420	6.54	7852.5	7.24	11454.7	10.43	14214.54	12.15
	小计	16128.6	13.30	14067.5	12.40	14544.8	13.41	19126.24	17.41	23298.29	19.91

地区	省份	1978年	占比	1990年	占比	2000年	占比	2010年	占比	2018年	占比
华东地区	上海	512	0.42	417.1	0.37	258.8	0.24	179.18	0.16	129.87	0.11
	江苏	6311.3	5.21	6363	5.61	5304.31	4.89	5282.36	4.81	5475.93	4.68
	浙江	3350	2.76	3266	2.88	2300.26	2.12	1275.83	1.16	975.73	0.83
	安徽	6186.7	5.10	6246.1	5.50	6183.8	5.70	6616.42	6.02	7316.33	6.25
	福建	2212.7	1.83	2080.6	1.83	1828.5	1.69	1232.3	1.12	833.51	0.71
	江西	3820.7	3.15	3699.3	3.26	3322	3.06	3639.13	3.31	3721.33	3.18
	山东	8808	7.27	8151.9	7.18	7363.19	6.79	7084.8	6.45	8404.84	7.18
	小计	31201.4	25.74	30224	26.64	26560.86	24.49	25310.02	23.04	26857.54	22.95
华中华南地区	河南	9123.3	7.53	9316.1	8.21	9029.6	8.33	9740.17	8.86	10906.08	9.32
	湖北	5544.7	4.57	5200	4.58	4156.2	3.83	4068.37	3.70	4847.01	4.14
	湖南	5828	4.81	5365.7	4.73	5029.9	4.64	4809.1	4.38	4747.9	4.06
	广东	5825.3	4.81	3996.3	3.52	3311.1	3.05	2531.93	2.30	2151.04	1.84
	广西	4284.7	3.53	3639.9	3.21	3655.9	3.37	3061.06	2.79	2802.12	2.39
	海南	642.09	0.53	567.5	0.50	542.03	0.50	437.21	0.40	286.11	0.24
	小计	31248.09	25.78	28085.5	24.75	25724.73	23.72	24647.84	22.43	25740.26	21.99
西南地区	重庆	—	—	—	—	2773.4	2.56	2243.89	2.04	2017.85	1.72
	四川	10220	8.43	9827.7	8.66	6854.45	6.32	6402	5.83	6265.57	5.35
	贵州	2698	2.23	2543.2	2.24	3151.3	2.91	3039.5	2.77	2740.2	2.34
	云南	3678	3.03	3622.3	3.19	4238.7	3.91	4274.4	3.89	4174.58	3.57
	西藏	201.3	0.17	191.7	0.17	201.44	0.19	170.15	0.15	184.68	0.16
	小计	16797.3	13.86	16184.9	14.26	17219.29	15.88	16129.94	14.68	15382.88	13.14
西北地区	陕西	4488	3.70	4134.7	3.64	3821.5	3.52	3159.7	2.88	3005.98	2.57
	甘肃	2998	2.47	2875.1	2.53	2798.21	2.58	2799.78	2.55	2645.25	2.26
	青海	434.7	0.36	400.3	0.35	322.5	0.30	274.51	0.25	281.26	0.24
	宁夏	769.3	0.63	723.5	0.64	807.1	0.74	844.05	0.77	735.68	0.63
	新疆	2335.3	1.93	1835.5	1.62	1468.16	1.35	2028.6	1.85	2219.63	1.90
	小计	11025.3	9.09	9969.1	8.79	9217.67	8.50	9106.64	8.29	8887.8	7.59
	合计	121229.3	100	113465.9	100	108462.5	100	109876.1	100	11606.31	100

从表2.7可以看出我国不同区域的粮食播种面积的变化。从全国整体来看,不同区域的种植面积发生了很大变化。1978年我国粮食播种面积为12122.93万公顷,到2018年我国粮食播种面积下降到11606.31万公顷,在这个过程中,粮食播种面积先降后升,2000年粮食播种面积降到最低点,随后播种面积开始回升。

2. 不同区域粮食作物播种面积变化

从不同区域来看我国粮食播种面积,发现不同区域内粮食播种面积的变化以及整体粮食播种面积所占比例的变化。

（1）华北地区

华北地区共包括 5 个省(自治区、直辖市),分别为北京、天津、河北、山西和内蒙古。华北地区粮食播种面积从 1978 年的占全国的 12.23％上升到 2018 年的占 14.42％,说明华北地区粮食播种面积有所增加。其中,北京、天津、山西的粮食播种面积占全国的比例一直在下降,山西的占比从 1978 年的最高已经变为低于内蒙古和河北,而后两者的比例逐年上升,现已经成为华北地区粮食播种面积最大的两个省区,说明华北地区粮食作物的播种区域是向华北的北部迁移的。华北地区城镇化发展速度较快,北京、天津等大城市的发展尤为迅速,工业化、城镇化占用大量耕地,使其耕地面积大幅度缩小。从图 2.3 中可以看出,内蒙古、河北的粮食播种面积逐年增加,其余省市相反,总体上,2018 年河北和内蒙古的粮食播种面积占华北地区粮食总播种面积的 38.76％和 40.24％。

表 2.8　2018 年华北地区各省区市粮食播种面积比例变化

(千公顷、％)

排序	地区	播种面积	比例
1	内蒙古	6 789	40.24
2	河北	6 538.68	38.76
3	山西	3 137.06	18.59
4	天津	350.21	2.08
5	北京	55.64	0.33

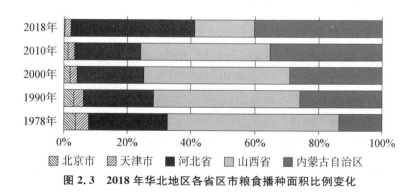

图 2.3　2018 年华北地区各省区市粮食播种面积比例变化

（2）东北地区

东北地区的粮食播种面积是先降后升,其中黑龙江、吉林两省先降后升,辽宁则一直下降。东北地区粮食播种面积由 1978 年的 1612.86 万公顷增长到

2018 年的 2 329. 829 万公顷,从占全国粮食播种面积的 13. 20% 增长到 19.91%。黑龙江是整个东北粮食播种面积最大的省份,1978 年粮食播种面积 764.73 万公顷,2018 年为 1 421.45 万公顷,几乎翻了一番。近些年,东北地区 粮食播种面积越来越大,中国粮食播种面积向东北集中的程度越来越高。在东 北范围内,黑龙江和吉林两省最为突出,2018 年,黑龙江、吉林粮食播种面积占 全国粮食播种面积比例分别为 61.01% 和 24.03%。

表 2.9　2018 年东北地区各省粮食播种面积比例变化

(千公顷、%)

地区	1978	比例	1990	比例	2000	比例	2010	比例	2018	比例
黑龙江	7 647.3	47.41	7 420	52.75	7 852.5	53.99	12 445.1	61.11	14 214.54	61.01
吉林	4 410	27.34	3 525.9	25.06	3 833.7	26.36	4 676.76	22.96	5 599.72	24.03
辽宁	4 071.3	25.24	3 121.6	22.19	2 858.6	19.65	3 242.87	15.92	3 484.03	14.95

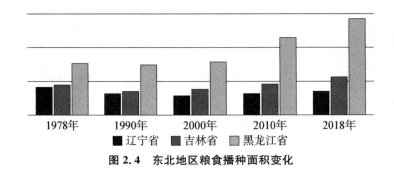

图 2.4　东北地区粮食播种面积变化

(3) 华东地区

华东地区包括上海、江苏、浙江、安徽、福建、江西、山东等省份。华东地区 集中了我国经济最为发达的几个省市,其中江苏、山东、浙江是我国经济排名前 2 至 4 名的省份。华东地区粮食播种面积的变化如表 2.10 所示。

表 2.10　1978—2019 年华东地区粮食播种面积变化

(千公顷)

地区	1978	1990	2000	2010	2019
上海	201.16	258.8	417.1	512	129.87
江苏	5 372.17	5 304.31	6 363	6 311.3	5 475.93
浙江	1 115.4	2 300.26	3 266	3 350	975.73

地区	1978	1990	2000	2010	2019
安徽	6947.75	6183.8	6246.1	6186.7	7316.33
福建	1073.17	1828.5	2080.6	2212.7	833.51
江西	3686.43	3322	3699.3	3820.7	3721.33
山东	7451.08	7363.19	8151.9	8808	8404.84

早期,华东地区是我国重要的粮食种植区域。在农村改革初期,华东地区粮食播种面积逐年上升,最高曾占全国的 26.64%(1990 年),但随着经济快速发展,华东区域的粮食播种面积出现了快速下滑,尤其是 2000 年左右的下降速度较快。主要原因是华东地区经济基础好,城镇化进程快,港口贸易发展迅速,从国外进口粮食的比例上升,区域内粮食生产受到冲击。华东地区只有安徽一省粮食播种面积有一定增长。说明华东地区的粮食播种向华东内部转移,即向中南地区靠拢。

(4)华中华南区域(简称中南区域)

中南区域在中国跨度较大,主要是南北纬度的跨越,从北面的河南省一直到南面的海南省,共 6 个省份,从图 2.5 看出,中南区域只有河南省的粮食播种面积比 1978 年有增长,其余各省粮食播种面积都少于 1978 年。

表 2.11　中南地区粮食播种面积变化

(千公顷)

地区	1978 年	1990 年	2000 年	2010 年	2018 年
河南	9123.30	9316.10	9029.60	10027.00	10906.08
湖北	5544.70	5200.00	4156.20	4135.78	4847.01
湖南	5828.00	5365.70	5029.90	4847.83	4747.90
广东	5825.30	3996.30	3311.10	2386.33	2151.04
广西	4284.70	3639.90	3655.90	3003.72	2802.12
海南	—	567.50	542.03	400.13	286.11

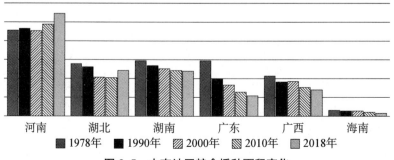

图 2.5　中南地区粮食播种面积变化

广东省的粮食播种面积下降最为迅速。这主要是因为广东省是中南地区乃至全国经济最为发达的地区,城镇化速度超过其他各省,工业用地占用大量的土地,所以粮食播种面积出现了明显下降。湖北省粮食播种面积虽然整体呈下降趋势,但是 2018 年播种面积都比 2010 年有所增长。从中南各省粮食播种面积变化可以看出,粮食播种向中部地区转移。

(5) 西南区域

西南区域包括重庆、四川、贵州、云南、西藏五个省份。其中,四川粮食播种面积下降很多,主要是因为重庆在 1997 年成为直辖市后,统计口径发生变化。但四川省和重庆市粮食播种面积的和也低于 1978 年四川省播种面积。西藏属于高原地区,其粮食播种面积少于全国的 1%。云南和贵州两省是西南区域内粮食播种面积上升的两个省份,两省的粮食播种面积变化轨迹较为相似,都是 1990 年以前下降,从 1990 年开始粮食播种面积逐年上升,进入到 2000 年后,粮食播种面积呈现平稳局面。从西南区域内部的粮食播种面积可以看出,粮食播种向西南区域的南部转移,但整体粮食播种面积占全国比例有所下降。

表 2.12　西南地区粮食播种面积变化

(千公顷)

地区	1978 年	1990 年	2000 年	2010 年	2018 年
云南	3678	3622.3	4238.7	4134.87	4174.58
贵州	2698	2543.2	3151.3	3017.72	2740.2
四川	10220.00	9827.70	6854.45	6195.13	6265.57
重庆	—	—	2773.40	2097.42	2017.85
西藏	201.30	191.70	201.44	170.15	184.68

(6) 西北区域

西北区域包括山西、甘肃、青海、宁夏、新疆等省区。其中,陕西和甘肃两省粮食播种面积下降较多,占全国的比例下降较快,而新疆粮食播种面积以 2000 年为界先降后升。青海粮食播种面积比较平稳,变化较小。改革开放以来,整个西北地区粮食播种面积呈下降趋势,但对全国的影响较小。

表 2.13　西北区域粮食播种面积变化

(千公顷)

地区	1978 年	1990 年	2000 年	2010 年	2018 年
陕西	4488	4134.7	3821.5	3199.35	3005.98
甘肃	2998	2875.1	2798.21	2722.37	2645.25
青海	434.7	400.3	322.7	273.96	281.26
宁夏	769.3	723.5	807.1	814.99	735.68
新疆	2335.3	1835.5	1468.16	2024.28	2219.63

3. 粮食生产区域格局变动趋势

上文对我国粮食作物播种的区域布局进行了分析,下面将用播种面积占比来详细描述和分析我国粮食作物生产布局的区域格局变动趋势。

(1) 我国粮食主产区逐渐向东北和黄淮海地区集中和转移

表 2.14 列举了 1978 年、1990 年、2000 年、2010 年和 2018 年粮食作物播种面积居全国前 10 位的省份及占全国粮食播种面积的比例:前 10 个省份的粮食播种总和占全国粮食作物播种总面积的比重分别为 60.58%、60.68%、58.28%、61.58% 和 64.95%,基本覆盖了中国粮食的主要产区。

表 2.14 我国粮食作物生产区域占比排名

排名	1978 年		1990 年		2000 年		2010 年		2018 年	
	省份	占比	省份	占比	省份	占比	省份	占比	省份	占比
1	四川	8.43	四川	8.66	河南	8.33	黑龙江	10.43	黑龙江	12.15
2	河南	7.53	河南	8.21	黑龙江	7.24	河南	8.86	河南	9.32
3	山东	7.27	山东	7.18	山东	6.79	山东	6.45	山东	7.18
4	山西	6.56	黑龙江	6.54	山西	6.38	安徽	6.02	安徽	6.25
5	黑龙江	6.31	山西	6.02	四川	6.32	四川	5.83	内蒙古	5.80
6	江苏	5.21	江苏	5.61	安徽	5.70	山西	5.72	河北	5.59
7	安徽	5.10	安徽	5.50	江苏	4.89	内蒙古	5.00	四川	5.35
8	湖南	4.81	湖南	4.73	湖南	4.64	江苏	4.81	吉林	4.78
9	广东	4.81	湖北	4.58	内蒙古	4.09	湖南	4.38	江苏	4.68
10	湖北	4.57	陕西	3.64	云南	3.91	吉林	4.09	湖北	4.14
	合计	60.58	合计	60.68	合计	58.28	合计	61.58	合计	65.24

从播种面积占比的变化趋势来看,排名不断下降的地区有四川、江苏、湖南等,其中广东省自 1990 年之后就不在前十名行列中。排名不断上升的地区有河南、黑龙江、吉林等,排名不变的地区有山东,其他地区的排名则既有上升也有下降。

从主产省份粮食播种面积所占比重的变化趋势来看,西南产区的四川省粮食播种面积所占比重不断下降,其粮食播种面积占比从 1978 年的 8.4% 下降到 2018 年的 5.35%;东北产区的黑龙江和吉林 2 省的粮食播种面积所占比重不断上升,从 1978 年的 13.3% 上升到 2018 年的 19.9%;长江中下游产区的湖南、湖北、江西、江苏、浙江 5 省的粮食播种面积所占比重从 1978 年的 20.50% 下降到 2018 年的 16.89%;黄淮海产区的河南、山东、河北 3 省的粮食生产集中度从 1978 年的 17.84% 上升至 2018 年的 22.09%。

（2）南方稻谷优势区域继续保持,黑龙江稻谷重要性凸显

稻谷是我国第一大粮食作物,也是我国居民的主要生活用粮品种之一。表2.15列举了1978年、1990年、2000年、2010年和2018年粮食播种面积居全国前10位的省份名称及其占全国稻谷播种面积的比例。这10个省份的稻谷播种总面积在当年占全国稻谷播种总面积的比重分别达到87.86%、84.09%、77.63%、79.36%、81.63%,基本覆盖了中国稻谷生产的主要区域。

表2.15 我国稻谷区域生产占比排名

排名	1978年		1990年		2000年		2010年		2018年	
	省份	占比	省份	占比	省份	占比	省份	占比	省份	占比
1	湖南	13.14	湖南	13.22	湖南	13.00	湖南	13.49	湖南	13.28
2	广东	12.57	江西	9.96	江西	9.45	江西	11.11	黑龙江	12.53
3	江西	9.82	广东	9.61	广东	8.24	黑龙江	9.27	江西	11.38
4	四川	9.08	四川	9.45	广西	7.68	安徽	7.52	安徽	8.43
5	湖北	8.41	湖北	7.97	安徽	7.47	江苏	7.48	湖北	7.92
6	广西	8.40	广西	7.69	江苏	7.35	广西	7.01	江苏	7.34
7	江苏	7.73	江苏	7.42	四川	7.09	湖北	6.82	四川	6.21
8	浙江	7.27	浙江	7.21	湖北	6.66	四川	6.71	广东	5.92
9	安徽	6.53	安徽	6.99	黑龙江	5.36	广东	6.54	广西	5.81
10	福建	4.91	福建	4.57	浙江	5.33	云南	3.42	云南	2.81
	合计	87.86		84.09		77.63		79.36		81.63

从占比来看,排名不断下降的地区有四川、广东、浙江。排名不断上升的地区有黑龙江,排名不变的地区有湖南。值得注意的是,湖南省一直占据我国稻谷播种面积的第一位。

从主产省份所占区域的变化趋势来看,长江流域(如湖南、湖北、江西、江苏、浙江等)的播种面积占比从1978年的46.38%下降到2018年的42.07%,仍然为中国稻谷生产最主要的区域。东北产区伴随着旱地改水田,加之适合优质稻生长的自然条件,稻谷产量逐年上升,特别是水资源相对丰富的黑龙江省水稻播种面积增长尤为明显,水稻播种面积占全国水稻播种面积的比例从1978年的0.65%上升到2018年的12.53%。

（3）小麦产区逐渐向黄淮海集中,东部趋于扩大,西北稳中有升

小麦与稻谷同属我国最重要的口粮作物,除海南省外全国各省均有分布。表2.16列举了1978年、1990年、2000年、2010年和2018年播种面积居全国前10位的省名称及其在全国的占比。这10个省份生产的稻谷总量在当年

占全国粮食总量的比重分别达到 75.85％、79.39％、80.68％、87.13％ 和 90.45％。从上述比重的递增可以看出,我国小麦产量的集中化趋势日益明显。

表 2.16　我国小麦区域生产占比排名表

(％)

排名	1978 年		1990 年		2000 年		2010 年		2018 年	
	省份	占比	省份	占比	省份	占比	省份	占比	省份	占比
1	河南	13.19	河南	15.55	河南	18.47	河南	21.77	河南	23.65
2	山东	12.73	山东	13.49	山东	14.06	山东	14.68	山东	16.73
3	河北	10.42	河北	8.16	河北	10.05	河北	9.98	安徽	11.85
4	四川	6.99	江苏	7.80	安徽	7.98	安徽	9.75	江苏	9.91
5	黑龙江	6.71	四川	7.22	江苏	7.33	江苏	8.63	河北	9.71
6	安徽	5.95	安徽	6.74	四川	6.02	四川	5.22	湖北	4.55
7	陕西	5.50	黑龙江	5.79	陕西	5.77	陕西	4.74	新疆	4.25
8	甘肃	4.89	陕西	5.50	甘肃	4.47	新疆	4.62	陕西	3.99
9	江苏	4.84	甘肃	4.74	山西	3.35	湖北	4.12	甘肃	3.20
10	新疆	4.62	湖北	4.40	湖北	3.17	甘肃	3.63	四川	2.62
	合计	75.85		79.39		80.68		87.13		90.45

从各地小麦播种面积占比的变化趋势来看,排名不断下降的省份有四川,排名不断上升的省份有安徽、新疆、湖北,排名不变的省份有河南、山东,河南和山东一直都是我国小麦产量最多的两个省。可见,我国小麦的优势产区主要集中在黄淮海地区和西北内陆地区,且这两大区域产量占全国总产的比重越来越大。

从主产省份所在区域的变化趋势来看,西南产区的四川的产量所占比重不断减少,从 1978 年的 6.99％ 减少到 2018 年的 2.62％,东部产区的江苏、安徽 2 省的产量所占比重由 1978 年的 10.79％ 上升到 2018 年的 21.76％,可见东部小麦生产有扩大的趋势。

(4) 玉米产区逐渐向东北和华北北部地区集中

玉米也是我国最重要的粮食作物之一,南北方均有分布。近年来受城乡居民消费结构升级的影响,我国玉米产量有较大幅度增长,但随着种植结构调整,种植面积出现下降。表 2.17 列举了 1978 年、1990 年、2000 年、2010 年和 2018 年我国玉米播种面积居全国前 10 位的省份名称及其在全国总面积中的占比。这 10 个省份的玉米播种面积所占当年全国播种玉米总面积的比重分别达到 79.59％、78.85％、74.75％、77.62％、79.95％,基本覆盖了我国玉米主产区。

表 2.17　我国玉米区域播种面积占比排名表

排名	1978 年		1990 年		2000 年		2010 年		2018 年	
	省份	占比	省份	占比	省份	占比	省份	占比	省份	占比
1	河北	11.20	山东	11.24	河北	10.75	黑龙江	13.44	黑龙江	15.00
2	山东	10.69	吉林	10.37	山东	10.47	吉林	9.37	吉林	10.04
3	黑龙江	10.00	河南	10.17	河南	9.55	河北	9.26	山东	9.34
4	吉林	9.43	黑龙江	10.13	吉林	9.53	山东	9.09	河南	9.30
5	河南	8.44	河北	9.54	黑龙江	7.81	河南	9.06	内蒙古	8.88
6	四川	7.85	四川	8.00	辽宁	6.17	内蒙古	7.65	河北	8.16
7	辽宁	7.44	辽宁	6.38	内蒙古	5.63	辽宁	6.44	辽宁	6.44
8	陕西	5.43	陕西	4.79	四川	5.36	山西	4.77	四川	4.41
9	云南	5.13	云南	4.63	云南	4.90	云南	4.36	云南	4.24
10	山西	3.97	内蒙古	3.61	陕西	4.58	四川	4.17	山西	4.15
	合计	79.59		78.85		74.75		77.62		79.95

从各地播种面积占比趋势来看,排名不断下降的地区有陕西,其他地区排名则有升有降。中国的玉米带从东北往华北至西南高原形成一个斜长弧形地带。东北地区玉米播种面积由 26.87%(1978 年)上升至 31.48%(2018 年),在全国占主导地位。内蒙古、山西 2 省的玉米播种面积占比由 4.25%(1978 年)增至 13.03%(2018 年)。中原地区的河南、山东、河北 3 省的玉米种植有减少的趋势,其播种面积占比由 1978 年的 30.33% 下降到 2018 年的 26.80%。从上述分析可知,我国玉米优势产区呈现出向东北和华北北部集中的态势。

(二)粮食作物生产区域布局演变特征

为明晰我国主要粮食作物的区域布局演变特征,根据地理位置将我国分为东部、中部、西部三大地带。其中,东部地带包括北京、天津、河北、辽宁、上海、江苏、浙江、福建、山东、广东、海南 11 个省(自治区、直辖市);中部地带包括山西、吉林、黑龙江、安徽、江西、河南、湖北、湖南 8 个省(自治区);西部地带包括内蒙古、广西、重庆、四川、贵州、云南、西藏、陕西、甘肃、宁夏、青海、新疆 12 个省(自治区、直辖市)。对我国粮食总播种面积,稻谷、小麦和玉米在三大地带的播种面积进行统计分析,结果如下图:

从我国粮食播种面积的区域变化趋势来看,东部地区粮食播种面积下降趋势较为明显,自 1978 年以来一直呈下降趋势,特别是自 2010 年以来下降的幅度较大;中部地区粮食播种面积呈上升趋势,自 2010 年以来上升幅度较大;西

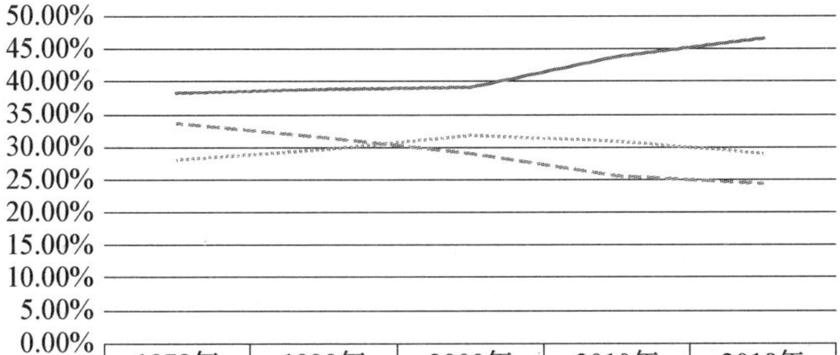

	1978年	1990年	2000年	2010年	2018年
东部	33.69%	31.49%	28.89%	25.50%	24.51%
中部	38.15%	38.83%	39.27%	43.74%	46.56%
西部	28.15%	29.67%	31.83%	30.76%	28.93%

----东部   ——中部   ……西部

图 2.6 中国粮食播种面积变化

部地区粮食播种面积变化并不明显,呈平缓趋势。上述变化说明我国的粮食生产有向中部地区集中的趋势,并且向中部地区的北部集中更为明显。这从侧面反映了我国城镇化发展和农业政策带来的影响:东部地区快速的城镇化发展使大量土地被占用,使东部地区的粮食播种面积逐年下降;近几年,随着我国农业政策的调整,中部地区开始发挥区位优势,在农业资源较为丰富的地区,粮食播种面积和产量增加。

从我国稻谷生产的区域变化趋势来看(下图 2.7),东部地区稻谷播种面积下降的趋势较大,其播种面积比例从 1978 年的 35.6% 下降至 2018 年的21.0%;中部地区稻谷的播种面积呈明显的上升趋势。到 2018 年,该区域的稻谷产量已达全国的一半以上;西部地区的稻谷播种面积变化趋势较为平缓,但是近些年也出现了下降的趋势,尤其是在 2010 年之后整体出现了下降,说明我国的稻谷产区正从东部地区向中部地区转移。

从我国小麦生产的区域变化趋势来看(下图 2.8),东部地区小麦的播种面积比例波动较为平缓,近 8 年有所上升(从 2010 年的 34.5% 上升至 2018 年的37.3%);中部地区近十几年的上升势头明显(从 2000 年的 36.1% 上升至 2018年的 43.0%);西部地区则呈现出明显的下降趋势(从 1978 年的 31.1% 下降至2018 年的 19.7%)。上述变化说明我国的小麦生产正向中部地区集中。尤其是近些年,中部地区的河南、河北小麦种植面积逐年上升,产量增加,形成了更有竞争力的产区优势。由于河北的地下水开采过度,近些年河北开始休耕土地,减少一部分小麦种植,但并不影响小麦播种整体向中部转移集中的趋势。

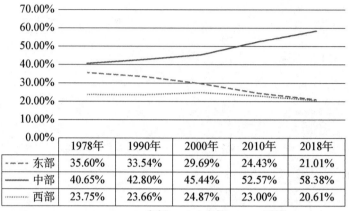

	1978年	1990年	2000年	2010年	2018年
---- 东部	35.60%	33.54%	29.69%	24.43%	21.01%
—— 中部	40.65%	42.80%	45.44%	52.57%	58.38%
……… 西部	23.75%	23.66%	24.87%	23.00%	20.61%

---- 东部　—— 中部　……… 西部

图 2.7　中国稻谷播种面积变化

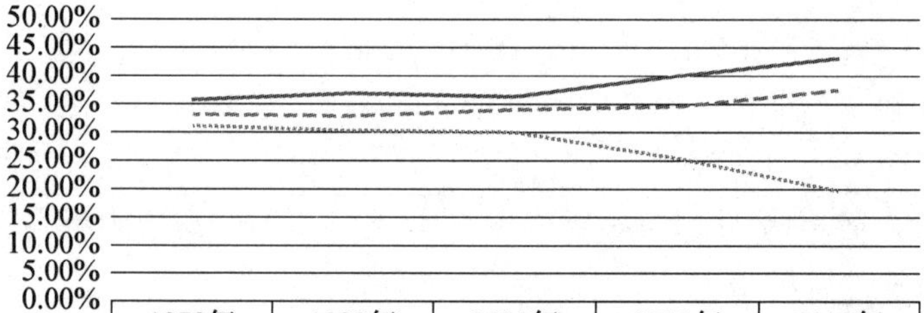

	1978年	1990年	2000年	2010年	2018年
---- 东部	33.20%	32.87%	33.88%	34.53%	37.29%
—— 中部	35.69%	36.88%	36.11%	40.02%	42.98%
……… 西部	31.12%	30.25%	30.01%	25.45%	19.73%

---- 东部　—— 中部　……… 西部

图 2.8　中国小麦播种面积变化

从我国玉米生产的区域变化趋势来看(图 2.9),东部地区玉米播种面积呈明显的下降趋势(从 1978 年的 34.2% 下降至 2018 年的 26.2%),中部地区玉米播种面积在波动中上升且近十几年上升的趋势较为明显(从 2000 年的 35.6% 上升至 2018 年的 44.0%),西部地区玉米播种面积则在波动中缓慢下行。上述变化说明我国的玉米生产也在向中部地区集中。中部地区耕种面积变大主要是因为玉米种植较其他作物省时省力,节省的时间可外出务工,增加农民收入,所以中部地区的农民种植玉米的面积在逐年扩大。

从上述几类粮食作物的比较来看,我国粮食总播种面积的区域变化趋势可

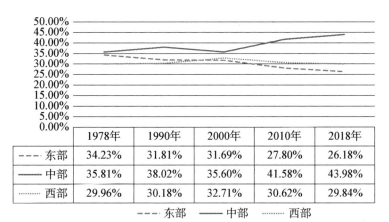

	1978年	1990年	2000年	2010年	2018年
东部	34.23%	31.81%	31.69%	27.80%	26.18%
中部	35.81%	38.02%	35.60%	41.58%	43.98%
西部	29.96%	30.18%	32.71%	30.62%	29.84%

------ 东部　——— 中部　……… 西部

图 2.9　中国玉米播种面积变化

以看作是各类粮食作物区域变化趋势叠加的结果：2000—2018 年,我国东部地区的稻谷、小麦和玉米生产集中度均呈现出下降的趋势,所以东部地区的粮食生产集中度也相应下行;而中部地区则恰好相反,由于近十几年稻谷、小麦、玉米在该区域的生产集中度均出现明显上升趋势,所以中部地区的粮食生产集中度出现上行走势;西部地区粮食生产集中度的走势则相对较为平缓,实则是在缓慢下降,西部地区因为自然条件较为一般,近年生态保护力度加大,退耕还林还草减少了大量粮食播种面积,使西部地区的粮食生产出现了下降。从总体来看,我国的粮食生产优势区域仍然集中在东部和中部地区,西部地区的粮食生产集中度不论从总量还是分品种来看,均远小于上述两个区域。近些年东部地区经济发展较快,进口粮食数量增加,区域内种植粮食面积下降,区域内粮食不足的压力向中部和进口转移。未来中部地区粮食生产集中度会进一步提升,而东部的优势会逐渐下降。从长远看,我国粮食生产优势区域是中部地区,中部的偏北方尤甚。

三、粮食作物生产区域布局演进的驱动因素和保障粮食安全的有关建议

改革开放以来,我国粮食作物的生产布局出现了较大的变化。从我国粮食区域布局的演变特征出发来分析变化的原因和规律,对今后更好地指导全国粮食生产、保障国家粮食安全具有非常重要的现实意义。

经分析,我们认为,我国粮食作物生产区域布局演进主要受如下因素驱动:

(一) 农业科技进步为粮食主产区时空格局的变迁提供了内在动力

改革开放以来,农业科学技术进步,特别是地膜技术的广泛应用和作物品种的更新换代,促进了中国粮食主产区空间格局变迁。首先,植物保护技术和地膜的应用,在一定程度上克服了北方地区生长期较短的限制,使北方的耕作环境得以改善,复种指数明显提高。如河南省复种指数1978年为153%,2017年提高到181%,39年提高了28%。耕作环境的改善,形成新的耕作制度,扩大了中国北方地区粮食生产的时间跨度,对北方地区扩大粮食面积起到了强有力的推动作用。农业科技进步给北方带来了较高的粮食产量和较多的农业收入,同期南方一年多熟地区可以从其他区域购得优质粮食,所以复种指数大幅下降。其次,北方地区还大力引进推广玉米、小麦等优良品种,玉米育种取得了突破性进展,杂交玉米品种在生产中广泛应用。优良品种的技术支撑使北方地区的单产水平大幅度提高;小麦也取得同样的成就,尤其是河南根据不同需求种植不同品种小麦,既提高了小麦产量,又增加了农民收入,还保障了粮食安全。农业科学技术的发展与应用、农业生产条件的改善,显著提高了北方的土地生产率,为粮食主产区的演变提供了动力和保障。

(二) 工业化、城镇化是造成粮食生产区域布局演变的外在推力

在计划经济时期,长江三角洲、珠江三角洲地区等东部沿海地区都是中国的粮食主产区。改革开放后,这些地区率先成为市场化快速推进的区域。由于种粮比较效益低下,大量耕地转为工业和城镇建设用地,再加上外向型农业和高效经济作物的发展,使得这些地区的粮食种植面积锐减。随着市场化、工业化和城镇化进程的加快,这些地区成为吸纳中西部外来劳动力的主要区域,也成为中央财政收入的主要来源地。2019年,广东、江苏、浙江在全国的经济排名是第一、第二和第四位,它们吸纳了我国90%以上的外出务工人员,这些外出务工人员主要来自湖南、四川、江西、重庆、湖北、贵州、河南等中西部地区。综上分析,耕地减少和人口增加客观上已经使这些工业化和城镇化快速推进的地区退出了粮食主产区的行列。

(三) 耕地压力为粮食主产区空间格局的变迁提供了客观条件

从耕地资源的地区分布来看,北方地域广阔,土地资源丰富,南方尤其是东南沿海人多地少。2018年全国耕地最多的黑龙江省耕地保有量为1 387.01万公顷,占全国耕地总面积的11.16%,超过了耕地面积排在后十位的10个省份

的总和。人均耕地面积前三位的省份分别是黑龙江、内蒙古、吉林,其人均耕地面积分别达 0.562 7 公顷、0.473 3 公顷、0.330 6 公顷。我国经济发达的江苏、浙江、广东、山东等省份耕地压力大的状况日趋严重,这些省份人口众多,大约为 3.4 亿人,人均耕地面积仅 0.075 公顷,4 省人口较多,城市用地逐年增加,耕地压力日益显现。2014 年,上海耕地压力指数为 3.604 4,人地矛盾成为主要矛盾。北方与南方相比,具有人均耕地数量较多的优势,该区域内人口较少,耕地面积广阔,水源光照充足,农业资源丰富,使得该区域耕地压力指数小于全国平均水平,土地成为农民收入的主要来源,使得粮食增长具备了较充分的主体条件。

(四)农业资源条件成为影响粮食空间布局演变的重要因素

从上文的分析可知,粮食作物的地区分布具有一定规律性。中国粮食作物的生产趋向中部地区,这在一定程度上反映了各类粮食作物的区域分布特征和水、光照等农业资源的受限程度。稻谷生产更依赖于水资源的丰裕程度,所以水量充沛的黑龙江便发展成为粳稻的主产区。玉米对水资源的要求相对较小,且受城乡消费需求的刚性拉动,种植玉米的收益较其他品种大,几乎全国能种植的地区均有种植。此外,气候变化和自然灾害也对粮食作物的区域布局有一定程度的影响。总的来说,稻谷、小麦、玉米这三类大宗粮食作物南北区域差异显著,其种植区域受自然地理气候的影响较大。

基于以上分析,我们从科技和区域层面提出保障国家粮食安全的有关建议:

一是重视农业科技创新和推广,加快农业科技成果转化。上述理论和实证研究均表明,农业科技对于我国粮食生产及其区域布局均起到至关重要的作用。未来保障国家粮食安全,应大力发展农业科技,通过农业科技创新和推广来提高粮食的单产水平和复种指数,以提高粮食综合生产能力。

二是协调粮食主产区和主销区的关系,加强粮食产销区域间合作。在粮食主产区和主销区之间建立长期稳定、互惠互利的区域合作机制,实现粮食产销地区的权利对等和利益联结,确保国家可以从区域农业经济的角度做好粮食生产区域的经济布局。

三是强化对粮食主产区的支持和保护,切实保护种粮农民利益。未来要加大对粮食主产区的支持力度,从资源保护、物质装备、科技支撑、生产经营、加工转化、市场调控等方面进一步强化对粮食主产区的政策支持,同时继续对种粮农民给予支持,切实保护种粮农民的利益。

四是加强农田水利等基础设施建设,提高粮食生产抗灾能力。未来我国的粮食生产受资源和气候的约束将越来越明显。要切实加强农田水利等基础设施建设,不断提高粮食生产的抗灾能力,减少自然灾害的不利影响。

五是加强粮食生产集中度较高地区的生态保护,延长耕地使用年限。粮食播种面积相对较大的区域,如中部地区需要加强生态环境的保护;在未来可能出现高度集中的耕作区域,要抓紧落实土地休耕的办法和措施;保护好地下水和耕地资源。

第三章
改革开放以来我国玉米生产布局变迁及比较优势分析

近年来,在一系列强农惠农富农政策支持下,中国玉米生产取得持续稳定增长,有力保障了国家粮食安全。随着玉米种植面积和产量的不断增加,玉米主产区的种植业结构日益单一,玉米在一些区域甚至成为绝对的主导作物品种。气候变化、政策、技术、市场等均会对玉米产业发展产生重要影响,其中最为直观的影响就是玉米种植的区域分布变迁。2017年,我国开始推进农业供给侧结构性改革,大力削减"镰刀弯"地区玉米非优势产区面积,调整玉米种植结构。本章主要分析改革开放以来我国玉米种植的区域分布变迁,以为持续推进我国农业供给侧结构性改革提供参考。

一、改革开放以来我国玉米生产的总体情况

改革开放以来,我国玉米种植面积和总产量总体上呈不断扩大和上升趋势。1978年,我国玉米种植面积为19 961.13千公顷,占粮食作物总面积的16.55%;玉米产量为5 594.50万吨,占粮食总产量的18.36%。20世纪80年代至90年代,玉米种植面积持续增长,个别年份略有下降。进入2000年后,玉米种植面积继续呈现出明显上升趋势,2011年,全国玉米种植面积为36 766.52千公顷,总产量21 131.60万吨,单产5 747.51千克/公顷。到2015年,我国玉米种植面积达到峰值,为44 968.39千公顷,占全国粮食作物种植面积的37.80%,较2011年增长22.31%;总产量达到26 499.22万吨,占全国粮食总产量的40.11%,较2011年增长25.40%;玉米单产达5 892.85千克/公顷,每公顷产量较2011年增加145.34千克;玉米在种植面积上和产量上均已

经超过水稻和小麦,位居第一位。总体上,2016 年以前,我国玉米种植发展迅速,种植面积和总产量都持续增长。

受国内消费需求增长放缓、替代产品进口冲击等因素影响,我国玉米连续多年供大于求,库存大幅增加,种植效益降低。2015 年 11 月,农业部制定下发了《关于"镰刀弯"地区玉米结构调整的指导意见》,明确提出调减玉米种植面积。2016 年,国家出台玉米收储制度改革。根据国家农业结构调整目标,2016 年调减玉米种植面积 3 000 万亩左右,2017 年继续调减约 1 000 万亩,到 2020 年将玉米种植面积稳定在 5 亿亩,约 33 333 千公顷。从调减玉米种植面积的实际情况看,2016—2018 年,我国玉米种植面积和总产量持续下降,到 2018 年,玉米种植面积下降至 42 130.05 千公顷,较 2015 年下降 2 838.34 千公顷,玉米总产量下降至 25 717.39 万吨,较 2015 年下降 781.83 万吨。

从玉米种植水平看,1978 年以来,玉米单产大体上呈现出上升趋势,从1978 年的 2 802.70 千克/公顷提升到 1990 年的 4 523.94 千克/公顷,单产首次突破 4 000 千克/公顷。到 1996 年突破 5 000 千克/公顷,达到 5 203.29 千克/公顷,随后几年的单产水平虽有反复,直到 2004 年再度突破 5 000 千克/公顷的关口,此后的十多年里,玉米单产都在 5 000 千克/公顷以上,2013 年一度达到6 015.93 千克/公顷。2017 年和 2018 年,我国玉米单产连续两年超过 6 000 千克/公顷,其中 2018 年为 6 104.29 千克/公顷。

表 3.1 我国玉米种植面积与玉米产量及其占粮食作物和粮食产量的比重

年度	玉米种植面积(千公顷)	粮食作物播种面积(千公顷)	玉米占粮食作物种植面积比重(%)	玉米产量(万吨)	粮食产量(万吨)	玉米占粮食总产量比重(%)
1978	19 961.13	120 587.20	16.55	5 594.50	30 476.50	18.36
1979	20 132.93	119 262.70	16.88	6 003.50	33 211.50	18.08
1980	20 087.40	117 234.27	17.13	6 260.00	32 055.50	19.53
1981	19 424.93	114 957.67	16.90	5 920.50	32 502.00	18.22
1982	18 543.00	113 462.40	16.34	6 056.00	35 450.00	17.08
1983	18 824.20	114 047.20	16.51	6 820.50	38 727.50	17.61
1984	18 536.53	112 883.93	16.42	7 341.00	40 730.50	18.02
1985	17 694.07	108 845.13	16.26	6 382.50	37 910.80	16.84
1986	19 123.67	110 932.60	17.24	7 085.60	39 151.20	18.10
1987	20 211.67	111 267.77	18.16	7 982.50	40 473.10	19.72
1988	19 691.80	110 122.60	17.88	7 735.10	39 408.10	19.63

年度	玉米种植面积(千公顷)	粮食作物播种面积(千公顷)	玉米占粮食作物种植面积比重(%)	玉米产量(万吨)	粮食产量(万吨)	玉米占粮食总产量比重(%)
1989	20 353.27	112 204.67	18.14	7 892.80	40 754.90	19.37
1990	21 401.47	113 465.87	18.86	9 681.90	44 624.30	21.70
1991	21 574.27	112 313.60	19.21	9 877.30	43 529.30	22.69
1992	21 043.50	110 559.70	19.03	9 538.30	44 265.80	21.55
1993	20 694.10	110 508.70	18.73	10 270.40	45 648.80	22.50
1994	21 152.10	109 543.70	19.31	9 927.50	44 510.10	22.30
1995	22 775.70	110 060.40	20.69	11 198.60	46 661.80	24.00
1996	24 498.15	112 547.92	21.77	12 747.10	50 453.50	25.27
1997	23 775.09	112 912.10	21.06	10 430.87	49 417.10	21.11
1998	25 238.84	113 787.40	22.18	13 295.40	51 229.53	25.95
1999	25 903.71	113 160.98	22.89	12 808.63	50 838.58	25.19
2000	23 056.11	108 462.54	21.26	10 599.98	46 217.52	22.93
2001	24 282.05	106 080.03	22.89	11 408.77	45 263.67	25.21
2002	24 633.71	103 890.83	23.71	12 130.76	45 705.75	26.54
2003	24 068.16	99 410.37	24.21	11 583.02	43 069.53	26.89
2004	25 445.67	101 606.03	25.04	13 028.71	46 946.95	27.75
2005	26 358.30	104 278.38	25.28	13 936.54	48 402.19	28.79
2006	28 462.98	104 958.00	27.12	15 160.30	49 804.23	30.44
2007	30 023.72	105 998.62	28.32	15 512.25	50 413.85	30.77
2008	30 980.68	107 544.51	28.81	17 211.95	53 434.29	32.21
2009	32 948.34	110 255.09	29.88	17 325.86	53 940.86	32.12
2010	34 976.73	111 695.42	31.31	19 075.18	55 911.31	34.12
2011	36 766.52	112 980.35	32.54	21 131.60	58 849.33	35.91
2012	39 109.23	114 368.04	34.20	22 955.90	61 222.62	37.50
2013	41 299.21	115 907.54	35.63	24 845.32	63 048.20	39.41
2014	42 996.81	117 455.18	36.61	24 976.44	63 964.83	39.05
2015	44 968.39	118 962.81	37.80	26 499.22	66 060.27	40.11
2016	44 177.61	119 230.06	37.05	26 361.31	66 043.51	39.92
2017	42 399.00	117 989.06	35.93	25 907.07	66 160.72	39.16
2018	42 130.05	117 038.21	36.00	25 717.39	65 789.22	39.09

注：数据来源于国家统计局

二、我国玉米生产的区域变迁

玉米生产空间布局除受到自然资源影响外,还受到社会经济、农业生产力发展水平、国家农业政策等因素的影响。1978年以来,我国经济社会发生巨大变化,玉米生产空间布局随之变迁。根据传统划分方法,将我国31个省(自治区、直辖市)划分为南方地区和北方地区,其中南方地区包括16个省(自治区、直辖市),即江苏、安徽、湖北、重庆、四川、西藏、云南、贵州、湖南、江西、广西、广东、福建、浙江、上海、海南;北方地区包括15个省(自治区、直辖市),即山东、河南、山西、陕西、甘肃、青海、新疆、河北、天津、北京、内蒙古、辽宁、吉林、黑龙江、宁夏。我们据此来进一步观察这种变迁。

(一) 南方种植区和北方种植区变迁

从面积视角看,南方地区的玉米种植面积呈现持续增长趋势,从1978年的5 320.50千公顷增加到2015年的8 861.09千公顷,到2018年回落至8 304.99千公顷,占全国玉米种植总面积的比重先升后降,从1978年的26.65%上升至1985年的27.31%,到2010年降至21.03%,2018年进一步下降到19.71%。北方地区是中国玉米的主产区,玉米种植面积从1978年的14 640.88千公顷增加至2015年的36 107.29千公顷,2018年回落到33 825.06千公顷,占全国玉米种植总面积的比重从1978年的73.35%波动性提升至2018年的80.29%。

从产量视角看,南方玉米种植区产量大体上呈现出增长趋势,从1978年的1 275.00万吨增加到2015年的4 409.94万吨,到2018年稍稍回落至4 305.75万吨,占全国玉米总产量的比重则先升后降,从1978年的22.79%上升至2000年的25.17%,到2018年下降至16.74%。北方地区玉米产量从1978年的4 319.50万吨增加至2015年的22 089.28万吨,2018年回落到21 411.64万吨,占全国玉米总产量的比重从1978年的77.21%波动性提升至2018年的83.26%。

从单产视角看,北方地区的玉米单产一直高于南方地区。1978年,南方地区玉米单产是2 396.39千克/公顷,而北方地区是2 950.32千克/公顷,南方地区比北方地区低553.93千克/公顷。到了1990年和1995年期间,南方地区和北方地方的玉米单产水平差距已扩大到1 400千克/公顷以上。随后南方地区和北方地区的玉米单产水平差距有所缩小,到2000年缩小为347.86千克/公顷。进入21世纪后,南方地区和北方地区的玉米单产水平差距又呈现出扩大趋势,到2010年是1 143.66千克/公顷,且这一差距基本延续到2018年。

表 3.2 面积视角下南方和北方玉米种植区变迁(1978—2018 年)

(千公顷、%)

地区		1978	1980	1985	1990	1995	2000	2005	2010	2015	2018
南方	面积	5320.50	5201.40	4831.90	5386.10	5650.20	6145.32	6117.83	7357.22	8861.09	8304.99
	比重	26.65	25.89	27.31	25.17	24.81	26.65	23.21	21.03	19.71	19.71
北方	面积	14640.80	14885.90	12862.10	16015.60	17125.60	16910.79	20240.47	27619.50	36107.29	33825.06
	比重	73.35	74.11	72.69	74.83	75.19	73.35	76.79	78.97	80.29	80.29

注: 根据国家统计局数据计算

表 3.3 产量视角下南方和北方玉米种植区变迁(1978—2018 年)

(万吨、%)

地区		1978	1980	1985	1990	1995	2000	2005	2010	2015	2018
南方	产量	1275.00	1510.00	1524.80	1853.00	2155.60	2668.50	2704.88	3347.97	4409.94	4305.75
	比重	22.79	24.12	23.89	19.14	19.25	25.17	19.41	17.55	16.64	16.74
北方	产量	4319.50	4750.00	4857.80	7828.90	9043.10	7931.48	11231.66	15727.23	22089.28	21411.64
	比重	77.21	75.88	76.11	80.86	80.75	74.83	80.59	82.45	83.36	83.26

注: 根据国家统计局数据计算

表 3.4 单产视角下南方和北方玉米种植区变迁(1978—2018 年)

(千克/公顷)

地区	1978	1980	1985	1990	1995	2000	2005	2010	2015	2018
南方	2396.39	2903.06	3155.69	3440.34	3815.09	4342.33	4421.31	4550.59	4976.75	5184.53
北方	2950.32	3190.94	3776.83	4888.3	5280.46	4690.19	5549.11	5694.25	6117.68	6330.11
差值	-553.93	-287.87	-621.14	-1447.96	-1465.37	-347.86	-1127.8	-1143.66	-1140.93	-1145.58

注: 根据国家统计局数据计算

(二) 玉米种植的七大区域变迁

将中国的 31 个省(自治区、直辖市)划分为七大地理区域,即东北地区、华北地区、华东地区、华中地区、华南地区、西南地区和西北地区。

从面积视角看,各区域玉米种植面积总体上不断增加,其中东北、华北和华中地区玉米种植面积增加最快,分别从 1978 年的 5 364.2 千公顷、3 435.1 千公顷、2 232.8 千公顷增加到 2018 年的 13 262.27 千公顷、9 154.41 千公顷、5 059.36 千公顷,增幅分别达到 147.24%、166.50% 和 126.59%。西北和华东地区的玉米种植面积也有较快增长,与 1978 年相比,到 2018 年的增幅分别为 75.72% 和 92.94%。西南和华南地区玉米种植面积增加较小。

从面积视角看,1978 年,东北、华北和西南是中国的三大玉米种植区,分别占全国玉米种植面积的 26.87%、17.21% 和 16.37%。随后西南地区的地位有所下降,到 1990 年西南地区玉米种植面积占 15.44%,而华东地区占到 15.75%。2000 年以后,东北和华北地区成为玉米主产区的趋势更加突出,2000 年时东北和华北地区共占全国玉米种植面积的 44.49%,到 2015 年达到 54.07%,2018 年稍稍回落到 53.21%。1978—2018 年,七大区域中,地区玉米种植面积占全国玉米种植面积的比重呈上升趋势的是东北、华北、华中地区,华东、华南、西南、西北地区所占比重都有不同程度的下降。

从产量视角看,各区域玉米产量的变动与种植面积的变动在总体上是一致的,其中华北、华中和东北地区玉米产量增加最快,分别从 1978 年的 898.50 万吨、594.00 万吨、1 806.00 万吨增加到 2018 年的 5 760.41 万吨、2 877.58 万吨、8 444.83 万吨,增幅分别达到 541.11%、384.44% 和 367.60%。华东和西北地区的玉米产量也有较快增长,与 1978 年相比,到 2018 年的增幅分别为 339.98% 和 320.95%。西南和华南地区玉米产量增幅也达到 196.39% 和 200.86%。

从产量视角看,1978 年,东北、华北和西南是中国的三大玉米主产区,分别占全国玉米总产量的 32.28%、16.06% 和 15.11%。随后西南地区的地位有所下降,到 1985 年西南地区玉米产量占全国玉米总产量的 15.43%,而华东地区占到 19.48%。2000 年以后,东北和华北地区成为玉米主产区的趋势更加突出,2010 年时东北和华北地区共占全国玉米总产量的 52.71%,超过半壁江山,到 2015 年达到 55.84%,2018 年回落到 55.24%。1978—2018 年,七大区域中,地区玉米产量占全国玉米总产量的比重呈上升趋势的是东北、华北、华中地区,华东、华南、西南、西北地区所占比重都有不同程度的下降。

表 3.5 面积视角下玉米种植七大地理区域变迁（1978—2018 年）

（千公顷）

地区	1978 年	1980 年	1985 年	1990 年	1995 年	2000 年	2005 年	2010 年	2015 年	2018 年
东北	5364.20	4982.10	4454.20	5753.40	6272.80	5421.10	6787.90	10248.49	14534.62	13262.27
华北	3435.10	4102.40	3033.90	3836.30	4417.50	4837.46	5925.46	7854.95	9779.23	9154.41
华东	2956.40	2777.50	2830.60	3371.00	3827.30	3442.45	3894.66	4634.48	5806.63	5703.95
华中	2232.80	2234.90	2139.70	2684.80	2489.20	2903.93	3175.22	4105.84	5370.29	5059.36
华南	681.30	581.10	515.10	608.00	632.70	817.98	725.30	696.86	744.18	704.51
西南	3268.60	3430.70	3097.70	3304.40	3353.30	3596.21	3562.40	4400.99	5073.71	4690.81
西北	2022.90	1978.60	1622.80	1843.80	1783.00	2036.98	2287.36	3035.11	3659.72	3554.74

注：根据国家统计局数据计算

表 3.6 面积视角下玉米种植七大地理区域变迁（1978—2018 年）

（%）

地区	1978 年	1980 年	1985 年	1990 年	1995 年	2000 年	2005 年	2010 年	2015 年	2018 年
东北	26.87	24.80	25.17	26.88	27.54	23.51	25.75	29.30	32.32	31.48
华北	17.21	20.42	17.15	17.93	19.40	20.98	22.48	22.46	21.75	21.73
华东	14.81	13.83	16.00	15.75	16.80	14.93	14.78	13.25	12.91	13.54
华中	11.19	11.13	12.09	12.54	10.93	12.60	12.05	11.74	11.94	12.01
华南	3.41	2.89	2.91	2.84	2.78	3.55	2.75	1.99	1.65	1.67
西南	16.37	17.08	17.51	15.44	14.72	15.60	13.52	12.58	11.28	11.13
西北	10.13	9.85	9.17	8.62	7.83	8.83	8.68	8.68	8.14	8.44

注：根据国家统计局数据计算

表 3.7 产量视角下玉米种植七大地理区域变迁 (1978—2018 年)

（万吨）

地区	1978 年	1980 年	1985 年	1990 年	1995 年	2000 年	2005 年	2010 年	2015 年	2018 年
东北	1806.00	1681.00	1653.00	3336.10	3515.80	2335.10	3979.12	5760.23	9116.08	8444.83
华北	898.50	1211.50	1210.20	1732.60	2318.80	2078.08	3011.90	4294.00	5681.95	5760.41
华东	807.50	1023.50	1243.40	1510.20	2120.30	1966.82	2223.29	2699.61	3536.25	3552.82
华中	594.00	640.50	672.80	1107.20	1146.80	1416.78	1626.91	2249.23	2881.08	2877.58
华南	109.00	117.50	98.70	136.00	180.80	265.52	278.91	278.65	332.78	327.94
西南	845.50	1087.00	984.90	1171.00	1208.50	1561.81	1609.18	1988.13	2453.73	2505.95
西北	534.00	499.00	519.60	688.80	707.70	975.87	1207.23	1805.35	2497.35	2247.86

注：根据国家统计局数据计算

表 3.8 产量视角下玉米种植七大地理区域变迁 (1978—2018 年)

（%）

地区	1978	1980	1985	1990	1995	2000	2005	2010	2015	2018
东北	32.28	26.85	25.90	34.46	31.39	22.03	28.55	30.20	34.40	32.84
华北	16.06	19.35	18.96	17.90	20.71	19.60	21.61	22.51	21.44	22.40
华东	14.43	16.35	19.48	15.60	18.93	18.55	15.95	14.15	13.34	13.81
华中	10.62	10.23	10.54	11.44	10.24	13.37	11.67	11.79	10.87	11.19
华南	1.95	1.88	1.55	1.40	1.61	2.50	2.00	1.46	1.26	1.28
西南	15.11	17.36	15.43	12.09	10.79	14.73	11.55	10.42	9.26	9.74
西北	9.55	7.97	8.14	7.11	6.32	9.21	8.66	9.46	9.42	8.74

注：根据国家统计局数据计算

表 3.9　单产视角下玉米种植七大地理区域变迁(1978—2018 年)

（千克/公顷）

地区	1978	1980	1985	1990	1995	2000	2005	2010	2015	2018
东北	3366.76	3374.08	3711.10	5798.48	5604.83	4307.43	5862.08	5620.56	6271.98	6367.56
华北	2615.64	2953.15	3988.93	4516.33	5249.12	4295.81	5082.98	5466.62	5810.22	6292.50
华东	2731.36	3684.97	4392.71	4479.98	5539.94	5713.43	5708.56	5825.05	6090.02	6228.70
华中	2660.34	2865.90	3144.37	4123.96	4607.10	4878.84	5123.77	5478.12	5364.85	5687.64
华南	1599.88	2022.03	1916.13	2236.84	2857.59	3246.05	3845.44	3998.65	4471.77	4654.87
西南	2586.73	3168.45	3179.46	3543.76	3603.91	4342.93	4517.12	4517.46	4836.17	5342.25
西北	2639.77	2521.99	3201.87	3735.76	3969.15	4790.77	5277.83	5948.22	6823.88	6323.56

注：根据国家统计局数据计算

从单产视角看,七大区域的玉米单位面积产量都在提升,说明全国范围内的玉米生产技术都在进步。1978—2018年,除西南地区外,其他六大地区的玉米单产水平提升都在3 000千克/公顷以上,其中西北地区提升了3 683.78千克/公顷,华北地区提升了3 676.85千克/公顷,华东地区提升了3 497.34千克/公顷。从单产提升的幅度看,华南地区的单产水平增幅最高,达到190.95%,华北、西北、华东三大地区的单产水平增幅都超过120%,增幅最小的东北地区也有89.13%。

(三)玉米种植的主产省份变迁

某一时期某省份玉米种植面积(或产量)占该时期全国玉米总面积(总产量)的比重可反映玉米种植生产集中度。选择玉米种植面积排在前10位的省份计算集中度CR10,以观察改革开放以来玉米主产省份的变迁,具体见表3.10。

表3.10　面积视角下玉米种植各省份变迁(1978—2018年)

(%)

地区	省份	1978年	1990年	2000年	2010年	2015年	2018年
华北	北京	0.85	1.05	0.59	0.43	0.17	0.10
	天津	0.90	0.75	0.57	0.48	0.48	0.44
	河北	11.20	9.54	10.75	9.12	8.13	8.16
	山西	3.97	2.98	3.44	4.68	4.21	4.15
	内蒙古	0.28	3.61	5.63	7.75	8.76	8.88
东北	辽宁	7.44	6.38	6.17	6.51	6.50	6.44
	吉林	9.43	10.37	9.53	9.19	9.45	10.04
	黑龙江	10.00	10.13	7.81	13.60	16.37	15.00
华东	上海	0.05	0.05	0.02	0.01	0.01	0.00
	江苏	2.23	2.15	1.84	1.26	1.20	1.22
	浙江	0.61	0.22	0.23	0.07	0.11	0.12
	安徽	1.17	1.94	2.11	2.47	2.68	2.70
	福建	—	0.09	0.16	0.09	0.06	0.07
	江西	0.05	0.06	0.11	0.07	0.07	0.08
	山东	10.69	11.24	10.47	9.28	8.77	9.34
华中	河南	8.44	10.17	9.55	9.24	9.32	9.30
	湖北	2.02	1.80	1.84	1.64	1.81	1.85
	湖南	0.73	0.57	1.21	0.86	0.82	0.85
华南	广东	0.24	0.27	0.82	0.40	0.28	0.29
	广西	3.17	2.51	2.65	1.53	1.37	1.39
	海南	—	0.07	0.08	0.06	—	—

地区	省份	1978 年	1990 年	2000 年	2010 年	2015 年	2018 年
西南	重庆	—	—	2.17	1.29	1.00	1.05
	四川	7.85	8.00	5.36	4.35	4.04	4.41
	贵州	3.40	2.80	3.15	2.56	2.31	1.43
	云南	5.13	4.63	4.90	4.37	3.92	4.24
	西藏	—	0.01	0.01	0.01	0.01	0.01
西北	陕西	5.43	4.79	4.58	3.60	2.68	2.80
	甘肃	1.50	1.40	2.01	2.44	2.37	2.40
	青海	—	—	0.01	0.03	0.05	0.04
	宁夏	0.09	0.36	0.57	0.64	0.67	0.74
	新疆	3.11	2.07	1.66	1.97	2.37	2.45
CR$_{10}$		72.69	73.84	73.29	78.09	79.47	79.96

注：根据国家统计局数据计算

改革开放以来，我国玉米种植主产省份的种植面积总体变化不大，但各主产省份在全国的位置波动较大。东北地区是我国玉米种植的主要地区，其中吉林自 20 世纪 80 年代以来一直位居前二，辽宁近年来排名呈下降趋势，黑龙江则排名一直上升，并高居第一。华北地区中，内蒙古近 20 年来排名稳定上升，并在 2015 年排名第四。华东地区中，山东的排名一直比较靠前。华中地区中，河南作为玉米主产省份，排名在第 3—5 名间波动。西南地区中，四川排名呈下降趋势。西北地区中，陕西不再是玉米主产省。可见，我国玉米种植逐渐向东北、华北地区集聚，但山东、河南仍是重要的玉米种植区。

从单产视角看，各省(自治区、直辖市)的玉米单位面积产量呈现持续提升特征。2018 年，北京、内蒙古、吉林、上海、山东、西藏、宁夏、新疆等地的玉米单产都在 6 500 千克/公顷以上，单产水平最低的是湖北，为 4 139.53 千克/公顷。与 1978 年相比，2018 年单产增幅最大的省份是江西，达到 365.05%，天津、安徽、湖南、广东、新疆等地的增幅都在 200% 以上。作为玉米主产省份之一的黑龙江，1978—2018 年，玉米单产水平从 3 115.60 千克/公顷提升至 6 303.05 千克/公顷，增幅为 102.31%。

表 3.11 单产视角下玉米种植各省份变迁(1978—2018 年)

(千克/公顷)

地区	1978 年	1990 年	2000 年	2010 年	2015 年	2018 年
北京	3570.00	5 850.70	4 322.21	5 620.50	6 481.65	6 770.24

地区	1978 年	1990 年	2000 年	2010 年	2015 年	2018 年
天津	1 744.20	4 583.00	3 121.19	5 489.85	4 998.40	5 919.22
河北	2 309.70	4 063.10	4 012.31	5 213.98	5 192.98	5 646.59
山西	3 417.10	4 795.90	4 469.69	4 950.00	5 145.00	5 616.75
内蒙古	3 413.20	5 081.90	4 846.71	6 065.89	6 734.41	7 215.00
辽宁	4 059.00	5 844.80	3 874.17	5 496.89	5 807.27	6 129.00
吉林	3 086.80	6 893.00	4 520.09	6 204.35	7 383.50	6 616.80
黑龙江	3 115.60	4 649.50	4 390.16	5 285.16	5 814.57	6 303.05
上海	5 463.60	6 401.30	7 115.38	6 659.14	6 117.81	6 930.18
江苏	2 764.00	4 993.50	5 595.05	5 412.00	5 583.11	5 815.58
浙江	2 317.90	2 062.50	3 888.89	4 455.45	4 473.96	4 183.20
安徽	1 631.80	3 540.90	4 507.41	4 108.53	5 629.20	5 231.26
福建	—	1 695.20	3 016.30	3 793.28	4 169.61	4 361.50
江西	961.50	1 938.20	3 359.68	3 678.93	3 906.77	4 471.43
山东	2 867.00	4 618.70	6 079.16	6 381.44	6 352.74	6 626.10
河南	2 785.00	4 412.30	4 883.28	5 552.21	5 461.94	6 000.01
湖北	2 555.00	3 164.70	5 109.88	4 912.12	4 839.60	4 139.53
湖南	1 510.30	2 011.50	4 491.92	5 759.92	5 421.07	5 646.44
广东	1 231.20	2 362.90	4 020.07	4 442.80	4 350.13	4 541.97
广西	1 628.20	2 235.20	3 016.21	3 870.45	4 496.84	4 678.06
海南	—	1 785.70	2 903.23	4 322.83	—	—
重庆	—	—	3 945.27	5 433.46	5 507.33	5 681.88
四川	2 798.80	4 177.50	4 430.74	4 935.81	5 461.48	5 745.15
贵州	2 566.90	2 954.70	4 705.07	4 093.89	3 311.00	4 300.80
云南	2 275.40	2 806.40	4 189.61	4 072.06	4 925.20	5 187.09
西藏	—	3 139.50	4 476.19	6 540.28	1 854.30	6 517.84
陕西	2 694.20	3 257.60	3 913.91	4 501.01	4 715.55	4 952.64
甘肃	3 385.60	3 868.20	4 532.47	4 871.86	5 615.86	5 825.70
青海	—	—	5 714.29	8 702.35	6 774.55	6 249.32
宁夏	3 358.20	4 925.80	6 254.77	7 421.70	7 518.27	7 549.15
新疆	2 164.50	4 547.90	7 021.08	9 400.42	10 210.73	8 009.10

注：根据国家统计局数据计算

三、我国玉米生产比较优势分析

由于不同地区的资源、气候、种植历史、居民消费习惯等不同，农业生产在不同地区间有着不同的比较优势。测算区域比较优势的方法有很多，我们选择常用的资源禀赋指数法、成本收益比较法和综合比较优势指数法来测算和分析我国玉米的生产比较优势。

(一) 资源禀赋指数分析

赫克歇尔—俄林资源禀赋理论(H—O 定理)通常被用于解释不同国家间比较优势差异和国际贸易发生条件。实际上,同一国家内不同区域也同样存在生产层面的比较优势问题。就农业生产而言,有的地方种植玉米具有比较优势,而有的地方种植水稻具有比较优势。资源禀赋指数(EF)通常可用于反映一国或地区某种资源的相对丰裕程度,是衡量国家或地区间比较优势的指标之一。其计算公式是:

$$EF_{it} = \frac{V_{it}/V_t}{Y_{it}/Y_t} \tag{1}$$

(1)式中,EF_{it} 表示 i 地区第 t 年玉米生产资源禀赋指数;V_{it} 和 V_t 分别表示 i 地区和全国第 t 年的玉米产量;Y_{it} 和 Y_t 分别表示 i 地区和全国第 t 年的国内生产总值。EF_{it} 越大,i 地区玉米生产的资源禀赋越明显。一般而言,当 $0 < EF_{it} < 1$ 时,认为 i 地区第 t 年玉米生产资源禀赋缺乏区域比较优势;当 $1 < EF_{it} < 2$ 时,认为 i 地区第 t 年玉米生产资源禀赋具有一定的区域比较优势;当 $EF_{it} \geqslant 2$ 时,认为 i 地区第 t 年玉米生产资源禀赋具有较强的区域比较优势。

根据式(1)计算 1978—2018 年我国各省玉米生产资源禀赋指数,结果发现:1978—2018 年我国玉米生产省域资源禀赋指数排名发生了明显变化,2018 年与 1978 年相比,排名上升的省份有黑龙江、内蒙古、甘肃、辽宁、宁夏、新疆、山西、四川、安徽、湖南等,其中 40 年间黑龙江从第 4 位上升到第 1 位,内蒙古从第 20 位上升到第 3 位,甘肃从第 12 位上升到第 4 位,辽宁从第 10 位上升到第 5 位;排名下降的有吉林、北京、天津、江苏、浙江、山东、河南、湖北、广东、广西、贵州、云南、陕西等,其中贵州从第 2 位下降到第 16 位,陕西从第 3 位下降到第 14 位,云南从第 6 位下降到第 11 位,湖北从第 14 位下降到第 20 位。总体而言,内蒙古玉米生产资源禀赋指数排名上升最多,陕西玉米生产资源禀赋指数排名下降最多。吉林、河北、山西、河南、四川、新疆玉米生产资源禀赋指数排名大体保持稳定。

表 3.12　中国玉米种植省份资源禀赋指数及变动情况(1978—2018 年)

地区	1978	1980	1985	1990	1995	2000	2005	2010	2015	2018
北京	0.34(15)	0.46	0.57	0.50	0.45	0.17	0.13	0.14	0.06	0.03(25)
天津	0.24(18)	0.23	0.24	0.45	0.44	0.22	0.27	0.23	0.18	0.29(19)

地区	1978	1980	1985	1990	1995	2000	2005	2010	2015	2018
河北	1.75(9)	2.16	2.35	1.76	2.14	1.84	1.70	1.87	1.74	2.12(9)
山西	1.91(7)	1.72	1.31	1.36	1.93	1.79	2.08	2.02	2.08	2.19(8)
内蒙古	0.20(20)	1.45	1.34	2.35	3.11	3.81	3.90	3.23	4.06	5.95(3)
辽宁	1.63(10)	1.66	1.18	1.43	1.52	1.10	2.02	1.55	1.61	2.51(5)
吉林	4.40(1)	3.67	5.42	6.86	6.69	4.74	7.11	5.27	6.09	8.84(2)
黑龙江	2.21(4)	1.68	1.59	2.69	3.13	2.34	2.70	5.55	7.74	11.02(1)
上海	0.01(24)	0.01	0.01	0.02	0.01	0.01	0.00	0.00	0.00	0.00
江苏	0.31(16)	0.31	0.47	0.31	0.27	0.26	0.13	0.13	0.12	0.11(23)
浙江	0.14(21)	0.06	0.04	0.02	0.02	0.03	0.03	0.01	0.01	0.01(28)
安徽	0.21(19)	0.19	0.27	0.43	0.77	0.70	0.71	0.66	0.84	0.62(15)
福建	0.00	0.00	0.00	0.01	0.02	0.03	0.03	0.02	0.01	0.01(29)
江西	0.01(25)	0.01	0.01	0.01	0.01	0.02	0.03	0.02	0.02	0.02(26)
山东	1.68(9)	2.02	1.89	1.40	1.60	1.64	1.35	1.21	1.08	1.39(12)
河南	1.79(8)	1.66	1.63	1.96	1.65	1.98	1.75	1.78	1.69	1.67(10)
湖北	0.42(14)	0.31	0.40	0.28	0.37	0.57	0.42	0.40	0.36	0.27(20)
湖南	0.09(22)	0.08	0.08	0.20	0.30	0.33	0.29	0.25	0.19	0.20(21)
广东	0.02(23)	0.02	0.04	0.03	0.07	0.07	0.04	0.03	0.02	0.02(27)
广西	0.84(13)	0.81	0.69	0.51	0.53	0.82	0.76	0.50	0.45	0.50(17)
海南	0.00	0.00	0.00	0.05	0.05	0.09	0.08	0.10	0.00	0.00
重庆	0.00	0.00	0.00	0.00	0.00	1.03	0.96	0.71	0.43	0.41(18)
四川	1.47(11)	1.90	1.88	1.53	1.33	1.30	1.12	1.00	0.90	0.88(13)
贵州	2.32(2)	2.50	1.74	1.30	1.93	3.09	2.45	1.83	0.89	0.60(16)
云南	2.09(6)	2.23	2.07	1.17	1.43	2.19	1.85	1.97	1.74	1.58(11)
西藏	0.00	0.04	0.04	0.06	0.10	0.11	0.09	0.12	0.02	0.08(24)
陕西	2.23(3)	2.07	2.21	1.58	1.40	2.14	1.67	1.28	0.86	0.87(14)
甘肃	0.97(12)	0.86	0.83	0.91	1.16	1.86	1.84	2.31	2.40	2.59(4)
青海	0.00	0.00	0.00	0.00	0.00	0.04	0.02	0.16	0.16	0.15(22)
宁夏	0.29(17)	0.38	0.64	1.11	1.79	2.59	2.83	2.25	2.13	2.38(6)
新疆	2.14(5)	1.69	1.70	1.47	1.51	1.83	2.07	2.73	3.19	2.30(7)

注：数据根据《新中国六十年统计资料汇编》和历年《中国统计年鉴》计算所得；括号内数字代表该省对应年份玉米种植资源禀赋指数位次

　　1978—2018 年的 40 年里,我国一些省份的玉米生产的资源禀赋比较优势在日益增强,而还有一些省份则逐渐失去资源禀赋比较优势。表 3.13 显示,我国玉米生产的资源禀赋优势区逐渐向东北、西北地区和中部的山西、河北集聚,西南地区的玉米生产资源禀赋优势在逐渐减弱。

表 3.13　中国玉米种植资源禀赋优势省份(1978—2018 年)

年份	地区($1<EF<2$)	地区($EF>2$)
1978	山西、河南、山东、辽宁、四川	吉林、贵州、陕西、黑龙江、新疆、云南
1980	四川、山西、新疆、黑龙江、河南、辽宁、内蒙古	吉林、贵州、云南、河北、陕西、山东
1985	山东、四川、贵州、新疆、河南、黑龙江、内蒙古、陕西、辽宁	吉林、河北、陕西、云南
1990	河南、河北、陕西、四川、新疆、辽宁、山东、山西、贵州、云南、宁夏	吉林、黑龙江、内蒙古
1995	山西、贵州、宁夏、河南、山东、辽宁、新疆、云南、陕西、四川、甘肃	吉林、黑龙江、内蒙古、河北
2000	河南、甘肃、河北、新疆、山西、山东、四川、辽宁、重庆	吉林、内蒙古、贵州、宁夏、黑龙江、云南、陕西
2005	云南、甘肃、河南、河北、陕西、山东、四川	吉林、内蒙古、宁夏、黑龙江、贵州、山西、新疆、辽宁
2010	云南、河北、贵州、河南、辽宁、陕西、山东、四川	黑龙江、吉林、内蒙古、新疆、甘肃、宁夏、山西
2015	云南、河北、河南、辽宁、山东	黑龙江、吉林、内蒙古、新疆、甘肃、宁夏、山西
2018	河南、云南、山东	黑龙江、吉林、内蒙古、甘肃、辽宁、宁夏、新疆、山西、河北

注:根据表 3.12 整理,省区顺序按玉米种植资源禀赋指数值由大至小排列

(二) 成本收益优势比较

从玉米生产的成本收益看,2001 年每 50 千克玉米主产品的成本收益高于全国平均水平的省份有河北、内蒙古、辽宁、黑龙江、江苏、安徽、山东、河南、宁夏和新疆,即这些省份的玉米生产效益具有比较优势。到 2018 年,每 50 千克玉米主产品的成本收益高于全国平均水平的省份有河北、山西、内蒙古、吉林、黑龙江、安徽、山东、河南、宁夏和新疆。18 年来,保持生产效益比较优势的省份是河北、内蒙古、黑龙江、安徽、山东、河南、宁夏和新疆。从玉米生产效益的变动情况看,与 2001 年相比,2018 年山西、内蒙古、吉林、黑龙江、四川的玉米生产效益优势得到不同程度的增强。大体上,东北地区和内蒙古的玉米生产保持着较强的生产效益优势。

表 3.14　2001 年和 2018 年中国主产省份玉米生产成本和收益变化

(元/50 千克)

省份	2001 年				2018 年				变动情况
	平均价格	生产成本	价格/成本	省份/全国	平均价格	生产成本	价格/成本	省份/全国	
全国平均	48.34	32.78	1.47	1.00	87.80	81.41	1.08	1.00	
河北	46.27	29.05	1.59	1.08	89.40	78.85	1.13	1.05	↓
山西	45.36	32.74	1.39	0.94	88.87	82.02	1.08	1.00	↑
内蒙古	45.49	27.67	1.64	1.11	87.32	53.42	1.63	1.52	↑
辽宁	45.08	26.11	1.73	1.17	90.63	89.10	1.02	0.94	↓
吉林	40.03	29.32	1.37	0.93	80.45	70.35	1.14	1.06	↑
黑龙江	41.40	24.51	1.69	1.15	79.21	60.59	1.31	1.21	↓
江苏	50.24	27.02	1.86	1.26	85.77	83.79	1.02	0.95	↓
安徽	48.46	25.39	1.91	1.29	87.35	77.11	1.13	1.05	↓
山东	48.31	24.65	1.96	1.33	88.84	78.22	1.14	1.05	↓
河南	46.64	28.41	1.64	1.11	82.13	71.24	1.15	1.07	↓
湖北	49.91	39.12	1.28	0.87	93.35	118.81	0.79	0.73	↓
广西	56.88	50.86	1.12	0.76	109.33	155.97	0.70	0.65	↓
重庆	52.21	44.99	1.16	0.79	104.94	128.18	0.82	0.76	↓
四川	52.84	59.70	0.89	0.60	103.95	130.61	0.80	0.74	↑
贵州	52.63	48.45	1.09	0.74	111.64	151.05	0.74	0.69	↓
云南	53.30	47.88	1.11	0.75	109.26	141.75	0.77	0.71	↓
陕西	46.31	42.39	1.09	0.74	91.00	115.53	0.79	0.73	↓
甘肃	49.27	42.44	1.16	0.79	90.73	117.17	0.77	0.72	↓
宁夏	43.47	24.20	1.80	1.22	89.05	81.64	1.09	1.01	↓
新疆	47.01	25.24	1.86	1.26	78.38	52.90	1.48	1.37	↑

资料来源:《全国农产品成本收益资料汇编》(2002 年、2016 年)

(三) 综合比较优势分析

综合比较优势指数是反映农作物种植比较优势的综合指标,是效率优势指数和规模优势指数的综合运用,能够更全面地反映某种农作物的区域生产优势程度。其计算公式是:

$$AAI_{it} = \sqrt{EAI_{it} \times SAI_{it}} = \sqrt{\frac{AP_{it}}{AP_t} \times \frac{GS_{it}/TS_{it}}{GS_t/TS_t}} \tag{2}$$

(2)式中,AAI_{it} 表示 i 地区第 t 年玉米生产综合比较优势指数,EAI_{it} 表示 i 地区第 t 年玉米生产效率比较优势指数,SAI_{it} 表示 i 地区第 t 年玉米生产规模比较优势指数;AP_{it} 表示 i 地区第 t 年玉米单产水平,AP_t 表示全国第 t 年玉米平均单产水平;GS_{it} 表示 i 地区第 t 年玉米播种面积,GS_t 表示全国第 t

年玉米播种总面积;TS_{it}表示i地区第t年所有农作物播种面积之和,TS_t表示全国第t年所有农作物播种面积之和。AAI_{it}越大,表示i地区玉米生产的综合比较优势越明显。一般而言,当$AAI_{it}<1$时,认为i地区第t年玉米生产与全国平均水平相比处于劣势;当$AAI_{it}\geqslant2$时,认为i地区第t年玉米生产与全国平均水平相比处于优势。

根据式(2)计算1978—2018年我国各省玉米生产综合比较优势指数,结果见表3.15。

表 3.15　中国玉米种植省份资源禀赋指数及变动情况(1978—2018 年)

地区	1978 年	1980 年	1985 年	1990 年	1995 年	2000 年	2005 年	2010 年	2015 年	2018 年
北京	1.53	1.78	1.97	1.84	1.79	1.38	1.48	1.49	1.34	1.30
天津	1.10	1.42	1.44	1.41	1.37	1.06	1.28	1.33	1.25	1.29
河北	1.22	1.31	1.33	1.20	1.35	1.27	1.23	1.29	1.19	1.24
山西	1.29	1.20	1.09	1.08	1.18	1.14	1.35	1.36	1.30	1.33
内蒙古	0.46	0.82	0.89	1.13	1.17	1.25	1.38	1.36	1.41	1.40
辽宁	1.82	1.98	1.65	1.84	1.75	1.50	1.83	1.62	1.57	1.60
吉林	1.77	1.71	2.10	2.41	2.21	1.80	2.01	1.78	1.82	1.72
黑龙江	1.37	1.18	1.04	1.34	1.37	1.12	1.07	1.25	1.35	1.32
上海	0.44	0.35	0.36	0.40	0.34	0.32	0.28	0.26	0.22	0.17
江苏	0.62	0.61	0.76	0.65	0.68	0.66	0.51	0.51	0.50	0.51
浙江	0.41	0.28	0.26	0.19	0.22	0.29	0.32	0.20	0.27	0.26
安徽	0.36	0.34	0.42	0.52	0.66	0.40	0.57	0.56	0.67	0.66
福建	0.00	0.00	0.04	0.14	0.18	0.24	0.24	0.22	0.21	0.23
江西	0.07	0.06	0.06	0.08	0.14	0.15	0.12	0.12	0.12	0.13
山东	1.24	1.35	1.39	1.25	1.38	1.39	1.34	1.27	1.18	1.23
河南	1.07	1.07	1.02	1.11	1.03	1.10	1.02	1.02	0.98	1.01
湖北	0.59	0.52	0.59	0.50	0.52	0.65	0.55	0.56	0.56	0.51
湖南	0.26	0.25	0.25	0.22	0.26	0.48	0.43	0.42	0.39	0.40
广东	0.15	0.15	0.16	0.19	0.24	0.47	0.38	0.35	0.29	0.29
广西	0.72	0.73	0.68	0.60	0.60	0.66	0.60	0.54	0.54	0.54
海南	—	—	—	0.22	0.24	0.29	0.28	0.31	—	—
重庆	—	—	—	—	—	0.90	0.87	0.81	0.69	0.70
四川	0.99	1.09	1.05	0.94	0.81	0.92	0.83	0.83	0.81	0.85
贵州	1.21	1.32	1.08	0.87	0.87	1.04	0.89	0.79	0.63	0.55
云南	1.23	1.24	1.18	0.97	0.96	1.10	0.91	0.91	0.90	0.93
西藏	0.00	0.23	0.23	0.26	0.26	0.30	0.28	0.32	0.15	0.28
陕西	1.22	1.13	1.19	1.03	0.92	1.16	1.10	1.05	0.94	0.96
甘肃	0.88	0.77	0.69	0.70	0.67	0.91	0.86	0.96	1.00	1.00
青海	—	—	—	—	—	0.18	0.14	0.39	0.40	0.37
宁夏	0.42	0.47	0.62	0.80	0.92	1.09	1.11	1.07	1.12	1.14
新疆	1.09	0.99	1.05	1.02	1.02	1.08	1.06	1.13	1.15	0.94

注:根据国家统计局数据计算

1978—2018 年,我国玉米生产综合比较优势省份大致变化是：吉林、辽宁、内蒙古、山西、黑龙江、北京、天津、河北、山东持续保持综合比较优势；云南、贵州、陕西的玉米生产综合比较优势逐渐弱化并趋于丧失。总体上,东北地区和内蒙古的玉米综合比较优势非常强劲,特别是吉林,其玉米生产综合比较优势位居全国首位已超过 30 多年；近 20 年里,吉林和辽宁的玉米生产综合比较优势一直稳居前 2 位,综合比较优势非常突出(见表 3.16)。

表 3.16　中国玉米种植综合比较优势省份(1978—2018 年)

年份	地区($AAI>1$)
1978	辽宁、吉林、北京、黑龙江、山西、山东、云南、河北、陕西、贵州、天津、新疆、河南
1980	辽宁、北京、吉林、天津、山东、贵州、河北、云南、山西、黑龙江、陕西、四川、河南
1985	吉林、北京、辽宁、天津、山东、河北、陕西、云南、山西、贵州、四川、新疆、黑龙江、河南
1990	吉林、北京、辽宁、天津、黑龙江、山东、河北、内蒙古、河南、山西、陕西、新疆
1995	吉林、北京、辽宁、山东、天津、黑龙江、河北、山西、内蒙古、河南、新疆
2000	吉林、辽宁、山东、北京、河北、内蒙古、陕西、山西、黑龙江、河南、云南、宁夏、新疆
2005	吉林、辽宁、北京、内蒙古、山西、山东、天津、河北、宁夏、陕西、黑龙江、新疆、河南
2010	吉林、辽宁、北京、山西、内蒙古、天津、河北、山东、黑龙江、新疆、宁夏、陕西、河南
2015	吉林、辽宁、内蒙古、黑龙江、北京、山西、天津、河北、山东、新疆、宁夏、甘肃
2018	吉林、辽宁、内蒙古、山西、黑龙江、北京、天津、河北、山东、宁夏、河南、甘肃

注：根据表 3.15 整理,省区顺序按玉米综合比较优势指数值由大至小排列

四、结论与建议

本章通过系统梳理 1978—2018 年我国玉米生产布局及变迁过程,利用资源禀赋指数、成本收益优势和综合比较优势指数,比较分析了我国玉米生产布局,得出如下结论：(1)1978 年以来,我国玉米生产在面积和产量上双双呈现出"北增南减"态势；(2)在七大区域中,东北、华北、华中地区的玉米种植面积和产量占全国比重均呈上升趋势,其余四大区域都有不同程度的下降,七大区域的玉米单位面积产量都在提升,说明全国范围内的玉米生产技术都在进步；(3)玉米种植逐渐向东北、华北地区集聚,但山东、河南仍是重要的玉米种植区,各省(自治区、直辖市)的玉米单位面积产量呈现出持续提升特征；(4)不管是从资源禀赋优势、成本收益优势还是综合比较优势的角度看,东北地区和内蒙古都有着非常明显的玉米种植比较优势。

为充分发挥我国玉米生产的地区比较优势,提高资源利用率,我国玉米生

产布局应继续支持优势区的玉米产业发展,从全国层面进行大区域的生产布局调整,例如科学调减"镰刀弯"地区的玉米种植面积,但政策上不宜盲目"一刀切"推动调减,而应根据当地的土质、气候、水、热及种植历史传统等因素综合考虑统筹部署。根据市场需求、籽粒玉米库存状况、青贮玉米需求等,调整玉米种植结构,适当增加优质专用玉米、青贮玉米种植规模。积极探索玉米生产非优势区的种植结构转型,例如西南地区可将籽粒玉米种植转向青贮玉米、优质牧草种植,将"以玉米换肉"的传统观念转变为"以草换肉"。未来还应系统分析玉米生产布局和饲料利用企业布局、畜牧业布局之间的关系,探寻玉米从产到需的折中运输半径。

第四章
我国畜牧业资源条件、生产区域布局和优势分析

　　畜牧业是大农业中的支柱产业,在保障国家食物安全、改善人民膳食结构、活跃农村经济和促进农民增收等方面发挥着重要作用。改革开放以来,我国畜牧业发展取得长足进步,肉类产量快速增长,成为全球第一大畜产品生产国,畜牧业生产总值由1978年的209.3亿元增加至2018年的28 697.4亿元,占农林牧渔业总产值的比重由1978年的15%上升至2018年的25.3%。

　　我国幅员辽阔,各地区发展畜牧业的资源条件、投入水平、技术水平、消费习惯等存在较大差异,因而形成了不同的畜牧业生产区域。本章主要分析我国畜牧业生产的饲草饲料资源和品种资源情况,在此基础上介绍分析我国畜产品的区域布局现状,并进行优势分析。

一、我国饲草饲料资源概况

(一) 饲草资源

　　我国饲草资源丰富,拥有各类天然草原近4亿公顷,覆盖2/5的国土面积。草原是我国面积最大的陆地生态系统,是发展畜牧业的最重要的资源。从地理分布上看,我国北方草原面积占全国草原总面积的41%,青藏高原草原占38%,南方草原占21%。我国传统牧区草原以集中连片的天然草原为主,主要分布在西藏、内蒙古、新疆、青海、四川、甘肃6省区,六大牧区省区草原面积共2.93亿公顷,约占全国草原面积的3/4。其中,西藏自治区草原面积最大,达0.82亿公顷,占全区土地总面积的68.1%;其次是内蒙古自治区,草原面积达

0.79 亿公顷,占全区土地总面积的 68.8%;第三是新疆维吾尔自治区,草原面积达 0.57 亿公顷,占全区土地总面积的 34.7%。我国南方地区草原以草山、草坡为主,大多分布在山地和丘陵,面积约 0.67 亿公顷。

依据水热大气候带特征、植被特征和经济利用特性,我国天然草原可划分为 18 个类、53 个组、824 个草原型。18 个类分别为高寒草甸类、温性荒漠类、高寒草原类、温性草原类、低地草甸类、温性荒漠草原类、热性灌草丛类、山地草甸类、温性草甸草原类、热性草丛类、暖性灌草丛类、温性草原化荒漠类、高寒荒漠草原类、高寒荒漠类、高寒草甸草原类、暖性草丛类、沼泽类和干热稀树灌草丛类等。其中,高寒草甸类草原面积最大,为 6 372 万公顷,占我国草原总面积的 17.3%,主要分布在青藏高原地区及新疆。温性荒漠类草原 4 506 万公顷、高寒草原类 4 162 万公顷、温性草原类 4 110 万公顷,这三类草原各占全国草原面积的 10% 以上,分别居二、三、四位,主要分布在我国北方地区和西部地区。面积较小的 5 类草原分别是高寒草甸草原类、高寒荒漠类、暖性草丛类、干热稀树灌草丛类和沼泽类草原,面积均不超过全国草原面积的 2%。其余各类草原面积分别占全国草原面积的比重在 2%~7%。

2018 年,全国天然草原鲜草总产量达 109 942.02 万吨,较 2017 年增长 3.24%,已连续 8 年保持在 10 亿吨以上;折合干草约 33 930.75 万吨,载畜能力约为 26 717.12 万羊单位,均较上年增长 3.32%。其中 23 个重点省(区、市)鲜草总产量达 102 479.65 万吨,占全国总产量的 93.21%。[①]

草原是畜牧业重要的生产资料,我国 268 个牧区和半牧区县中,很多贫困县牧民 90% 的收入来自草原。草原是重要的动植物基因库。草原是植物王国,孕育了丰富多彩的草原植物资源。根据 20 世纪 80 年代全国草地资源调查结果,我国草原仅饲用植物就有 6 704 种,分属 5 个门、246 个科、1 545 个属,其中以禾本科、豆科植物为主体。据不完全统计,属于我国草原特有的饲用植物有 24 个科 171 个属、493 个种。其中,禾本科 287 个种,占 59.4%;豆科 93 个种,占 18.7%。草原植物中,可作为药用、工业用、食用的常见经济植物有数百种,如:甘草、麻黄草、冬虫夏草、苁蓉、黄芪、防风、柴胡、知母、黄芩等。草原上生活的野生动物有 2 000 多种,包括鸟类 1 200 多种、兽类 400 多种、爬行类和两栖类 500 多种,其中有大量的国家级保护动物。据不完全统计,我国草原有

---

① 国家林业和草原局规划财务司,2018 年全国林业和草原发展统计公报,2019,5,22. https://www.360kuai.com/pc/9fd216d33ba62e194? cota＝4&kuai_so＝1&tj_url＝so_rec&sign＝360_57c3bbd1&refer_scene＝so_1.

放牧家畜品种 250 多个,主要有绵羊、山羊、黄牛、牦牛、马、骆驼等。[1]

(二) 饲料资源

我国有丰富的农作物资源,据统计,我国每年秸秆和各类糟渣产量超过 8 亿吨[2]。经过青贮、氨化、微生物发酵等技术处理后的农副产品如秸秆、糟渣等粗纤维是畜牧业发展必不可少的饲料来源,这些农副产品转化为有价值的饲料,既可避免资源浪费,又提高了附加值。

1. 粮食作物

2018 年,我国粮食播种面积 117 038 千公顷,粮食产量 6.578 92 亿吨,其中,稻谷、小麦、玉米、豆类和薯类的产量分别占粮食总产量的 33.2%、20.0%、39.1%、2.9% 和 4.4%。

我国粮食产量按权重依次为华东地区、东北地区、华中地区、华北地区、西南地区、西北地区和华南地区。

华东地区是我国稻谷主要产地,集中了全国 32.5% 的稻谷产量和 41.5% 的小麦产量,玉米、豆类、薯类产量分别占全国该品种总产量的 13.8%、14.6% 和 9.8%。

东北地区是我国重要的玉米和大豆生产基地,玉米和豆类的产量占全国的 32.8% 和 39.6%,稻谷占全国产量的 17.7%。玉米和豆粕是必不可少的饲料来源,东北丰富的农作物资源为该地区畜牧业发展奠定了良好的基础。

华中地区是我国稻谷和小麦的主产区之一,其稻谷和小麦产量各占全国该品种总产量的 24.2% 和 30.6%,玉米、豆类、薯类产量分别占全国该品种总产量的 11.2%、9.2% 和 8.9%。

华北地区是我国粮食主产地之一,集中了全国 14.8% 的小麦产量和 22.4% 的玉米产量。豆类、薯类产量也比较多,集中了全国 14.1% 的豆类产量和 12.2% 的薯类产量。

西南地区集中了全国 44.6% 的薯类产量,稻谷和豆类产量也达到 13.7% 和 16.2%。

西北地区粮食产量较少,以种植小麦和玉米为主,小麦和玉米各占全国该品种产量的 10.2% 和 8.7%;薯类产量占全国的 13.3%,其中甘肃是主要产区。

---

[1] 根据原农业部畜牧业司发布的《2014 年全国草原监测报告》的内容整理,http://jiuban.moa.gov.cn/zwllm/jcyj/zh/201504/t20150414_4526567.htm.

[2] 曹兵海、苏华维. 南方肉牛产业现状与发展战略之我见. 中国畜牧业,2012,20.

华南地区稻谷产量占全国的 10.3％,其他粮食品种的产量均不高。

表 4.1　2018 年全国不同区域粮食生产结构

（％）

地区	粮食	稻谷	小麦	玉米	豆类	薯类
华东地区	26.9	32.5	41.2	13.8	14.6	9.8
东北地区	21.9	17.7	0.3	32.8	39.6	5.5
华中地区	20.5	24.2	30.6	11.2	9.2	8.9
华北地区	14.6	1	14.8	22.4	14.1	12.2
西南地区	12.5	13.7	2.9	9.7	16.2	44.6
西北地区	7.2	1	10.2	8.7	4.1	13.3
华南地区	4.4	10.3	0.005	1.3	2.0	5.6

2. 秸秆

稻草是我国第一大作物秸秆,其产量占全国农作物秸秆总产量的 30％ 左右。2018 年全国稻谷播种面积 30 189 千公顷,产量 20 707.5 万吨,按照谷草 1∶1 计算,全国稻草产量为 20 707.5 万吨。受稻草适口性差和营养价值偏低等制约,目前把稻草用作饲料的比例比较小,据统计仅为 16.2％,其他用作肥料还田或生活燃料,资源浪费较多。稻草产量在全国排前列的省份主要有黑龙江、湖南、江西等省,产量前十位的省区占全国产量的比重为 81.2％,目前黑龙江水稻秸秆产量已经略高于湖南。

玉米秸秆是我国重要的饲料原料,与其他秸秆相比营养成分丰富,适口性强,可用于饲喂肉牛、奶牛等草食动物。2018 年,我国玉米播种面积为 42 130 千公顷,产量为 25 717.4 万吨,按照谷草比 1∶1、收集系数 0.9 计算,全国玉米秸秆产量为 23 145.66 万吨。我国玉米主产区主要集中在北方省份,主要有黑龙江、吉林、内蒙古等,产量前十位的省区占全国产量的比重为 81.7％。

小麦秸秆用于饲料的比例较低,主要是因为小麦秸秆质地较粗糙、纤维素含量高、蛋白质含量低、适口性差、消化利用率较低,但经过处理后可提高其营养价值和饲料转化率。2018 年,全国小麦播种面积为 24 266 千公顷,总产量 13 144 万吨,按照谷草比 1∶1 计算,麦秸产量为 13 144 万吨。全国麦秸产量高的省份主要为河南、山东、河北等中部省份,产量前十位的省区占全国产量的比重为 93.7％。

表 4.2　2018 年全国主要省份秸秆生产情况

（万吨、%）

排序	省份	水稻秸秆	比例	省份	玉米秸秆	比例	省份	小麦秸秆	比例
1	黑龙江	2685.5	12.7	黑龙江	3584.0	15.5	河南	3602.9	27.4
2	湖南	2674	12.6	吉林	2519.9	10.9	山东	2471.7	18.8
3	江西	2092.2	9.9	内蒙古	2430.0	10.5	河北	1450.7	11.0
4	湖北	1965.6	9.3	山东	2346.5	10.1	安徽	1607.5	12.2
5	安徽	1681.2	7.9	河南	2116.3	9.1	江苏	1289.1	9.8
6	江苏	1958	9.2	河北	1747.1	7.5	新疆	571.9	4.4
7	四川	1478.6	7.0	辽宁	1496.5	6.5	陕西	401.3	3.1
8	广东	1032.1	4.9	四川	959.7	4.1	湖北	410.4	3.1
9	广西	1016.2	4.8	山西	883.4	3.8	甘肃	280.5	2.1
10	吉林	646.3	3.0	云南	833.4	3.6	山西	228.6	1.7
	小计	17229.7	81.2	小计	18916.7	81.7	小计	12314.6	93.7
	全国	21212.9	100	全国	23145.66	100	全国	13144	100

3. 农产品加工副产品

农产品加工后的副产品,如豆粕、糟渣等是重要的饲料原料。其中,豆粕是大豆提取豆油后得到的一种副产品,在饲料中用得最多,用途最广,在棉籽粕、花生粕、菜籽粕等 12 种动植物油粕饲料产品中产量最大。豆粕含蛋白质40%～48%,是我国制作畜禽饲料的主要原料;豆粕还含多种氨基酸,其中赖氨酸 2.5%～3.0%、色氨酸 0.6%～0.7%,蛋氨酸 0.5%～0.7%,适合于家禽和牲畜对营养的需求。我国大约 85%的豆粕都用于养殖业。

我国的大豆主产区主要在黑龙江和内蒙古等省份。2019 年,我国大豆产量为 1810 万吨,按照出豆粕率 78%计算,国产豆粕的产量为 1412 万吨,而实际我国的豆粕消费量在 7000 万吨左右。由于我国豆粕几乎全部从进口大豆压榨而来,由此导致巨量的大豆进口,2019 年我国大豆进口量为 8551 万吨。我国甘蔗主要产自广西、云南、广东等南方地区。甘蔗梢叶和甘蔗渣也可作为饲料。甘蔗渣含纤维素 45%～55%、半纤维素 20%～30%、木质素 16%～22%、果胶 1%～2%,风干甘蔗梢叶含粗蛋白 7%、粗纤维 30%、总糖分 32%、有机酸 7%。[①] 甘蔗梢叶、甘蔗渣和全株甘蔗在世界上其他国家普遍用于养牛。薯类是我国农户畜牧业生产的重要青饲料来源,有产量高和能够充分利用地力资源的特征。油料作物榨油后的饼籽是畜牧业生产粗蛋白和纤维素的重要来

---

① 周林,郭祀远,蔡妙颜. 蔗渣的生物利用. 中国糖料,2004(2): 40.

源,油料饼既可用作蛋白饲料也可用作纤维饲料,是配合饲料不可或缺的成分。甜菜生产主要集中在北方地区,甜菜榨汁后的干物质是我国北方奶牛生产的重要青绿饲料来源。

4. 饲料

2019年,全国工业饲料总产量22885.4万吨,同比下降3.7%。其中,配合饲料21013.8万吨,同比下降3.0%;浓缩饲料1241.9万吨,同比下降12.4%;添加剂预混合饲料542.6万吨,同比下降10.6%。分品种看,猪饲料7663.2万吨,同比下降26.6%,其中仔猪、母猪、育肥猪饲料分别下降39.2%、24.5%、15.9%;蛋禽饲料3116.6万吨,同比增长9.6%,其中蛋鸭、蛋鸡饲料分别增长27.2%、1.8%;肉禽饲料8464.8万吨,同比增长21.0%,其中肉鸡、肉鸭饲料增长17.9%、25.2%;反刍动物饲料1108.9万吨,同比增长9.0%,其中肉牛、奶牛、肉羊饲料分别增长32.5%、0.8%、7.8%;宠物饲料产量87.1万吨,同比增长10.8%;水产饲料2202.9万吨,同比增长0.3%;其他饲料241.9万吨,同比增长29.5%。在饲料总产量中,猪饲料占比从上年的43.9%下降到33.5%,禽饲料占比从上年的41.4%上升到50.6%。[1]

2019年,全国饲料产量超千万吨的省份有9个,比上年减少2个,按产量排序分别为山东、广东、广西、辽宁、江苏、河北、湖北、四川、湖南。其中,山东省产量达3778.9万吨,同比增长5.9%;广东省产量2923.8万吨,同比下降8.3%;山东和广东两省饲料工业总产值继续保持在千亿元以上,分别为1057亿元和1009亿元,同比分别下降13.1%和22.6%。全国有12个省份饲料产量同比增长,其中贵州、云南、甘肃、宁夏、新疆等5个西部省份增幅超过20%。

二、我国畜禽品种资源概况

我国幅员辽阔,地理、生态、气候条件多样,拥有丰富的畜禽遗传资源,是世界上畜禽资源较为丰富的国家之一。据农业部2004—2008年全国畜禽遗传资源调查,我国有畜禽品种、配套系901个,其中地方品种554个。这些地方品种普遍具有繁殖力高、肉质鲜美、适应性强、耐粗饲等优良特性。除地方品种外,我国还引进国外优良品种与地方品种进行杂交改良,培育出许多优秀的品种,使畜牧业良种数量和质量得到提高。

---

① 资料来源:全国畜牧总站、中国饲料工业协会信息中心.2019年我国饲料工业统计简况.

（一）健全的畜禽资源保护和繁育体系

2018 年我国大牲畜年底头数为 9 625.5 万头，其中，牛 8 915.3 万头；肉猪存栏 69 382.4 万头，年底头数为 42 817.1 万头；羊年底只数 29 713.5 万只，其中山羊 13 574.7 万只、绵羊 16 138.8 万只。

我国建立了比较完善的畜禽遗传资源保护体系。我国地方品种约占世界畜禽遗传资源总量的 1/6。目前，159 个地方品种列入国家级畜禽遗传资源保护名录，建成国家级畜禽遗传资源保种场、保护区、基因库 199 个，省级场、区、库 458 个，53% 的地方品种得到了产业化开发。

我国基本建立了配套完善的畜禽良种繁育体系。到 2019 年，我国共有各类种畜禽场、种畜站 9 500 多个，2018 年末种畜禽存栏数超过 2.3 亿头（只），形成了纯种选育、良种扩繁及商品化生产梯次推进的良种繁育体系。组织实施了猪鸡牛羊等主要畜种遗传改良计划，遴选了 240 家国家级核心育种场，基本建立以市场为导向、企业为主体、产学研相结合的商业化育种机制。

改革开放以来，我国畜禽种源供给能力显著提高，培育畜禽新品种和配套系240 多个，主要畜种核心种源自给率稳步提升，畜禽品种性能持续改进。2018 年，我国奶牛年均单产达 7.4 吨，较 10 年前提高 54%。蛋鸡年产蛋数 320 枚/个以上，达到国际先进水平。种猪生长性能每年提高 2%，总产仔数每年提高 0.15 亿头。我国人均肉、蛋、奶占有量由改革开放前的约 9.1 千克、2.4 千克和 1 千克，分别增加到 61 千克、22 千克和 36.9 千克，有效满足了城乡居民对肉蛋奶的需求。

目前，我国建立了超过 5 万名的专业人才队伍，形成了由畜牧技术推广机构、科研院校、企业研发部门等组成的多层次、多元化畜禽种业科技支撑体系，畜禽种业科技支撑不断增强。我国猪、牛、羊、鸡领域高水平论文和专利数量均居世界前列。猪多肋骨基因育种、节粮小型蛋鸡育种等有代表性的原创性科研成果取得突破，一批畜禽种业科技创新标志性成果获得国家科技大奖，遗传评估、全基因组选择等关键技术实现了与国际前沿并跑。[①]

（二）丰富的畜禽品种

1. 猪的品种资源

《中国畜禽遗传资源志·猪志》(2012) 中收录了地方猪品种 76 个，培育猪

[①] 2019 年 9 月 18 日，在农业农村部种业管理司、畜牧兽医局、全国畜牧总站支持下，北京太克会展有限公司承办，畜禽良种产业技术创新战略联盟协办，北京康普森农业科技有限公司、lllumina 中国、内蒙古蒙源肉羊种业（集团）有限公司赞助的"畜禽种业高峰论坛"在青岛召开。本段数据引自论坛上农业农村部总畜牧师马有祥的致辞。

品种 18 个,引入猪品种 6 个。我国地方猪品种的特点是肉色好,口感好,能大量利用青、粗饲料,抗逆性强,产仔数多,但生长速度慢,屠宰率和饲料利用率偏低,膘较厚,瘦肉率较低。地方品种主要有分布在江苏、浙江和上海太湖流域的"太湖猪",主要有二花脸猪、梅山猪、枫泾猪、嘉兴黑猪、横泾猪等;分布于黄河中下游、淮河、海河流域的"黄淮海黑猪",主要有淮猪、深州猪、马身猪、莱芜猪、河套大耳猪等;分布于广东、广西的"两广小花猪";分布于长江中游和江南平原湖区、丘陵地带的"华中两头乌猪",有沙子岭猪、监利猪、通城猪、赣西两头乌猪和广西的东山猪;分布于湖北、四川、湖南三省交界处的"湖川山地猪";分布于贵州的"乌金猪"等。

引入的猪品种的特点是生长速度快、饲料转化率高、酮体瘦肉率高,但繁殖性能较低,肉色及肉的口感、风味不足。目前我国规模化养猪场多采用的是引进品种。我国引进猪品种主要有:①长白猪,原产于丹麦。长白猪是当今世界上分布最广的品种之一,是著名的瘦肉型品种猪。②大白猪,又称大约克夏猪,原产于英国的约克郡。利用大白猪与我国地方品种杂交,日增重可提高 20%以上。③杜洛克猪,原产于美国,是美国目前分布最广的品种,也是当今世界较为流行的品种之一。杜洛克猪适应性强,对饲料要求较低,食欲好,耐低温,对高温的耐受性差。④皮特兰猪,原产于比利时,是欧洲比较流行的瘦肉型品种猪。⑤汉普夏猪,原产于美国,也是北美分布较为广泛的品种,瘦肉率高,但繁育能力低。

2. 肉牛的品种资源

根据第二次全国畜牧业资源调查,我国有地方牛品种 95 个,其中黄牛品种 54 个,水牛品种 27 个。在地方品种资源基础上,又引进国外优良品种对地方品种进行改良,成功培育了夏南牛、延黄牛、辽育白牛等。西部地区是我国草原畜牧业的优势产区,黄牛以秦川牛、川南山地牛、巴山牛、西藏牛等地方品种及中国西门塔尔牛、三河牛、新疆褐牛、蜀宣花牛等培育品种为代表,牦牛以麦洼牦牛、青海高原牦牛、大通牦牛为代表。中原地区是畜牧养殖的传统产区,肉牛以鲁西牛、南阳牛、郏县红牛、渤海黑牛等地方品种,以及中国西门塔尔牛、夏南牛等培育品种为主;东北地区的肉牛以延边牛、复州牛等地方品种以及中国西门塔尔牛、延黄牛、辽育白牛等培育品种为主;南方地区黄牛以巫陵牛、关岭牛、文山牛、雷琼牛为代表,水牛以富钟水牛、贵州水牛、滇东南水牛为代表。云南农业科技部门培育出的云岭牛是我国南方地区第一个肉牛新品种。

3. 奶牛的品种资源

中国荷斯坦牛适应性强,分布广,是我国奶牛生产中占统治地位的纯乳用品种牛,是用纯种荷斯坦牛与中国各地母牛(包括黄牛与黄牛杂交种、蒙古牛及三河牛等)高代杂交,经过长期选育而成的,泌乳期长达305天,产奶量高,第一胎产乳量约5000千克,优秀牛群泌乳量可达上万千克。除荷斯坦牛外,中国奶牛品种还有三河牛、草原红牛、西门塔尔牛、娟姗牛等。三河牛的泌乳量为2500~3800千克,主要分布在内蒙古呼伦贝尔市、通辽市、兴安盟和锡林郭勒盟等地区。草原红牛是乳肉兼用型品种,平均泌乳量为1600~2000千克,主要分布在内蒙古、吉林和河北等省份。西门塔尔牛一个泌乳期平均产奶量为3500~4500千克,属于乳肉兼用品种,仅在牧区部分范围内饲养。娟姗牛属于热带奶牛品种,2岁龄305天产奶量近6000千克,仅在广州地区小范围内饲养。除上述奶牛品种外,国内还有科尔沁牛、新疆褐牛等奶牛品种。

4. 羊的品种资源

我国有羊地方品种97个,其中,山羊品种55个,绵羊品种42个。西部肉羊以蒙古羊、藏羊、哈萨克羊、滩羊为主。中原地区以小尾寒羊、黄淮山羊等地方品种为主。东北地区肉羊以小尾寒羊等地方品种和东北细毛羊等培育品种为主。南方地区肉羊以马头山羊、都安山羊、贵州山羊为主。

5. 禽类的品种资源

我国养禽历史悠久,是驯化鸡最早的国家之一,有丰富的禽类地方品种。家禽中,鸡有109种、鸭有35种、鹅有21种,而每一种内又有亚种和变种。我国地域辽阔,区域间气候差异较大、季节交替明显、作物种植结构不同,使得我国家禽养殖有明显的区域性。近年来,随着设施畜牧业的发展,气候条件已不再是影响家禽养殖的决定性因素,饲料原料供给充足且价格合理的地方,均能养殖家禽。

按照品种形成或来源分类,我国家禽品种可分为地方品种、培育品种和引入品种。(1)地方品种。我国有不少本土优质鸡品种,由于对品种资源保护不够,个别鸡品种濒于绝迹。九斤黄、浦东鸡和东北大骨鸡是大体型肉用鸡;肉质鲜美的北京油鸡、寿光鸡、惠阳三黄鸡、新兴鸡、岭南黄鸡、河南三高固始鸡等是地方优质肉鸡;仙居鸡是一种小型蛋用鸡;以及中国特有的药用珍禽品种丝毛乌骨鸡;肉蛋兼用的大骨鸡(庄河鸡)和固始鸡。鸭有绍兴鸭、金定鸭、北京鸭、樱桃谷鸭、狄高鸭。鹅有太湖鹅、豁眼鹅、皖西白鹅、狮头鹅等。其中,狮头鹅是世界上最大的鹅种,北京鸭闻名于世,绍兴鸭是年产蛋280枚以上的高产蛋鸭,高邮鸭善产双黄蛋,良种建昌鸭适于生产肥肝。(2)培育品种和引进品种。主要有罗曼白、海兰白、罗曼褐、海兰褐、罗曼粉、农大粉、苏秦青壳蛋鸡、东乡青壳蛋鸡、卢氏鸡、豫农1号、艾维茵、爱拔益加等。按用途和表观性状分类,我国现代商用配套系禽类可分为蛋用和肉用两种。其中,鸡可分为蛋鸡(白壳蛋鸡、褐壳蛋鸡和粉壳蛋鸡)和肉鸡(白羽快大型肉鸡、有色羽肉鸡和白羽丝毛乌鸡)。

现代养鸭业分为蛋用鸭(专门化的蛋用型鸭品种、品系或杂交种)和肉用鸭(专门化的肉用型仔鸭或兼用品种的仔鸭)。[①]

我国肉禽生产区域相对集中,主要集中在华东、华北、东北地区以及南方部分省区。其中,大型肉鸡生产主要集中在黄河以北地区,黄羽肉鸡主要集中在黄河以南地区,水禽生产则集中在长江流域及其以南地区。我国蛋禽主产区主要分布在华北、华东和东北地区等粮食主产区。

三、不同畜产品区域布局的整体情况

国内一些学者对我国畜牧业生产区域布局做了研究,主要集中在以下几个方面。

一是有关畜牧业生产区域划分。我国幅员辽阔、地区间差异大,有学者综合考虑自然环境、资源状况、技术水平、需求以及经济发展状况等,对我国畜牧业生产格局进行划分。比较有代表性的是,中国畜牧业综合区划研究组(1984)将我国畜牧业生产分为 7 个区域:青藏高原区、蒙新高原区、黄土高原区、西南山区、东北区、黄淮海区、东南区。杜鹰(2001)将畜牧业分为 6 个区:华北区、东北区、东南沿海区、华中区、西南区和西北区。黄德林(2004)、杨子刚(2012)等在此基础上对区域划分进行了调整。还有学者根据饲养方式进行生产区域的划分,分为农区畜牧业、农牧混合畜牧业和牧区畜牧业。邓蓉(2004)将我国畜牧业生产划分为放牧生产、农牧结合生产和工厂化生产。

二是有关不同区域生产特点。生猪生产中,西南和东南区处于优势地位,尤其是四川、湖南和湖北。黄土高原、东北、黄淮海变化不大,高原区处于弱势(杨子刚,2012)。李泽华(2001)研究认为,短期看我国生猪生产具有分散趋势,华中湘鄂赣、西南川桂滇渝、华北冀鲁豫、东北吉辽黑、华东苏皖都是猪肉重要产区。邓蓉(2004)认为全国生猪生产已形成以长江中下游区为中心产区向南北扩散的格局,历史上"南肉北调"的格局已宣告结束。肉牛生产中,以牧区为主的青新蒙高原区和处于农牧混合区域的黄土高原区优势明显,但优势地位正在下降;东北区成为后起之秀,优势地位明显(杨子刚,2012)。李泽华(2001)研究认为肉牛生产华北、东北、牧区三足鼎立,牧区比重逐渐下降。邓蓉(2004)认为肉牛业发展最为迅速的地带是以黄淮海平原为中心的中原农区,即中原肉牛带,其次是东北三省和内蒙古东部的东北肉牛带。羊肉生产中,以牧区为主的

---

① 中国家禽品种志编写组. 中国家禽品种志. 上海科学技术出版社,1989,10.

青新蒙高原区优势明显,但这种优势有衰减趋势(杨子刚,2012)。邓蓉(2004)认为牧区以绵羊肉生产为主;长江以北农区生产绵羊肉和山羊肉;长江以南省份以山羊肉生产为主。

三是对未来趋势的判断。李泽华(2001)认为猪肉生产随着粮食生产重心北移北方产粮大省具有规模扩张趋势。从较长的时间看,受西部资源环境制约养牛业的发展重点将从西部牧区移到中东部农区,而且随着南方退耕还林、还湖、还草等环保战略实施,南方养牛业将有较大发展,从而成为新的重要产区。与养牛业一样,受草场资源制约,牧区羊只饲养规模的扩大受到影响。形成以西北牧区、华北平原和南方山地三大主产区。邓蓉(2004)认为,畜牧业生产方式的不同影响未来畜牧业生产布局。以放牧这种传统生产方式进行生产的西部牧区肉类生产的地位正不断削弱,以农牧结合生产的农区占据主导地位,而工厂化、规模化的生产正处于发展阶段,具有较大潜力,而大中城市郊区和沿海发达地区具有资金、技术等方面的优势。

综合已有研究的分类方法,我们把我国畜牧业生产区域划分为六大区域:一是高原边疆牧区,主要包括内蒙古、新疆、青海、西藏等牧区省份,畜牧业以草原畜牧业为主,位于我国农牧分界线西部;二是黄土高原区,主要包括山西、陕西、宁夏和甘肃,土地贫瘠,正好位于我国农牧交错地带;三是西南地区,包括四川、重庆、贵州、云南、广西,也位于农牧交错地带;四是东北地区;五是黄淮海地区;六是东南地区,其中,黄淮海地区和东南地区以平原为主,是我国粮食主产区,畜牧业主要是农区畜牧业。

表 4.3 我国畜牧业生产区域分类

区域	省　　份
高原边疆牧区	内蒙古、新疆、青海、西藏
黄土高原区	山西、陕西、宁夏、甘肃
西南地区	四川、重庆、贵州、云南、广西
东北地区	黑龙江、吉林、辽宁
黄淮海地区	山东、河南、河北、天津、北京、江苏、安徽
东南地区	湖北、湖南、江西、浙江、福建、广东、海南、上海

(一) 肉类畜产品的区域分布概况和区域优势

2018 年,我国肉类总产量 8 624.6 万吨,产量超过 200 万吨的有 18 个省,分别是山东、河南、四川、湖南、河北、广东、湖北、云南、广西、安徽、辽宁、江苏、江西、内蒙古、福建、吉林、黑龙江和贵州,以上省份肉类生产集中度为88.4%,比2016年下降了近两个百分点。其中,重庆的肉类产量是下降的。山东、河南和四川的肉类产量位于全国前三位,分别是854.7万吨、669.4万吨和664.7万吨,其中山东和河南的肉类产量比2016年继续增加,而四川的肉类产量比2016年下降了30多万吨,三省肉类产量之和占全国的1/4多。

表 4.4　2018 年各省肉类产量分布

（万吨、%）

序号	地区	产量	集中度	序号	地区	产量	集中度
1	山东	854.7	9.9	17	黑龙江	247.5	2.9
2	河南	669.4	7.8	18	贵州	213.7	2.5
3	四川	664.7	7.7	19	重庆	182.3	2.1
4	湖南	541.7	6.3	20	新疆	162.0	1.9
5	河北	466.7	5.4	21	陕西	114.5	1.3
6	广东	449.9	5.2	22	浙江	104.6	1.2
7	湖北	430.9	5.0	23	甘肃	101.2	1.2
8	云南	427.2	5.0	24	山西	93.1	1.1
9	广西	426.8	4.9	25	海南	79.9	0.9
10	安徽	421.7	4.9	26	青海	36.5	0.4
11	辽宁	377.1	4.4	27	宁夏	34.1	0.4
12	江苏	328.5	3.8	28	天津	33.9	0.4
13	江西	325.7	3.8	29	西藏	28.4	0.3
14	内蒙古	267.3	3.1	30	北京	17.5	0.2
15	福建	256.1	3.0	31	上海	13.5	0.2
16	吉林	253.6	2.9		合计	8 624.6	100.0

2018 年,我国黄淮海地区肉类集中度最高,占我国肉类产量的 32.50%,其猪肉、牛肉和禽肉集中度也分别为全国最高,分别是 30.42%、31.90% 和 40.02%,羊肉集中度为 27.34%。东南地区肉类集中度为 25.05%,该地区主要生产猪肉和禽肉,集中度分别是 29.20% 和 24.80%。西南地区肉类集中度为 22.17%,该地区也主要生产猪肉,猪肉集中度为 25.18%,羊肉、禽肉和牛肉集中度排在第 3 和第 4 位。东北地区肉类集中度为 10.80%,该地区牛肉生产具有优势,集中度 18.31%,居于全国第 2 位。高原边疆牧区肉类集中度 5.66%,该地区主要生产羊肉和牛肉,羊肉集中度达 38.64%,居全国首位,牛肉集中度达 17.64%,居全国第 2 位。黄土高原地区肉类集中度为 3.8%,以生产羊肉为主,羊肉集中度 10.23%,居全国第 4 位。

表 4.5　2018 年全国肉类产量区域分布

(万吨、%)

地区	肉类	集中度	其中								
			猪肉	集中度	牛肉	集中度	羊肉	集中度	禽肉	集中度
黄淮海地区	2 775.11	32.50	1 611.83	30.42	228.66	31.90	125.59	27.34	755.70	40.02
东南地区	2 138.92	25.05	1 547.37	29.20	72.19	10.07	29.03	6.32	468.30	24.80
西南地区	1 893.24	22.17	1 334.18	25.18	113.83	15.88	53.90	11.73	331.9	17.58
东北地区	922.49	10.80	487.88	9.21	131.24	18.31	26.32	5.73	265.9	14.08
高原边疆牧区	483.62	5.66	118.03	2.23	126.43	17.64	177.51	38.64	38.40	2.03
黄土高原地区	324.36	3.80	199.86	3.77	44.39	6.19	46.99	10.23	28.10	1.49

由于各省资源禀赋不一样,集中度指标只反映区域畜产品产量在全国总产量中的比重,却不能准确衡量某区域在畜牧业生产中的地位,因此,我们引入 LQ(Location Quotient)指数分析区域畜牧业生产的优势。LQ 指数是空间分析中用于计量所考察的多种对象相对分布的方法,是现代经济学中常用的分析区域产业优势的指标。我们以人均畜产品产量作为分析某区域畜产品专业优势的指标。具体公式为:$LQ_i = (Y_i/L_i)/(Y/L)$。其中,Y_i 为 i 省的畜产品产量,L_i 为 i 的人口数量,Y 为全国的畜产品产量,L 为全国的人口数量。人均占有量越高,生产能力相对较强,向外调出产品的潜力越大。所以,当 $LQ>1$ 时,该地区畜产品生产在全国具有比较优势,具有调出的潜力,反之则不具有优势。

根据 LQ 指数,全国有 15 个省份在肉类生产上具有优势,分别是内蒙古、辽宁、吉林、西藏、广西、海南、四川、湖南、山东、云南、河南、重庆、湖北、江西和安徽,以上省份 LQ 指数均在 1 以上。内蒙古的比较优势最高,为 1.71;其次是吉林,为 1.52;第三是云南,为 1.43,广西和辽宁并列第四,为 1.40;山东和海南并列第五,为 1.38;上海肉类生产的比较优势最低,仅为 0.09,比 2016 年继续下降 0.11。

表 4.6　2018 年全国各省区肉类产量 LQ 指数

(万吨、千克/人)

省区	肉类产量	人均肉类产量	肉类产量 LQ 指数
四川	664.7	7.97	1.29
河南	669.4	6.97	1.13
湖南	541.7	7.85	1.27
山东	854.7	8.51	1.38
湖北	430.9	7.28	1.18
云南	427.2	8.84	1.43

省区	肉类产量	人均肉类产量	肉类产量 LQ 指数
河北	466.7	6.18	1.00
广东	449.9	3.97	0.64
广西	426.8	8.67	1.40
江西	325.7	7.01	1.13
安徽	421.7	6.67	1.08
辽宁	377.1	8.65	1.40
江苏	328.5	4.08	0.66
贵州	213.7	5.94	0.96
黑龙江	247.5	6.56	1.06
重庆	182.3	5.88	0.95
吉林	253.6	9.38	1.52
福建	256.1	6.50	1.05
陕西	114.5	2.96	0.48
浙江	104.6	1.82	0.29
内蒙古	267.3	10.55	1.71
山西	93.1	2.50	0.41
甘肃	101.2	3.84	0.62
海南	79.9	8.55	1.38
新疆	162.0	6.51	1.05
天津	33.9	2.17	0.35
北京	17.5	0.81	0.13
上海	13.5	0.56	0.09
青海	36.5	6.06	0.98
宁夏	34.1	4.96	0.80
西藏	28.4	8.25	1.34
—	8 624.6	6.18	—

(二) 分品种的畜产品区域布局和优势分析

本部分我们将对分品种的畜产品区域分布情况进行分析。

1. 生猪及猪肉区域分布

（1）生猪出栏情况

猪肉是我国城乡居民肉类食品的重要来源,占我国肉类消费的 60% 以上。生猪养殖是我国农业中传统的优势产业,也是保障国民食物安全的基础产业。近年来,我国生猪规模化养殖发展迅速,生产水平不断提高。2018 年,全国生猪存栏 43 503.73 万头,出栏 69 382.4 万头,出栏率 157.46%。从表 4.7 来看,各省份按照生猪出栏头数排序的情况是：出栏量在 1 000 万头以上的有 19 个省份,比 2016 年增加了 3 个省,分别是四川、河南、湖南、山东、湖北、云南、河北、广东、广西、江西、安徽、辽宁、江苏、贵州、黑龙江、重庆、吉林、福建和陕西。

各省份按照生猪年底存栏头数排序的情况是：年底出栏量在 1000 万头以上的有 16 个省份，分别是四川、河南、湖南、云南、山东、湖北、广西、广东、河北、江西、辽宁、安徽、江苏、贵州、黑龙江和重庆。

表 4.7　2018 年以生猪产量排序的全国生猪生产情况

（万头、吨、%）

排序	省区	出栏头数	出栏集中度	年底头数	年底头数集中度	产量	产量集中度	人均猪肉产量的LQ指数	猪肉产量占肉类产量的比重	猪肉产量占肉类产量比重的LQ指数
1	四川	6638.3	9.57	4258.5	9.95	481.2	8.91	1.49	72.39	1.16
2	河南	6402.4	9.23	4337.2	10.13	479.0	8.87	1.29	71.56	1.14
3	湖南	5993.7	8.64	3822.0	8.93	446.8	8.27	1.67	82.48	1.32
4	山东	5082.3	7.32	2985.6	6.97	421.0	7.79	1.08	49.26	0.79
5	湖北	4363.5	6.29	2521.8	5.89	333.2	6.17	1.45	77.31	1.23
6	云南	3850.5	5.55	3055.5	7.14	323.8	5.99	1.73	75.81	1.21
7	河北	3709.6	5.35	1820.8	4.25	286.3	5.30	0.98	61.34	0.98
8	广东	3757.4	5.42	2024.3	4.73	281.5	5.21	0.64	62.57	1.00
9	广西	3465.8	5.00	2298.3	5.37	263.9	4.88	1.38	61.82	0.99
10	江西	3124.0	4.50	1587.3	3.71	246.3	4.56	1.37	75.63	1.21
11	安徽	2837.4	4.09	1356.3	3.17	243.9	4.51	1.00	57.83	0.92
12	辽宁	2495.8	3.60	1262.2	2.95	210.1	3.89	1.24	55.71	0.89
13	江苏	2680.9	3.86	1552.0	3.62	205.5	3.80	0.66	62.56	1.00
14	贵州	1869.9	2.70	1549.3	3.62	164.8	3.05	1.18	77.12	1.23
15	黑龙江	1964.4	2.83	1353.2	3.16	149.9	2.77	1.03	60.56	0.97
16	重庆	1758.2	2.53	1167.2	2.73	132.2	2.45	1.10	72.52	1.16
17	吉林	1570.4	2.26	870.4	2.03	127.0	2.35	1.21	50.07	0.80
18	福建	1421.3	2.05	799.9	1.87	113.1	2.09	0.74	44.18	0.71
19	陕西	1150.8	1.66	839.0	1.96	86.6	1.60	0.58	75.64	1.21
20	浙江	911.6	1.31	516.8	1.21	74.0	1.37	0.33	70.72	1.13
21	内蒙古	896.0	1.29	497.3	1.16	71.8	1.33	0.73	26.86	0.43
22	山西	814.6	1.17	549.5	1.28	62.5	1.16	0.43	67.10	1.07
23	甘肃	691.6	1.00	545.2	1.27	50.6	0.94	0.50	50.00	0.80
24	海南	561.6	0.81	382.4	0.89	45.6	0.84	1.26	57.14	0.91
25	新疆	526.7	0.76	335.8	0.78	38.1	0.71	0.40	23.52	0.38
26	天津	278.6	0.40	196.9	0.46	21.2	0.39	0.35	62.69	1.00
27	北京	169.4	0.24	45.4	0.11	13.5	0.25	0.16	77.48	1.24
28	上海	148.9	0.21	96.5	0.23	11.3	0.21	0.12	83.77	1.34
29	青海	116.5	0.17	78.2	0.18	9.2	0.17	0.39	25.05	0.40
30	宁夏	112.5	0.16	73.8	0.17	8.8	0.16	0.33	25.89	0.41
31	西藏	17.9	0.03	38.8	0.09	1.0	0.02	0.08	3.68	0.06
合计	—	69382.4	100	42817.1	100	5403.7	100	—	62.65	1.00

（2）猪肉产量分布和比较优势

2018 年，全国猪肉产量 5 403.7 万吨，猪肉产量占全国肉类产量的 62.65％。由表 4.8 可知，我国猪肉年产量在 100 万吨以上的省份有 18 个，依次为四川、河南、湖南、山东、湖北、云南、河北、广东、广西、安徽、江西、辽宁、江苏、贵州、重庆、黑龙江、福建和吉林，上述省份生猪产量为 4 783.11 万吨，集中度为 92.5％。分地区来看，猪肉产量集中度从高到低的地区依次为黄淮海地区 30.9％、东南地区 28.7％、西南地区 25.3％、东北地区 9.0％、黄土高原地区 3.9％、高原边疆牧区 2.2％。在各个地区的肉类生产结构中，猪肉占较大比重，除了高原边疆牧区以外，各个地区的猪肉产量占肉类的比重都在 50％以上。以人均猪肉产量的 LQ 指数和猪肉产量占肉类产量比重的 LQ 指数这两个指标来分析，只有西南地区这两个指标都超过 1，其他地区则不足 1；黄淮海地区的这两个指标均为 0.95，东南地区人均猪肉产量的 LQ 指数为 0.96，猪肉产量占肉类产量比重的 LQ 指数为 1.12，东北地区人均猪肉产量的 LQ 指数 1.16，猪肉产量占肉类产量比重的 LQ 指数 0.89，其他两个地区则两个指标均不足 1。这说明各地区猪肉生产布局和比较优势中，西南五省份具有绝对优势（只有广西的一个指标为 0.99，其他省份 LQ 指数均超过 1）；东南地区除广东、福建、浙江、上海外，其他省份较有比较优势；而其他地区内部各省份的情况则差别较大，黄淮海地区的河南、山东好于其他省份，东北地区的优势呈上升趋势，而西北地区和高原边疆牧区则在生猪生产方面不具有优势。具体各省情况见下表 4.8。

表 4.8　2018 年全国各地区猪肉生产布局和比较优势

（万吨、千克/人、％）

地区	省份	猪肉产量	集中度	人均猪肉产量	人均猪肉产量的 LQ 指数	猪肉产量占肉类产量比重	猪肉产量占肉类产量比重的 LQ 指数
黄淮海地区	河南	479.0	8.87	49.87	1.29	71.56	1.14
	山东	421.0	7.79	41.91	1.08	49.26	0.79
	河北	286.3	5.30	37.88	0.98	61.34	0.98
	安徽	243.9	4.51	38.57	1.00	57.83	0.92
	江苏	205.5	3.80	25.52	0.66	62.56	1.00
	天津	21.2	0.39	13.62	0.35	62.69	1.00
	北京	13.5	0.25	6.28	0.16	77.48	1.24
	小计	1670.5	30.9	36.88	0.95	59.82	0.95

地区	省份	猪肉产量	集中度	人均猪肉产量	人均猪肉产量的 LQ 指数	猪肉产量占肉类产量比重	猪肉产量占肉类产量比重的 LQ 指数
东南地区	湖南	446.8	8.27	64.76	1.67	82.48	1.32
	湖北	333.2	6.17	56.31	1.45	77.31	1.23
	广东	281.5	5.21	24.81	0.64	62.57	1.00
	江西	246.3	4.56	52.99	1.37	75.63	1.21
	福建	113.1	2.09	28.70	0.74	44.18	0.71
	浙江	74.0	1.37	12.89	0.33	70.72	1.13
	海南	45.6	0.84	48.85	1.26	57.14	0.91
	上海	11.3	0.21	4.65	0.12	83.77	1.34
	小计	1551.8	28.7	37.08	0.96	70.47	1.12
西南地区	四川	481.2	8.91	57.69	1.49	72.39	1.16
	云南	323.8	5.99	67.04	1.73	75.81	1.21
	广西	263.9	4.88	53.57	1.38	61.82	0.99
	贵州	164.8	3.05	45.79	1.18	77.12	1.23
	重庆	132.2	2.45	42.60	1.10	72.52	1.16
	小计	1365.9	25.3	55.08	1.42	71.34	1.14
东北地区	黑龙江	149.9	2.77	39.73	1.03	60.56	0.97
	辽宁	210.1	3.89	48.20	1.24	55.71	0.89
	吉林	127.0	2.35	46.96	1.21	50.07	0.80
	小计	487.0	9.0	44.94	1.16	55.45	0.89
黄土高原地区	甘肃	50.6	0.94	19.19	0.50	50.00	0.80
	陕西	86.6	1.60	22.40	0.58	75.64	1.21
	山西	62.5	1.16	16.80	0.43	67.10	1.07
	宁夏	8.8	0.16	12.85	0.33	25.89	0.41
	小计	208.5	3.9	19.11	0.49	60.80	0.97
高原边疆牧区	内蒙古	71.8	1.33	28.33	0.73	26.86	0.43
	新疆	38.1	0.71	15.32	0.40	23.52	0.38
	青海	9.2	0.17	15.17	0.39	25.05	0.40
	西藏	1.0	0.02	3.04	0.08	3.68	0.06
	小计	120.1	2.2	20.12	0.52	24.30	0.39
	合计	5403.7	100	38.73	—	62.65	—

2. 牛的养殖分布及牛肉区域分布

(1) 牛的存栏情况

随着城乡居民收入水平的提高和城镇化速度加快,居民对牛肉的需求增加迅速。我国牛的养殖区域分布情况见表 4.9。2018 年,我国肉牛和肉乳兼用牛养殖超过 200 万头的省份有 18 个,根据年底存栏数排名从高到低分别是四川、云南、内蒙古、西藏、青海、贵州、新疆、甘肃、黑龙江、湖南、山东、河南、华北、广西、吉林、辽宁、江西、湖北。与 2016 年相比,四川的排名从第三到第一位,内蒙古从第六到第三位,贵州从第七到第六位。这 18 个省份的肉牛年底存栏头数达 6 297.1 万头,2018 年集中度为 90.48％。分区域来看,西南地区肉牛养殖达全国第一位,2018 年集中度为 28.42％,比 2016 年提高了近 4 个百分点,其中四川、云南在全国排名第一和第二位,贵州也排在全国第六位。其次为高原边疆牧区,2018 年集中度为 24.63％,比 2016 年提高了 4 个百分点,内蒙古、西藏、青海、新疆在全国排名分别为第三、第四、第五和第七位;第三是黄淮海地区,2018 年集中度为 16.67％,比 2016 年下降了 4 个百分点,位置由 2016 年的全国第二位下降到 2018 年的全国第三位,其中山东全国排名第十一位、河南全国排名第十二位、河北全国排名第十三位,河南从全国排名第二位下降到第十二位;第四是东北地区,2018 年集中度为 11.55％,比 2016 年下降了近 3 个百分点,其中黑龙江全国排名第九位,比 2016 年提高了 4 个位次。第五是东南地区,2018 年集中度为 9.56％,比 2016 年下降约 1 个百分点多,其中湖南位居全国第十;第六是黄土高原地区,2018 年集中度为 9.16％,比 2016 年提高 0.5 个百分点,其中的甘肃位居全国第八。

(2) 牛肉产量分布和比较优势

2018 年,全国牛肉产量 644.1 万吨,占全国肉类产量的 7.47％,比 2016 年下降近 1 个百分点。近些年来,肉牛业的发展根据资源优势形成了较为明显的分区。由表 4.9 可见,我国牛肉年产量在 20 万吨以上的省份有 12 个省,依次为山东、内蒙古、河北、黑龙江、新疆、云南、吉林、河南、四川、辽宁、甘肃、西藏。以上 12 个主产省牛肉产量合计为 494.7 万吨,集中度为 76.79％。按地区来看,牛肉产量集中度从高到低的地区依次为:黄淮海地区 30.35％、高原边疆牧区 21.35％、东北地区 17.2％、西南地区 17.06％、黄土高原地区 7.39％、东南地区 6.64％。

表 4.9 2016 年和 2018 年我国各地区肉牛养殖分布

(万头、万吨、％)

地区	2016 全国排名	省份	2016 肉牛存栏数	集中度	2018 全国排名	2018 年底牛的头数	集中度	2018 全国排名	2018 牛肉产量	集中度
西南地区	1	云南	721.8	9.70	2	811.9	9.11	6	36.0	5.59
	3	四川	552.8	7.43	1	824.3	9.25	9	34.5	5.35
	9	贵州	362.8	4.88	6	465.3	5.22	13	19.9	3.09
	20	重庆	114.5	1.54	22	103.7	1.16	22	7.2	1.12
	22	广西	92.3	1.24	14	328.6	3.69	18	12.3	1.91
		小计	1 844.2	24.78		2 533.8	28.42		109.9	17.06

地区	2016 全国排名	省份	2016 肉牛存栏数	集中度	2018 全国排名	2018 年底牛的头数	集中度	2018 全国排名	2018 牛肉产量	集中度
黄淮海地区	2	河南	620.8	8.34	12	373.4	4.19	8	34.8	5.40
	12	山东	326.5	4.39	11	380.6	4.27	1	76.4	11.86
	14	江西	262.2	3.52	17	246.5	2.76	17	12.5	1.93
	16	河北	169.4	2.28	13	342.0	3.84	3	56.5	8.77
	17	安徽	144.1	1.94	24	79.6	0.89	20	8.7	1.35
	27	天津	14.9	0.20	28	24.6	0.28	25	2.9	0.44
	29	江苏	9	0.12	27	29.2	0.33	26	2.8	0.44
	30	北京	4.8	0.06	30	10.6	0.12	29	0.9	0.15
		小计	1551.7	20.85		1486.5	16.67		195.5	30.35
高原边疆牧区	4	西藏	466.6	6.27	4	608.4	6.82	12	20.9	3.24
	5	青海	457.9	6.15	5	514.3	5.77	16	13.2	2.05
	6	内蒙古	444.8	5.98	3	616.2	6.91	2	61.4	9.54
	18	新疆	140.2	1.88	7	457.2	5.13	5	42.0	6.52
		小计	1509.5	20.29		2 196.1	24.63		137.5	21.35
东北地区	8	吉林	400.4	5.38	15	325.3	3.65	7	40.7	6.31
	10	辽宁	358.3	4.82	16	248.3	2.79	10	27.5	4.27
	13	黑龙江	315.2	4.24	9	456.5	5.12	4	42.6	6.61
		小计	1073.9	14.43		1030.1	11.55		110.8	17.2
东南地区	11	湖南	352.4	4.74	10	385.4	4.32	14	17.9	2.78
	15	湖北	238.2	3.20	18	241.1	2.70	15	15.8	2.46
	19	广东	127.5	1.71	21	120.6	1.35	24	4.1	0.63
	24	海南	57.4	0.77	25	54.5	0.61	27	1.9	0.30
	26	福建	34.3	0.46	26	30.9	0.35	27	1.9	0.30
	28	浙江	9.5	0.13	29	13.7	0.15	28	1.2	0.19
	31	上海	0	0	31	5.8	0.06	30	0.0	0.00
		小计	819.3	11.01		852	9.56		42.8	6.64
黄土高原地区	7	甘肃	416.4	5.60	8	440.4	4.94	11	21.4	3.32
	21	陕西	103.1	1.39	19	149.9	1.68	21	8.2	1.28
	23	宁夏	76.4	1.03	20	124.6	1.40	19	11.5	1.79
	25	山西	46.5	0.62	23	102.0	1.14	23	6.5	1.01
		小计	642.4	8.63		816.9	9.16		47.6	7.39
		合计	7441	—		8915.3	—		644.1	—

以人均牛肉产量的 LQ 指数和牛肉产量占肉类产量比重的 LQ 指数这两个指标来分析,除了黄淮海地区之外,其他地区这两个指标或都超过 1,或有一个指标超过 1;具体的,黄淮海地区的山东和河北肉牛养殖具有专业优势,西南地区的云南和贵州具有优势,黄土高原地区的甘肃和宁夏具有专业优势,东南

地区各省则在肉牛养殖上不具有专业优势,东北地区和高原边疆牧区整体和分省都具有优势。具体排序为:高原边疆牧区、东北地区、黄土高原区、西南地区、黄淮海地区和东南地区。具体各省情况见下表4.10。

表4.10 2018年全国各地区肉牛生产布局和比较优势

(千克/人、%)

地区	省份	人均牛肉产量	LQ	牛肉产量占肉类产量比重	LQ
黄淮海地区	河南	3.62	0.78	5.20	0.70
	山东	7.60	1.65	8.94	1.20
	河北	7.47	1.62	12.10	1.62
	安徽	1.38	0.30	2.06	0.28
	江苏	0.35	0.08	0.86	0.11
	天津	1.83	0.40	8.42	1.13
	北京	0.44	0.09	5.40	0.72
	小计	4.04	0.87	6.55	0.88
东南地区	湖南	2.59	0.56	3.30	0.44
	湖北	2.67	0.58	3.67	0.49
	广东	0.36	0.08	0.91	0.12
	江西	2.68	0.58	3.82	0.51
	福建	0.49	0.11	0.76	0.10
	浙江	0.22	0.05	1.19	0.16
	海南	2.07	0.45	2.42	0.32
	上海	0.01	0.00	0.15	0.02
	小计	1.32	0.29	2.51	0.34
西南地区	四川	4.13	0.89	5.19	0.69
	云南	7.46	1.61	8.43	1.13
	广西	2.50	0.54	2.89	0.39
	贵州	5.53	1.20	9.31	1.25
	重庆	2.32	0.50	3.95	0.53
	小计	4.43	0.96	5.74	0.77
东北地区	黑龙江	11.28	2.44	17.19	2.30
	辽宁	6.31	1.37	7.29	0.98
	吉林	15.04	3.25	16.03	2.15
	小计	10.22	2.21	12.61	1.69
黄土高原地区	甘肃	8.12	1.76	21.14	2.83
	陕西	2.13	0.46	7.20	0.96
	山西	1.75	0.38	6.98	0.93
	宁夏	16.74	3.62	33.73	4.52
	小计	4.37	0.95	13.90	1.86

地区	省份	人均牛肉产量	LQ	牛肉产量占肉类产量比重	LQ
高原边疆牧区	内蒙古	24.24	5.25	22.98	3.08
	新疆	16.87	3.65	25.91	3.47
	青海	21.86	4.73	36.08	4.83
	西藏	60.64	13.13	73.46	9.83
	小计	23.03	4.98	27.81	3.72
	全国	4.62	—	7.47	—

3. 奶牛养殖及牛奶区域分布

(1) 奶牛养殖分布

在乳品加工企业快速增长拉动和各地政府大力扶持下,中国奶业从 1998 年开始进入了高速增长的通道。从 2000 年起,牛奶产量占奶类总产量的比重超过 90% 并连续上升到 2007 年的 97%,此后几年都维持在 95% 以上。从我国奶牛养殖分布情况来看,2018 年存栏头数超过 100 万头的有新疆、内蒙古、河北、黑龙江 4 个省份,这 4 个省份奶牛头数为 997.3 万头,占全国的 47.19%。而在 2016 年,山东、河南分别排在全国第五、第六位,养殖均在 100 万头以上,到 2018 年这两省奶牛养殖已经跌破 100 万头。分区域来看,高原边疆地区奶牛养殖头数达全国第一,为 343.5 万头,比 2016 年减少了 130 多万头,集中度为 33.1%。其中新疆和内蒙古分别排在全国的第一和第二位。其次为黄淮海地区,奶牛养殖头数达 276.6 万头,集中度为 26.7%。山东跌出 100 万头,2018 年奶牛年末存栏头数只有 91.4 万头;河南 2016 年接近 100 万头,2018 年只有 34.3 万头。第三是东北地区,奶牛养殖头数为 149.3 万头,集中度为 14.4%。黑龙江排在全国第 4 位。第四为黄土高原地区,奶牛养殖头数为 150.6 万头,集中度为 10.57%。第五和第六位是西南地区和东南地区,奶牛养殖头数为 47.7 万头和 47.5 万头,集中度为 3.35% 和 3.33%。可见奶牛养殖主要集中在高原边疆牧区、黄淮海地区和东北地区。

表 4.11　2018 年我国各地区奶牛养殖分布

(万头、%)

排序	省份	奶牛	集中度	奶类	牛奶	集中度	只均产奶量	LQ	人均产奶量	LQ
1	新疆	158	15.23	201.7	194.9	6.34	1.2	0.41	78.35	3.56
2	内蒙古	120.8	11.64	571.8	565.6	18.40	4.7	1.56	223.19	10.13
3	河北	105.9	10.21	391.1	384.8	12.52	3.6	1.21	50.93	2.31
4	黑龙江	105	10.12	458.5	455.9	14.83	4.3	1.45	120.84	5.49

排序	省份	奶牛	集中度	奶类	牛奶	集中度	只均产奶量	LQ	人均产奶量	LQ
5	山东	91.4	8.81	232.5	225.1	7.32	2.5	0.82	22.41	1.02
6	四川	76.9	7.41	64.3	64.2	2.09	0.8	0.28	7.70	0.35
7	西藏	42.3	4.08	40.8	36.4	1.19	0.9	0.29	105.93	4.81
8	宁夏	40.1	3.86	169.4	168.3	5.47	4.2	1.40	244.60	11.10
9	河南	34.3	3.31	208.9	202.7	6.59	5.9	1.97	21.10	0.96
10	山西	31.7	3.05	81.7	81.1	2.64	2.6	0.85	21.80	0.99
11	甘肃	29.9	2.88	41.1	40.5	1.32	1.4	0.45	15.36	0.70
12	辽宁	29.2	2.81	132.6	131.8	4.29	4.5	1.50	30.24	1.37
13	陕西	27.9	2.69	159.7	109.7	3.57	3.9	1.31	28.40	1.29
14	青海	22.4	2.16	33.5	32.6	1.06	1.5	0.48	54.01	2.45
15	云南	16.5	1.59	65.7	58.2	1.89	3.5	1.18	12.05	0.55
16	吉林	15.1	1.46	39.0	38.8	1.26	2.6	0.86	14.36	0.65
17	江苏	13.4	1.29	50.0	50.0	1.63	3.7	1.24	6.21	0.28
18	安徽	12.8	1.23	30.8	30.8	1.00	2.4	0.80	4.87	0.22
19	天津	11.3	1.09	48.0	48.0	1.56	4.3	1.42	30.80	1.40
20	北京	7.5	0.72	31.1	31.1	1.01	4.1	1.38	14.42	0.65
21	广东	6	0.58	13.9	13.9	0.45	2.3	0.77	1.22	0.06
22	贵州	6	0.58	4.6	4.6	0.15	0.8	0.25	1.27	0.06
23	湖南	5.8	0.56	6.2	6.2	0.20	1.1	0.36	0.90	0.04
24	上海	5.6	0.54	33.4	33.4	1.09	6.0	1.99	13.80	0.63
25	广西	5.1	0.49	8.9	8.9	0.29	1.7	0.58	1.80	0.08
26	湖北	4.5	0.43	12.8	12.8	0.42	2.8	0.95	2.16	0.10
27	福建	4.1	0.40	14.3	13.8	0.45	3.4	1.12	3.51	0.16
28	江西	3.7	0.36	9.6	9.6	0.31	2.6	0.87	2.07	0.09
29	浙江	3.2	0.31	15.8	15.7	0.51	4.9	1.64	2.74	0.12
30	重庆	1.2	0.12	4.9	4.9	0.16	4.1	1.36	1.58	0.07
31	海南	0.1	0.01	0.2	0.2	0.01	1.9	0.63	0.20	0.01
	合计	1037.7	—	3176.8	3074.6	—	3.0	—	22.03	—

表 4.12 2018 年全国各地区奶牛养殖分布

（万头、%）

地区	省份	奶牛	集中度
黄淮海地区	河南	34.3	3.31
	河北	105.9	10.21
	山东	91.4	8.81
	安徽	12.8	1.23
	天津	11.3	1.09
	北京	7.5	0.72
	江苏	13.4	1.29
	小计	276.6	26.7

地区	省份	奶牛	集中度
东北地区	吉林	15.1	1.46
	黑龙江	105	10.12
	辽宁	29.2	2.81
	小计	149.3	14.4
高原边疆牧区	内蒙古	120.8	11.64
	新疆	158	15.23
	西藏	42.3	4.08
	青海	22.4	2.16
	小计	343.5	33.1
西南地区	四川	76.9	7.41
	云南	16.5	1.59
	贵州	6	0.58
	广西	5.1	0.49
	重庆	1.2	0.12
	小计	105.7	10.2
东南地区	湖北	4.5	0.43
	湖南	5.8	0.56
	江西	3.7	0.36
	广东	6	0.58
	福建	4.1	0.40
	海南	0.1	0.01
	浙江	3.2	0.31
	上海	5.6	0.54
	小计	33.0	3.2
黄土高原地区	甘肃	29.9	2.88
	宁夏	40.1	3.86
	陕西	27.9	2.69
	山西	31.7	3.05
	小计	129.6	12.5

（2）牛奶产量分布和比较优势

从我国牛奶产量的分布来看,2018 年超过 100 万吨的 9 个省份,按产量从高到低排序分别是内蒙古、黑龙江、河北、山东、河南、新疆、宁夏、辽宁、陕西(见表 4.13)。这 9 个省份产奶量达 2 438.75 万吨,占全国产奶量的 79.32%。这些省份全部位于东北、华北、西北等北纬 40 度黄金奶源带。其中内蒙古产奶量最高,为 120.8 万吨,集中度达 18.4%。从区域分布来看,黄淮海地区牛奶产量全国最高,达 972.5 万吨,集中度为 31.6%。第二是高原边疆牧区,牛奶产量为 829.4 万吨,集中度为 27.0%。第三是东北地区,牛奶产量为 626.5 万吨,集中度为 20.4%,第四是黄土高原地区,牛奶产量为 399.6 万吨,集中度为 13%。第五和第六是西南地区和东南地区。产奶量为 140.8 万吨和 105.7 万吨,集中度为 4.6%和 3.4%。

表 4.13　2018 年全国各地区牛奶生产布局和比较优势

(万吨、千克/人、吨/头、%)

地区	省份	奶牛	集中度	牛奶	集中度	只均产奶量	LQ	人均产奶量	LQ
黄淮海地区	河南	34.3	3.31	202.7	6.59	5.9	1.97	21.10	0.96
	河北	105.9	10.21	384.8	12.52	3.6	1.21	50.93	2.31
	山东	91.4	8.81	225.1	7.32	2.5	0.82	22.41	1.02
	安徽	12.8	1.23	30.8	1.00	2.4	0.80	4.87	0.22
	天津	11.3	1.09	48.0	1.56	4.3	1.42	30.80	1.40
	北京	7.5	0.72	31.1	1.01	4.1	1.38	14.42	0.65
	江苏	13.4	1.29	50.0	1.63	3.7	1.24	6.21	0.28
	小计	276.6	26.7	972.5	31.6	3.5	—	21.47	—
东北地区	吉林	15.1	1.46	38.8	1.26	2.6	0.86	14.36	0.65
	黑龙江	105	10.12	455.9	14.83	4.3	1.45	120.84	5.49
	辽宁	29.2	2.81	131.8	4.29	4.5	1.50	30.24	1.37
	小计	149.3	14.4	626.5	20.4	4.2	—	57.82	—
高原边疆牧区	内蒙古	120.8	11.64	565.6	18.40	4.7	1.56	223.19	10.13
	新疆	158	15.23	194.9	6.34	1.2	0.41	78.35	3.56
	西藏	42.3	4.08	36.4	1.19	0.9	0.29	105.93	4.81
	青海	22.4	2.16	32.6	1.06	1.5	0.48	54.01	2.45
	小计	343.5	33.1	829.4	27.0	2.4	—	138.98	—
西南地区	四川	76.9	7.41	64.2	2.09	0.8	0.28	7.70	0.35
	云南	16.5	1.59	58.2	1.89	3.5	1.18	12.05	0.55
	贵州	6	0.58	4.6	0.15	0.8	0.25	1.27	0.06
	广西	5.1	0.49	8.9	0.29	1.7	0.58	1.80	0.08
	重庆	1.2	0.12	4.9	0.16	4.1	1.36	1.58	0.07
	小计	105.7	10.2	140.8	4.6	1.3	—	5.68	—
东南地区	湖北	4.5	0.43	12.8	0.42	2.8	0.95	2.16	0.10
	湖南	5.8	0.56	6.2	0.20	1.1	0.36	0.90	0.04
	江西	3.7	0.36	9.6	0.31	2.6	0.87	2.07	0.09
	广东	6	0.58	13.9	0.45	2.3	0.77	1.22	0.06
	福建	4.1	0.40	13.8	0.45	3.4	1.12	3.51	0.16
	海南	0.1	0.01	0.2	0.01	1.9	0.63	0.20	0.01
	浙江	3.2	0.31	15.7	0.51	4.9	1.64	2.74	0.12
	上海	5.6	0.54	33.4	1.09	6.0	1.99	13.80	0.63
	小计	33.0	3.2	105.7	3.4	3.2	—	2.53	—

地区	省份	奶牛	集中度	牛奶	集中度	只均产奶量	LQ	人均产奶量	LQ
黄土高原地区	甘肃	29.9	2.88	40.5	1.32	1.4	0.45	15.36	0.70
	宁夏	40.1	3.86	168.3	5.47	4.2	1.40	244.60	11.10
	陕西	27.9	2.69	109.7	3.57	3.9	1.31	28.40	1.29
	山西	31.7	3.05	81.1	2.64	2.6	0.85	21.80	0.99
	小计	129.6	12.5	399.6	13.0	3.1	—	36.64	—

全国原料奶生产具有明显的地域性,主要集中在北方省份。根据农业部《全国奶牛优势区域布局规划(2008—2015)》,原料奶的优势产区分为四个区域:京津沪奶牛优势区、东北内蒙古奶牛优势区、华北奶牛优势区和西北奶牛优势区。京津沪奶牛优势区包括北京、天津和上海三个直辖市,人均奶类消费量大;东北内蒙古奶牛优势区包括黑龙江、辽宁和内蒙古;华北奶牛优势区包括河北、山西、河南、山东;西北奶牛优势区包括新疆、陕西、宁夏。该规划所列省区也是我国牛奶产量超过 100 万吨的省区。

4. 羊及羊肉、羊毛产品分布

(1) 羊的养殖分布

羊是草食型动物,受资源环境影响,羊的养殖相对集中。中西部牧区是我国绵山羊的主产区,其中肉羊生产是农牧民重要的收入来源。2018 年,全国各省羊的存栏数超过 1 000 万只的省份依次为内蒙古、新疆、山东、甘肃、河南、四川、西藏、青海、河北、云南。这 10 个省份羊的存栏数为 21 877.6 万只,占全国的 73.6%。分区域来看,高原边疆地区羊的存栏数最多,为 12 545 万只,占全国的 42.2%,其中内蒙古、新疆、西藏和青海四个省区是主产省区。其次为黄淮海地区,羊的存栏数为 5 672 万只,占全国的 19.1%,其中山东、河南、河北是主产省。第三是黄土高原地区,羊的存栏数为 4 163 万只,占全国的 14%。第四是西南地区,羊的存栏数为 3 680 万只,占全国的 12.4%。第五和第六是东北地区和东南地区,羊的存栏数分别为 1 942 万只和 1 712 万只,占全国的 6.5% 和 5.8%。

按照种类来看,绵羊分布情况为:黄淮海地区 26.6%,西南地区 25.1%,高原边疆地区 20.2%,东南地区 12.0%,黄土高原地区 11.6%,东北地区 4.6%。绵羊存栏数超过 500 万只的主产省份为内蒙古、新疆、西藏、青海、山东、河北、甘肃、山西、黑龙江 9 个省区。山羊分布情况为:高原边疆牧区 60.8%,黄土高原地区 16.0%,黄淮海地区 12.8%,东北地区 8.1%,西南地区 1.7%,东南地区 0.5%。山羊超过 500 万只的主产省份为内蒙古、新疆、山东、河南、陕西、四川、云南、湖南、湖北。

表 4.14 2018 年全国各地区羊的存栏分布

(万只、%)

地区	省份	羊	集中度	绵羊	集中度	山羊	集中度
高原边疆牧区	内蒙古	6001.9	20.20	4369.9	27.08	1632.0	12.02
	新疆	4159.7	14.00	3601.7	22.32	558.0	4.11
	西藏	1047.1	3.52	680.3	4.22	366.8	2.70
	青海	1336.1	4.50	1156.1	7.16	180.0	1.33
	小计	12544.8	42.2	9808.0	60.8	2736.8	20.2
黄淮海地区	山东	1801.4	6.06	926.2	5.74	875.2	6.45
	河南	1734.1	5.84	260.1	1.61	1474.0	10.86
	河北	1179.6	3.97	814.3	5.05	365.2	2.69
	安徽	500.6	1.68	0.8	0.00	499.8	3.68
	江苏	390.2	1.31	9.5	0.06	380.7	2.80
	北京	24.2	0.08	18.6	0.12	5.7	0.04
	天津	41.9	0.14	37.0	0.23	4.9	0.04
	小计	5672.0	19.1	2066.4	12.8	3605.6	26.6
黄土高原地区	甘肃	1885.9	6.35	1478.5	9.16	407.3	3.00
	山西	875.6	2.95	531.5	3.29	344.1	2.53
	陕西	866.8	2.92	151.0	0.94	715.7	5.27
	宁夏	534.3	1.80	427.1	2.65	107.2	0.79
	小计	4162.6	14.0	2588.2	16.0	1574.4	11.6
西南地区	四川	1462.9	4.92	159.4	0.99	1303.5	9.60
	云南	1268.9	4.27	93.6	0.58	1175.3	8.66
	贵州	401.5	1.35	22.5	0.14	379.1	2.79
	重庆	323.2	1.09	0.2	0.00	323.0	2.38
	广西	223.5	0.75	0.6	0.00	222.9	1.64
	小计	3679.9	12.4	276.3	1.7	3403.7	25.1
东北地区	辽宁	772.8	2.60	364.9	2.26	407.9	3.00
	黑龙江	772.7	2.60	606.7	3.76	166.0	1.22
	吉林	396.6	1.33	342.3	2.12	54.3	0.40
	小计	1942.1	6.5	1313.9	8.1	628.2	4.6
东南地区	湖南	668.3	2.25	—	0.00	668.3	4.92
	湖北	546.8	1.84	—	0.00	546.8	4.03
	福建	95.3	0.32	—	0.00	95.3	0.70
	浙江	125.9	0.42	85.0	0.53	40.8	0.30
	海南	68.9	0.23	0.1	0.00	68.8	0.51
	江西	100.3	0.34	—	0.00	100.3	0.74
	广东	93.0	0.31	—	0.00	93.0	0.68
	上海	13.7	0.05	0.9	0.01	12.9	0.09
	小计	1712.1	5.8	86.0	0.5	1626.1	12.0

（2）羊肉产量分布

2018 年，全国羊肉产量 475.1 万吨，占全国肉类产量的 5.88%。表 4.15
可见，我国羊肉年产量在 10 万吨以上的省份依次为内蒙古、新疆、青海、山东、
河北、河南、安徽、四川、云南、甘肃、黑龙江、湖南。以上 12 个主产省羊肉产量
为 386.1 万吨，集中度为 81.3%。其中内蒙古、新疆的羊肉产量占全国的
34.88%。按地区来看，羊肉产量集中度从高到低的地区依次为高原边疆牧区
38.88%、黄淮海地区 25.46%、黄土高原地区 10.78%、东北地区 4.98%、西南
地区 12.65%、东南地区 7.25%。

表 4.15　2018 年全国各地区羊肉生产布局和比较优势

（万吨、千克/人、%）

地区	省份	羊肉产量	集中度	人均羊肉产量	LQ 指数	肉类产量	羊肉产量占肉类产量的比重	LQ 指数
高原边疆牧区	内蒙古	106.3	22.38	41.96	12.34	267.3	39.78	6.77
	新疆	59.4	12.50	23.88	7.02	162.0	36.66	6.24
	青海	13.1	2.76	21.76	6.40	36.5	35.91	6.11
	西藏	5.9	1.23	17.05	5.01	28.4	20.65	3.51
	小计	184.7	38.88	30.95	9.10	494.2	37.37	6.36
黄土高原地区	宁夏	9.9	2.08	14.40	4.23	34.1	29.01	4.93
	陕西	9.6	2.01	2.48	0.73	114.5	8.36	1.42
	山西	8.1	1.71	2.19	0.64	93.1	8.73	1.49
	甘肃	23.6	4.97	8.95	2.63	101.2	23.32	3.97
	小计	51.2	10.78	4.69	1.38	342.9	14.93	2.54
西南地区	四川	26.3	5.54	3.15	0.93	664.7	3.96	0.67
	重庆	6.8	1.42	2.18	0.64	182.3	3.71	0.63
	云南	18.6	3.92	3.86	1.13	427.2	4.36	0.74
	广西	3.4	0.71	0.68	0.20	426.8	0.79	0.13
	贵州	5.0	1.06	1.40	0.41	213.7	2.35	0.40
	小计	60.1	12.65	2.42	0.71	1914.7	3.14	0.53
黄淮海地区	河北	30.5	6.43	4.04	1.19	466.7	6.54	1.11
	山东	36.8	7.74	3.66	1.08	854.7	4.30	0.73
	河南	26.9	5.66	2.80	0.82	669.4	4.02	0.68
	天津	1.2	0.25	0.76	0.22	33.9	3.48	0.59
	江苏	7.8	1.64	0.97	0.28	328.5	2.37	0.40
	北京	0.6	0.13	0.28	0.08	17.5	3.43	0.58
	安徽	17.1	3.61	2.71	0.80	421.7	4.06	0.69
	小计	120.9	25.46	2.67	0.79	2792.4	4.33	0.74

地区	省份	羊肉产量	集中度	人均羊肉产量	LQ 指数	肉类产量	羊肉产量占肉类产量的比重	LQ 指数
东北地区	黑龙江	12.5	2.62	3.30	0.97	247.5	5.03	0.86
	辽宁	6.6	1.39	1.51	0.45	377.1	1.75	0.30
	吉林	4.6	0.97	1.71	0.50	253.6	1.82	0.31
	小计	23.7	4.98	2.18	0.64	878.3	2.70	0.46
东南地区	上海	0.3	0.05	0.11	0.03	13.5	1.93	0.33
	浙江	2.3	0.48	0.40	0.12	104.6	2.19	0.37
	广东	2.0	0.41	0.17	0.05	449.9	0.44	0.07
	海南	1.1	0.24	1.23	0.36	79.9	1.44	0.24
	福建	2.0	0.43	0.52	0.15	256.1	0.80	0.14
	湖北	9.7	2.05	1.65	0.48	430.9	2.26	0.38
	江西	2.1	0.44	0.45	0.13	325.7	0.64	0.11
	湖南	14.9	3.14	2.16	0.64	541.7	2.75	0.47
	小计	34.5	7.25	0.82	0.24	1 660.5	2.08	0.35
	总计	475.1	—	3.40	1.00	8 082.9	5.88	1.00

我国肉羊的生产具有明显的地域性。农业部的国家肉羊产业发展规划中将我国肉羊主产区域划分为中原肉羊区、东北部农牧交错带、西北肉羊区和西南肉羊区,4 个区域涵盖全国 22 个省(市、自治区)。中原肉羊区包括：河北、山西、山东、河南、湖北、江苏、安徽和湖南 8 省;东北部农牧交错带包括内蒙古、黑龙江、辽宁、吉林;西北肉羊区包括新疆、甘肃、山西、宁夏和青海;西南肉羊区包括四川、云南、重庆、贵州、西藏。

(3) 羊毛羊绒产量分布

全国羊毛羊绒产量分布见表 4.16。2018 年全国羊毛产量 383 573 吨,其中,绵羊毛产量 356 608 吨,山羊毛产量 26 965 吨。羊毛产量在 1 万吨以上的主产省份有内蒙古、新疆、甘肃、黑龙江、河北、青海、吉林、宁夏 8 省区,这些省份的羊毛产量为 324 539.6 吨,占全国羊毛产量的 84.6%。与 2016 年相比,甘肃、黑龙江和宁夏排名分别跃升 1 位到第三位、第四位和第八位,内蒙古、新疆、青海、吉林位次不变,河北下滑 1 位,山东由 2016 年的第八位下滑到第十位、山西由原来的第十一位升到第十位。分区域看,高原边疆地区的羊毛产量最多,为 229 881 吨,占全国产量的 59.9%。其中内蒙古和新疆两个自治区羊毛产量分别占全国的 32.4% 和 20.5%,在全国占绝对优势。其次为黄土高原地区,羊毛产量为 55 638.6 吨,占全国产量的 14.5%,河北和山东为主产省份。第四为东北地区,羊毛产量 47 884.2 吨,占全国产量的 12.5%。第五和第六位是西南地区和东南地区,羊毛产量占全国产量的 2.2% 和 0.58%,不是主产省份,也不具有生产优势。

　　2018 年全国羊绒产量 15 437.8 吨。羊绒产量在 500 吨以上的省份有内蒙古、山西、吉林、新疆、青海、甘肃、宁夏、河南、四川、云南 10 省区。10 省区的羊绒产量为 14 011 吨,占全国羊绒产量 90.8%。分区域看,高原边疆牧区羊绒产量最多,为 8 698.7 吨,占全国的 56.3%。其中内蒙古羊绒产量占全国的 42.8%,新疆、青海也为羊绒主产省份。其次为黄土高原地区,羊绒产量 3 680.5 吨,占全国的 23.8%,甘肃、宁夏为羊绒主产省份。第三是黄淮海地区,羊绒产量占全国的 10.2%,河北、山东、河南是主产省份。第四是东北地区,羊绒产量占全国的 8.6%,其中吉林是主产省份。第五和第六是西南和东南地区,羊绒产量分别为 154.1 吨和 1 吨。

表 4.16　2018 年全国羊毛羊绒产量分布

(吨、%)

地区	省份	山羊绒产量	集中度	羊毛产量	集中度
黄淮海地区	河南	312.5	2.02	6 536.31	1.70
	河北	704.6	4.56	23 176.59	6.04
	山东	551.1	3.57	9 147.69	2.38
	安徽	—	0.00	155.00	0.04
	天津	—	0.00	181.36	0.05
	北京	3.1	0.02	42.60	0.01
	江苏	0.0	0.00	352.90	0.09
	小计	1571.4	10.2	39 592.45	10.32
东北地区	吉林	86.7	0.56	11 934.47	3.11
	黑龙江	189.9	1.23	27 007.00	7.04
	辽宁	1055.6	6.84	8 942.72	2.33
	小计	1332.1	8.6	47 884.19	12.48
高原边疆牧区	内蒙古	6606.8	42.80	124 232.61	32.39
	新疆	883.5	5.72	78 443.42	20.45
	西藏	853.4	5.53	8 904.96	2.32
	青海	355.0	2.30	18 300.00	4.77
	小计	8698.7	56.3	229 880.99	59.93
西南地区	四川	140.0	0.91	6 033.00	1.57
	云南	6.0	0.04	1 636.00	0.43
	贵州	8.1	0.05	684.80	0.18
	广西	—	0.00	0.00	0.00
	重庆	—	0.00	1.42	0.00
	小计	154.1	1.0	8 355.22	2.18

地区	省份	山羊绒产量	集中度	羊毛产量	集中度
东南地区	湖北	—	0.00	57.00	0.01
	湖南	1.0	0.01	2.00	0.00
	江西	—	0.00	0.00	0.00
	广东	—	0.00	6.00	0.00
	福建	—	0.00	0.00	0.00
	海南	—	0.00	0.00	0.00
	浙江	—	0.00	2 079.09	0.54
	上海	—	0.00	76.96	0.02
	小计	1.0	0.0	2 221.06	0.58
黄土高原地区	甘肃	324.1	2.10	30 913.48	8.06
	宁夏	663.0	4.29	10 532.00	2.75
	陕西	1 478.3	9.58	4 806.62	1.25
	山西	1 215.1	7.87	9 386.50	2.45
	小计	3 680.5	23.84	55 638.60	14.51
全国合计		15 438	—	383 573	—

5. 禽类及禽肉禽蛋分布

(1) 禽类分布

2018 年我国禽类出栏量 130.89 亿只。禽类出栏量超过 2 亿只的省份依次为山东、广东、福建、河南、安徽、广西、辽宁、四川、江苏、河北、湖北、江西、吉林、湖南、黑龙江、云南、重庆这 17 省区市,该 17 省区市禽类出栏量达 101.67 亿只,占全国禽类出栏总量的 77.75%。按区域来看,禽类出栏最多的是黄淮海地区,集中度 40.49%。其次为东南地区,集中度 29.05%。第三是西南地区,集中度 16.06%。第四是东北地区,集中度 11.15%。黄土高原地区和高原边疆牧区的集中度均不到 2%。

表 4.17　2018 年我国禽类出栏分布

(万只、%、只/人)

区域	省区	排序	家禽出栏量	家禽集中度	人均家禽出栏量	LQ 指数
黄淮海地区	河南	4	92 767.3	7.09	9.66	1.03
	山东	1	216 869.9	16.57	21.59	2.3
	河北	10	59 728.2	4.56	7.9	0.84
	江苏	9	64 201	4.9	7.97	0.85
	安徽	5	89 361	6.83	14.13	1.51
	北京	27	1 615.6	0.12	0.75	0.08
	天津	25	5 435.7	0.42	3.48	0.37

区域	省区	排序	家禽出栏量	家禽集中度	人均家禽出栏量	LQ 指数
小计	小计	—	529 978.7	40.49	11.70	—
东南地区	湖南	14	42 476.7	3.25	6.16	0.66
	湖北	11	53 244.8	4.07	9	0.96
	江西	12	45 423.5	3.47	9.77	1.04
	广东	2	109 246.8	8.35	9.63	1.03
	海南	19	16 011.5	1.22	17.14	1.83
	福建	3	95 537.7	7.3	24.24	2.58
	浙江	18	17 195.9	1.31	3	0.32
	上海	28	984	0.08	0.41	0.04
小计	小计	—	380 120.9	29.05	9.08	—
西南地区	四川	8	66 071	5.05	7.92	0.84
	重庆	17	21 349.2	1.63	6.88	0.73
	云南	16	26 092.9	1.99	5.4	0.58
	广西	6	84 929.5	6.49	17.24	1.84
	贵州	21	11 759.6	0.9	3.27	0.35
小计	小计	—	210 202.2	16.06	8.48	—
东北地区	辽宁	7	76 271.3	5.83	17.5	1.87
	吉林	13	45 062.3	3.44	16.67	1.78
	黑龙江	15	24 632.8	1.88	6.53	0.7
小计	小计	—	145 966.4	11.15	13.47	—
黄土高原地区	陕西	24	5 791.5	0.44	1.5	0.16
	山西	20	11 968.5	0.91	3.22	0.34
	甘肃	26	3 645	0.28	1.38	0.15
	宁夏	29	494.1	0.04	0.82	0.09
小计	小计	—	21 899.1	1.67	2.01	—
高原边疆牧区	内蒙古	22	10 069.5	0.77	3.97	0.42
	新疆	23	8 566.3	0.65	3.44	0.37
	青海	29	494.1	0.04	0.82	0.09
	西藏	30	284	0.02	0.83	0.09
小计	小计	—	19 413.9	1.48	3.45	—

资料来源:《中国畜牧业统计 2019》,中国农业出版社,2020 年

(2) 禽肉产量分布

2018 年我国禽肉产量 1 993.7 万吨。禽肉产量在 100 万吨以上的主产省份依次有河南、广东、安徽、广西、福建、辽宁、山东、江苏、四川 9 省,9 省产量合计占全国的 67.9%;禽肉产量在 50 万吨以上的省份除了上述 9 省外,还要加上河北、吉林、湖南、江西、湖北 5 省,共计 14 省,14 省禽肉产量占全国的 86.1%。

分区域来看,黄淮海地区禽肉产量最高,为793.2万吨,集中度达39.8%。其次为东南地区,禽肉产量540.3万吨,集中度27.1%。第三是西南地区,禽肉产量339.2万吨,集中度17%。第四是东北地区,禽肉产量251.2万吨,集中度12.6%。第五和第六是高原边疆牧区和黄土高原地区,禽肉产量分别为37.1万吨和32.5万吨,集中度为分别为6.2%和3.0%。

表4.18 2018年全国各地区禽肉生产布局和比较优势

(万吨、千克/人、%)

地区	省份	排序	禽肉产量	集中度	人均产量	LQ指数
黄淮海地区	山东	7	121.9	6.11	12.7	0.89
	河南	1	315.1	15.80	31.4	2.19
	河北	10	88.9	4.46	11.8	0.82
	江苏	8	105.8	5.31	13.1	0.92
	安徽	3	150.7	7.56	23.8	1.67
	天津	28	2.3	0.12	1.1	0.07
	北京	25	8.5	0.43	5.4	0.38
	小计	—	793.2	39.79	17.5	1.22
东北地区	辽宁	6	130.5	6.55	29.9	2.09
	吉林	11	79.4	3.98	29.4	2.05
	黑龙江	15	41.3	2.07	10.9	0.77
	小计	—	251.2	12.60	23.2	1.62
东南地区	湖北	14	59.7	2.99	8.7	0.61
	湖南	12	71.4	3.58	12.1	0.84
	江西	13	63.2	3.17	13.6	0.95
	广东	2	153.3	7.69	13.5	0.94
	浙江	18	28	1.40	30.0	2.10
	福建	5	136.8	6.86	34.7	2.43
	海南	19	26.4	1.32	4.6	0.32
	上海	29	1.5	0.08	0.6	0.04
	小计	—	540.3	27.10	12.9	0.90
西南地区	四川	9	100.6	5.05	12.1	0.84
	重庆	17	32.3	1.62	10.4	0.73
	云南	16	47.5	2.38	9.8	0.69
	广西	4	138.8	6.96	28.2	1.97
	贵州	20	20	1.00	5.6	0.39
	小计	—	339.2	17.01	13.7	0.96
黄土高原地区	山西	24	9.3	0.47	2.4	0.17
	陕西	23	15.1	0.76	4.1	0.28
	甘肃	26	4.5	0.23	1.7	0.12
	宁夏	27	3.6	0.18	5.2	0.37
	小计	—	32.5	1.63	3.0	0.21

地区	省份	排序	禽肉产量	集中度	人均产量	LQ 指数
高原边疆牧区	内蒙古	21	19.7	0.99	7.8	0.54
	新疆	22	16	0.80	6.4	0.45
	青海	30	0.8	0.04	1.3	0.09
	西藏	31	0.6	0.03	1.7	0.12
	小计	—	37.1	1.86	6.2	0.43

资料来源：根据 2019 年《中国畜牧兽医统计年鉴》数据整理

（3）禽蛋产量分布

2018 年全国禽蛋产量 3 128.3 万吨,超过 100 万吨的主产省有山东、河南、河北、辽宁、江苏、湖北、安徽、四川、吉林、黑龙江、湖南、山西 12 个省份,其禽蛋产量 2 626 万吨,占全国禽蛋总产量的 83.95％。

分地区来看,黄淮海地区禽蛋产量最多,为 1 605.4 万吨,其集中度达 51.3％。除天津、北京两个直辖市外,其他省份均为禽蛋主产省。其次为东北地区,禽蛋产量为 522.8 万吨,集中度为 16.7％。第三是东南地区,禽蛋产量 446.8 万吨,集中度为 14.3％,湖北、湖南为主产省。第四是西南地区,禽蛋产量 265.3 万吨,集中度为 8.5％。黄土高原地区和高原边疆牧区排在第五和第六位。

表 4.19　2018 年全国各地区禽蛋生产布局和比较优势

（万吨、千克/人、％）

地区	2018	排序	禽蛋	集中度	人均产量	LQ 指数
黄淮海地区	河南	2	413.6	13.22	43.1	1.92
	山东	1	447.0	14.29	44.5	1.99
	河北	3	378.0	12.08	50.0	2.23
	江苏	5	178.0	5.689	22.1	0.99
	安徽	7	158.3	5.059	25.0	1.12
	北京	25	11.2	0.36	5.2	0.23
	天津	24	19.4	0.62	12.4	0.56
	小计	—	1605.4	51.3	35.44	—
东南地区	湖南	11	105.4	3.369	15.3	0.68
	湖北	6	171.5	5.483	29.0	1.29
	江西	15	47.0	1.501	10.1	0.45
	广东	18	39.2	1.254	3.5	0.15
	海南	26	4.7	0.149	5.0	0.22
	福建	16	44.3	1.417	11.2	0.50
	浙江	21	31.5	1.007	5.5	0.25

地区	2018	排序	禽蛋	集中度	人均产量	LQ 指数
	上海	27	3.2	0.101	1.3	0.06
	小计	—	446.8	14.3	10.68	—
西南地区	四川	8	148.8	4.757	17.8	0.80
	重庆	17	41.5	1.325	13.4	0.60
	云南	20	32.7	1.046	6.8	0.30
	广西	22	22.3	0.713	4.5	0.20
	贵州	23	20.0	0.64	5.6	0.25
	小计	—	265.3	8.5	10.70	—
东北地区	辽宁	4	297.2	9.5	68.2	3.04
	吉林	9	117.1	3.744	43.3	1.93
	黑龙江	10	108.5	3.468	28.8	1.28
	小计	—	522.8	16.7	48.25	—
黄土高原地区	陕西	13	61.6	1.969	15.9	0.71
	山西	12	102.6	3.279	27.6	1.23
	甘肃	21	14.1	0.451	5.3	0.24
	宁夏	20	14.4	0.46	20.9	0.93
	小计	—	192.6	6.2	17.66	—
高原边疆牧区	内蒙古	14	55.2	1.765	21.8	0.97
	新疆	19	37.3	1.191	15.0	0.67
	青海	28	2.3	0.074	3.9	0.17
	西藏	29	0.5	0.016	1.4	0.06
	小计	—	95.3	3.0	15.97	—

资料来源：根据历年《中国统计年鉴》数据整理

第五章
我国不同畜产品区域布局演进、趋势及影响因素分析

本章分不同畜产品,从生猪、肉牛、肉羊、奶牛、禽类五个方面对我国不同畜产品的区域布局演进情况进行分析,揭示各区域畜牧业生产布局的变化规律,分析趋势和原因,为我国畜产品生产区域布局提供基础性情况和前瞻性分析。

一、我国不同畜产品的生产区域布局演进及趋势

以下逐一对生猪、肉牛、肉羊、奶牛和禽类的生产区域布局演进特点和趋势进行分析。

(一) 生猪生产区域布局演进及趋势

1. 生猪生产区域布局演进

我们选取 1980—2018 年《中国统计年鉴》中的 1980 年、1985 年、1990 年、1995 年、2000 年、2005 年、2010 年、2015 年、2016 年、2017 年和 2018 年的生猪产量数据,来分析我国生猪生产区域布局演进情况。从表 5.1 可以看出,1980—2018 年,我国黄淮海地区猪肉生产比重基本保持在 30%,东南地区比重从 31.5% 下降到 28.7%,西南地区比重从 22.8% 提高到 25.3%,以上区域是我国生猪的主要生产区域;东北地区占比接近 10%,黄土高原地区和高原边疆牧区各占不到 5%。黄淮海地区和东南地区经历了相反的演进过程,说明两个地区猪肉产量存在互相替代,其中,河南、河北占比在提高,而江苏、浙江下滑比较明显。西南地区的四川省是我国生猪传统养殖大省,却经历了比重下滑的过程,云南占比有所提高。东北地区的吉林和辽宁有所提高,而黑龙江有下降。

总的看,黄淮海地区、东南地区和西南地区目前是我国生猪生产的重点区域。

表 5.1 1980—2018 年我国猪肉生产区域分布变化

(%)

区域	省份	1980	1985	1990	1995	2000	2005	2010	2015	2016	2017	2018
黄淮海地区	河南	4.36	3.69	4.27	5.77	8.01	8.80	8.05	8.53	8.50	8.74	8.9
	山东	7.60	6.62	6.74	7.34	7.09	7.33	6.96	7.24	7.24	7.43	7.8
	河北	3.56	4.61	4.72	5.14	6.02	6.73	4.83	5.01	5.01	5.15	5.3
	江苏	9.15	8.24	6.54	5.37	5.10	4.36	4.20	4.12	4.08	4.01	3.8
	安徽	4.36	4.04	3.72	3.75	4.58	4.30	4.71	4.72	4.62	4.54	4.5
	北京	1.14	0.80	0.82	0.65	0.72	0.63	0.48	0.41	0.41	0.36	0.2
	天津	0.53	0.36	0.39	0.33	0.43	0.71	0.55	0.53	0.55	0.45	0.4
	小计	30.69	28.36	27.20	28.34	31.96	32.86	29.79	30.57	30.42	30.68	30.9
东南地区	湖南	8.06	8.31	8.23	8.50	9.22	8.62	8.13	8.17	8.21	8.42	8.3
	湖北	4.77	5.84	5.92	6.57	4.80	5.12	5.66	6.04	6.08	6.14	6.2
	江西	3.19	3.61	4.44	5.17	3.56	3.51	4.36	4.62	4.58	4.67	4.6
	广东	5.89	6.42	6.37	5.17	5.13	5.11	5.43	5.00	4.99	4.91	5.2
	海南	0.00	0.00	0.49	0.51	0.56	0.74	0.81	0.83	0.81	0.83	0.8
	福建	2.09	2.63	2.76	2.82	2.64	2.66	2.89	2.45	2.57	2.46	2.1
	浙江	6.06	4.57	3.69	2.74	2.23	2.50	2.60	1.88	1.71	1.47	1.4
	上海	1.44	1.02	1.02	0.66	0.64	0.36	0.35	0.29	0.26	0.16	0.2
	小计	31.51	32.40	32.91	32.13	28.78	28.72	30.24	29.29	29.20	29.06	28.7
西南地区	四川	14.49	16.72	17.39	14.43	10.40	10.25	9.71	9.34	9.33	8.84	8.9
	重庆	0.00	0.00	0.00	0.00	3.28	2.87	2.91	2.85	2.86	2.79	2.4
	云南	2.58	3.29	3.12	3.06	4.28	4.87	4.78	5.26	5.35	5.44	6.0
	广西	3.50	3.67	3.82	5.36	5.13	3.71	4.76	4.72	4.71	4.77	4.9
	贵州	2.25	2.86	2.98	2.55	2.60	2.73	2.92	2.93	2.92	3.00	3.0
	小计	22.81	26.54	27.31	25.40	25.69	24.44	25.08	25.09	25.18	24.85	25.3
东北地区	辽宁	3.73	3.37	3.25	3.88	2.90	3.82	4.50	4.14	4.14	4.14	3.9
	吉林	2.08	1.72	1.71	2.12	2.37	2.16	2.36	2.48	2.46	2.55	2.4
	黑龙江	3.07	1.79	1.73	2.19	2.16	2.00	2.26	2.52	2.61	2.72	2.8
	小计	8.88	6.88	6.69	8.19	7.43	7.98	9.13	9.14	9.21	9.40	9.0
黄土高原地区	陕西	1.97	1.65	1.71	1.65	1.51	1.37	1.56	1.65	1.62	1.61	1.6
	山西	1.43	1.07	0.99	1.19	1.08	0.96	1.05	1.10	1.09	1.02	1.2
	甘肃	1.08	1.26	1.32	1.21	0.97	1.01	0.91	0.93	0.92	0.93	0.9
	宁夏	0.13	0.15	0.18	0.17	0.22	0.21	0.17	0.13	0.14	0.15	0.2
	小计	4.61	4.12	4.20	4.23	3.78	3.54	3.69	3.80	3.77	3.71	3.9
高原边疆牧区	内蒙古	1.02	1.32	1.26	1.31	1.90	1.75	1.42	1.29	1.36	1.38	1.3
	新疆	0.29	0.19	0.21	0.23	0.27	0.52	0.45	0.60	0.64	0.67	0.7
	青海	0.17	0.17	0.19	0.15	0.17	0.17	0.18	0.19	0.20	0.21	0.2
	西藏	0.02	0.02	0.02	0.02	0.02	0.02	0.02	0.03	0.03	0.03	0.0
	小计	1.50	1.69	1.69	1.70	2.36	2.47	2.08	2.11	2.23	2.29	2.2

分区域来看，黄淮海地区生猪产量比重从 1980—1990 年先下降，1990—2005 年上升，2005—2010 年又下降，2010 年后比较平稳，2000 年以后基本一直位居全国第一。分省份来看，1980—2018 年，该区域河南和河北两省的猪肉生产比重上升比较显著，河南由 4.36％增加到 8.9％，河北由 3.56％增加到 5.3％，而江苏和北京的比重下降较明显，江苏由 9.15％下降到 3.8％，北京由 1.14％下降到 0.2％。

东南地区猪肉产量在 2000 年以前一直位居全国第一位，2000 年以后比重下降，目前排名第二位。分省份来看，1980—2018 年，湖北、江西两个省份猪肉生产增加比较明显，湖北由 4.77％增加到 6.2％，浙江下降比较显著，从 6.06％下降到 1.4％。上海也有所下降。东南地区生猪产量占比经历了 1980—1990 年先上升，1990 年以后下降，目前基本平稳地保持着 28％左右的比重，排全国第二位。

西南地区猪肉产量目前占全国的 1/5 还多，居于第三位。分省来看，1980—2018 年，四川和重庆猪肉生产比重显著下降，由 14.49％下降到 11.3％。2018 年，四川和河南并列为全国猪肉生产第一大省，而 2017 年四川是第一大省。云南生猪产量的比重上升比较明显，由 2.58％上升到 6％。广西也有所上升。

东北地区猪肉产量在 1980—1990 年期间有所下降，从 1990 年以后一直上升。分省来看，辽宁和吉林的比重在上升，黑龙江的比重在下降。

黄土高原地区猪肉产量一直有所下降，从 4.61％下降到 3.9％，除宁夏略有提高外，其他省份均有下降。

高原边疆牧区猪肉产量有所上升，从 1.50％上升到 2.2％，该区域各个省份均有上升。

总体来讲，河南、河北等北方粮食主产区猪肉生产明显增多。湖北、江西等内陆省份也有所增加。江苏、浙江等沿海省份和北京、上海等发达城市，随着经济发展和结构调整，猪肉生产呈减少趋势。由于生产布局呈分散化趋势和生产重心向北移动，四川和重庆的猪肉生产呈现减少趋势。

总体来看，我国的生猪养殖比较分散，基尼系数显示，生猪与肉牛、肉羊、奶牛相比养殖最为分散。生猪规模化养殖技术相对成熟，对地理条件、资源环境要求不高，因而生猪养殖在黄淮海地区、东南地区、西南地区、东北地区、黄土高原地区和高原边疆牧区均有分布。从变化趋势上看，西南地区和东南沿海地区生猪养殖不断缩小，生猪产能向黄淮海地区和湖南、湖北等中部地区转移。

2. 生猪生产区域布局趋势

1995年以后，我国粮食主产区的重心向北转移。生猪生产是典型的耗粮型产业，也随之出现了明显的位移，其生产区域逐渐由长江中下游区域向华北区域、东北区域转移。东南沿海区域经济发达，猪肉消费量大，且又是传统的生猪养殖区域，所以仍保有较大的生猪出栏量，但由于该区域人均土地面积、水和饲料资源较少，环境规制较严格，防污治污标准高，使区域内的生猪养殖成本增加，生猪养殖优势削弱。因此，未来东南地区的生猪产量份额可能还会减少，而我国东北、华北、西南和西北地区的产量份额将会增加。有学者从水和饲料资源的角度分析，建立多目标优化模型对我国各省生猪养殖的合理存栏量和猪肉产量进行测算[1]，发现：内蒙古、吉林、黑龙江、安徽、湖北、湖南、重庆、四川和新疆9省（区、市）的水和饲料资源丰富，且这些省份的生猪养殖综合生产能力均在全国前列，应适当扩大生猪养殖规模；北京、天津、河北、山西、辽宁、上海、江苏、浙江、福建、山东、河南、广东、广西、海南、贵州、西藏、陕西、甘肃、青海、宁夏20个省（区、市）因水或饲料资源紧缺，生猪养殖规模应适当缩小；江西和云南两省的水和饲料资源丰富，但生猪生产成本较高，又临近其他生猪大省，区位优势被削弱，但随着猪肉需求不断上升和其他省份的资源消耗，这两个省份的生猪养殖优势将会突显，生猪养殖量也会增加。按刘秀丽等[2]的测算，与《全国生猪优势区域布局规划（2008—2015年）》相比，我国生猪优势区域从19个省（区、市）减少为9个省（区、市），生猪生产集中度将进一步提高。

当前在生猪养殖上有两类观点，一类是提高集中度推进规模化集中生产，另一类是提倡"就地生产、就近消费"[3]。若生猪养殖优势省份从19个减少为9个，显然会提高养殖的集中度，进一步促进规模化集中生产，但疫病风险和猪肉调运的运输成本也会随之增加。2020年新冠肺炎疫情爆发暴露出冷链运输和批发环节的问题，未来，长距离运输的成本可能还会增加。因此，未来我国生猪区域布局优化需要在自然资源、饲料资源、环境保护、疫病防控、质量安全和消费市场等多目标中进行取舍。从长远来看，交通运输会更加便捷，资源和环境约束日益增强，所以生猪养殖的区域布局将可能日益集中于各区域的"核"省份，区位重要、交通便利的"核"省份的产业链打造会变得越来越重要。

① 刘秀丽，汪寿阳. 畜产品供需协调度和生产区域优化布局研究. 北京：科学出版社，2013.

② 同上.

③ 邓蓉，阎晓军. 关于我国的生猪养殖区域发展再探讨. 现代化农业，2012，9.

(二）肉牛生产区域布局演进及趋势

因资源条件和经济社会发展所需，我国肉牛生产逐步由高原边疆牧区、西南地区向黄淮海地区和东北地区转移，特别是近年来农业资源丰富的东北地区异军突起，发展迅速。

1. 肉牛生产集中度变化

1980年以来，我国肉牛生产呈现出分散—集中—分散的趋势：1980—1985年，肉牛生产在全国范围内呈现出分散的趋势，基尼系数由 0.537 下降至0.492；1990—1995年，肉牛生产又恢复至较为集中的格局，1995年肉牛生产的基尼系数为 0.556；1995 年后至今，肉牛生产呈现出较为明显的分散趋势，2017年肉牛生产基尼系数为 0.467。

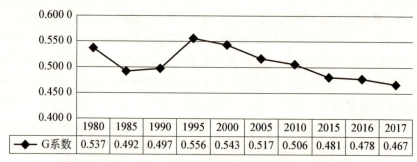

	1980	1985	1990	1995	2000	2005	2010	2015	2016	2017
G系数	0.537	0.492	0.497	0.556	0.543	0.517	0.506	0.481	0.478	0.467

图 5.1　1980—2017 年我国牛肉生产基尼系数（G 指数）变化

2. 肉牛生产布局变化

分区域来看，黄淮海地区是主要肉牛产区，而且增长迅速，从 1985 年以后始终占据全国第一的位置，最高时生产全国 52.45％的牛肉。黄淮海地区肉牛生产比重经历了先上升后下降的过程，从 1980 年的 11.35％增加到 1995 年的52.45％，1995 年以后开始逐年下降，2018 年比重为 28.4％。河南、山东、河北是该区域主要的肉牛生产大省，这几个省份的生产比重均经历了先上升后下降的过程。河南省 1980 年牛肉产量占全国比重为 2.57％，居全国第 12 位，1990年其比重提高到 14.49％，位居全国第一位；此后一直到 2000 年，其比重提高到 15.58％；2000 年以后比重逐步下降，2017 年占全国的 10％，2018 年占全国的 5.4％。到 2018 年，山东省跃居为黄淮海地区肉牛产量最多的省份，其比重为 11.9％。

高原边疆牧区也是主要肉牛产区，但该地区牛肉生产经历了与黄淮海地区完全相反的历程。1980 年该地区牛肉产量占全国的 41.98％，到 1995 年下降到仅占全国的 8.43%。1995 年之后又开始逐年上升,2017 年占全国的 19.01%,位居第二位。该地区 4 个省份的牛肉生产比重均经历了先急速下降、后缓慢上升的过程。内蒙古的牛肉产量由 1980 年的占全国的 16.93%,位居全国第一位,到 1995 年下降到占全国的 2.26%,位居第十位,2017 年又上升到占全国的 8.19%,位居第三位。

东北地区牛肉产量比重从 1980 年到 1985 年有一定的下降,从 10.42% 下降到 6%,1985—1995 年以较快速度上升,比重增加到 17.06%,之后一直平稳上升,到 2017 年为 18.22%,2018 年为 17.2%,成为中国牛肉主产区之一。

西南地区的牛肉产量比重也经历了先下降后上升的过程。1980 年西南地区牛肉生产占全国的比重是 20.06%,到 1995 年下降到 9.36%。1995 年以后又开始上升,2017 年占全国的 16.12%,2018 年跃升到占全国的 32.1%,成为全国牛肉主产区之一。其中四川和重庆 1980 年牛肉生产比重占全国的 13.25%,位居全国第二位,到 1995 年下降到 4.5%,位居全国第 7 位,之后又缓慢上升,2017 年达 6.32%,2018 年跃升至占全国的 21.5%。云南、贵州、广西也经历了先下降后上升的过程,2017 年所占比重均高于 1980 年。

东南地区在 1980 年牛肉产量占全国牛肉总产量的比重为 12.8%,位居全国第 3 位。至 1995 年下降到 6.87%,之后又缓慢上升,2018 年占全国 8.6%。其中湖北、湖南、江西三省牛肉生产经历了先下降后上升的过程。湖北牛肉产量由 1980 年的 1.82% 上升到 2017 年的 3.20%,上升较多,2018 年降为 2.5%。湖南则从 1980 年的 2.05% 上升到 2018 年的 2.8%。江西由 1980 年的 2.94% 下降到 1990 年的 0.96% 后又上升到 2017 年的 2.01%,2018 年为 1.9%。广东和海南的牛肉生产比重呈下降趋势,从 1980 年的 3.01% 下降到 2017 年的 1.35%,再下降到 2018 年的 0.9%。福建、浙江、上海的牛肉生产比重也一直呈下降趋势。

黄土高原地区牛肉产量比重则经历了上升—下降—上升的过程。1980 年该地区牛肉产量占全国的 3.39%,1990 年则上升到 7.96%,2000 年又下降到 4.94%,之后逐年上升,2018 年为 7.4%。该地区各个省份均经历了相似历程,而且 2018 年比重均高于 1980 年。

表 5.2　1980—2018 年我国牛肉生产区域分布变化

(%)

区域	省份	1980	1985	1990	1995	2000	2005	2010	2015	2016	2017	2018
黄淮海地区	河南	2.57	6.42	14.49	15.50	15.58	14.16	12.72	11.80	11.58	10.00	5.4
	山东	3.31	10.28	14.01	15.60	12.98	11.34	10.51	9.69	9.35	9.34	11.9
	河北	1.49	4.07	4.46	13.15	12.25	12.21	8.89	7.60	7.57	7.70	8.8
	安徽	2.23	5.35	7.80	5.73	5.98	4.64	2.81	2.31	2.30	2.20	1.4
	江苏	1.53	1.28	1.51	1.31	0.96	0.80	0.53	0.46	0.43	0.40	0.4
	天津	0.11	0.21	0.32	0.67	0.52	0.88	0.47	0.48	0.48	0.47	0.4
	北京	0.11	0.21	0.72	0.49	0.61	0.62	0.31	0.22	0.19	0.20	0.1
	小计	11.35	27.84	43.31	52.45	48.89	44.65	36.25	32.57	31.90	30.31	28.4
高原边疆牧区	内蒙古	16.93	10.06	6.85	2.26	4.10	4.72	7.61	7.55	7.76	8.19	9.5
	新疆	8.00	8.99	5.65	3.16	4.17	4.81	5.43	5.78	5.93	5.93	6.5
	西藏	7.78	7.28	3.50	1.49	1.59	1.79	2.26	2.36	2.26	3.10	3.2
	青海	9.27	7.71	4.14	1.51	1.19	1.05	1.30	1.64	1.70	1.79	2.0
	小计	41.98	34.05	20.14	8.43	11.06	12.37	16.60	17.33	17.64	19.01	21.3
东北地区	吉林	2.83	2.36	2.87	4.21	6.29	7.17	6.62	6.65	6.57	6.28	6.3
	黑龙江	5.88	2.14	4.14	5.70	5.08	4.37	5.98	5.94	5.94	6.05	6.6
	辽宁	1.71	1.50	2.71	7.15	4.85	5.94	6.37	5.75	5.80	5.89	4.3
	小计	10.42	6.00	9.71	17.06	16.22	17.48	18.96	18.35	18.31	18.22	17.2
西南地区	四川+重庆	13.25	8.78	5.49	4.50	5.30	4.82	5.46	6.31	6.42	6.32	21.5
	云南	3.80	3.00	1.99	1.52	2.40	3.05	4.58	4.90	4.92	5.14	5.6
	贵州	1.75	1.71	1.91	1.33	1.31	1.76	1.84	2.39	2.49	2.63	3.1
	广西	1.27	2.36	2.47	2.02	1.84	2.37	2.10	2.05	2.05	2.03	1.9
	小计	20.06	15.85	11.86	9.36	10.84	12.01	13.97	15.66	15.88	16.12	32.1
东南地区	湖北	1.82	0.86	1.04	2.01	2.59	2.29	2.71	3.28	3.23	3.20	2.5
	湖南	2.05	1.50	1.11	1.28	2.53	2.56	2.49	2.84	2.85	2.75	2.8
	江西	2.94	1.07	0.96	1.06	0.98	1.43	1.71	1.94	2.01	2.01	1.9
	广东+海南	3.01	4.50	2.95	1.82	1.36	1.43	1.30	1.36	1.35	1.35	0.9
	福建	1.00	0.64	0.56	0.50	0.40	0.41	0.34	0.44	0.45	0.48	0.3
	浙江	1.82	1.07	0.40	0.21	0.17	0.19	0.17	0.17	0.18	0.17	0.2
	上海	0.15	0.21	0.00	0.00	0.01	0.01	0.00	0.01	0.01	0.01	0.0
	小计	12.80	9.85	7.01	6.87	8.04	8.32	8.73	10.05	10.07	9.99	8.6
黄土高原地区	甘肃	1.75	2.78	2.79	1.84	1.47	1.80	2.46	2.69	2.79	2.89	3.3
	宁夏	0.11	0.21	0.40	0.54	0.62	0.73	1.15	1.39	1.45	1.50	1.8
	陕西	0.93	1.28	2.55	1.75	1.48	1.67	1.12	1.13	1.12	1.15	1.3
	山西	0.60	2.14	2.23	1.69	1.37	0.97	0.75	0.84	0.83	0.81	1.0
	小计	3.39	6.42	7.96	5.83	4.94	5.17	5.48	6.05	6.19	6.35	7.4

总的来看,我国牛肉生产的区域变动有以下特点:20 世纪 80 年代初期,我国肉牛生产主要以牧区养殖为主,因此高原边疆牧区牛肉生产比重很大。随着技术进步,肉牛养殖逐渐向农区转移。1995 年,农区牛肉产量比例达到高峰,黄淮海地区的养殖比例达 50%以上,东北肉牛区的养殖比例也在稳步上升。1995 年后,受饲料成本等因素限制,以农区为主的中原肉牛区养殖比例逐渐下降,肉牛生产逐渐向农牧交错带转移。近年来,东北肉牛区不断崛起,西南产区地位不断增强,高原边疆牧区牛肉生产不断恢复。

3. 肉牛生产区域布局趋势

1980 年以来,中国的肉牛生产区域布局逐渐从牧区向粮食主产区或油料、棉花产量较高的农区转移,逐渐形成了中原、东北、西北、西南 4 个优势区域共同发展的格局[1]。今后,中国肉牛生产的区域布局也将根据资源、市场、技术和环境等方面的特点,形成有效利用资源、提高技术贡献、提高生产效率、满足居民牛肉消费需求、保护环境等多目标的区域布局。

东北地区具有资源禀赋优势,该地区是我国的主要粮食产区,每年可产农作物秸秆约 5 900 万吨,但当前水平下秸秆加工后喂养量为 1 600 万吨,仍有50%以上的秸秆没有得到充分利用[2]。加上东北地区是玉米主产区,饲料资源丰富且价格低于全国平均水平,这使得东北地区的肉牛养殖生产具有成本较低的优势。因此,东北地区在我国肉牛生产中的重要位置将日益突出。中原地区也是我国重要的粮食产区,但肉牛养殖业发展相对缓慢,而屠宰加工企业则快速发展,使得该地区发展成为以屠宰为主的牛肉产区[3]。对于肉牛养殖而言,放牧条件和饲草资源已成为影响肉牛生产的非常关键的因素,草原面积对中国肉牛生产区域集聚具有明显的正向影响[4]。随着国家退牧还林草工程的实施,西北地区一些地方扩大了牧草种植面积,草原面积的扩大为西北地区肉牛养殖发展创造了有利条件。南方雨水充沛,草山草坡的饲草资源丰富但还未被充分利用,这正是推动西南地区肉牛生产增长的潜力所在。

总体来讲,我国肉牛生产区域将重点向东北地区转移,西北和西南地区的肉牛生产潜力也很大,这三个地区将成为架子牛牛源基地,而中原地区则成为屠宰加工为主的产区。

① 王明利,孟庆翔. 我国肉牛产业发展形势及未来走势分析. 中国畜牧杂志,2008, 8.
② 胡浩,应瑞瑶,刘佳. 中国生猪产地移动的经济分析——从自然性布局向经济性布局的转变. 中国农村经济,2005,12.
③ 张越杰,田露. 中国肉牛生产区域布局变动及其影响因素分析. 中国畜牧杂志,2010,12.
④ 杨春, 王明利. 考虑空间效应的中国肉牛生产区域集聚及成因. 技术经济,2013,10.

（三）肉羊生产区域布局及演变

肉羊生产受资源影响更为突出,肉羊养殖对饲草的依赖性较高,养殖相对集中。随着草原生态保护、禁牧政策等的实施,高原边疆牧区、西南地区在我国羊肉生产中的地位略有下降,黄淮海地区在经历了高速发展以后不断萎缩,东北地区和黄土高原地区羊肉生产上升趋势明显。

1. 羊肉生产集中度变化

我国羊肉生产 1980 年以来经历了从集中到分散再到集中的过程。1980—1995 年,羊肉生产基尼系数在 0.575 1~0.595 2 之间,生产较为集中。1995—2000 年,基尼系数下降到 0.543 6,生产变得相对分散。2000 年后基尼系数逐年上升,至 2017 年达 0.576,生产又趋向集中。见图 5.2。

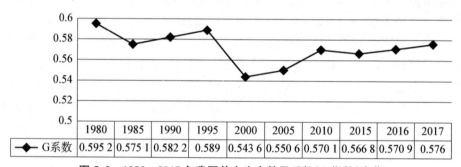

	1980	1985	1990	1995	2000	2005	2010	2015	2016	2017
◆ G系数	0.595 2	0.575 1	0.582 2	0.589	0.543 6	0.550 6	0.570 1	0.566 8	0.570 9	0.576

图 5.2 1980—2017 年我国羊肉生产基尼系数(G 指数)变化

2. 羊肉生产布局变化

分区域看,高原边疆牧区和黄淮海地区羊肉产量占全国比重远高于其他地区,基本在 20%~50% 之间,二者相加在 70% 左右。1980 年这两个区域羊肉生产集中度达 73.22%,到 1990 年为 76.5%,之后其集中度一直下降,2017 年为 65.43%,2018 年为 64.4%。西南地区和东南地区在缓慢提高,2018 年的比重分别为 12.65% 和 7.3%。黄土高原地区近年来稳定在 10%,东北地区则下降到 2018 年的 5%。

高原边疆牧区是我国羊肉主产区域。羊肉产量占全国比重位于首位,但是经历了先下降后上升的过程,由 1980 年的占全国的 46.22% 下降到 1995 年的 25.96%,此后一直稳步上升,到 2017 年占全国 38.91%,2018 年为 38.9%。其中内蒙古由 1980 年的 17.29%,占全国首位,下降到 1995 年的 8.38%,占全国第 4 位,后又一路上升到 2005 年的 16.63%,再次位居首位;2010 年占比 22.36%,以后一直保持在 21% 以上,2018 年比重为 22.38%,较

1980 年下降了近 24 个百分点。新疆则经历了上升和下降的过程,但比例变化不大。西藏和青海经历了下降的过程,西藏由 1980 年的 5.44％下降到 2018 年的 1.23％,青海由 8.93％下降到 2.76％,排名从全国第 3 位下降到第 11 位。

黄淮海区域是我国羊肉的第二个主产区。该地区羊肉产量比重经历了上升和下降的过程。1980—1995 年羊肉产量迅速集中到该地区,其比重由 1980 年的 27％增加到 1995 年的 50.40％,占据全国一半;之后开始下降,到 2018 年占全国比重为 25.5％,与 1980 年相比比重略有下降。羊肉主产大省山东、河北、河南三省羊肉生产经历了上升和下降的过程。山东由 1980 年的 6.88％提高到 1995 年的 19.47％,2018 年下降到 7.74％。河北省的羊肉产量比重 2018 年较 1980 年有提高,河南省则略有下降。江苏省羊肉生产比重由 1980 年的 6.16％,上升到 1995 年的 8.21％,之后下降到 2018 年的 1.64％。安徽、天津、北京的羊肉产量占比均有所下降。

西南地区羊肉产量占全国比重经历了先下降再上升的过程。由 1980 年的 11.8％下降到 1990 年的 5.81％,到 2018 年又上升到 12.65％,比 1980 年略有提高。该地区五个省市都经历了先下降后上升的过程。四川(包括重庆)和贵州 2018 年低于 1980 年的水平,云南和广西 2018 年高于 1980 年的水平。

黄土高原地区羊肉产量占全国比重经历了上升—下降—上升的过程。1980 年占全国比重为 7.26％,1985 年增加到 11.29％,之后一直下降,到了 2005 年比重为 8.18％,之后又开始上升,2018 年达 10.08％。该地区四个省市的羊肉生产均经历了上升—下降—上升的过程。甘肃、宁夏、陕西的羊肉产量比重 2018 年较 1985 年有增加,山西则略有下降。

东南地区羊肉产量占全国比重经历了下降和上升的过程,但总体变化不大,所占比重也不大,由 1980 年的 5.26％下降到 1990 年的 3.56％,之后上升,2010 年达 6.53％,之后基本维持在这个水平,2018 年比重为 7.3％。湖南、湖北、广东、江西羊肉生产有所上升,浙江、福建、上海则有所下降。

东北地区羊肉产量所占比重在全国最少,但是一直波动上升。由 1980 年的 2.45％上升到 2018 年的 5.0％。该地区 3 个省份羊肉产量比重也都在波动上升,到 2018 年,黑龙江、辽宁和吉林的羊肉比重分别为 2.62％、1.39％和 0.97％。

表 5.3　1980—2018 年我国羊肉生产区域分布变化

(%)

区域	省区市	1980	1985	1990	1995	2000	2005	2010	2015	2016	2017	2018
高原边疆牧区	内蒙古	17.29	14.16	11.89	8.38	11.62	16.63	22.36	21.00	21.55	22.27	22.38(1)
	新疆	14.57	16.86	14.79	12.15	13.69	13.75	11.77	12.57	12.70	12.46	12.50(2)
	西藏	5.44	5.73	3.65	2.39	2.07	1.72	2.18	1.87	1.79	1.47	1.23(19)
	青海	8.93	7.75	5.24	3.04	2.56	2.10	2.45	2.62	2.61	2.71	2.76(11)
	小计	46.22	44.50	35.58	25.96	29.93	34.20	38.77	38.07	38.64	38.91	38.9
黄淮海地区	山东	6.88	8.43	14.70	19.47	9.05	8.35	8.19	8.41	8.36	8.52	7.74(3)
	河北	2.95	6.24	7.49	8.32	8.98	7.75	7.35	7.18	7.05	6.64	6.43(5)
	河南	6.47	5.73	7.49	10.47	11.68	10.71	6.32	5.88	5.76	5.58	5.66(6)
	安徽	4.09	3.37	2.81	2.61	4.09	3.77	3.56	3.76	3.78	3.53	3.61(9)
	江苏	6.16	4.38	6.84	8.21	5.75	4.11	1.85	1.85	1.80	1.71	1.64(16)
	天津	0.13	0.51	0.75	0.78	0.73	0.70	0.38	0.37	0.35	0.30	0.25(27)
	北京	0.31	0.37	0.84	0.54	0.57	0.91	0.35	0.27	0.25	0.23	0.13(28)
	小计	27.00	29.03	40.92	50.40	40.85	36.29	27.99	27.72	27.34	26.52	25.5
西南地区	四川+重庆	8.30	5.39	3.46	4.10	6.61	5.42	6.83	6.84	6.75	6.80	6.96(4)
	云南	1.44	1.69	1.22	1.28	2.12	2.32	3.23	3.40	3.29	3.35	3.92(8)
	贵州	1.64	0.84	0.84	0.89	1.54	1.26	0.85	0.95	0.98	1.03	1.06(20)
	广西	0.43	0.34	0.28	0.43	0.90	0.86	0.83	0.73	0.71	0.71	0.71(22)
	小计	11.80	8.26	5.81	6.70	11.17	9.86	11.75	11.93	11.73	11.88	12.65
黄土高原地区	甘肃	2.74	3.88	3.56	2.87	2.75	2.86	3.91	4.45	4.58	4.87	4.97(7)
	宁夏	0.85	1.35	1.59	0.85	1.21	1.47	1.83	2.29	2.29	2.35	2.08(14)
	陕西	1.44	2.36	2.06	2.06	1.97	2.14	1.82	1.77	1.74	1.70	2.01(13)
	山西	2.23	3.71	3.75	2.78	2.57	1.71	1.40	1.57	1.62	1.62	1.71(17)
	小计	7.26	11.29	10.96	8.56	8.49	8.18	8.97	10.08	10.23	10.54	10.08
东南地区	湖南	1.03	0.51	0.37	0.96	2.23	2.68	2.66	2.63	2.61	2.65	3.14(10)
	湖北	1.78	1.18	1.03	1.38	1.11	1.38	2.03	2.00	1.94	1.91	2.05(15)
	福建	0.61	0.67	0.47	0.54	0.49	0.47	0.46	0.54	0.55	0.56	0.43(26)
	广东+海南	0.27	0.34	0.37	0.52	0.52	0.47	0.50	0.44	0.43	0.44	0.65(23)
	浙江	1.17	1.01	0.94	0.95	0.96	0.90	0.48	0.41	0.42	0.40	0.48(24)
	江西	0.11	0.17	0.09	0.23	0.52	0.37	0.28	0.26	0.27	0.29	0.44(25)
	上海	0.29	0.17	0.28	0.20	0.27	0.14	0.22	0.13	0.11	0.07	0.05(29)
	小计	5.26	4.05	3.56	4.78	5.89	6.40	6.53	6.41	6.32	6.32	7.3
东北地区	黑龙江	1.55	1.35	1.22	1.36	1.27	2.46	3.04	2.79	2.79	2.76	2.62(12)
	辽宁	0.49	1.01	1.22	1.30	1.23	1.63	1.99	1.92	1.89	2.03	1.39(18)
	吉林	0.40	0.51	0.75	0.93	1.17	0.96	0.96	1.09	1.05	1.04	0.97(21)
	小计	2.45	2.87	3.18	3.59	3.67	5.06	5.99	5.80	5.73	5.83	5.0

注：最后一列的括号内数字为 2018 年各省区市该指标的排名

3. 肉羊生产区域布局趋势

中国肉羊生产分布的区域不平衡性,是与肉羊自身的生物特性及各地的自然资源禀赋和气候条件密切相关。肉羊是草食牲畜,一头肉羊年均耗费玉米、豆粕、豆饼等精饲料32.8千克,耗费牧草、农作物秸秆等青粗饲料201.9千克,而且肉羊耐高温能力较差,其生长受到炎热气候的抑制作用很大[1]。我国北方为冷凉气候,牧草资源和农作物秸秆丰富,气候条件和饲草资源决定了我国肉羊生产主要集中于北方。从总体上看,中国肉羊生产逐步向经济发展水平较低、非农产业发展相对滞后和饲料资源比较丰富的农村地区转移和集中[2]。学者分析认为,饲料资源丰富、劳动力充足、产业发展基础较好的中等及欠发达地区的肉羊生产规模将会进一步扩大。从肉羊生产的优势区域布局来看,肉羊生产不断向中原地区、中东部农牧交错区、西北地区和西南地区这四大优势区域集中。其中,中东部农牧交错区和西南地区的集聚化趋势明显。从省际间变动来看,肉羊生产在牧区不断向内蒙古、新疆和甘肃集中,农区不断向河南、山东、河北和四川集中。从区域变动影响因素的分析来看,虽然各影响因素对不同区域肉羊生产的作用方向和影响程度不尽相同,但综合看来,除了自然条件这一传统重要影响因素外,区域经济发展水平、非农产业发展和政府的政策支持力度都是影响我国肉羊生产区域变动的关键因素。总体看来,我国肉羊生产已逐步向自然条件适宜、农村经济发展水平较低、非农产业发展相对落后的地区转移和集中(李秉龙,2012)。

(四) 牛奶生产区域布局及演变

牛奶生产不断向北方黄金奶源带集中。目前,高原边疆牧区、黄淮海地区、东北地区呈三足鼎立之势。黄土高原地区的牛奶生产也不断增大。西南地区、东南地区的牛奶生产呈萎缩态势。

1. 牛奶生产集中度变化

从基尼系数看,1980—2017年我国牛奶生产的集中度经历了集中—分散—再集中—再分散的过程。1980年牛奶生产的基尼系数为0.491,到1995年上升为0.555,生产一度集中,到2000年又下降到0.52,生产呈分散趋势。2000—2010年牛奶生产再次大幅度集中,基尼系数达0.657,之后又出现分散,2017年的基尼系数为0.608。总体来看,集中趋势大于分散趋势,基尼系数呈

---

[1] 夏晓平,李秉龙,隋艳颖. 中国肉羊生产的区域优势分析与政策建议. 农业现代化研究,2009,6.

[2] 夏晓平,李秉龙,隋艳颖. 中国肉羊产地移动的经济分析——从自然性布局向经济性布局转变. 农业现代化研究,2011,1.

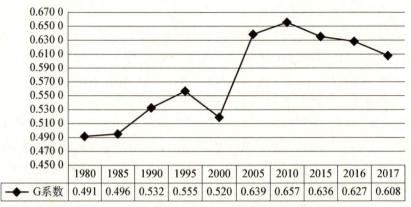

	1980	1985	1990	1995	2000	2005	2010	2015	2016	2017
◆ G系数	0.491	0.496	0.532	0.555	0.520	0.639	0.657	0.636	0.627	0.608

图 5.3　1980—2017 年我国牛奶生产基尼系数（G 指数）变化

上升趋势。

2. 牛奶生产布局变化

从分区域情况来看,1980—2018 年,黄淮海地区牛奶生产占比涨幅最大,高原边疆牧区和东北地区波动较大,但最终基本保持了原来的比例,黄土高原地区稳中有升,西南地区和东南地区平稳下降。

黄淮海地区牛奶生产占比 1980—1990 年徘徊在 15％左右,1990 年以后开始大幅上升,2015 年达到 33.41％,后两年有所下降,2018 年为 31.6％,占全国首位。其中,河北省牛奶产量占全国比重 1980 年为 2.32％,居全国第 12 位,2018 年为 12.52％,居全国第 3 位。山东和河南牛奶产量也有大幅度提高。北京牛奶产量比重则从 5.97％下降到 1.01％。天津和江苏的牛奶产量比重均有所下降。

高原边疆地区牛奶产量比重经历了下降—上升—下降的波动后基本维持在原来的水平。1980 年其产量比重为 27.26％,1995 年下降到 22.18％,2005 年又迅速上升到 32.26％,之后又开始缓慢下降,2018 年为 27％。内蒙古的牛奶产量比重 1980 年为 5.86％,居全国第 8 位,1985 年上升到 9.76％,居全国第 2 位。到 1995 年有所下降,为 8.43％,至 2010 年直线上升到 25.32％,居全国首位。2010 年以后开始下降,2018 年比重为 18.40％,仍居全国首位,但优势已不太明显。新疆的产量比重由 1980 年的 5.12％,提高到 2018 年的占 6.34％。青海的产量比重由 1980 年的 10.13％,居全国第 3 位,下降到 2018 年的 1.06％,居全国第二十位。西藏的产量比重也由 6.15％下降到 1.19％。

东北地区也是牛奶主产区之一。该地区牛奶产量比重经历了上升—下降—上升的过程:1980 年牛奶产量占比为 21.48％,仅次于高原边疆牧区;之后一路上升到 1995 年的 33.3％,高居全国第一;之后又急速下滑,到 2005 年下降到

19.78%;然后缓慢上升到 2018 年的 20.4%。黑龙江为牛奶主产省,1980—2018 年一直位于全国第一或第二的水平。但是其产量比重也出现过一定的波动,由 1980 年的 10.83% 上升到 1995 年的 28.56%,之后一直下降到 2018 年的 14.83%,居全国第二位。辽宁和吉林的牛奶生产比重则处于下降趋势。

黄土高原地区牛奶生产比重处于比较平稳的上升趋势。从 1980 年的 6.05% 上升到 2000 年的 13.25%,一直处于上升趋势,之后又有下降趋势,到 2010 年为 9.27%,近几年又继续上升,2018 年为 12.0%。其中宁夏牛奶生产比重由 1980 年的 0.37% 上升到 2018 年的 5.47%。陕西和山西经历了上升和下降的过程,总体上略有上升。甘肃则经历了下降和上升过程,总体上略有下降。

西南地区牛奶生产比重从 1980 年到 2005 年一直处于下降趋势,从 1980 年的 13.80% 下降到 2005 年的 3.89%,之后比较平稳,2018 年为 4.6%。除了云南省比重略有上升以外,其他省份均在下降:四川(包括重庆)1980 年牛奶生产比重为 11.60%,居全国首位,但是其牛奶生产比重一直下降,到 2018 年只占全国 2.25%,居第 11 位;贵州和广西也是下降态势。

东南地区牛奶生产比重从 1980 年到 2005 年一直处于下降趋势,从 1980 年的 16.28% 下降到 2018 年的 3.4%。该区域内除了福建以外,其他省份牛奶生产比重均呈下降趋势,如上海从 6.42% 下降到 0.42%,浙江从 3.08% 下降到 0.20%,湖北从 2.1% 下降到 0.45%。

表 5.4　1980—2018 年我国牛奶生产区域分布变化

(%)

地区	省份	1980	1985	1990	1995	2000	2005	2010	2015	2016	2017	2018
黄淮海地区	河北	2.32	2.92	2.69	5.65	10.18	12.36	12.30	12.60	12.23	12.54	12.52
	山东	1.17	1.40	1.68	3.11	5.52	6.79	7.08	7.33	7.45	7.35	7.32
	河南	0.70	0.92	0.65	0.95	1.95	3.78	8.14	9.11	9.07	6.68	6.59
	天津	1.96	1.72	1.83	1.85	1.99	2.30	1.93	1.81	1.89	1.71	1.56
	江苏	2.37	3.00	2.09	1.73	3.08	2.06	1.60	1.59	1.64	1.61	1.63
	北京	5.97	5.40	5.22	3.57	3.66	2.33	1.79	1.52	1.27	1.23	1.01
	安徽	0.63	0.72	0.60	0.43	0.50	0.40	0.57	0.82	0.91	0.98	1.00
	小计	15.12	16.09	14.77	17.31	26.88	30.02	33.41	34.79	34.45	32.11	31.6
高原边疆牧区	内蒙古	5.86	9.76	8.90	8.43	9.65	25.10	25.32	21.39	20.38	18.19	18.40
	新疆	5.12	6.56	7.41	7.84	8.76	5.53	3.60	4.15	4.33	6.31	6.34
	西藏	6.15	3.52	3.03	2.44	1.96	0.77	0.65	0.80	0.83	1.22	1.19
	青海	10.13	6.20	4.84	3.47	2.49	0.86	0.73	0.84	0.92	1.07	1.06
	小计	27.26	26.05	24.18	22.18	22.86	32.26	30.30	27.18	26.45	26.80	27.0

地区	省份	1980	1985	1990	1995	2000	2005	2010	2015	2016	2017	2018
东北地区	黑龙江	10.83	17.21	24.46	28.56	18.65	15.99	15.45	15.19	15.16	15.31	14.83
	辽宁	8.46	3.64	3.46	2.97	2.28	2.72	3.39	3.74	3.97	3.94	4.29
	吉林	2.19	2.44	2.81	1.78	1.73	1.07	1.22	1.39	1.47	1.12	1.26
	小计	21.48	23.29	30.74	33.30	22.66	19.78	20.06	20.32	20.59	20.37	20.4
黄土高原地区	宁夏	0.37	0.48	0.99	2.43	2.85	2.10	2.36	3.64	3.87	5.27	5.47
	陕西	1.49	2.24	2.29	3.01	4.74	4.12	3.84	3.76	3.89	3.53	3.57
	山西	2.03	3.32	3.85	4.51	4.05	2.59	2.05	2.45	2.64	2.55	2.64
	甘肃	2.16	1.72	1.90	1.66	1.61	1.13	1.01	1.05	1.11	1.33	1.32
	小计	6.05	7.76	9.02	11.61	13.25	9.94	9.27	10.89	11.51	12.68	13.0
西南地区	四川+重庆	11.60	8.76	6.35	4.80	4.12	2.44	2.18	1.94	1.89	2.26	2.25
	云南	1.32	1.68	1.76	1.65	1.57	1.12	1.41	1.46	1.58	1.87	1.89
	广西	0.41	0.24	0.22	0.16	0.21	0.19	0.23	0.27	0.27	0.27	0.29
	贵州	0.46	0.24	0.24	0.24	0.21	0.14	0.13	0.17	0.18	0.14	0.15
	小计	13.80	10.92	8.56	6.85	6.10	3.89	3.94	3.84	3.92	4.54	4.6
东南地区	上海	6.42	5.68	5.46	3.78	3.13	0.86	0.69	0.74	0.72	1.20	1.09
	浙江	3.08	4.20	2.72	1.59	1.35	0.97	0.57	0.44	0.42	0.47	0.51
	广东+海南	1.99	1.68	1.35	0.96	1.12	0.43	0.40	0.35	0.37	0.47	0.46
	福建	1.26	1.68	1.15	1.05	1.16	0.71	0.43	0.40	0.43	0.43	0.45
	湖北	2.10	1.52	1.25	0.66	0.68	0.44	0.39	0.45	0.47	0.42	0.42
	江西	0.81	0.72	0.53	0.56	0.68	0.45	0.32	0.35	0.37	0.31	0.31
	湖南	0.61	0.40	0.26	0.14	0.13	0.25	0.22	0.26	0.28	0.20	0.20
	小计	16.28	15.89	12.73	8.75	8.25	4.11	3.02	2.98	3.06	3.51	3.4

总的来看,牛奶生产区域从南向北移动。西南地区和东南地区的牛奶生产逐渐弱化。黄淮海地区、高原边疆地区、东北地区占据主要部分,黄土高原地区比重也较多,2018年这4个地区的牛奶生产占全国的90%。

3. 牛奶生产区域布局趋势

由于经济发达地区的土地资源、水资源更加紧张,环境压力较大,人工成本较高,我国奶牛养殖逐渐向自然资源丰富的东北部地区和具有饲料供给优势的中部地区转移。从气候条件看,我国饲养的奶牛品种主要是荷斯坦纯种奶牛或其杂交后代。荷斯坦奶牛耐热性能差,要求的适宜温度为6~24℃,最适宜的温度为8~16℃,最适合我国北方的自然气候条件。从饲料饲草资源条件看,玉米饲料是奶牛必不可少的优质精饲料,而北方有丰富的玉米,南方地区普遍缺乏玉米饲料资源;饲草供应方面,南方饲养奶牛所需的优质牧草主要从北方购入。饲料饲草资源分布格局导致了我国南方的奶牛饲养成本过高。从劳动力资源条件看,北方的农牧民饲养奶牛的历史比较长,其奶牛饲养、管理、防疫等方面的技术知识和实践经验更为丰富,且北方农牧民的外出就业机会相比于南方农民要少得多。这些因素决定了我国奶牛养殖仍将主要集中于北方地区。

北方地区中,东北及内蒙古地区饲草饲料资源丰富,气候适宜,饲养成本低,奶牛群体基数大,有利于奶业的成长。尤其是内蒙古,从2008年开始,散养、小规模饲养和中规模饲养模式下奶牛养殖的成本利润率高于全国平均水平,这让内蒙古地区真正由奶牛养殖大省跨入奶牛养殖强省。在未来的一段时期内,内蒙古的奶牛养殖优势仍将继续保持甚至要不断强化。

华北地区的奶牛养殖优势也能保持。河北省地处北温带、中纬度,气候条件适应奶牛生长,全省饲料、饲草资源丰富,同时又处于京、津两大城市周围,是南北枢纽,具有发展奶业的独特区位优势。山东和河南是我国的主要农业大省和产粮大省,为奶牛养殖业的发展提供了丰富的饲料来源和廉价的劳动力资源。同时,这些地区也是我国传统的奶牛养殖区,当地居民具有奶牛养殖的习惯。因此,华北地区的奶业优势地位将会保持下去。

相比之下,南方虽然雨水充沛,草山草坡资源丰富,但资源不易有效利用。如四川和云南两省主要位于我国西南的川西高原和云贵高原上,是典型的山地气候,气候湿热,雨水多光照时间短,草原面积小,草山、草坡改良难度大,不具备奶牛养殖所需的气候条件和资源禀赋条件,奶业发展所受的限制较为明显。

(五) 禽蛋生产布局变化

禽蛋生产主要集中在粮食主产区。禽蛋产量不断向黄淮海地区集中,东北地区和西南地区所占比重也较高,东北地区有提高趋势,西南地区有下降趋势。

我国1980—2017年禽蛋生产布局呈集中化趋势,基尼系数由0.464 7提高到2005年最高值0.601,之后有所下降,2017年为0.571 1。

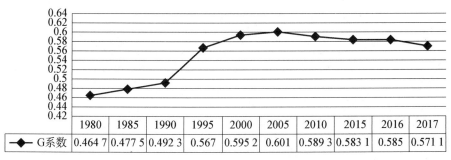

	1980	1985	1990	1995	2000	2005	2010	2015	2016	2017
◆ G系数	0.464 7	0.477 5	0.492 3	0.567	0.595 2	0.601	0.589 3	0.583 1	0.585	0.571 1

图5.4　1980—2017年我国禽蛋生产基尼系数(G指数)变化

分区域来看,黄淮海地区禽蛋生产一直占据国内 40% 以上的产量。由 1982 年的 40.68% 增长到 2000 年的 59%,2010 年下降到 56.25%,之后比较平稳。其中山东、河南、河北禽蛋产量 2018 年在全国占据前 3 位。山东一直保持较高产量水平,河南和河北增长非常快。江苏、安徽、天津、北京等地有所下降。东北地区禽蛋产量占比波动不大,稳中有升,1980 年为 14.54%,2018 年为 16.7%,已超过东南地区。东北三省一直属于禽蛋主产省之列,且辽宁和吉林所占比重缓慢增加。东南地区禽蛋产量 1980 年占全国的 26.55%,仅次于黄淮海地区,但是至 2005 年下降到 13.48%,之后较平稳,2018 年为 14.2%。湖北湖南两个主产省的产量一直呈下降趋势。西南地区也有所下降,从 1980 年的 10.92% 下降到 2018 年的 8.5%。其中四川省主产区产量呈波动中下降趋势。黄土高原地区和高原边疆牧区所占比重不大,但是呈缓慢增加趋势。

表 5.5　1980—2018 年我国禽蛋生产区域分布变化

(%)

地区	省份	1982	1985	1990	1995	2000	2005	2010	2015	2016	2017	2018
黄淮海地区	山东	12.21	13.56	15.64	18.93	16.32	15.34	13.91	14.13	14.24	14.36	14.24
	河南	5.54	6.94	7.50	8.35	12.04	13.03	14.07	13.67	13.65	12.96	13.18
	河北	5.15	6.25	6.46	12.24	15.92	15.94	12.27	12.46	12.55	12.39	12.04
	江苏	9.33	11.35	11.29	10.46	8.09	6.32	6.90	6.54	6.41	5.92	5.67
	安徽	5.51	4.62	4.10	3.06	4.79	4.24	4.31	4.49	4.51	5.00	5.04
	天津	0.94	1.98	2.34	1.44	1.14	0.82	0.68	0.67	0.67	0.61	0.62
	北京	2.00	2.64	3.25	1.70	0.71	0.55	0.55	0.65	0.59	0.51	0.36
	小计	40.68	47.33	50.58	56.18	59.00	56.25	52.68	52.62	52.62	51.75	51.2
东北地区	辽宁	5.57	5.69	5.69	6.13	6.25	7.78	9.98	9.22	9.29	8.73	9.47
	吉林	2.62	3.22	3.15	2.92	3.57	3.47	3.46	3.58	3.70	3.91	3.73
	黑龙江	6.36	3.83	3.89	4.71	3.36	3.57	3.81	3.33	3.43	3.67	3.46
	小计	14.54	12.74	12.72	13.76	13.18	14.82	17.25	16.13	16.42	16.31	16.7
东南地区	湖北	7.15	7.50	6.53	5.24	4.57	4.21	4.80	5.51	5.42	5.43	5.47
	湖南	6.21	4.56	3.51	2.78	2.33	3.20	3.32	3.38	3.38	3.33	3.36
	福建	1.55	1.55	1.62	1.61	1.81	1.52	0.95	0.85	0.90	1.50	1.41
	江西	2.67	2.13	2.11	1.99	1.49	1.46	1.52	1.64	1.67	1.48	1.50
	广东	2.49	2.36	2.52	1.99	1.60	1.24	1.37	1.27	1.23	1.40	1.25
	浙江	3.74	3.03	2.39	1.89	1.66	1.55	1.60	1.11	1.00	1.16	1.00
	上海	2.76	1.95	1.90	0.88	0.74	0.29	0.23	0.16	0.11	0.11	0.10
	小计	26.55	23.08	20.59	16.38	14.21	13.48	13.79	13.94	13.72	14.41	14.2

146

地区	省份	1982	1985	1990	1995	2000	2005	2010	2015	2016	2017	2018
西南地区	四川	7.45	6.08	5.93	4.72	5.69	6.82	6.57	6.40	6.32	5.97	4.74
	云南	1.43	1.18	0.62	0.41	0.47	0.66	0.75	0.87	0.85	0.98	1.04
	广西	1.00	0.77	0.83	0.88	0.64	0.62	0.72	0.76	0.75	0.78	0.71
	贵州	1.04	0.86	0.57	0.35	0.29	0.39	0.45	0.58	0.59	0.60	0.64
	小计	10.92	8.88	7.94	6.36	7.10	8.48	8.50	8.61	8.51	8.33	8.5
黄土高原地区	山西	1.65	2.06	2.00	2.15	1.80	1.98	2.55	2.91	2.88	3.29	3.27
	陕西	2.04	2.09	2.32	2.39	1.89	1.69	1.70	1.94	1.92	1.94	1.96
	宁夏	0.15	0.21	0.28	0.23	0.34	0.27	0.26	0.29	0.31	0.49	0.46
	甘肃	0.75	0.92	1.07	0.74	0.50	0.50	0.50	0.51	0.49	0.45	0.45
	小计	4.59	5.27	5.66	5.52	4.53	4.44	5.01	5.65	5.59	6.17	6.1
高原边疆牧区	内蒙古	1.53	1.70	1.56	1.12	1.09	1.60	1.81	1.88	1.87	1.72	1.76
	新疆	1.05	0.80	0.79	0.57	0.83	0.87	0.88	1.09	1.17	1.21	1.19
	青海	0.09	0.17	0.14	0.07	0.06	0.05	0.06	0.08	0.08	0.08	0.07
	西藏	0.03	0.02	0.01	0.04	0.01	0.01	0.01	0.02	0.02	0.02	0.02
	小计	2.71	2.69	2.50	1.81	1.98	2.53	2.76	3.06	3.13	3.02	3.0

(六) 羊毛羊绒生产布局变化

羊毛羊绒产量则大量集中在高原边疆地区,集中度很高而且呈增强趋势。黄土高原地区集中度也较高,而且该地区羊绒集中度居全国第二。东北地区、黄淮海地区集中度也较高。但是黄淮海地区呈弱化趋势,而东北地区呈强化趋势。

羊毛羊绒生产的集中度变化见图 5.5。1980—2017 年一直处于上升趋势,即集中度增强。1980—1985 年基尼系数提高很快,之后缓慢增长,2017 年达 0.7518,集中度非常高。

分区域来看,高原边疆牧区的羊毛羊绒产量一直占据全国 50% 以上的产

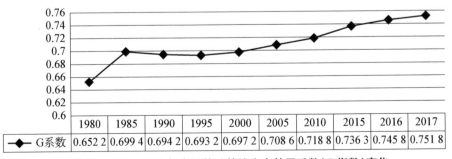

	1980	1985	1990	1995	2000	2005	2010	2015	2016	2017
G系数	0.6522	0.6994	0.6942	0.6932	0.6972	0.7086	0.7188	0.7336	0.7458	0.7518

图 5.5 1980—2018 年我国羊毛羊绒生产基尼系数(G 指数)变化

量比重。1985—1995 年间,该区域产量比重曾下降到 46.92%,此后一直上升,到 2018 年比重为 57.79%。内蒙和新疆羊毛羊绒产量排在前两位,也经历了 1985—1995 年的下降和之后的上升过程。青海和西藏则呈下降趋势,近两年有所上升。东北地区、黄土高原地区和黄淮海地区所占比重目前比较接近。但是黄淮海地区波动较大。1980 年羊毛羊绒产量比重较高,为 19.57%,1985—1995 年之间又有较大上升,1995 年比重达 25.88%,之后又开始急剧下降,2018 年所占比重为 14.87%。东北地区和黄土高原地区波动较小,稳中有升。西南地区和东南地区所占比重较小,且仍在下降。

表 5.6　1980—2018 年我国羊毛羊绒生产区域分布变化

(%)

省份	1980	1985	1990	1995	2000	2005	2010	2015	2016	2017	2018
内蒙古	22.14	27.24	24.29	19.94	21.47	24.43	28.6	30.15	31.4	31.19	32.79
新疆	17.43	21.42	19.69	18.16	20.98	21.35	19.68	20.9	21.83	23.94	19.88
青海	8.96	8.04	6.78	5.74	4.94	4.04	4.11	3.86	3.9	4.15	4.68
西藏	5.76	4.86	3.67	3.09	3.11	2.44	2.36	1.96	1.98	2.11	2.45
小计	54.29	61.56	54.43	46.93	50.5	52.26	54.75	56.87	59.11	61.39	59.8
黑龙江	2.52	2.7	3.25	3.89	6.42	4.59	5.3	3.29	3.4	3.73	6.82
吉林	1.78	2.8	3.14	3.37	2.57	2.95	3.57	3.13	2.41	2.48	3.01
辽宁	9.39	9.48	10.11	12.26	13.04	13.69	15.48	12.81	11.91	13.07	2.51
小计	13.69	14.98	16.5	19.52	22.03	21.23	24.35	19.23	17.72	19.28	12.34
甘肃	1.65	1.85	1.62	1.29	1.72	2.18	1.74	2.36	2.54	2.68	7.83
宁夏	2.27	1.89	2.63	2.92	2.84	2.55	2.02	2.47	2.46	2.36	2.81
山西	2.02	1.77	2.06	1.74	1.53	1.8	2.4	2.13	1.91	1.38	2.66
陕西	0.52	1.53	1.71	0.57	0.46	1.45	1.92	1.69	1.48	1	1.14
小计	6.46	7.04	8.02	6.52	6.55	7.98	8.08	8.65	8.39	7.42	14.44
河北	3.08	4.52	5.89	6.95	10.19	9.19	7.32	8.35	8.13	5.79	5.99
山东	6.34	4.78	9.51	15.17	8.15	6.46	3.22	2.84	2.57	2.25	2.43
河南	6.48	2.56	2.62	2.37	3.16	3.31	3.37	2.22	1.94	2	1.72
天津	0.07	0.11	0.16	0.29	0.59	0.2	0.1	0.15	0.09	0	0.01
江苏	1.42	0.79	0.74	0.75	0.33	0.15	0.08	0.08	0.07	0.06	0.09
安徽	2.03	0.67	0.3	0.16	0.08	0.07	0.04	0.05	0.06	0.04	0.04
北京	0.15	0.15	0.19	0.18	0.31	0.33	0.1	0.05	0.04	0.02	0.05
小计	19.57	13.58	19.41	25.87	22.81	19.71	14.25	13.73	12.9	10.18	10.33
四川 + 重庆	1.46	1.35	1.11	1.14	1.35	1.42	1.69	1.47	1.48	1.41	1.55
云南	0.83	0.87	0.73	0.61	0.54	0.45	0.43	0.3	0.31	0.37	0.41
贵州	0.24	0.25	0.32	0.14	0.09	0.08	0.11	0.13	0.14	0.15	0.17
广西	0.01	0	0	0	0	0	0	0	0	0	0
小计	2.54	2.47	2.16	1.89	1.98	1.95	2.23	1.9	1.93	1.93	2.13
浙江	2.46	1.59	1.01	0.7	0.63	0.58	0.52	0.52	0.5	0.47	0.01

省份	1980	1985	1990	1995	2000	2005	2010	2015	2016	2017	2018
湖北	0.2	0.05	0.04	0.08	0.03	0	0.03	0.02	0.02	0	0.52
上海	0.13	0.06	0.04	0.03	0.1	0.03	0.05	0.04	0.02	0.02	0.02
湖南	0.05	0.01	0.01	0	0.01	0	0	0	0	0	0
广东	0	0	0	0	0	0.01	0	0	0	0	0
福建	0	0	0	0.02	0	0	0	0	0	0	0
江西	0.01	0	0.01	0	0	0	0	0	0	0	0
小计	2.85	1.71	1.11	0.83	0.77	0.62	0.6	0.58	0.54	0.49	0.55

注:本表数字来自不同统计年鉴和四舍五入原因,故比例数合计并非100%。

二、我国畜产品区域布局演进的原因及未来发展定位

我国畜牧业生产区域布局是多种因素作用的结果,从宏观看主要受饲料资源、消费习惯、市场状况、劳动力等因素影响。

(一) 区域布局演进的原因

一是饲料资源条件。饲料是畜牧业生产的基础,畜牧业生产布局是按照饲料资源的比较优势进行分布的。养猪业是耗粮型畜牧业,需要大量的玉米、豆粕、菜籽饼等,因此,我国生猪主产区大多分布在粮食主产区,而且分布较为分散,中原地区的湖南、河南、山东等省,西南地区的四川是生猪养殖的优势区。东北地区是我国粮食主产区,未来在生猪养殖上具有一定的潜力。随着粮食生产的减少,东南沿海的生猪养殖逐步向中部地区转移。20 世纪 80 年代初期,草原资源丰富的区域是我国牛、羊养殖的优势区域和主要产区。但随着国家退牧还草、禁牧围栏、以草定畜等政策的实施,草原畜牧业生产规模受到限制。而技术进步和饲料工业发展,使得牛、羊养殖不再只依赖于牧草、苜蓿、青贮等,在农区依靠玉米、秸秆等混合饲料也逐步实现了规模养殖,使得牛、羊等养殖重心逐渐向农区转移,尤其是向中原地区和东北地区转移,因此,形成了中原肉牛带、华北东北牛奶生产区和华北东北农牧交错带肉羊产区。近些年,东北地区农牧交错带丰富的草场资源和玉米资源支撑了该地区的肉牛养殖迅速发展,成为仅次于中原地区的第二大区域。南方地区的草山草坡资源较为丰富,这一区域的草食畜牧业发展具有一定的潜力。

二是消费习惯。生产结构受消费习惯的影响。我国猪肉消费集中在西南地区和东南地区,这两个区域多数省份的人均猪肉消费量高于全国平均水平;

其次是黄淮海地区。我国牧区大多是少数民族聚集区,消费牛肉、羊肉、奶类的习惯由来已久,而猪肉消费很少或者不消费,因而这些地区以消费牛、羊肉为主,生猪养殖很少,如西北的新疆、内蒙、青海、宁夏、甘肃,西南地区的西藏等,牛羊肉和奶类消费量均居全国前几位。东北地区、河北、山东等中部地区也有一定数量的牛肉、羊肉、奶类消费。牛、羊肉目前属于高档肉食品,经济发达地区消费水平较高、需求量大,如北京、天津、上海等大城市、江苏、浙江、广东等沿海发达省份牛羊肉和奶类消费量都高于全国平均水平。消费区域引导生产区域的布局进行结构性调整。这些地区的草食畜产品生产在由牧区向农区转移的过程中,也逐渐靠近销地和交通通达的地方。禽蛋消费主要集中在黄淮海地区、东北地区和北京、上海等大城市。

三是市场发育状况。畜产品的生产越来越向市场完善、加工业发达、产业链延伸较长的区域集中,这样能够使产销顺利对接,降低流通成本,避免疫病大规模扩散和传播。而且畜产品产业化龙头企业具有较强的辐射带动作用,推动畜牧养殖的规模化、标准化发展,带动当地农民发展养殖业。而且在产业链长的区域,产业相对稳定、波动小,生产比较稳定,有利于养殖户(场)的投入和扩大生产。

四是劳动力状况。畜牧业是劳动密集型产业,畜牧养殖的各个环节都需要投入人工,不像种植业分农闲、农忙时节。因而,畜牧业多在劳动力相对富裕而经济发展相对滞后的地区发展,以便于吸纳当地劳动力就业和降低生产成本,这也是近年来经济发达地区如浙江、广东、江苏等地畜牧业生产萎缩的一个原因。

五是政策影响。以往的畜牧业区域布局规划,主要考虑的是市场需求、自然资源(偏重于饲料饲草)和产业基础,对畜牧业发展的环境污染问题重视不够。随着《畜禽规模养殖污染防治条例》的实施,环境保护对畜牧业生产区域布局提出了新的要求,各地畜牧业发展的环境保护成本必将上升且呈现出明显的地区差异。由于各省的环境规制严格程度不同,养殖污染防治设备投资和运行成本存在差异,形成不同地区养殖场资本回报率的差异,进而引起畜牧业的生产布局发生从环境规制严格地区向环境规制宽松地区转移[1]。以肉牛养殖为例,每头肉牛每天的粪尿排泄量约 19 千克,根据国家排污标准,粪尿需要进行300～400 倍以上稀释才可排放,即 1 头牛的粪尿量每天就需要用 5.7～7.6 吨水来稀释,这在实际生产中是办不到的,若直接排放造成的污染是惊人的。统计数据显示,京津沪和江苏等经济发达地区的水资源短缺,其中 2010 年北京市

---

① 虞祎. 环境约束下生猪生产布局变化研究. 南京农业大学,2012.

的实际用水量超出其水资源总量的 50%，上海市的实际用水量是其水资源总量 3.4 倍。宁夏实际用水量是其水资源总量的 7.8 倍[①]。经济发达地区的畜产品需求旺盛，但其水土资源有限，土地成本和人力成本较高，动物粪污消纳能力有限，因此一些大城市纷纷出台禁养措施，也使得畜牧业生产向低污染、土地面积广、粪污消纳能力强的地区转移。

（二）各区域的发展定位

我国畜牧业发展面临许多挑战，随着城镇化、工业化进程加快，劳动力成本上升，国内饲料饲草资源日益紧张，资源负荷不断加重，如何保障畜产品的有效供给成为今后一个时期亟待解决的问题。未来畜牧业发展应以生态环境保护为基础，以保障畜产品有效供给为目标，发挥区域传统优势，改良畜产品品种，提高饲料饲草利用效率，制定差异化的区域发展战略。

黄淮海地区是我国猪、牛、羊和禽类的主产区，农作物秸秆资源丰富，畜牧业发展以舍饲圈养、规模化养殖为主，是集中育肥的主要区域。该区域屠宰加工企业多、现代化程度高，而且中原紧邻"京津冀""长三角"大城市消费市场，对畜牧业生产具有较好的带动作用。黄淮海地区以育肥生产为主，生猪和肉牛应推广规模化、标准化养殖，提高育肥效率和出栏率，在稳定生产的同时，不断提高畜产品品质。肉羊养殖应以适度规模化舍饲养殖为主，推广农牧结合的生产模式。加强青贮饲料设施建设，提高农作物秸秆的利用率，科学合理搭配日粮，降低饲料成本，提高饲草料效率。

东北地区是我国的粮食主产区，农作物和饲草资源丰富，饲草料价格低于全国平均水平，是肉牛、肉羊发展较快的地区。该区域肉牛的良种繁育和推广体系比较健全。未来应发展集约型肉牛养殖业，推广秸秆青贮、标准化规模化育肥技术，提高育肥效率。该区域肉羊养殖以农牧结合为主，养殖增产潜力较大。未来应加强肉羊良种的培育和推广，推广肉羊繁育技术和舍饲圈养，提高出栏率。该区域应向提供绿色、无公害、有机的优质畜产品方向发展。

南方地区草山草坡资源丰富，临近"珠三角""长三角"等主销区，生产肉牛、肉羊和生猪有一定优势。目前，南方地区的肉牛、肉羊生产较为分散，规模化、标准化程度低，繁育体系滞后，改良率低。未来应加强该地区品种资源和草原资源的保护和开发利用，加快良种繁育体系建设，提高规模化程度。

黄土高原地区气候干旱、降水量小，沟壑纵横，不适合发展种植业，但是可以发展畜牧业。肉羊，尤其是绒山羊的养殖在该地区具有一定的优势。

---

① 刘秀丽，汪寿阳. 畜产品供需协调度和生产区域优化布局研究. 北京：科学出版社，2013.

高原边疆牧区拥有丰富的草原资源,是我国草食畜牧业的传统区域。未来该区域畜牧业发展应以保护生态为前提,以草定畜,推广放牧与舍饲相结合的饲养方式。发挥天然草原资源优势,培育优质品种,发展草原特色绿色、生态、有机畜牧业,生产针对高端消费者的高档畜产品。调整畜群结构,饲养能繁母畜,为农区和农牧交错区提供架子牛、架子羊。同时,根据水源条件适当发展人工种草,减少天然草原的承载压力,提高育肥生产能力,培育发展屠宰加工企业,带动该区域内的畜牧业发展。

三、优化畜产品生产区域布局的政策建议

促进我国畜牧业高质量发展是提高我国居民肉类消费水平和满足居民肉类消费多样性的重要保障。近年来,农业部制定了《优势农产品区域布局规划(2003—2007年)》,其中涉及奶牛、肉牛和肉羊三个品种;发布了《全国优势农产品区域布局规划(2008—2015年)》,涉及生猪、肉牛、肉羊和奶牛四个品种;制定了《全国优势农产品区域布局规划(2008—2015年)》,涉及生猪、肉牛、肉羊和奶牛四个品种。上述规划综合考虑市场、资源、产业基础和加工优势等多个因素,为促进我国畜牧业持续健康发展提供了支持。从我国畜牧业区域布局的现状来看,为促进优势区域充分发挥其比较优势,布局结构仍需进一步优化,国家层面相应的配套支持措施也应及时跟进。

(一)重视环境污染转移问题,继续推进畜牧业区域布局优化

畜牧业的生产区域布局规划要综合考察多种因素,尤其是把环境保护和生产集聚因素纳入考察,继续加快畜牧业优势品种的优势产业带建设,推进各品种区域的优化整合,促进生产要素向各优势区域集中,将畜产品的区域布局与畜产品的区域需求有机结合起来,在国家优势畜产品优势区域划分的基础上,进一步完善区域布局,保证畜产品的供需协调。

对自然禀赋较好、动物粪污消纳能力较强的地区进行长远规划;对目前的养殖区要加强环境承载力研究和环境监管,推动粪污等污染防治和综合利用设施建设,促进畜牧业与环境协调发展。

(二)出台区域性扶持政策,加大对各品种优势区域的支持力度

我国农业部制定了《全国肉牛优势区域布局规划(2008—2015年)》《全国肉羊优势区域布局规划(2008—2015年)》《全国奶牛优势区域布局规划

(2008—2015年)》和《全国生猪优势区域布局规划(2008—2015年)》等,明确了各类畜产品的生产优势区域的主攻方向,但由于各地的市场分割、消费习惯差异以及生产者和政府目标收益不一致,全国性的畜牧业区域布局规划还不能进一步细化成为各省市区的主攻方向。另外,区域布局规划的政策效应是否已达到预定目标还需要进行科学评价。一些研究成果表明,区域布局规划的政策效应不明显,如肉牛生产区域布局受肉牛优势区域规划的影响较弱[1]。可能的原因是:肉牛区域规划在地方层面落实受到资金、措施等的影响,导致规划的政策实施效果微弱。

国家实施优势畜产品生产优势区域规划时,应制定配套的一揽子的资金、技术和金融等政策,并督促地方政府出台相应的政策措施,保证中央政策规划的贯彻落实,以扶持优势区域的畜牧业生产发展。国家区域布局政策制定时,要充分吸收各地的意见建议,充分发挥区域空间互动效应。对不同区域应实行差异化的产业政策,将政策支持的重点向资源丰富、非农就业不足和产业基础比较好的优势地区倾斜,通过对优势区域养殖户提供良种补贴、机械补贴、贴息贷款、圈舍改造补贴、技术培训与指导、市场信息等一系列政策措施,显著提高这些地区畜牧业生产的政策支持力度。

(三)加大饲草种植和贮藏基地建设力度,保障饲草供应

优质饲草是畜牧业发展的重要支撑,牛羊等草食类动物的生长需要消耗大量草料。目前,我国的饲草料利用率较低。我国有60亿亩天然草原,占全国植被面积的64%,据原农业部草原监理中心公布资料,天然草原鲜草总产量为93 784万吨,折合干草约为29 421万吨,但载畜能力只有约23 031万羊单位。另外,我国各种青绿饲料(包括木本饲料)有1.6亿多吨,蔬菜叶和瓜果类资源4 500万吨,水生饲料资源3 400多万吨,但这些资源的利用率只有20%左右。除饲草资源利用率低之外,我国优质禾本科牧草和青饲料资源分布与畜牧品种资源的分布还存在错位。我国优质禾本科牧草主要来自北方天然草原,但肉牛、肉羊和奶牛养殖逐渐从牧区向农区转移,奶牛分布在大城市郊区,畜牧品种和饲草分布矛盾突出。另外,北方农区冬季缺少青饲料,须依赖青贮饲料越冬,但青贮饲料在小规模养殖户中的普及率较低,造成冬季青饲料不足。在南方地区,草山草坡众多,牧草资源丰富,特别是青饲料资源非常丰富,基本上可常年均衡供应,但适宜南方气候的畜牧品种(特别是奶牛)不多,区位、距离等限制了草山草坡的生产潜力发挥。例如贵州黔西南地区改良后的草山草坡亩产鲜草

---

① 杨春,王明利.考虑空间效应的中国肉牛生产区域集聚及成因.技术经济,2013,10.

6 000千克以上,且四季常青,单位面积载畜量远高于北方草原,但这些资源未得到充分开发和利用。

我国应积极开发饲草资源,加大优质饲草基地建设投资力度,扩大专用饲料作物种植面积,大力推进草原封育、围栏划区轮牧、草原治虫灭鼠等天然草原保护措施,重点开发紫花苜蓿、优质禾本科牧草,积极探索南方草山草坡开发利用途径,加快启动南方草山草坡改良利用工程。针对北方越冬青贮饲料不足问题,应在养殖重点区域加强青贮饲料贮藏基地建设,探索发展"基地＋农户"模式,即基地负责贮藏青饲料,养殖户向基地购买青饲料,青饲料贮藏费用由政府补贴。

(四)探索饲草饲料调运补贴,建立动物食物保障体系

随着我国畜牧业的不断发展,对饲料饲草的需求不断增加。粮食生产区域北移后,南方的饲料生产有所萎缩。原农业部制定的优势农产品区域布局规划中,西南地区是我国生猪、肉牛、肉羊的优势产区,东部沿海地区是生猪优势产区,但饲料粮短缺成为这些地区发展畜牧业的重要制约因素,而东北和华北饲料粮源相对充足。在此背景下,必须考虑我国畜牧业科学布局的问题。从运输成本看,远距离运输和储藏畜产品的成本远高于运输和储藏饲料饲草,一些地方单纯地强调"南肉北上"或是"北肉南下",打着保障食品质量安全的旗号,大肆投资冷链运输储存,不仅增加了碳排放量,还增加了畜产品的供给成本[①]。因此,从低碳经济的角度,应谨慎看待畜产品冷链物流储运投资,在适宜地区探索饲料调运补贴就显得非常有必要。

(五)大力增加畜牧业公共投资,推进畜舍标准化建设

改革开放以来,我国畜牧业投资大幅增加,但因客观条件限制,投资总量和投资增长速度仍不能满足畜牧业长期持续健康发展的需要。目前我国畜牧业劳动生产率、畜禽个体生产力和畜产品质量不高与畜牧业公共投资不足相关。政府应大力增加畜牧业公共投资,重点加强畜牧业基础设施建设,加大道路、通讯、市场设施和饲草基地建设方面的投资;加大畜禽品种改良扶持力度,重点支持南方适宜畜禽品种的培育工作,通过畜禽品种改良,充分利用南方地区的水、土、草资源;加强畜牧科技研究,健全疫病防治和饲养技术推广体系,加大对养殖户的职业教育培训等。

畜产品的质量安全问题为消费者高度关注。要大力推行养殖畜舍标准化

---

① 邓蓉,阎晓军.关于我国的生猪养殖区域发展再探讨.现代化农业,2012,9.

建设,提高饲养方式的规范化程度,既保障畜产品质量安全,又符合生态农业的发展要求。加大对养殖畜舍标准化改造的补贴力度,对养殖场所的水、电、路、防疫室、储料库、粪污处理设施改造予以补贴。加大对养殖场所周边居民集中区、江河沿岸、重点湖泊水库周边地表水、饮用水源地的监测,避免发生重大环境污染事故。

第六章
我国草食畜牧业生产区域布局演进

　　草食畜牧业是指利用牧草和饲料等饲喂牛、羊、马、驴、骡、兔等食草动物获取畜产品的生产系统,是我国畜牧业乃至农业的重要组成部分。发展草食畜牧业是优化农业结构的重要着力点,既有利于促进粮经饲三元种植结构协调发展,形成粮草兼顾、农牧结合、循环发展的新型种养结构,又能解决地力持续下降和草食畜禽养殖饲草料资源不足的问题,促进种植业和养殖业有效配套衔接,延长产业链,提升产业素质,提高综合效益。[①] 当前,我国畜牧业已经进入由规模速度型粗放增长转向质量效益型集约发展的新阶段,迫切需要调整产业结构。加快发展草食畜牧业,正是为了促进畜牧业转方式、调结构,推动农业供给侧结构性改革,从而构建起粮经饲兼顾、农牧业结合、生态循环发展的种养业体系,有效满足全社会不断增长和提高的消费需求,保障农民持续增收。本章梳理了我国草食畜牧业发展的现状、草食畜牧业生产区域布局变迁的过程,分析其中存在的问题,提出促进草食畜牧业发展的建议。

一、草食畜牧业发展现状

　　2019 年,我国畜牧业总产值达到 33 064.35 亿元,约占我国农林牧渔总产值的 26.67%。[②] 草食畜牧业作为我国畜牧业发展中的主要力量,在市场拉动和政策引导下,综合生产能力持续提升,生产方式加快转变,产业发展势头整体向好。

[①] 农业部关于促进草食畜牧业加快发展的指导意见, 2015 - 05 - 04. http://www. moa. gov. cn/govpublic/XMYS/201506/t20150610_4696394. htm.

[②] 数据来源: 国家统计局。

(一) 草食畜牧业牲畜规模小幅波动, 结构性特征明显

总体看来, 我国草食畜牧业主要品种中, 牛、羊等大宗品种及马、驴、骡、骆驼、兔等小品种发展趋势发生分化, 结构性特征明显。如表 6.1 所示, 以 2005 年为分野, 新中国成立以来至 2005 年, 牛、羊等大宗品种规模呈波动上升趋势, 而在 2005 年之后则呈现波动下降趋势。1949—1961 年, 马、驴的规模整体呈倒 V 形, 并在 1954 年出现过一个高峰;1962—1995 年, 马、驴、骡的规模呈现波动上升趋势, 1996 年后则表现出明显的下降趋势。骆驼的规模一直较为平稳, 以 1981 年为分野, 分别呈现出稳中有升和稳中有降的特征, 自 2014 年后开始缓慢上升。

表 6.1　1949 年以来我国草食畜饲养情况(期末数量)

(头、只)

年份	大牲畜	牛	羊	山羊	绵羊	马	驴	骡	骆驼
1949	6 002.0	4 393.6	4 235.0	1 613.0	2 622.0	487.5	949.4	147,1	24.7
1950	6 538.0	4 810.3	4 673.0	1 821.0	2 852.0	521.7	1 031.7	149.7	24.6
1951	7 041.0	5 208.8	5 287.0	2 098.0	3 189.0	548.6	1 101.6	155.3	26.6
1952	7 646.0	5 660.0	6 178.0	2 490.0	3 688.0	613.0	1 180.6	163.7	28.5
1953	8 076.0	6 008.3	7 202.0	2 920.0	4 282.0	651.2	1 221.5	164.5	30.1
1954	8 530.0	6 362.3	8 130.0	3 315.0	4 815.0	693.9	1 270.0	171.7	32.0
1955	8 775.0	6 595.1	8 422.0	3 401.0	5 021.0	731.2	1 240.2	172.3	35.7
1956	8 773.0	6 660.1	9 165.0	3 855.0	5 310.0	737.2	1 168.6	171.1	36.3
1957	8 382.0	6 361.2	9 858.0	4 515.0	5 343.0	730.2	1 086.4	167.9	36.5
1958	7 768.0	5 906.9	9 568.0	4 533.0	5 035.0	689.3	977.3	157.1	37.3
1959	7 912.0	6 109.4	11 165.0	4 976.0	6 189.0	705.8	903.0	154.7	38.7
1960	7 336.0	5 744.3	11 281.0	5 117.0	6 164.0	658.5	752.7	142.7	38.1
1961	6 949.0	5 500.5	12 387.0	6 312.0	6 075.0	621.1	656.5	133.2	37.8
1962	7 020.0	5 571.7	13 465.0	7 053.0	6 412.0	632.0	645.4	132.4	38.6
1963	7 505.0	5 968.0	13 747.0	6 773.0	6 974.0	686.5	674.6	135.5	40.2
1964	7 943.0	6 315.8	13 669.0	6 224.0	7 445.0	739.4	704.8	140.3	42.5
1965	8 421.0	6 695.1	13 903.0	6 077.0	7 826.0	792.1	743.8	144.7	44.8
1966	8 740.0	—	13 808.0	—	—	—	—	—	—
1967	8 982.0	—	14 433.0	—	—	—	—	—	—
1968	9 179.0	—	14 421.0	—	—	—	—	—	—
1969	9 228.0	—	14 021.0	—	—	—	—	—	—
1970	9 436.0	7 358.3	14 704.0	6 141.0	8 563.0	964.8	840.0	224.5	48.7
1971	9 537.0	7 398.6	15 011.0	6 278.0	8 733.0	992.6	851.3	244.4	50.5
1972	9 576.0	7 386.6	14 932.0	6 134.0	8 798.0	1 034.1	835.3	268.2	51.5
1973	9 718.0	7 467.6	15 728.0	6 410.0	9 318.0	1 073.0	835.0	292.3	50.0

年份	大牲畜	牛	羊	山羊	绵羊	马	驴	骡	骆驼
1974	9 753.0	7 455.4	16 087.0	6 617.0	9 470.0	1 110.3	823.3	313.9	50.4
1975	9 686.0	7 354.7	16 337.0	6 804.0	9 533.0	1 129.9	812.7	335.4	53.5
1976	9 498.0	7 169.3	15 817.0	6 546.0	9 271.0	1 143.8	776.6	353.6	54.5
1977	9 375.0	7 039.8	16 136.0	6 783.0	9 353.0	1 144.7	763.0	371.5	56.4
1978	9 389.0	7 072.4	16 994.0	7 354.0	9 640.0	1 124.5	748.1	386.8	57.4
1979	9 459.0	7 134.6	18 314.0	8 057.0	10 257.0	1 114.5	747.3	402.3	60.4
1980	9 525.0	7 167.6	18 731.0	8 068.0	10 663.0	1 104.2	774.8	416.6	61.4
1981	9 764.0	7 330.1	18 773.0	7 826.0	10 947.0	1 097.2	841.5	432.5	62.8
1982	10 113.0	7 607.3	18 773.0	7 826.4	10 946.6	1 098.1	899.9	146.4	61.0
1983	10 350.0	7 808.4	16 695.1	6 803.5	9 891.6	1 080.6	944.9	459.3	56.4
1984	10 839.0	8 212.8	15 840.0	6 320.7	9 519.3	1 097.8	996.2	179.0	53.1
1985	11 381.8	8 682.0	15 588.4	6 167.4	9 421.0	1 108.1	1 041.5	497.2	53.0
1986	11 896.1	9 166.7	16 622.9	6 722.0	9 900.9	1 098.8	1 068.9	511.3	50.4
1987	12 191.1	9 465.1	18 034.2	7 768.7	10 265.5	1 069.1	1 084.6	524.8	47.5
1988	12 537.8	9 794.8	20 152.7	9 095.6	11 057.1	1 054.0	1 105.2	536.6	47.2
1989	12 804.8	10 075.2	21 164.2	9 813.4	11 350.8	1 029.4	1 113.6	539.1	47.5
1990	13 021.3	10 288.4	21 002.1	9 720.5	11 281.6	1 017.4	1 119.8	549.4	46.3
1991	13 192.6	10 459.2	20 621.0	9 535.5	11 085.5	1 009.4	1 115.8	560.6	44.1
1992	13 485.1	10 784.0	20 732.9	9 761.0	10 971.9	1 001.7	1 098.3	561.0	40.1
1993	13 987.5	11 315.7	21 731.4	10 569.6	11 161.8	995.9	1 088.6	549.8	37.3
1994	14 918.7	12 331.8	24 052.8	12 308.3	11 744.5	1 003.8	1 092.3	555.2	35.6
1995	15 861.7	13 206.0	27 685.6	14 959.3	12 726.3	1 007.1	1 074.5	538.9	35.1
1996	13 360.6	11 031.8	23 728.3	12 315.8	11 412.5	871.5	944.4	478.0	34.5
1997	14 541.8	12 182.2	25 575.7	13 480.1	12 095.6	891.2	952.8	480.6	35.0
1998	14 803.2	12 441.9	26 903.5	14 168.3	12 735.2	898.1	955.8	473.9	33.5
1999	15 024.8	12 698.3	27 925.8	14 816.3	13 109.5	891.4	934.8	467.3	33.0
2000	15 151.5	12 866.3	29 031.9	15 715.9	13 316.0	876.6	922.7	453.0	32.6
2001	14 995.9	12 824.2	29 826.4	16 129.2	13 697.2	826.0	881.5	436.2	27.9
2002	15 189.3	13 084.8	31 655.2	17 275.9	14 379.3	808.8	849.9	419.4	26.4
2003	15 500.1	13 467.2	34 053.7	18 320.7	15 733.0	790.0	820.7	395.7	26.5
2004	15 737.8	13 781.8	36 639.1	19 550.9	17 088.2	763.9	791.9	374.0	26.2
2005	15 947.5	14 157.5	37 265.9	19 876.1	17 389.9	740.0	777.2	360.4	26.6
2006	12 325.7	10 503.1	28 337.6	13 956.1	14 381.5	719.3	730.9	345.5	26.9
2007	11 998.2	10 397.5	28 606.7	14 564.1	14 042.5	646.7	638.9	291.0	24.1
2008	11 529.7	10 068.0	28 823.7	15 067.0	13 756.7	594.7	600.4	243.8	22.8
2009	11 380.8	10 035.9	29 063.0	14 734.0	14 328.9	562.3	540.4	219.7	22.6
2010	11 074.6	9 820.0	28 730.2	14 195.0	14 535.2	529.9	510.1	191.5	23.0
2011	10 580.0	9 384.0	28 664.1	14 087.4	14 576.7	515.4	485.3	171.1	24.3
2012	10 248.4	9 137.3	28 512.7	13 932.3	14 580.4	465.2	462.4	159.0	24.5

年份	大牲畜	牛	羊	山羊	绵羊	马	驴	骡	骆驼
2013	10 008.6	8 985.8	28 935.2	13 657.5	15 277.7	431.7	425.7	138.0	27.4
2014	9 952.0	9 007.3	30 391.3	14 167.5	16 223.8	415.8	383.6	117.4	28.0
2015	9 929.8	9 055.8	31 174.3	14 507.5	16 666.8	397.5	342.4	104.1	30.1
2016	9 559.9	8 834.5	29 930.5	13 691.8	16 238.8	351.2	259.3	84.5	30.5
2017	9 763.6	9 038.7	30 231.7	13 823.8	16 407.9	343.6	267.8	81.1	32.3
2018	9 625.5	8 915.3	29 713.5	13 574.7	16 138.8	347.3	253.3	75.8	33.8
2019	9 877.4	9 138.3	30 072.1	13 723.2	16 349.0	367.1	260.1	71.5	40.5

资料来源：国家统计局

（二）草食畜产品产量总体上呈现持续增长趋势，供应能力逐步增强

从最近十年的数据来看，经过"十二五"时期的发展，我国草食畜产品产量持续增长。如表 6.2 所示，2019 年，牛肉、羊肉、牛奶、绵羊毛、细羊毛、半细羊毛、山羊毛和羊绒产量分别为 667.28 万吨、487.52 万吨、3 201.24 万吨、341 120.16 吨、108 972.85 吨、113 283.8 吨、24 875.26 吨和 14 964.43 吨，与 1980 年相比，分别增长了 23.81 倍、10.00 倍、22.42 倍、0.94 倍、0.58 倍、2.28 倍、1.13 倍和 2.74 倍。羊毛产量增幅较小，牛羊肉类及牛奶增幅很大。从发展趋势来看，羊毛羊绒类产品呈现稳中有升的特征，其中绵羊毛产量表现亮眼。牛羊肉及牛奶产品一直处于快速增长状态，直到 2006 年以后生产规模才逐渐趋于稳定。其中 1997—2006 年是牛奶行业快速发展的黄金十年，2006 年的产量是 1997 年的 5 倍，产量直线上升。

表 6.2　我国草食畜牧业主要产品情况

年份	绵羊毛（吨）	细羊毛产量（吨）	半细羊毛产量（吨）	山羊毛产量（吨）	羊绒产量（吨）	牛肉产量（万吨）	羊肉产量（万吨）	牛奶产量（万吨）
1980	175 728.0	69 035.0	34 587.0	11 687.0	4 005.0	26.9	44.4	136.7
1985	177 953.0	85 861.0	32 070.0	10 512.0	2 989.0	46.7	59.3	289.4
1986	185 196.0	89 758.0	32 048.0	11 501.0	3 470.0	58.9	62.2	332.9
1987	208 909.0	100 059.0	37 040.0	12 611.0	4 003.0	79.2	71.9	378.8
1988	221 737.0	110 677.0	40 832.0	14 326.0	4 710.0	95.8	80.2	418.9
1989	237 332.0	120 111.0	42 556.0	16 168.0	5 435.0	107.2	96.2	435.8
1990	239 457.0	119 457.0	44 246.0	16 506.0	5 751.0	125.6	106.8	475.1
1991	239 607.0	108 613.0	55 839.0	16 498.0	5 930.0	153.5	118.0	524.3
1992	238 192.0	106 201.0	52 478.0	17 496.0	5 886.0	180.3	125.0	563.9

年份	绵羊毛 (吨)	细羊毛产 量(吨)	半细羊毛 产量(吨)	山羊毛产 量(吨)	羊绒产 量(吨)	牛肉产量 (万吨)	羊肉产量 (万吨)	牛奶产量 (万吨)
1993	240 309.0	109 969.0	53 634.0	19 020.0	6 479.0	233.6	137.3	563.7
1994	254 659.0	113 357.0	58 337.0	24 559.0	7 336.0	327.0	160.9	608.9
1995	277 375.0	112 000.0	72 588.0	29 973.0	8 482.0	415.4	201.5	672.8
1996	298 102.0	121 020.0	74 099.0	35 284.0	9 585.0	355.7	181.0	629.4
1997	255 059.0	116 054.0	55 683.0	25 865.0	8 626.0	440.9	212.8	601.1
1998	277 545.0	115 752.0	68 775.0	31 417.0	9 799.0	479.9	234.6	662.9
1999	283 152.0	114 103.0	73 700.0	31 849.0	10 179.7	505.4	251.3	717.6
2000	292 502.0	117 386.0	84 921.0	33 266.0	11 057.0	532.8	274.0	827.4
2001	298 254.2	114 650.6	88 075.5	34 240.5	10 967.7	548.8	292.7	1 025.5
2002	307 587.7	112 193.0	102 418.7	35 459.1	11 765.0	584.6	316.7	1 299.8
2003	338 058.2	120 263.0	110 249.2	36 691.7	13 528.0	630.4	357.2	1 746.3
2004	373 901.7	130 413.2	119 513.7	37 727.1	14 514.7	675.9	399.3	2 260.6
2005	393 171.6	127 862.2	123 067.8	36 903.9	15 434.8	711.5	435.5	2 753.4
2006	387 643.0	130 959.0	116 043.0	35 171.0	16 223.0	590.3	367.7	2 944.6
2007	371 075.0	124 262.0	108 635.0	35 333.0	15 665.0	626.2	385.7	2 947.1
2008	369 665.0	119 279.0	105 272.0	35 477.0	16 534.0	617.7	393.2	3 010.6
2009	358 121.0	124 365.0	109 013.0	35 910.0	16 593.0	626.2	399.4	2 995.1
2010	385 125.0	123 504.0	113 998.0	36 226.0	17 848.0	629.1	406.0	3 038.9
2011	386 487.0	132 877.0	113 305.0	38 070.0	17 126.0	610.7	398.0	3 109.9
2012	393 725.0	124 716.0	127 313.0	40 505.0	17 211.0	614.7	404.5	3 174.9
2013	402 081.0	131 730.0	128 335.0	40 215.0	17 307.0	613.1	409.9	3 000.8
2014	407 230.0	122 251.0	132 693.0	38 655.0	18 465.0	615.7	427.6	3 159.9
2015	413 134.0	130 537.0	134 905.0	35 487.0	18 684.0	616.9	439.9	3 179.8
2016	411 642.0	129 164.0	137 973.0	35 785.0	18 844.0	616.9	460.3	3 064.0
2017	410 523.0	127 921.0	133 458.0	32 863.0	17 852.0	634.6	471.1	3 038.6
2018	356 608.0	117 891.0	120 430.0	26 965.0	15 438.0	644.1	475.1	3 074.6
2019	341 120.2	108 972.9	113 283.8	24 875.3	14 964.4	667.3	487.5	3 201.2

资料来源：国家统计局

从牛羊的市场供给规模来看，如表 6.3 所示，我国牛羊供给能力稳定上升。分品种来看，羊的出栏数量，除 1996 年外，自 1978 年来一直呈现稳定上升态势，到 2018 年产量增加了 10.83 倍。牛出栏数量呈现快速增长的趋势，其中在 1985—1999 年间发展较为快速，到 2019 年出栏量增加了 17.87 倍。

表 6.3　我国草食畜牧业牛羊供给情况

年份	牛出栏数量(万头)	羊出栏数量(万只)
1978	240.32	2 621.90
1979	296.80	3 543.40
1980	332.20	4 241.90
1981	301.60	4 481.40
1982	309.60	4 874.20
1983	347.20	4 923.70
1984	386.90	5 080.50
1985	456.50	5 081.00
1986	555.00	5 227.10
1987	740.30	6 052.90
1988	858.00	6 827.20
1989	943.00	8 122.90
1990	1 088.30	8 931.40
1991	1 303.90	9 816.20
1992	1 519.20	10 266.60
1993	1 897.10	11 146.90
1994	2 512.69	13 124.82
1995	3 048.99	16 537.38
1996	2 685.90	13 412.50
1997	3 283.90	15 945.50
1998	3 587.10	17 279.52
1999	3 766.20	18 820.35
2000	3 806.90	19 653.44
2001	3 794.80	19 996.83
2002	3 896.20	20 560.04
2003	4 000.10	22 028.77
2004	4 101.00	23 092.63
2005	4 148.70	24 091.97
2006	4 226.82	24 733.89
2007	4 307.05	25 570.71
2008	4 243.10	26 172.34
2009	4 292.28	26 732.89
2010	4 318.29	27 220.15
2011	4 200.63	26 661.52
2012	4 219.29	27 099.55
2013	4 189.90	27 586.80
2014	4 200.41	28 741.60
2015	4 211.44	29 472.70
2016	4 264.95	30 694.60
2017	4 340.26	30 797.71
2018	4 397.48	31 010.49
2019	4 533.87	31 699.00

资料来源：国家统计局

(三)草食畜牧业的区域布局趋势逐渐明晰化

从近十年草食畜牧业畜牧品种的期末存栏数量变化趋势来看,草食畜牧业的区域布局趋势逐渐明晰化。具体表现为:在牛的期末数量上,2005—2018年,只有上海、云南、内蒙古、青海和宁夏出现了小幅上升,其他省(市、自治区)都呈现下降的趋势。2018年,牛的期末存栏数量最大的是四川省,为824.3万头,其次是云南和内蒙古。从羊的期末存栏数量看,羊的生产也主要集中在草资源丰富的省(市、自治区),如内蒙古、新疆、山东、河南和甘肃等,2018年,羊的期末存栏数量超过千万头的省(市、自治区)有10个。且在不同羊的品种上,集中的区域趋势不同,主要表现为:山羊集中聚集的区域为四川、内蒙古和山东;绵羊集中聚集的区域为内蒙古、新疆、甘肃、青海和山东;马主要集中在东北、西南和西北地区;驴主要集中在北方地区,尤其以东北和西北为主;骡主要集中在云南、甘肃、内蒙古和河北。

(四)草食畜牧业发展的产业生态环境不断优化

我国草食畜牧业发展的产业生态环境得到不断优化,主要表现为:**一是生产技术水平明显提高。**一方面是牛羊泌乳单产水平和牛羊平均胴体重提高,另一方面是夏南牛、云岭牛、高山美利奴羊、察哈尔羊、康大肉兔等系列新品种相继培育成功,全混合日粮饲喂、机械化自动化养殖、苜蓿高产节水节肥生产和优质牧草青贮等技术加快普及,口蹄疫等重大疫病和布病、结核病等人畜共患病得到有效控制。**二是草食畜牧业产业化水平显著提升,基本形成了集育种、繁育、屠宰、加工、销售为一体的产业化发展链条。**农业农村部《全国草食畜牧业发展规划(2016—2020年)》数据显示,截至2015年,以草食畜牧业为主营业务的农业产业化国家重点龙头企业有105家,占畜牧业龙头企业比重为18%。**三是粮改饲试点步伐加快,粮经饲三元种植结构逐步建立,饲草料产业体系初步建立。**2015年,全国种草保留面积3.3亿亩,比2010年增加3.4%,干草年产1.7亿吨;优质苜蓿种植面积300万亩,比2010年增加5倍,产量180万吨;草产品加工企业达532家,2010年新增324家,商品草产量770万吨;秸秆饲料化利用量达2.2亿吨,占秸秆资源总量的24.7%。[①]

---

① 资料来源:农业部.全国草食畜牧业发展规划(2016—2020年).

二、草食畜牧业生产区域布局政策演进

草食畜牧业作为我国农业中的重要组成部分,其生产区域布局受国家农业发展政策和农业生产区域布局限制。一方面,草食畜牧业的生产区域布局要符合大农业整体发展区域功能定位和大农业整体政策文件的要求,如五年发展规划、中央一号文件等;另一方面,草食畜牧业的生产区域布局要符合草食畜牧业自身发展规划的定位要求,如特色产品布局、专项发展指导意见等。总体说来,草食畜牧业生产区域布局主要有总体布局、优势产品布局、特色产品布局和饲草生产布局。

(一) 总体布局政策

改革开放以来,国家对畜牧业的发展十分重视,从我国第一份中央一号文件开始,都对畜牧业的发展进行了扶持。作为畜牧业的组成部分,草食畜牧业也在畜牧业的政策扶持下进行了区域布局。总体而言,草食畜牧业总体布局政策主要有中央一号文件、《全国草食畜牧业发展规划(2016—2020 年)》《全国农业现代化规划(2016—2020 年)》《全国国土规划纲要(2016—2030 年)》和《全国农业可持续发展规划(2015—2030 年)》。

1. 中央一号文件

截至 2020 年,国家一共出台了 17 个中央一号文件,其中有 15 个中央一号文件对畜牧业发展提出了扶持要求,具体情况见表 6.4。1982 年,第一份中央一号文件就将牧区放在与农区同等重要的位置。1983 年,草食畜牧业被重视,开始在农业发展规划中被布局。1984—2015 年,中央一号文件主要关注饲料发展、良种培育和畜牧业规模化发展等。从 2016 年开始,中央一号文件专门提到草食畜牧业,主要是关于草食畜牧业的发展规模和品种改良问题。总体而言,中央一号文件对草食畜牧业的总体布局要求是:在饲料条件好的地区,大力发展草食畜牧业;农区有条件的要推行规模养殖和畜禽小区;牧区要推行半放牧半舍饲的饲养方式;大力发展饲草料产业。

表 6.4   中央一号文件中与草食畜牧业相关的政策内容

年份	相关政策内容
1982	发展畜牧业要农区牧区两手抓。农区要把一切行之有效的、鼓励畜牧业发展的政策落实到各家各户,充分利用农区劳力充足,设备和饲料条件较好,农牧结合较紧的长处,大力发展畜牧业。牧区要在切实调查的基础上,明确划分草原权属,更好地保护和建设草原

年份	相关政策内容
1983	我国的畜牧业,特别是发展牛羊等草食动物,潜力很大。只要实行科学养畜,办好饲料工业,合理利用饲料资源,肉、蛋、奶等动物性食品就可能成倍增长。发展畜牧业,实行农林牧结合,反过来又会促进农业
1984	牧区畜产品也宜确定收购基数,签订购销合同,任务以外允许议购议销。在有条件的地方,允许羊毛、皮革等工业原料进行"工牧直交"和活畜出境异地育肥。牧区在落实畜群责任制的同时,应确定草场使用权,实行草场使用管理责任制。鼓励牧民进行牧业基本建设,保护草场,改良草种,提高产仔率,保持草畜平衡,提高畜产品商品率
1986	扶持畜牧业发展,加强草场建设,建立良种繁育、饲料、防疫等服务体系
2004	充分利用主产区丰富的饲料资源,积极发展农区畜牧业,通过小额贷款、贴息补助、提供保险服务等形式,支持农民和企业购买优良畜禽、繁育良种,通过发展养殖业带动粮食增值
2005	加快发展畜牧业。增强农业综合生产能力必须培育发达的畜牧业。牧区要加快推行围栏放牧、轮牧休牧等生产方式,搞好饲草料地建设,改良牲畜品种,进一步减轻草场过牧的压力。农区要充分发挥作物秸秆和劳动力资源丰富的优势,积极发展节粮型畜牧业,提高规模化、集约化饲养水平。通过小额信贷、财政贴息等方式,引导有条件的地方发展养殖小区。要增加投入,支持养殖小区建设畜禽粪便和污水无害化处理设施。从2005年起,实施奶牛良种繁育项目补贴。加快建立安全优质高效的饲料生产体系。搞好动物防疫是确保畜牧业稳定发展的根本保障,事关人民群众的身体健康和社会公共安全,要下决心增加投入,加强建设,完善制度,健全体系。要抓紧制定动物防疫体系建设规划,加快建设重大动物疫病监测预警、动物疫病预防控制、动物防疫检疫监督、兽药质量监察和残留监控、动物防疫技术支撑、动物防疫物质保障等系统。加快重点兽用生物制品生产企业的技术改造。尽快建立健全动物疫病防治队伍,动物检疫监督机构的人员经费和工作经费全额纳入各级财政预算
2006	大力发展畜牧业,扩大畜禽良种补贴规模,推广健康养殖方式,安排专项投入支持标准化畜禽养殖小区建设试点。要加强动物疫病特别是禽流感等重大疫病防控的基础设施建设,完善突发疫情应急机制,加快推进兽医管理体制改革,稳定基层兽医队伍
2008	发展健康养殖业。健康养殖直接关系人民群众的生命安全。转变养殖观念,调整养殖模式,做大做强畜牧产业。按照预防为主、关口前移的要求,积极推行健康养殖方式,加强饲料安全管理,从源头上把好养殖产品质量安全关。牧区要积极推广半放牧半舍饲饲养,农区有条件的要发展规模养殖和畜禽养殖小区。扩大对养殖小区的补贴规模,继续安排奶牛良种补贴资金
2009	加快发展畜牧水产规模化标准化健康养殖。继续落实奶牛良种补贴、优质后备奶牛饲养补贴等政策,实施奶牛生产大县财政奖励政策,着力扶持企业建设标准化奶站,确保奶源质量。增加畜禽标准化规模养殖场(小区)项目投资,加大信贷支持力度,落实养殖场用地等政策。加大畜禽水产良种工程实施力度,充实动物防疫体系建设内容,加快推进动物标识及疫病可追溯体系建设,落实村级防疫员补助经费
2012	扶持肉牛肉羊生产大县标准化养殖和原良种场建设,启动实施振兴奶业苜蓿发展行动,推进奶牛规模化养殖小区建设。加快转变草原畜牧业发展方式,加大对牧业、牧区、牧民的支持力度,草原生态保护补助奖励政策覆盖到国家确定的牧区半牧区县(市、旗)

年份	相关政策内容
2015	加快发展草牧业,支持青贮玉米和苜蓿等饲草料种植,开展粮改饲和种养结合模式试点,促进粮食、经济作物、饲草料三元种植结构协调发展。立足各地资源优势,大力培育特色农业。推进农业综合开发布局调整。支持粮食主产区发展畜牧业。加大对奶牛、肉牛、肉羊标准化规模养殖场(小区)建设支持力度,实施畜禽良种工程,加快推进规模化、集约化、标准化畜禽养殖,增强畜牧业竞争力
2016	加快现代畜牧业建设,根据环境容量调整区域养殖布局,优化畜禽养殖结构,发展草食畜牧业,形成规模化生产、集约化经营为主导的产业发展格局。启动实施种养结合循环农业示范工程,推动种养结合、农牧循环发展
2017	饲料作物要扩大种植面积,发展青贮玉米、苜蓿等优质牧草,大力培育现代饲草料产业体系。加快北方农牧交错带结构调整,形成以养带种、牧林农复合、草果菜结合的种植结构。继续开展粮改饲、粮改豆补贴试点。发展规模高效养殖业。加快品种改良,大力发展牛羊等草食畜牧业。全面振兴奶业,重点支持适度规模的家庭牧场,引导扩大生鲜乳消费,严格执行复原乳标识制度,培育国产优质品牌
2019	合理调整粮经饲结构,发展青贮玉米、苜蓿等优质饲草料生产。加快选育和推广优质草种。发展生态循环农业,推进畜禽粪污、秸秆、农膜等农业废弃物资源化利用,实现畜牧养殖大县粪污资源化利用整县治理全覆盖
2020	抓好草地贪夜蛾等重大病虫害防控。以北方农牧交错带为重点扩大粮改饲规模,推广种养结合模式

资料来源:根据政策文件整理

2.《全国草食畜牧业发展规划(2016—2020年)》等专项规划

目前,除《全国草食畜牧业发展规划(2016—2020年)》外,草食畜牧业的规划布局都是在农业的各项专项规划中被涉及,如表6.5所示。各个具有代表性的专项规划只是对草食畜牧业发展有一个总体布局,并没有进行详细的区域布局。《全国草食畜牧业发展规划(2016—2020年)》的布局也主要是遵从主体功能区发展规划等总体规划,其他专项规划的布局主要集中于饲草料发展和规模养殖两个方面。

表6.5　与草食畜牧业相关的专项规划

专项规划或政策	相关政策内容
《全国草食畜牧业发展规划(2016—2020年)》	"十三五"草食畜牧业总体布局的基本思路是:优化发展传统农区和农牧交错区,适度发展北方牧区,保护发展青藏高原牧区,积极发展南方草山草坡地区。具体品种布局上,奶牛要巩固发展东北及内蒙古和华北产区,稳步提高西部产区,积极开辟南方产区,稳定大城市周边产区。肉牛要巩固发展中原产区,稳步提高东北产区,优化发展西部产区,积极发展南方产区。肉羊要巩固发展中原产区和中东部农牧交错区,优化发展西部产区,积极发展南方产区,保护发展北方牧区。特色畜禽要坚持市场导向,因地制宜发展兔、鹅、绒

专项规划或政策	相关政策内容
	毛用羊、马、驴等特色草食畜产品。饲草料产业要按照优质苜蓿产业带、东北羊草区、南方饲草产区、"镰刀弯"和黄淮海产区、天然草原牧区等区域,分区施策,优化产业布局科学发展
《2017年推进北方农牧交错带农业结构调整工作方案》	适当扩大饲草料种植面积。通过政策引导、市场信息服务,发展青贮玉米、苜蓿、燕麦、饲用小黑麦、甜高粱等优质饲草作物,力争饲草在种植结构中的比例提高1个百分点以上。其中,河北、山西、陕西、宁夏等涉及北方农牧交错带区域分别种植优质饲草55万亩、20万亩、100万亩、150万亩。开展草牧业试验试点。推行"引草入田、粮草轮作"耕作制度,发展一批规模化、专业化优质饲草料生产基地,增强优质饲草料供给能力,建设现代饲草料产业体系。其中,内蒙古鼓励扶持草业合作社和龙头企业,发展草产业主体;山西积极推广"企业带动、农民种植、订单生产、循环发展"的牧草收储新模式
《农业部关于进一步调整优化农业结构的指导意见》	聚焦增羊稳羊优奶做强草食畜牧业。深入开展畜禽养殖标准化示范和畜牧业绿色发展示范县创建活动。实施奶牛、肉牛、肉羊标准化规模养殖场(小区)建设项目,支持符合条件的养殖场提升标准化养殖水平。河北启动"百万头优质肉牛""百万只优质肉羊"示范基地建设。内蒙古继续实施牛羊基础母畜"双百千万高产创建工程"。陕西推行以陕北白绒山羊为主的标准化适度规模养殖模式,加快建设10个肉牛生产基地县。山西省建设标准化畜禽规模养殖园区200个。深入实施奶业振兴行动。继续实施振兴奶业苜蓿发展行动,以奶牛养殖、乳品加工为重点做强奶业,加强优质奶源基地建设,着力培育一批现代化养殖企业,引导乳品生产企业强化标准化管理和全过程质量控制,加强奶业宣传,做大做强优质乳品品牌
	充分挖掘饲草料生产潜力,大力发展草牧业,形成粮草兼顾、农牧结合、循环发展的新型种养结构。积极推进饲用粮生产,在粮食主产区,按照"以养定种"的要求,积极发展饲用玉米、青贮玉米等,发展苜蓿等优质牧草种植,进一步挖掘秸秆饲料化潜力,开展粮改饲和种养结合模式试点,促进粮食、经济作物、饲草料三元种植结构协调发展。拓展优质牧草发展空间,合理利用"四荒地"、退耕地、南方草山草坡和冬闲田,种植优质牧草,加快建设人工草地,加快研发适合南方山区、丘陵地区的牧草收割、加工、青贮机械,大力发展肉牛肉羊生产,实施南方现代草地畜牧业推进行动,优化畜产品供给结构
《农业部关于推进农业供给侧结构性改革的实施意见》	全面提升畜牧业发展质量。大力发展草食畜牧业,深入实施南方草地畜牧业推进行动,扩大优质肉牛肉羊生产。加快推进畜禽标准化规模养殖,指导养殖场(小区)进行升级改造。加快现代饲草料产业体系建设,逐步推进苜蓿等优质饲草国产化替代。推动饲料散装散运,鼓励饲料厂和养殖场实行"厂场对接"。全面推进奶业振兴,重点支持适度规模和种养结合家庭牧场,推动优质奶源基地建设,加强生产过程管控,引导扩大生鲜乳消费,培育国产优品品牌。持续推进畜牧业绿色发展示范县创建。加快新一轮退耕还林还草工程实施进度,继续实施退牧还草工程,推进北方农牧交错带已垦草原治理

资料来源:根据政策文件整理

3.《全国农业现代化规划(2016—2020年)》

《全国农业现代化规划(2016—2020年)》从大的区域层面对草食畜牧业进行了布局,提出了草食畜牧业的优化发展区(包括东北区、华北区、长江中下游

区和华南区)、适度发展区(包括西北区、北方农牧交错区和西南区)和保护发展
区(主要为青藏高原区)。

表 6.6　与草食畜牧业相关的现代化发展规划

区域类型	具体区域	相关政策内容
优化 发展区	东北区	适度扩大奶牛、肉牛生产规模。提高畜禽产品深加工能力,加快推进黑龙江等垦区优质奶源基地建设
	华北区	稳定奶牛、肉牛肉羊养殖规模
	长江中 下游区	控制水网密集区奶牛养殖规模,适度开发草山草坡资源发展草食畜牧业
	华南区	稳步发展大宗畜产品
适度 发展区	西北区	增加饲用玉米、牧草种植。发展适度规模草食畜牧业
	北方农牧 交错区	推进农林复合、农牧结合、农牧业发展与生态环境深度融合,发展粮草兼顾型农业和草食畜牧业。调减籽粒玉米种植面积,扩大青贮玉米和优质牧草生产规模,发展奶牛和肉牛肉羊养殖
	西南区	合理开发利用草地资源,发展生态畜牧业
保护 发展区	青藏区	严守生态保护红线,加强草原保护建设。推行禁牧休牧轮牧和舍饲半舍饲,发展牦牛、藏系绵羊、绒山羊等特色畜牧业

资料来源:根据政策文件整理

4.《全国国土规划纲要(2016—2030 年)》

在《全国国土规划纲要(2016—2030 年)》中,主要是以巩固提升畜牧产品
优势区为目标提出了区域布局政策。如:以东北及内蒙古、华南地区、西北地
区、西南地区、黄淮海平原及长江流域为主体,建设畜牧产品优势区;以牧区与
半农半牧区、东北地区、中原地区、南方草山草坡地区为主体,建设肉牛和肉羊
生产繁育优势区。而与草食畜牧业发展相关的内容,主要是在草原容量与养殖
结构调整的框架下提出的,如:积极发展现代草原畜牧业,根据环境容量调整
区域养殖布局,统筹协调北方干旱半干旱草原区、青藏高寒草原区、东北华北湿
润半湿润草原区和南方草地地区牧业发展与草原保护的关系;优化畜禽养殖结
构,发展草食畜牧业,形成规模化生产、集约化经营为主导的产业发展格局;充
分发挥长江经济带上游地区优势,大力发展以草食畜牧业为代表的特色生态农
业;严格保护草地资源,全国 8 个主要牧区省(区)草原总面积保持在 3 亿公顷
以上。

5.《全国农业可持续发展规划(2015—2030 年)》等农业绿色发展规划

《全国农业可持续发展规划(2015—2030 年)》的内容主要是根据主体功能
区定位来进行规划,与草食畜牧业相关的布局主要是在西北及长城沿线区,布
局的角度主要是保护生态环境、实现可持续发展。

表 6.7   与草食畜牧业相关的可持续发展规划

区域类型	具体区域	相关政策内容
优化发展区	东北区	以保护黑土地、综合利用水资源、推进农牧结合为重点,建设资源永续利用、种养产业融合、生态系统良性循环的现代粮畜产品生产基地。在农牧交错地带,积极推广农牧结合、粮草兼顾、生态循环的种养模式,种植青贮玉米和苜蓿,大力发展优质高产奶业和肉牛产业。推动适度规模化畜禽养殖,加大动物疫病区域化管理力度,推进"免疫无疫区"建设
适度发展区	西北及长城沿线区	大力发展草食畜牧业,在农牧交错区,推进粮草兼顾型农业结构调整,通过坡耕地退耕还草、粮草轮作、种植结构调整、已垦草原恢复等形式,挖掘饲草料生产潜力,推进草食畜牧业发展。在草原牧区,继续实施退牧还草工程,保护天然草原,实行划区轮牧、禁牧、舍饲圈养,控制草原鼠虫害,恢复草原生态
	西南区	加强林草植被的保护和建设,发展水土保持林、水源涵养林和经济林,开展退耕还林还草,鼓励人工种草,合理开发利用草地资源,发展生态畜牧业
保护发展区		继续实施退牧还草工程和草原生态保护补助奖励机制,保护天然草场,积极推行半放牧半舍饲养殖,以草定畜,实现草畜平衡,有效治理鼠虫害、毒草,遏制草原退化趋势。适度发展牦牛、绒山羊、藏系绵羊为主的高原生态畜牧业

资料来源:根据政策文件整理

(二) 优势农产品布局政策

截至 2020 年,我国共出台了两项优势农产品区域布局规划,即:《优势农产品区域布局规划(2003—2007 年)》和《全国优势农产品区域布局规划(2008—2015 年)》,这两项规划主要是针对肉牛肉羊和奶牛三大类农产品,明确了主攻方向、优势区域和发展目标,对于我国草食畜牧业发展的布局具有较大的影响。

1.《优势农产品区域布局规划(2003—2007 年)》

"十五"时期,我国出台了第一份全国优势农产品区域布局规划。其中,涉及草食畜产品的是主要确定了 2 个肉牛优势区、4 个肉羊优势区和 3 个奶牛优势产区,具体如表 6.8 所示。规划内容主要集中在良种繁育推广和规模化养殖两个方面。与其他政策文件相比,优势农产品区域布局规划对草食畜牧业的生产布局有了更为详细和具体的规划,有利于草食畜牧业在优势产区集中规模化发展。

表 6.8 "十五"时期与草食畜牧业相关的优势产品布局的规划

产品	主攻方向	优势区域	发展目标
肉牛肉羊	按照饲养上水平、上规模，质量上档次、保安全的要求，加大肉牛、肉羊优良品种的繁育和推广力度，加快无规定疫病区建设，发展规模化、标准化饲养，改进加工工艺，全面提高单产和质量安全水平；创建一批牛羊肉产品品牌，增加高档牛羊肉的国内市场份额，逐步开拓东南亚、中东和俄罗斯市场，进一步扩大出口	重点建设中原、东北 2 个肉牛优势产区，建设中原、内蒙古中东部及河北北部、西北和西南 4 个肉羊优势产区。中原肉牛优势产区主要布局在河南、山东、河北、安徽等 4 个省的 7 个地市 38 个县市。东北肉牛优势产区主要布局在辽宁、吉林、黑龙江、内蒙古等 4 个省区的 7 个地市 24 个县市(旗)。中原肉羊优势区主要布局在河南、山东、河北、江苏、安徽等 5 个省的 6 个地市 20 个县市。内蒙古中东部及河北北部肉羊优势区主要布局在内蒙古和河北等 2 个省区的 2 个地市 10 个县市。西北肉羊优势产区主要布局在宁夏、甘肃、青海、新疆等 4 个省区的 5 个地市(州)15 个县市。西南肉羊优势产区主要布局在四川、重庆、云南、贵州、广西等 5 个省区市的 5 个地市 16 个县市	到 2007 年，把 6 个优势产区建成具有国际竞争力的肉牛、肉羊产业带，区内牛羊肉产量提高 30% 以上，优质牛羊肉的比重由目前不足 5% 提高到 20% 以上，结合无规定疫病区建设，把中原和东北等地建成我国牛羊肉主要出口基地
奶牛	突出发展鲜奶，加强良种奶牛繁育，扩大奶牛规模，发展小区养殖，主攻奶牛单产和牛奶质量安全水平；改进奶制品加工工艺和水平，提高奶制品质量。尽快占领国内快速增长的消费市场，抵御进口产品冲击	重点发展东北、华北及京津沪 3 个牛奶优势产区。东北优势产区主要布局在黑龙江、内蒙古等 2 个省区的 12 个地市(盟)37 个县市(旗)。华北优势产区主要布局在河北、山西等 2 个省的 10 地市 29 个县区。京津沪优势产区主要布局在 13 个郊区县和 25 个农场	到 2007 年，3 个优势产区奶牛存栏数量达到 280 万头，年均递增 12% 左右，奶牛平均单产提高 20% 左右，鲜奶产量年均递增 15% ～ 18%；奶源基地向区域化、集约化、现代化发展，良种繁育、疫病防治、鲜奶收贮等支持服务体系进一步健全和完善，形成一批与国际标准接轨、具有较强竞争力和带动力的乳品加工企业

资料来源：根据政策文件整理

2.《全国优势农产品区域布局规划(2008—2015 年)》

"十一五"时期，国家出台了第二份优势农产品区域布局规划，对肉牛、肉羊和奶牛的区域布局进行了更为详细的规划，优势区域也从"十五"时期的 9 个变成 12 个，具体的区域也发生了变化。如表 6.9 和表 6.10 资料所示，在肉牛品种上,"十五"时期的规划优势区是中原、东北 2 个,"十一五"时期的规划优势区增加了西北和西南 2 个区域;在牛羊品种上,"十五"时期的规划优势区是中原、内蒙古中东部及河北北部、西北和西南 4 个,"十一五"时期的规划优势区是中原、中东部农牧交错带、西北和西南 4 个;在奶牛品种上,"十五"时期的规划优势区是东北、华北及京津沪 3 个,"十一五"时期的规划优势区是京津沪郊区、东北内蒙、中原、西北 4 个。

表 6.9   "十一五"时期与草食畜牧业相关的优势产品布局的规划

产品	区域布局
肉牛	着力建设中原、东北、西北、西南 4 个优势区。其中,中原肉牛优势区包括山东、河南、河北、安徽 4 省的 51 个县,着力满足京津冀都市圈、环渤海经济圈和长三角地区优质牛肉需求;东北肉牛优势区包括吉林、黑龙江、辽宁、内蒙古、河北 5 省(区)的 60 个县,在满足本区域优质牛肉需求同时,着力开拓东北亚市场;西北肉牛优势区包括新疆、甘肃、陕西、宁夏 4 省(区)的 29 个县,在满足本区域优质牛肉需求同时,着力开拓中亚、中东市场;西南肉牛优势区包括四川、重庆、云南、贵州、广西 5 省(区、市)的 67 个县,着力满足本区域和华南地区优质牛肉需求
肉羊	着力建设中原、中东部农牧交错带、西北和西南 4 个优势区。其中,中原肉羊优势区包括山东、河北南部、湖北、山西东部、河南、江苏和安徽 7 省的 56 个县,着力发展秸秆舍饲肉羊养殖;中东部农牧交错带肉羊优势区包括山西、河北北部、内蒙古、辽宁、吉林、黑龙江 6 省(区)的 32 个县,着力发展高档肉羊养殖;西北肉羊优势区包括甘肃、宁夏、新疆、陕西 4 省(区)的 44 个县,着力发展无污染优质肉羊养殖;西南肉羊优势区包括四川、云南、贵州、重庆、湖南 5 省的 21 个县,着力发展山羊养殖
奶牛	着力建设京津沪郊区、东北内蒙、中原、西北 4 个奶牛优势区。其中,京津沪郊区奶牛优势区包括北京、上海、天津 3 市的 17 个郊县,着力提高奶业现代化水平,加快产加销一体化进程,保障市场供给;东北内蒙奶牛优势区包括黑龙江、辽宁和内蒙古 3 省(区)的 117 个县,着力发展规模化、标准化奶牛养殖;中原奶牛优势区包括河北、山西、河南、山东 4 省的 111 个县,着力发展专业化养殖场和规模化小区,大力提高奶牛单产;西北奶牛优势区包括新疆、陕西、宁夏 3 省(区)的 68 个县,着力发展舍饲、半舍饲规模化养殖,大力提高饲养管理水平

资料来源:根据政策文件整理

经过了两轮优势农产品区域布局规划政策的引导发展,我国草食畜牧产品已经形成了一些优势产区的区域布局,如表 6.10 所示,牛、羊、兔、鹿、驴的优势产区布局已经具体划分到县域层面。

表 6.10　与草食畜牧业相关的优势产品布局情况

产品	省(市、自治区)	优势县(市、区)
牦牛	四川	汶川县、理县、茂县、松潘县、九寨沟县、金川县、小金县、黑水县、马尔康县、壤塘县、阿坝县、若尔盖县、红原县、泸定县、丹巴县、九龙县、雅江县、道孚县、炉霍县、甘孜县、新龙县、德格县、白玉县、石渠县、色达县、理塘县、巴塘县、乡城县、稻城县、得荣县
	云南	玉龙纳西族自治县、宁蒗彝族自治县、香格里拉县、德钦县、维西傈僳族自治县
	西藏	林周县、当雄县、尼木县、曲水县、堆龙德庆县、达孜县、墨竹工卡县、昌都县、江达县、贡觉县、类乌齐县、丁青县、察雅县、八宿县、左贡县、芒康县、洛隆县、边坝县、江孜县、定日县、萨迦县、拉孜县、昂仁县、谢通门县、白朗县、仁布县、康马县、定结县、仲巴县、亚东县、吉隆县、聂拉木县、萨嘎县、岗巴县、那曲县、嘉黎县、比如县、聂荣县、安多县、申扎县、索县、班戈县、巴青县、尼玛县
	甘肃	天祝藏族自治县、肃南裕固族自治县、康县、合作市、临潭县、卓尼县、迭部县、玛曲县、碌曲县、夏河县
	青海	大通回族土族自治县、平安县、民和回族土族自治县、乐都县、互助土族自治县、化隆回族自治县、循化撒拉族自治县、门源回族自治县、祁连县、海晏县、刚察县、同仁县、尖扎县、泽库县、河南蒙古族自治县、共和县、同德县、贵德县、兴海县、贵南县、玛沁县、班玛县、甘德县、达日县、久治县、玛多县、玉树县、杂多县、称多县、治多县、囊谦县、曲麻莱县、格尔木市、乌兰县、都兰县、天峻县
	新疆	和静县、和硕县
延边牛	辽宁	宽甸满族自治县
	吉林	集安市、长白朝鲜族自治县、延吉市、图们市、珲春市、龙井市、和龙市、汪清县
	黑龙江	依兰县、通河县、延寿县、尚志市、五常市、桦南县、桦川县、汤原县、勃利县、东安区、阳明区、爱民区、西安区、东宁县、林口县、绥芬河市、海林市、宁安市、穆棱市
渤海黑牛	山东	垦利县、利津县、广饶县、寒亭区、寿光市、宁津县、庆云县、滨城区、阳信县、无棣县、沾化县
郏县红牛	河南	宝丰县、鲁山县、郏县、汝州市、襄城县、禹州市
复州牛	辽宁	金州区、普兰店市、庄河市
湘西黄牛	湖南	慈利县、桑植县、凤凰县、花垣县、永顺县
奶水牛	广西	邕宁区、武鸣县、上林县、宾阳县、横县、柳城县、临桂县、苍梧县、合浦县、防城区、上思县、东兴市、钦南区、灵山县、浦北县、港北区、港南区、容县、北流市、田阳县、富川瑶族自治县、兴宾区、武宣县、江州区
	云南	师宗县、沾益县、腾冲县、昌宁县、蒙自县、建水县、弥勒县、泸西县、马关县、丘北县、广南县、富宁县、宾川县、巍山彝族回族自治县、鹤庆县、芒市、梁河县、盈江县、陇川县
德州驴	河北	沧县、盐山县、黄骅市
	山东	庆云县、阳信县、无棣县、沾化县
关中驴	陕西	陈仓区、凤翔县、陇县、千阳县、大荔县、合阳县、蒲城县、白水县
晋南驴	山西	盐湖区、临猗县、闻喜县、夏县、永济市
广灵驴	山西	广灵县、灵丘县

产品	省（市、自治区）	优势县（市、区）
泌阳驴	河南	舞钢市、方城县、社旗县、唐河县、桐柏县、确山县、泌阳县、遂平县
福建黄兔	福建	闽侯县、连江县、罗源县、闽清县、福清市、长乐市、连城县、漳平市
闽西南黑兔	福建	德化县、长汀县、上杭县、武平县
九嶷山兔	湖南	桂阳县、嘉禾县、道县、宁远县、蓝山县、新田县
吉林梅花鹿	吉林	南关区、宽城区、朝阳区、二道区、绿园区、双阳区、农安县、九台市、榆树市、德惠市、昌邑区、龙潭区、船营区、丰满区、永吉县、蛟河市、桦甸市、舒兰市、磐石市、梨树县、伊通满族自治县、公主岭市、双辽市、龙山区、西安区、东丰县、东辽县、浑江区、江源区、抚松县、靖宇县、长白朝鲜族自治县、临江市
东北马鹿	内蒙古	红山区、元宝山区、松山区、阿鲁科尔沁旗、巴林左旗、巴林右旗、林西县、克什克腾旗、翁牛特旗、喀喇沁旗、宁城县、敖汉旗
	辽宁	桓仁满族自治县、宽甸满族自治县、凤城市
	吉林	通化县、浑江区、江源区、抚松县、靖宇县、长白朝鲜族自治县、临江市、延吉市
	黑龙江	鸡冠区、恒山区、滴道区、梨树区、城子河区、麻山区、鸡东县、虎林市、密山市、新兴区、桃山区、茄子河区、勃利县、东安区、阳明区、爱民区、西安区、东宁县、林口县、绥芬河市、海林市、宁安市、穆棱市
细毛羊	内蒙古	阿鲁科尔沁旗、巴林右旗、克什克腾旗、翁牛特旗、宁城县、敖汉旗、鄂托克前旗、乌审旗、阿荣旗、扎兰屯市、五原县、乌拉特前旗、察哈尔右翼后旗、科尔沁右翼前旗、科尔沁右翼中旗、扎赉特旗、镶黄旗、正蓝旗
	甘肃	金川区、永昌县、天祝藏族自治县、肃南裕固族自治县、山丹县、金塔县
	青海	湟源县、门源回族自治县、海晏县、共和县、贵德县、格尔木市、德令哈市、乌兰县、都兰县
	新疆	昌吉市、阜康市、呼图壁县、玛纳斯县、奇台县、博乐市、温泉县、博湖县、温宿县、拜城县、察布查尔锡伯自治县、霍城县、巩留县、新源县、特克斯县、塔城市、乌苏市、额敏县、沙湾县、农一师、农四师、农五师、农六师、农七师、农八师、农九师
绒山羊	内蒙古	土默特右旗、阿鲁科尔沁旗、巴林左旗、巴林右旗、林西县、翁牛特旗、科尔沁区、科尔沁左翼后旗、开鲁县、库伦旗、奈曼旗、扎鲁特旗、达拉特旗、鄂托克前旗、鄂托克旗、杭锦旗、伊金霍洛旗、阿荣旗、莫力达瓦达斡尔族自治旗、新巴尔虎右旗、乌拉特前旗、乌拉特中旗、乌拉特后旗、四子王旗、科尔沁右翼前旗、科尔沁右翼中旗、突泉县、阿巴嘎旗、苏尼特左旗、苏尼特右旗、东乌珠穆沁旗、西乌珠穆沁旗、阿拉善左旗、阿拉善右旗、额济纳旗
	辽宁	苏家屯区、于洪区、甘井子区、普兰店市、庄河市、千山区、岫岩满族自治县、抚顺县、清原满族自治县、明山区、南芬区、本溪满族自治县、宽甸满族自治县、东港市、凤城市、老边区、盖州市、阜新蒙古族自治县、弓长岭区、辽阳县、灯塔市、盘山县、铁岭县、西丰县、建平县、喀喇沁左翼蒙古族自治县、凌源市、连山区、绥中县
	西藏	达孜县、萨迦县、昂仁县、仲巴县、吉隆县、萨嘎县、申扎县、班戈县、尼玛县、普兰县、噶尔县、日土县、革吉县、改则县、措勤县
	青海	湟中县、湟源县、互助土族自治县、化隆回族自治县、循化撒拉族自治县、门源回族自治县、尖扎县、共和县、贵德县、兴海县、贵南县、玉树县、称多县、囊谦县、格尔木市、德令哈市、乌兰县、大柴旦行委、茫崖行委
	新疆	木垒哈萨克自治县、博乐市、尉犁县、温宿县、库车县、沙雅县、拜城县、乌什县、柯坪县、阿合奇县、额敏县、托里县、和布克赛尔蒙古自治县、青河县

172

产品	省(市、自治区)	优势县(市、区)
藏系绵羊	四川	汶川县、理县、茂县、松潘县、九寨沟县、金川县、小金县、黑水县、马尔康县、壤塘县、阿坝县、若尔盖县、红原县、泸定县、丹巴县、九龙县、雅江县、道孚县、炉霍县、甘孜县、新龙县、德格县、白玉县、石渠县、色达县、理塘县、巴塘县、乡城县、稻城县、得荣县、西昌市、木里藏族自治县、盐源县、德昌县、会理县、会东县、宁南县、普格县、布拖县、金阳县、昭觉县、喜德县、冕宁县、越西县、甘洛县、美姑县、雷波县
	云南	玉龙纳西族自治县、宁蒗彝族自治县、香格里拉县、德钦县、维西傈僳族自治县
	西藏	林周县、当雄县、尼木县、曲水县、堆龙德庆县、达孜县、墨竹工卡县、昌都县、江达县、贡觉县、类乌齐县、丁青县、察雅县、八宿县、左贡县、芒康县、洛隆县、边坝县、乃东县、扎囊县、贡嘎县、桑日县、琼结县、曲松县、措美县、洛扎县、隆子县、错那县、浪卡子县、日喀则市、南木林县、江孜县、定日县、萨迦县、昂仁县、谢通门县、白朗县、仁布县、康马县、定结县、仲巴县、亚东县、吉隆县、聂拉木县、萨嘎县、岗巴县、那曲县、嘉黎县、比如县、聂荣县、安多县、申扎县、索县、班戈县、巴青县、尼玛县、普兰县、札达县、噶尔县、日土县、革吉县、改则县、措勤县、工布江达县
	甘肃	康县、合作市、临潭县、卓尼县、舟曲县、迭部县、玛曲县、碌曲县、夏河县
	青海	大通回族土族自治县、湟中县、湟源县、平安县、民和回族土族自治县、乐都县、互助土族自治县、化隆回族自治县、循化撒拉族自治县、门源回族自治县、祁连县、海晏县、刚察县、同仁县、尖扎县、泽库县、河南蒙古族自治县、共和县、同德县、贵德县、兴海县、贵南县、玛沁县、班玛县、甘德县、达日县、久治县、玛多县、玉树县、杂多县、称多县、治多县、囊谦县、曲麻莱县、格尔木市、乌兰县、都兰县、天峻县、大柴旦行委
滩羊	宁夏	盐池县、同心县、沙坡头区、中宁县、海原县
	甘肃	榆中县、白银区、平川区、靖远县、会宁县、景泰县、民勤县、环县、华池县、镇原县
奶山羊	山东	市南区、市北区、四方区、黄岛区、崂山区、李沧区、城阳区、胶州市、即墨市、平度市、胶南市、莱西市、芝罘区、福山区、牟平区、莱山区、长岛县、龙口市、莱阳市、莱州市、蓬莱市、招远市、栖霞市、海阳市、潍城区、寒亭区、坊子区、奎文区、临朐县、昌乐县、青州市、诸城市、寿光市、安丘市、高密市、昌邑市、环翠区、文登市、荣成市、乳山市
	四川	锦江区、青羊区、金牛区、武侯区、成华区、龙泉驿区、青白江区、新都区、温江区、金堂县、双流县、郫县、大邑县、蒲江县、新津县、都江堰市、彭州市、邛崃市、崇州市、雨城区、名山县、荥经县、汉源县、石棉县、天全县、芦山县、宝兴县
	陕西	阎良区、临潼区、蓝田县、扶风县、陇县、千阳县、秦都区、杨陵区、泾阳县、乾县、武功县、大荔县、蒲城县、富平县

资料来源:根据政策文件整理

(三) 特色产品布局政策

截至目前,我国共出台了两个特色农产品区域布局规划,即:《特色农产品区域布局规划(2006—2015 年)》和《特色农产品区域布局规划(2013—2020

年)》。与优势农产品布局规划不同,特色农产品区域布局主要偏重于地方特色,着重对特色草食畜进行了区域布局。

1.《特色农产品区域布局规划(2006—2015年)》

"十一五"时期,我国第一个特色农产品区域布局规划《特色农产品区域布局规划(2006—2015年)》对牦牛、特用羊这些特色草食畜进行区域布局,如表6.11所示,布局区域主要在西北地区、华北地区、东北地区和西南高原牧区等。

表6.11 《特色农产品区域布局规划(2006—2015年)》草食畜产品布局

产品	主攻方向	优势区域	发展目标
牦牛	(1)立足地方优良畜种,引进优良种牛改良本地品种,提高牦牛生产性能;(2)控制规模,保护草地,缓解草畜矛盾;(3)推广育肥新技术,综合开发牦牛的乳、肉、皮、骨,打造牦牛产业链。(4)开发牦牛的深加工产品	青藏高原	到2015年,健全和完善良种繁育、动物防疫、市场信息等支撑体系;发展畜产品精深化加工,形成一批与国际标准接轨、具有较强竞争力的加工企业;创建10个特色草食畜产品名牌
特用羊	(1)建设原种场、扩大种羊规模,提高个体产毛(绒)量和羊毛(绒)品质;(2)建设机械化剪毛和羊毛分级等基础设施;(3)建立国家珍稀品种滩羊保护区	**细毛羊:**新疆北部、内蒙古中东部、祁连山区、河北西北部、吉林、黑龙江西部和南部。**绒山羊:**西藏西部、内蒙古、陕北、冀北、辽东半岛、黑龙江中北部、新疆西北部、甘肃河西走廊、青海柴达木。**藏绵羊:**西藏大部分地区、青海、甘肃甘南、四川西部及云南西北部。**滩羊:**宁夏中部、甘肃中部、陕西西北部	

资料来源:根据政策文件整理

2.《特色农产品区域布局规划(2013—2020年)》

"十二五"时期,我国再次出台特色农产品区域布局规划——《特色农产品区域布局规划(2013—2020年)》。与"十一五"时期相比,"十二五"时期的规划品种更加丰富,由牛、羊扩展到牛、羊、驴、兔、鹿等草食畜;布局区域也由以西部地区为主向全国范围内布局,如表6.12。

表 6.12　《特色农产品区域布局规划(2013—2020年)》中草食畜产品布局

产品	主攻方向	优势区域	发展目标
特色牛	(1)加强优良地方牛品种原产地保种场、保护区建设,保护与开发相结合,遏制能繁母牛养殖数量下降趋势。(2)开发地方牛品种高档牛肉和牛肉制品,促进特色产品精深加工发展。(3)推广专业化育肥新技术,提高饲草料资源利用率。(4)因地制宜开展人工种草,建设饲草料储备和防灾减灾设施,稳定生产能力。(5)规范饲养技术,严格投入品和屠宰加工监管,确保牛肉和牛肉制品产品质量安全	**牦牛**:青藏高原、南疆中部;**延边牛**:东北三省东部;**渤海黑牛**:山东北部;**郏县红牛**:河南中西部;**复州牛**:辽宁南部;**湘西黄牛**:湖南湘西北地区;**奶水牛**:广西、云南	到2020年,健全和完善良种繁育、动物防疫、市场信息等支撑体系。建立新型的草地生态畜牧业发展机制。发展畜产品精深化加工,形成一批与国际标准接轨、具有较强竞争力的加工企业。创建10个特色草食畜产品名牌
特用羊	(1)建设原种场、扩大种羊规模,提高个体繁殖性能和产肉、产毛(绒)和羊毛(绒)品质。(2)推广牧+舍饲养殖技术,控制存栏、提高母畜、加快周转、增快出栏,保护草地,缓解草畜矛盾。(3)加快建设机械化剪毛和毛、绒分级等基础设施。(4)建立滩羊保护区	**细毛羊**:新疆天山北坡及南坡地带、内蒙古中东部、甘肃祁连山区、青海中部;**绒山羊**:西藏西部、内蒙古中西部、辽东半岛地区、辽西地区、新疆准噶尔盆地和塔里木盆地周边、青海柴达木;**藏系绵羊**:青藏高原等藏区;**滩羊**:宁夏中部、甘肃中部;**奶山羊**:陕西中部、胶东半岛、四川中部	
特色驴	(1)加强优良地方驴品种原产地保种场、保护区建设,进行本品种选育,品系繁育,保护与开发相结合。(2)培育壮大一批带动能力强的养殖、屠宰加工龙头企业,提升标准化、规模化、产业化发展水平。(3)开发高档驴肉产品、阿胶产品等,促进特色产品精深加工发展,完善产业链条,强化品牌创建	**德州驴**:鲁北平原;**关中驴**:陕西关中平原;**晋南驴**:山西南部;**广灵驴**:山西东北部;**泌阳驴**:河南南部	
兔		**福建黄兔**:福建西南、福建东北;**闽西南黑兔**:福建西南部;**九嶷山兔**:湖南南部	
鹿	—	**吉林梅花鹿**:吉林省;**东北马鹿**:东北三省东部地区、内蒙古赤峰	

资料来源:根据政策文件整理

3.《2020年畜牧产业扶贫和援藏援疆行动方案》

农业农村部发布的《2020年畜牧产业扶贫和援藏援疆行动方案》,主要是针对西藏、新疆和三区三州地区开展畜牧产业扶贫。内容主要包括:(1)在13个省区和新疆生产建设兵团、黑龙江省农垦总局落实好农牧民补奖政策。(2)支持贫困地区奶业转型升级。实施中小奶牛养殖场改造项目,支持贫困地区升级改造中小奶牛养殖场,提升粪污处理利用、防疫、质量安全及生产设施装备水平,提高奶牛养殖收益。实施高产优质苜蓿示范建设项目,支持贫困地区建设优质苜蓿生产基地,带动群众种植增收,增加优质饲草料供应能力。实施"中国小康牛奶行动",开展 D20 企业牛奶助学公益行动,向贫困地区中小学校捐赠乳制品,提高学生营养健康水平。(3)支持贫困地区牛羊养殖场户和专业化服务组织实施粮改饲项目,收贮利用青贮玉米等优质饲草,大力发展草食畜牧业。(4)畜禽粪污资源化利用建设。支持 36 个贫困县开展建设,提升养殖场户绿色养殖设施设备装备水平,实现脱贫增收与生态环境保护双赢。

开展定点扶贫。加快湖北省来凤县、咸丰县和湖南省龙山县中蜂产业发展;加强湖北省咸丰县和贵州省剑河县特色黑猪养殖帮扶。

提升"三区三州"草畜产业发展水平。在"三区三州",打造宁夏固原草畜产业扶贫新模式;落实西藏牦业扶贫项目,实施牦牛种业现代农业产业园区项目,并纳入 2020 年国家级现代农业产业园创建。提升"三区三州"草畜产业科技水平。引进优良饲用燕麦和披碱草品种、建立高产示范基地,开展肉羊高效健康养殖技术培训,建立牦牛肉加工安全控制、绿色加工等技术,开展功能性肉制品加工技术研究示范,推广玉树牦牛肉品牌等技术帮扶。培育四川凉山地方特色羊业。推进美姑山羊原种场建设工作,发掘凉山半细毛羊特色资源优势。加强甘肃临夏肉羊产业科技培训。协助新疆南疆发展肉羊产业。包括协助巴楚县制定肉羊产业发展规划,向巴楚县和于田县提供优秀西门塔尔肉牛冻精,指导开展肉牛肉羊胚胎移植和人工授精工作;组织专家开展苜蓿、全株玉米等饲草料种植加工利用技术指导,开展巴尔楚克羊、多浪羊等品种保护和开发利用技术指导等。在"三区三州"深贫县开展金鸡产业扶贫项目建设,依托蛋鸡产业体系技术优势和国家级龙头企业带动优势,建设标准化蛋鸡养殖场。加快新疆南疆肉鸡产业、兔产业发展。

加强贫困地区重大动物疫病防控。优先安排定点扶贫、"三区三州"深度贫困地区的动植物保护能力提升工程项目建设,指导推进大兴安岭南麓地区无疫区和贫困地区动物防疫指定通道建设,加强生猪产地检疫、屠宰检疫和运输车辆监管。

注重贫困地区兽医人才队伍建设。继续落实援藏援疆培训方案,各类疫病培训班优先安排定点扶贫、深度贫困地区的人员参加,组织跟班技术培训,增强基层技术人员检验检测技术水平和能力。做好对贫困地区群众防疫技术和科学用药指导培训。继续支持开展援疆科技项目"新疆荒漠地区药用植物分布调查和药用功能应用研究",做好新疆西藏兽用抗菌药使用减量化行动试点养殖场的技术支持工作。

建立贫困地区畜牧产业技术顾问制度。依托国家畜牧业产业技术体系,分别组建畜禽育种、动物营养、兽医诊疗、产品加工和饲草料生产等扶贫专家顾问组,实行专家—县区定点精准技术帮扶。

依托农业农村部畜牧兽医局与中国人民财产保险股份有限公司合作机制,以环京津贫困地区和青海、甘肃"三区三州"地区为重点,加大金融支持畜牧业发展扶贫创新试点工作力度。推动与阿里巴巴、京东等大型电商合作,积极打造扶贫产品网上营销平台,提升贫困地区特色畜产品知名度。

(四) 饲草生产布局政策

不论是农业发展的政策文件,还是畜牧业发展的政策文件,都重视饲草生产的发展。从指导农业发展的中央一号文件来看,共有9年的中央一号文件提到了饲草生产,政策从对饲草料行业层面的重视逐渐转向对细分饲草料品种进行布局。除了总体性政策文件以外,一些专项文件也对饲草生产布局产生了影响,如"镰刀弯"地区粮食种植结构调整政策中要求:减少东北冷凉区、北方农牧交错区、西北风沙干旱区、太行山沿线区、西南石漠化区籽粒玉米面积,推进粮改饲;加快发展草食畜牧业,扩大优质肉牛肉羊生产,加强奶源基地建设,提高国产乳品质量和品牌影响力;发展安全高效环保饲料产品,加快建设现代饲料工业体系。

三、我国草食畜牧业生产区域布局的变迁

受不同政策的影响,我国草食畜牧业生产区域布局发生了一些变化。为理清这些变化的趋势,我们以牛羊作为草食畜牧业的主要代表品种,梳理和分析其生产区域布局的变迁过程。牛羊的生产区域主要包括中原地区、东北＋内蒙古主产区、西北地区和西南地区(奶牛生产区不包括西南地区)。

表6.13 草食畜牧业主产区牛产业发展情况

(万头)

主产区	1985	1990	1995	2000	2005	2010	2015	2018
中原主产区	1421.3	2113.4	3773.5	3599.7	3676.4	2049	2014.7	1175.6
占全国比重	16.37%	20.54%	28.57%	27.98%	25.97%	19.28%	18.62%	13.19%
东北＋内蒙古主产区	873.8	961.3	1586.7	1498.8	1998.3	2032.7	2017	1646.3
占全国比重	10.06%	9.34%	12.01%	11.65%	14.11%	19.13%	18.65%	18.47%
西北主产区	1121.2	1484.2	1544.7	1963.8	2426.8	2081.7	2173.4	2294.8
占全国比重	12.91%	14.43%	11.70%	15.26%	17.14%	19.59%	20.09%	25.74%

主产区	1985	1990	1995	2000	2005	2010	2015	2018
西南主产区	2462.6	3575.1	3886.9	3455	3648.4	2830.9	2872.6	2533.8
占全国比重	28.36%	34.75%	29.43%	26.85%	25.77%	26.64%	26.56%	28.42%

资料来源：历年《中国统计年鉴》

表 6.14　草食畜牧业主产区羊产业发展情况

（万只）

主产区	1985	1990	1995	2000	2005	2010	2015	2018
中原主产区	2381.4	4828.4	9005.5	8631	10796.1	6033.4	6229.7	6300.1
占全国比重	15.28%	22.99%	32.53%	29.73%	28.97%	21.48%	20.55%	20.26%
东北＋内蒙古主产区	3042.8	3808	4525.9	4798.1	8025.9	7302.7	7630.4	8035.1
占全国比重	19.52%	18.13%	16.35%	16.53%	21.54%	26.00%	25.17%	25.84%
西北主产区	6950.2	8156	8528	9189.4	10782	9032.2	10070.9	10155.9
占全国比重	44.59%	38.83%	30.80%	31.65%	28.93%	32.16%	33.22%	32.66%
西南主产区	1814.7	1926.6	2291.8	2958.7	3576.1	3159.4	3507.3	3622.6
占全国比重	11.64%	9.17%	8.28%	10.19%	9.60%	11.25%	11.57%	11.65%

资料来源：历年《中国统计年鉴》

1. 中原主产区

（1）发展现状

中原主产区主要包括河北、河南、山东和安徽 4 省。该区域是我国传统农区,农业生产发达,农副产品资源丰富,草食畜牧业发展具有良好的饲料资源基础。地方良种资源丰富,我国五大肉牛地方良种中,南阳牛、鲁西牛 2 个良种均起源于此;黄淮山羊、小尾寒羊是我国著名的地方品种。该地区牛、羊单产水平较高。

（2）全区变化

1985—2018 年,中原 4 省牛的存栏量从 1421.3 万头减少到 1175.6 万头,占全国牛存栏总量的比重从 16.37％下降到 13.19％;4 省羊的存栏量从 2381.4 万只增加到 6300.01 万只,占全国羊存栏总量的比重从 15.28％上升到 20.26％。具体如表 6.13 和表 6.14 所示。

（3）各省变化

总体看来,中原主产区的牛羊存栏规模呈现下降趋势。从各省变化看,河南省牛存栏量最大,从 1985 年到 2018 年,山东省牛存栏量从 258.0 万头增加到 380.6 万头;河南省规模次之,从 609.9 万头减少到 373.4 万头;安徽省规模最小,从 398.3 万头减少到 79.6 万头;河北省 1985 年是中原主产区中牛存栏规模最小的省份,但从 1998 年开始,河北省牛存栏规模数超过安徽省,到 2018 年,河北省牛存栏数为 342.0 万头,位于中原主产区倒数第二的位置。具体变化如表 6.15。

表 6.15　河北、河南、山东和安徽 4 省牛的期末存栏数(1985—2018)

(万头)

省份	1985	1990	1995	2000	2005	2010	2015	2018
河北	155.1	207.9	579.3	697.9	826.9	404.2	412.5	342
安徽	398.3	501.2	701.3	553	431.8	150.9	164.6	79.6
山东	258	511.8	1239.3	1008.6	970.7	483.7	503.6	380.6
河南	609.9	892.5	1253.6	1340.2	1447	1010.2	934	373.4

资料来源: 历年《中国统计年鉴》

在羊的存栏规模上,山东省的羊养殖规模最大,也较为稳定。从 1985 年到 2018 年,山东省羊的存栏量从 783.3 万只增加到 2 235.7 万只;河南省羊存栏数从 661.5 万只增加到 1 926.0 万只;河北省羊的存栏量从 721.1 万只增加到 1 450.1 万只;安徽省规模最小,从 215.5 万只增加到 688.3 万只。如表 6.16 所示,从发展趋势来看,不同省份羊的存栏规模都发生了不同程度的波动式下降,一般在 2002 年到 2006 年之间有一定的波动。在中原主产区的排名上,山东和河南交换占据前两名的位置,目前,中原主产区中羊存栏数量最大的是山东。

表 6.16　河北、河南、山东和安徽 4 省羊期末存栏数(1985—2018)

(万头)

省份	1985	1990	1995	2000	2005	2010	2015	2018
河北	721.1	1074.5	1565.7	2 090	2 482	1408.6	1526.4	1450.1
安徽	215.5	398	621.1	794.9	921.3	590.5	642.7	688.3
山东	783.3	2076.4	4520.4	2784.7	3404.8	2 138.9	2 174.6	2 235.7
河南	661.5	1279.5	2 298.3	2 961.4	3 988	1895.4	1886	1926

资料来源: 历年《中国统计年鉴》

2. 东北＋内蒙古主产区

(1) 发展现状

东北＋内蒙古主产区主要包括黑龙江、吉林、辽宁和内蒙古 4 省区。该区域天然草场面积广阔,同时是我国的粮食主产区之一,农作物秸秆等农副产品丰富,具有丰富的饲料资源,饲料原料价格低于全国平均水平。该区域牛羊的单产水平都较高,特别是内蒙古。根据国家统计局数据计算,2018 年,该区域牛平均产肉量为 105 千克/头,高出全国平均水平 32 千克/头,羊平均产肉量 16 千克/只,略高于全国平均水平。其中,吉林省牛单产水平最高,牛平均产肉量在 125 千克/头以上,内蒙古羊平均产肉量最高,羊平均肉产量在 18 千克/只以上[1]。

(2) 全区变化

从 1985 年到 2018 年,上述 4 省牛的存栏量从 873.8 万头增加到 1 646.3 万头,占全国牛存栏总量的比重从 10.06% 提高到 18.47%;4 省羊的存栏量从 3 042.8 万只增加到 8 035.1 万只,占全国羊存栏总量的比重从 19.52% 增加到 25.84%。

(3) 各省变化

从总体变化趋势来看,东北＋内蒙古主产区各省区牛羊存栏数量都发生了不同程度的增长。具体看来,从 1985 年到 2018 年,内蒙古的牛存栏量从 396.5 万头增长到 616.2 万头,黑龙江、吉林、辽宁 3 省的牛存栏量分别从 175.7 万头、166.7 万头和 134.9 万头增长到 456.5 万头、325.3 万头和 248.3 万头。具体变化趋势如表 6.17 所示。

表 6.17　东北＋内蒙古主产区各省份牛期末存栏数(1985—2018)

(万头)

省份	1985	1990	1995	2000	2005	2010	2015	2018
内蒙古	396.5	385.3	389.3	351.6	576.4	676.5	671	616.2
辽宁	134.9	150.9	301.6	254	344.7	366.7	384.6	248.3
吉林	166.7	188.3	384.3	431.9	550	455.7	450.7	325.3
黑龙江	175.7	236.8	511.5	461.4	527.1	533.7	510.7	456.5

资料来源: 历年《中国统计年鉴》

从 1985 年到 2018 年,内蒙古羊的存栏量从 2 468.4 万只增长到 5 777.8 万只,黑龙江、吉林、辽宁 3 省的牛存栏量分别从 229.6 万只、151.2 万只和 193.6 万只增长到 895.7 万只、452.9 万只和 908.7 万只。具体变化趋势如表 6.18 所示。

---

[1] 此处牛的存栏数量未区分奶牛和肉牛。以下同此,不再说明。

表 6.18　东北主产区各省份羊期末存栏数(1985—2018)

(万只)

省份	1985	1990	1995	2000	2005	2010	2015	2018
内蒙古	2468.4	3023.9	3321	3551.6	5420	5277.2	5569.3	5777.8
辽宁	193.6	267.2	373.2	386.1	995.6	733.5	793.5	908.7
吉林	151.2	233.6	337	353	430	398.8	410.8	452.9
黑龙江	229.6	283.3	494.7	507.4	1180.3	893.2	856.8	895.7

资料来源:历年《中国统计年鉴》

3. 西北主产区

（1）发展现状

西北主产区主要包括新疆、甘肃、陕西、宁夏、西藏和青海 6 省区。该区域天然草原和草山草坡面积较大,粮食生产发展快,饲料和农作物秸秆资源比较丰富;拥有新疆褐牛、陕西秦川牛等地方良种,在引进了美国福牛、瑞士福牛等国外优良肉牛品种后,对地方品种进行改良,取得了较好的效果。该区羊肉品质好,一些清真民族品牌享誉国内外市场,肥尾羊深受中东地区国家消费者喜爱。该区域养羊历史悠久,肉羊产业基础较好,户均饲养规模较大。制约因素主要是气候寒冷,超载过牧,养羊设施落后,出栏率低。在这样的资源条件下,该区域的牛单产水平普遍不高(除了新疆)。根据国家统计局数据计算,2018年,该区域牛平均产肉量为 51 千克/头,比全国平均水平少 21 千克/头,羊平均产肉量为 12 千克/只,比全国平均水平低 3 千克/只。其中,青海牛的单产水平最低,仅 26 千克,主要是因为牦牛个头小、产肉少;甘肃和西藏的牦牛数量较多,因此单产水平也较低,仅 49 千克和 34 千克。陕西、宁夏和新疆的牛的单产水平高于全国平均水平,均超过 90 千克/头。除西藏和青海外,其余 4 个省区的羊单产水平都较高,且较为接近,平均在 12~17 千克/只。

（2）全区变化

从 1985 年到 2018 年,西北主产区的牛羊数量规模都发生了不同程度的增长:牛的存栏规模从 1805.6 万头增长到 2294.8 万头,占全国牛存栏总量的比重从 20.80% 提高到 25.74%;羊的存栏量从 7900.4 万只增加到 10155.9 万只,占全国羊存栏总量的比重从 42.08% 下降到 32.66%。

（3）各省变化

总体而言,西北主产区各省份牛的存栏数量总体变化趋势一致,都发生了不同程度的增长;羊存栏数量变化趋势存在差异,有的省份增长,有的省份降低。1985 年,西北主产区中牛存栏数量最大的省区是青海省,为 515.9 万头,规模最小的是宁夏,为 23.2 万头;到 2018 年,西北主产区中牛存栏数量最大的省区是西藏,为 608.4 万头,规模最小的仍然是宁夏,为 124.6 万头。具体见表 6.19。

表 6.19 西北主产区各省份牛期末存栏数(1985—2018)

(万头)

省份	1985 年	1990 年	1995 年	2000 年	2005 年	2010 年	2015 年	2018 年
西藏	499	505.6	538.5	526.2	632.5	610.3	616.1	608.4
陕西	185.4	241.6	278.1	257.7	309	165	146.8	149.9
甘肃	288.8	337.9	370.3	343.4	476.9	435	450.7	440.4
青海	515.9	538.6	500.9	391	406.2	450.3	455.3	514.3
宁夏	23.2	27.9	51.9	60.5	98.2	90.7	107.6	124.6
新疆	293.3	338.2	343.5	385	504.2	330.5	396.9	457.2

资料来源: 历年《中国统计年鉴》

1985 年,西北主产区中羊存栏数量最大的省区是新疆,为 2 431.9 万只,规模最小的是宁夏,为 309.7 万只;到 2018 年,这个格局没有变化,西北主产区中羊存栏数量最大的省区仍然是新疆,为 3 995.7 万只,规模最小的仍然是宁夏,为 587.8 万只。具体情况如表 6.20 所示。

表 6.20 西北主产区各省份羊期末存栏数(1985—2018)

(万只)

省份	1985	1990	1995	2000	2005	2010	2015	2018
西藏	1626.5	1676.9	1770.1	1664.3	1698.3	1656.1	1457.1	1496
陕西	341.1	612.6	663.4	635.3	930.9	635.2	700.2	701.9
甘肃	912.8	1 109.8	1 126.5	1 163.3	1 526.3	1 749.3	1960.5	1939.5
青海	1328.2	1608.3	1666.3	1642	1765.7	1505.2	1457.1	1435
宁夏	309.7	317.6	292.7	394.3	505.4	473.1	612	587.8
新疆	2431.9	2830.8	3 009	3 690.2	4 355.5	3 013.4	3 884	3 995.7

资料来源: 历年《中国统计年鉴》

4. 西南主产区

(1) 发展现状

西南主产区主要包括四川、重庆、云南、贵州和广西 5 省(自治区、直辖市)。该区域农作物丰富,草山草坡较多,青绿饲草资源也较丰富,同时,通过三元种植结构的有效实施,饲草料饲料产量将会进一步提高,为发展肉牛肉羊产业奠定了基础。该区草山草坡面积大,地方优良品种较多,南江黄羊、马头山羊、建昌黑山羊等优良品系是杂交改良优秀母本,经改良后的地方山羊个体大、生长快、肉质好、市场反映良好。该区紧邻广东等消费水平较高的沿海市场,距港澳市场较近,出口活畜较为便利,市场条件优越。但是,草山草坡基础设施差、利用难度大,畜群规模小,饲养分散,气候湿热,防疫难度大。该地区牛个头小,单产水平较低,但是羊的单产水平普遍较高。根据国家统计局数据计算,2018年,这5个省(自治区、直辖市)的牛平均单产为43千克,比全国平均水平少29千克。其中,最低的是广西37千克,最高的是重庆,为69千克。该地区羊的平均单产则较高,平均达到17千克,高于全国平均水平2千克。重庆和云南的单产水平都在17千克以上。

(2)全区变化

总体看来,从1985年到2018年,西南主产区的牛存栏数量呈现出减少趋势,羊存栏数量呈现出增长的趋势。具体变化是:牛存栏规模从2717.8万头下降到2533.8万头,占全国牛存栏总量的比重从31.30%下降到28.42%;羊存栏量从2074.4万只增加到3622.6万只,占全国羊存栏总量的比重从11.05%增加到11.65%。

(3)各省变化

总体而言,西南主产区各省份牛、羊存栏数量总体变化趋势存在内部差异。广西、重庆、四川、贵州牛的期末存栏数下降,云南的牛的期末存栏数增长;广西、重庆、四川、贵州和云南5省区市的羊的期末存栏数都呈增长趋势。1985年,西南主产区中牛存栏数量最大的省份是四川省,为939.6万头,规模最小的是贵州省,为485.9万头;到2018年,西南主产区中牛存栏数量最大的省份仍然为四川省,为824.3万头,规模最小的是重庆市,为103.7万头。具体见表6.21。

表6.21 西南主产区牛期末存栏数(1985—2018)

(万头)

省份	1985	1990	1995	2000	2005	2010	2015	2018
广西	560.2	703.9	797.1	775.3	735.6	450	445.9	328.6
重庆	—	—	—	164.1	167.2	128.1	148.6	103.7
四川	939.6	1008	1115.9	1002.8	1150.4	964.4	985.3	824.3
贵州	485.9	590.1	649.3	658.1	793.2	541.8	536	465.3
云南	732.1	767.5	786.1	854.8	802.1	746.7	756.8	811.9

资料来源:历年《中国统计年鉴》
说明:1985年、1990年和1995年四川数字里含重庆情况

1985 年,西南主产区中羊的存栏数量最大的省份是四川省,为 876.8 万只,规模最小的是广西,为 66.6 万只;到 2018 年,这一趋势没有发生变化,四川省仍是羊存栏规模最大的省份,为 1 782.3 万只,规模最小仍然是广西,为 202.6 万只。具体见表 6.22。

表 6.22 西南主产区羊期末数(1985—2018)

(万只)

省份	1985	1990	1995	2000	2005	2010	2015	2018	1985—2018 年均增长率
广西	66.6	80.6	141.3	241.8	260	193.4	201.6	202.6	3.4%
重庆	—	—	—	160.6	303.6	168.4	209.6	225.6	1.9%
四川	876.8	945.9	1210.6	1321.6	1587.3	1658.5	1750.7	1782.3	2.2%
贵州	147.4	177.7	221.2	341.8	448.3	261.1	337.4	354.7	2.7%
云南	723.9	722.4	718.7	892.9	976.9	877.9	1008	1057.4	1.2%

资料来源:历年《中国统计年鉴》
说明:1985 年、1990 年和 1995 年四川数字里含重庆市情况

四、影响我国草食畜牧业生产区域布局的主要因素

近年来,各级政府加强了对草食畜牧业发展的扶持力度,但草食畜牧业投入少、基础差、生产方式较为落后的局面尚未彻底改变,草食畜牧业发展依然面临诸多制约因素,难以满足日益增长的消费需求。

(一)受资源环境约束,草食畜牧业布局与牧草产业布局存在空间不匹配

牧草产业是草食畜牧业发展的重要物质基础。在草食畜产品中,奶牛、羊的生产十分倚重牧草产业的发展。目前,过牧、农牧土地竞争制约着牧草产业的持续发展。

在北方纯牧区,存在草原退化问题,虽然在纯牧区已经推行禁牧休牧轮牧和草畜平衡制度、转变草原畜牧业发展方式,但该区域保护草原生态环境的任务艰巨,草食畜产品在这一区域的发展规模受到天然的限制。

在北方农牧交错带,籽粒玉米种植面积过大,优质牧草产业发展落后,种养不协调使得该地区草食畜牧业的比较优势难以发挥,农牧融合发展程度低。长期以来,北方农牧交错带的农牧结构失衡、水资源过度开发,资源环境压力越来

184

越大,是当前推进农业结构调整的重点和难点地区。北方农牧交错带虽是草食畜牧业发展的优势区域,但由于该地区草食畜牧业产业链条不完整,生产、深加工、销售等完整的产业链条未形成,产业融合发展滞后。

在纯农区,由于土地资源紧缺,养殖场和饲草料基地建设"用地难"问题突出,农牧协调发展难以顺利实现,随着草食畜牧业发展,优质饲草供求缺口大。

目前,我国草食畜牧业的饲草料产业供给来源主要包括:天然草原、人工草原、农作物秸秆和退耕还草。不论是哪种饲草料供给,都存在生产方式落后、单产低、质量差、商品率不高等问题,产量和品质远不能满足草食畜牧业发展的需要。

(二) 缺乏顶层设计,政策缺位问题突出

由于缺乏顶层设计,目前我国草食畜牧业区域布局与牧草种植业和其他畜牧业之间的配比还不能做到完全的协调。由于缺乏更上一级的完整系统的政策框架,有关政策之间的相互衔接也不够紧密,一些政策措施之间缺乏相互协调,以及部门之间缺乏必要的协调和监督,使得政策缺位问题还比较突出。亟需出台一个完整系统的草食畜牧业区域布局规划和配套政策支持体系,充分协调各扶持政策,发挥政策的最大效应。

(三) 科技支撑体系建设滞后

目前我国自主培育的肉牛、肉羊专用品种少,生产核心种群依赖进口。地市级以下品种改良机构的基础设施依然较为落后,技术手段有限,一些机构甚至出现衰退,从而导致地方品种选育改良进展滞后,出现近交繁育、性能退化严重等问题,此外一些优质的地方品种缺乏保护,规模逐渐减小。牛羊母畜养殖周期长、比较效益低,养殖积极性不高,母畜存栏持续下降,已成为制约产业发展的主要瓶颈。"十三五"期间,全国能繁母牛、能繁母羊存栏量低于"十二五"期间。

(四) 市场、疫病和自然灾害

草食畜牧业面临市场、疫病和自然灾害三大威胁,暴露出抗风险能力弱、品牌建设滞后、防疫体系能力欠缺和饲草饲料供应体系存在问题。一是市场波动风险。肉牛、肉羊养殖周期长、资金投入大、周转慢、回报率低。随着推广规模化舍饲圈养,我国牛、羊产业也进入高投入、高成本的发展阶段。由于国内饲草料、人工等养殖成本刚性上升,牛、羊肉等畜产品价格上涨的好处大部分被成本增加抵消。二是缺乏品牌。我国草食畜牧业的产业化水平低。目前,我国肉

牛、肉羊仍以分散养殖为主,与畜牧业发达国家相比规模化水平还有差距,即使与国内生猪、蛋鸡等其他畜禽产业相比,规模化标准化程度也偏低。传统的一家一户小规模养殖,无法适应现代畜牧业的标准化、绿色化、规范化发展的要求。另外,我国有实力的草食畜牧业龙头企业和专业合作社少,养殖、加工、销售、服务等产业化链条不完整,品牌建设长期不足,产品增值少、效益微薄。三是防疫体系能力不足。我国牛、羊等防疫不够规范,局部地区牛、羊布鲁氏菌病等人畜共患病疫情回升,口蹄疫等重大动物疫病防控形势依然严峻;奶牛布鲁氏菌病、结核病、乳房炎等疫病仍较普遍,影响产量,也为质量安全带来隐患。四是自然灾害。许多肉牛、肉羊养殖户的设施条件(包括畜舍、青贮窖、饮水设施等)简陋,饲养方式落后,遇到旱灾、雪灾时,牲畜面临饲草料短缺,导致疫病风险大、环境污染重。

五、对策建议

草食畜牧业是现代农业产业体系的重要组成部分。发展草食畜牧业,能够有效转化饲草、农作物秸秆和其他农副产品,实现三元种植结构协调发展,是调整优化农业结构的重要措施。从现代畜牧业发展的理念来看,未来草食畜牧业的发展目标应该以生产安全优质畜产品为目标①,以实现生产体系的可持续发展为方向,以科技支撑为动力。针对草食畜牧业发展中存在的问题,应从区域布局、规模化发展、良种培育推广和饲草产业四个方面进行顶层设计与政策规划。

(一) 促进草食畜牧业向优势区域布局,完善农牧结合的养殖模式

要结合草食畜牧优势品种和特色品种布局,统筹北方牧区、传统农区、农牧交错带、南方草山草坡四大片区的草食畜牧业布局②,调整种养结构,构建粮饲兼顾、农牧结合、循环发展的新型种养结构。针对每个区域的特定发展阶段、区域特色、品种生物学特性、质量安全控制状况、市场变化,设计和完善符合区域差异化的保险、金融等草食畜牧业支持政策,重点实施基础母牛扩群增量项目,推行牧区轮牧、半放牧半舍养,北方农牧交错草原牧区重点推广规模育肥,传统

---

① 焦宏. 草食畜牧业亟待转变发展方式. 农民日报,2011 - 07 - 05(003).
② 韩长赋部长在全国农业工作会议上的讲话,2014 - 12 - 22, http://www. moa. gov. cn/govpublic/BGT/201501/t20150109_4328786. htm.

养牛养羊农业大省重点发展推广农牧户适度规模养殖,南方实施现代草地畜牧业推展农牧结合的行动①。深入贯彻实施《全国牛羊肉生产发展规划(2013—2020年)》,以优势区域为重点,形成资源高效利用、生产成本可控的养殖模式。在草原牧区坚持生态优先,推行草畜平衡制度,发展人工种草,建设标准化暖棚,推行半舍饲养殖;在农牧交错带实施草原改良、退耕还草、草田轮作,建立"牧繁农育"和"户繁企育"为主的养殖模式;在传统农区优化调整农业结构,发展青贮玉米和优质饲草种植,建立"自繁自育"为主的养殖模式,提升标准化规模养殖水平;在南方草山草坡地区,推进天然草地改良,利用冬闲田种草,发展地方特色养殖。实施牛羊养殖大县奖励补助政策,调动地方发展草食畜产品生产积极性,建成一批养殖规模适度、生产水平高、综合竞争力强的养殖基地。

(二) 推进草食畜牧业规模化和标准化发展

我国牛羊等草食畜牧业发展已进入转型期,到了由"千家万户小规模"向规模化标准化养殖转变的发展阶段。② 应该扩大肉牛肉羊标准化规模养殖项目实施范围,支持适度规模养殖场改造升级,推动牛羊由散养向适度规模养殖转变,逐步推进标准化规模养殖;加大对中小规模奶牛标准化规模养殖场改造升级,大力推广智能化、信息化管理,促进小区向牧场转变;扩大肉牛基础母牛扩群增量项目实施范围,发展农户适度规模母牛养殖,支持龙头企业提高母牛养殖比重,积极推进奶公犊育肥,逐步突破母畜养殖的瓶颈制约,稳固肉牛产业基础。重点支持规模化标准化养殖场建设,着重帮助解决饲草料供应、疫病防控、粪便资源化利用、良种繁育、配种技术服务等问题;研发肉牛肉羊舍饲养殖先进实用技术和工艺,加强配套集成,形成区域主导技术模式,推动牛羊由散养向适度规模转变③。加快培育家庭牧场、牧业合作社、龙头企业等新型经营主体。加强技术指导和服务,从技术培训、信息咨询、融资等多方面提升生产的合作化与服务的社会化,促进草食畜牧业的规模化和产业化发展,提升产业竞争力。

(三) 大力实施草食畜良种提升计划,提高良种供给能力

良种供应不足是制约草食畜牧业发展的重要因素。应根据《农业部关于促

---

① 农业部关于北方农牧交错带农业结构调整的指导意见,2016 - 11 - 30,http://jiuban. moa. gov. cn/zwllm/tzgg/tz/201611/t20161130_5383030. htm.

② 刘源,鲍承辉. 加快推进草牧业高质量发展——草牧业典型模式总结交流会在张家口市召开. 中国畜牧业,2018(22):10—12.

③ 农业部关于促进草食畜牧业加快发展的指导意见,2015 - 05 - 04,http://www. moa. gov. cn/govpublic/XMYS/201506/t20150610_4696394. htm.

进草食畜牧业加快发展的指导意见》和《全国草食畜牧业发展规划(2016—2020年)》,深入实施全国肉牛、肉羊遗传改良计划,优化草食种畜禽布局,以核心育种场为载体,支持开展品种登记、生产性能测定、遗传评估等基础工作,加快优良品种培育进程,提升自主供种能力。在细分品种上,具体要:加强奶牛遗传改良工作,补贴优质胚胎引进,提升种公牛自主培育能力,建设一批高产奶牛核心群,逐步改变良种奶牛依靠进口的局面;肉牛要选择群体规模大、育种基础好的现有杂交群体开展杂交育种,培育一批专门化肉牛新品种,提高育成品种和引进品种的生产性能;肉羊要开展地方品种选育,提高肉用生产性能和种群供种能力,培育繁殖性能高、生长发育快的专门化肉羊新品种。在体制机制建设和环境培育上,具体要:健全良种繁育体系,加大畜禽良种工程项目支持力度,加强种公牛站、种畜场、生产性能测定中心建设,提高良种供应能力;继续实施畜牧良种补贴项目,推动育种场母畜补贴,有计划地组织开展杂交改良,提高商品牛羊肉用性能;大力支持奶牛、肉牛、肉羊以及其他特色草食畜禽国家核心育种场建设,完善生产性能测定配套设施设备配置,规范开展生产性能测定工作,督促育种企业提高场内测定的质量,提高国产优秀种公畜数量和质量;加强种畜禽遗传评估中心基础设施建设,提高遗传评估的准确性和及时性;加快主要草食畜禽育种进程,奶牛要加大全基因组选择和优质胚胎引进推广力度,建设全国奶牛育种大数据平台和遗传评估中心,强化育种监督管理服务;加快推进联合育种,支持和鼓励以企业为主导,联合高校、科研机构等成立不同的草食畜禽联合育种组织,支持建设区域性联合育种站,搭建遗传交流的平台。

(四) 加快建设现代饲草料产业体系,为草食畜牧业发展奠定物质基础

饲草料是发展草食畜牧业的物质基础,要保障优质饲草料供应,应统筹开发利用天然牧草、人工种草、退耕还草、秸秆等"三草一秆"多种资源,加快形成现代饲草料产业体系。[①]

根据 2016 年农业部办公厅发布的《农业部关于促进草食畜牧业加快发展的指导意见》和《全国草食畜牧业发展规划(2016—2020 年)》,在饲草料生产方面,应以多种方式促进饲草料生产,具体包括:支持青贮玉米、苜蓿、燕麦、甜高粱等优质饲草料种植,鼓励干旱半干旱区开展粮草轮作、退耕种草;继续实施振兴奶业苜蓿发展行动,保障苜蓿等优质饲草料供应;加大南方地区草山草坡开

[①] 草牧业典型模式总结交流会议在张家口召开,2018 - 11 - 05,http://www.mnr.gov.cn/dt/bwdt/201811/t20181105_2356811.html.

发利用力度,推行节水高效人工种草,推广冬闲田种草和草田轮作;加快青贮专用玉米品种培育推广,加强粮食和经济作物加工副产品等饲料化处理和利用,扩大饲料资源来源;在农区、牧区以及垦区和现代农业示范区、农村改革试验区,开展草牧业发展试验试点;在玉米、小麦种植优势带,开展秸秆高效利用示范,支持建设标准化青贮窖,推广青贮、黄贮和微贮等处理技术,提高秸秆饲料利用率;在东北黑土区等粮食主产区和雁北、陕北、甘肃等农牧交错带开展粮改饲草食畜牧业发展试点,建立资源综合利用的循环发展模式,促进农牧业协调发展。

在不同品种的饲草产业体系方面,应建立有区别的体系,具体表现为:天然牧草要稳定和完善草原生态补奖政策,实行以草定畜,严格执行禁牧休牧轮牧制度,提高牧草综合生产能力;人工种草要建立健全牧草良种繁育体系,积极培育推广优良牧草品种,开发推广适合人工牧草的配套机具,鼓励扩大优质牧草种植面积;退耕还草要实行农牧结合、种养循环、粮饲兼顾、草畜配套。

在草种的保育扩繁推广方面,可以实施以下措施:加强牧草种子繁育基地建设,不断提升牧草良种覆盖率和自育草种市场占有率;推进人工饲草料种植,支持青贮玉米、苜蓿、燕麦、黑麦草、甜高粱等优质饲草料种植,推广农闲田种草和草田轮作,推进研制适应不同区域特点和不同生产规模的饲草生产加工机械;推进天然草原保护建设,促进退化草原植被恢复,加强病虫鼠害的预测预报和防控能力建设,开展"黑土滩"和毒害草地治理;推动饲草料资源多样化开发,加强对糟渣、饼粕等农产品加工副产品的饲料化处理和利用,积极开发利用菜饼粕和单细胞蛋白等非常规饲料资源,开展农作物秸秆高效利用示范,推广应用青贮、黄贮和微贮等处理技术。

第七章
中国渔业生产区域布局演进

改革开放以来,我国渔业保持良好的发展态势,产量继续增长,形成了多种类、多模式、多业态的生产格局。受水源、气候等条件影响,目前我国渔业生产布局呈现区域性特征,且不同品种的水产品呈现不同的布局特点。了解我国渔业生产区域布局的演进情况、特点和成因,有助于我们根据资源条件、经济社会发展状况等科学布局渔业,合理规划渔业生产。

一、我国渔业资源与分布

我国地域辽阔,南北跨度大,渔业区域资源差异大,沿海内陆地区各有优势。

(一) 我国渔业资源丰富且分布广

我国地处亚洲大陆东南部,东南两面临海,渤海、黄海、东海和南海四大海域面积辽阔,大陆海岸线长达 18 000 多千米,港湾众多、岛屿密布。我国是世界上内陆水域最多的国家之一,水面类型齐全,分布广泛;作为世界上河流最多的国家之一,我国流域面积在 1 000 多平方千米以上的河流有 1 500 多条,包括长江、黄河、珠江、黑龙江、松花江、辽河、雅鲁藏布江、澜沧江、怒江、汉江等,面积在 100 平方千米以上的湖泊有 120 多个,还有数万座大中型水库、数亿亩稻田和低洼盐碱荒地。[①] 这些江河湖海为我国渔业发展提供了便利的条件。

我国水域分布在热带、亚热带和温带,为水生生物提供了良好的生长环境,各种鱼类达 2 500 多种,其中,海洋鱼类 1 700 多种,淡水鱼类 800 多种,虾、蟹、

---

① 陈洁等著.中国淡水渔业发展问题研究,上海:上海远东出版社,2011.

贝、头足类和藻类等水生经济动植物多达数千种。我国还拥有白鳍豚、中华白海豚、中华鲟、白鲟和江豚等世界珍稀水生野生动物。[①]

我国渤海沿岸河口浅水区营养盐丰富,饵料生物繁多,是经济鱼、虾、蟹类的产卵场、育幼场和索饵场。渤海中部深水区既是黄渤海经济鱼、虾、蟹类洄游的集散地,又是渤海地方性鱼、虾、蟹类的越冬场。黄海底栖动物资源丰富,可供食用的种类主要是软体动物和甲壳类动物;经济贝类资源主要有牡蛎、贻贝、蚶、蛤、扇贝和鲍等;经济虾、蟹资源有中国对虾、鹰爪虾、新对虾、褐虾和三疣梭子蟹;棘皮动物刺参的产量也较大;底栖植物资源主要是海带、紫菜和石花菜等。东海的海湾以杭州湾面积最大,其近海营养盐丰富,海底平坦,水质优良,又有多种水团交汇,是鱼类优越的繁殖场、索饵场和越冬场,盛产大黄鱼、小黄鱼、带鱼、墨鱼等,其中舟山群岛附近的渔场被称为中国海洋鱼类的宝库。南海位于中国大陆的南方,为太平洋西部海域,中国三大边缘海之一,西南中沙群岛海域鱼类约有 2 000 种,其中经济鱼类约 800 种,居中国四大海区之首。[②]

丰富的江河湖泊,多样的水生生态系统,丰富的生物多样性,为我国渔业发展提供了优越的条件。

(二)我国南北和沿海内陆渔业资源各具优势

受我国地形、地貌等自然因素的影响,不同省份渔业生产资源差异极大,有不同的特点。沿海省份渔业资源主要以海洋渔业资源为主,同时有部分淡水养殖资源。沿海水产养殖大省主要有山东、福建、广东,其次是辽宁、浙江和广西,上海和天津产量较低。我国海水养殖有较大发展空间,网箱养殖技术的日益完善使得沿海省份渔业产量持续增加,尤其是处于两海交界处的辽宁、江苏、浙江等省。沿海省份的海水养殖和海洋捕捞占其渔业的很大比例。从行政区域生产量的角度来看,自 1978 年以来,沿海的辽宁、天津、山东、江苏、上海、浙江、福建、广东、广西等省渔业产量逐年上升。2018 年,全国海水养殖产量达到 3 301.43 万吨,其中海水养殖产量最大的是山东省,产量超过 500 万吨,达到 521.09 万吨,占所有海水养殖产量的四分之一;水产品产量超过 300 万吨的有福建省和广东省,产量分别为 478.83 万吨和 316.73 万吨,产量在 100~300 万吨的有辽宁、广西和浙江等省。

我国内陆省份淡水渔业的发展主要集中在池塘、湖泊、水库等,其中自然湖泊养殖历史较为悠久,主要集中在江西、安徽、湖南、江苏等省,鄱阳湖、巢湖、洞

---

① 第二届 FAO/中国渔业统计研讨会材料. 2006,10.

② 海南省地方志. 海南:海南出版公司. 2009,6.

庭湖、太湖、高邮湖、洪泽湖等是这些省份的主要渔业湖泊。内蒙古、吉林、黑龙江、云南、宁夏等省区的湖泊面积较小,渔业产量较少。青藏高原区湖泊众多,但是气候恶劣,养殖条件较差,产量低。

　　池塘养殖是农村改革开放后我国淡水渔业发展的主要力量,池塘养殖产量较高的省份有湖北、广东、湖南、江苏、江西、安徽等,其中长江流经以上 6 省中的 5 个省份,丰富的水资源为池塘养殖带来了便利的条件。广东省地处珠江流域,渔业资源同样丰富。历史上,以上省份有专门从事渔业生产的渔民,渔业生产水平也高于其他区域。

　　由于地形原因,我国各地修建水库较多,水库养殖方兴未艾。合理利用水库资源,可以帮助渔民增收致富。2018 年我国水库养殖产量达到 294.92 万吨,仅次于池塘养殖产量,其中养殖产量较大的省份有广西、江西、云南、广东、四川、湖南、福建、安徽、山东等。

　　凭借得天独厚的淡水资源,湖北省在淡水养殖方面一枝独秀,2018 年该省淡水养殖产量达到 440.30 万吨,占全国淡水养殖产量的 14.88%;淡水养殖产量超过 300 万吨的有江苏省和广东省,分别为 325.29 万吨和 381.75 万吨;产量在 200～300 万吨的省份有江西省、湖南省,产量分别为 233.54 万吨和237.95 万吨;产量超过 100 万吨的省份有浙江、安徽、山东、广西、四川等省;其余省份产量均低于 100 万吨。

二、我国海水养殖结构与布局

　　我国海水养殖历史悠久,贝类增养殖已有 2 000 多年的历史,最早的文字记载见于明代郑弘图的《业蛎考》。[①] 海水养殖业的真正发展始于新中国成立初期。1950 年,我国海水养殖产量仅有 1 万吨,牡蛎是唯一的养殖种类。到1970 年以前,贝类和藻类是我国主要的海水养殖种类。1970 年后,海水鱼、虾养殖业才逐步发展起来。20 世纪 90 年代后,我国海水养殖业进入到多种类快速发展的新阶段。改革开放 40 多年来,我国实现了 100 多种野生海水动植物的规模化繁殖和增养殖。2018 年,我国海水养殖面积 2 043.07 千公顷,海水养殖总产量 2 031.22 万吨,其中鱼类 149.51 万吨,甲壳类 170.29 万吨,贝类 1 443.93 万吨,藻类 234.39 万吨,其他类 33.10 万吨。在海水养殖鱼类中,大黄鱼产量最高,为 19.80 万吨;鲈鱼紧随其后,产量 16.66 万吨,排名第三的是石

---

① 张福绥. 近现代中国水产养殖业发展回顾与展望. 世界科技研究与发展. 2003(6): 5—13.

斑鱼,产量 15.96 万吨。在海水养殖中滩涂面积占 29.20%,海上养殖面积占 55.81%,其他养殖区域占 14.99 %。

我国大陆海岸线 18 000 余千米,跨热带、亚热带和温带,不同的气候类型和生态环境,造就了不同的生存条件,促使我国海水养殖呈现出物种繁多、方式多样的特点。从海水养殖构成来看,我国海水养殖种类繁多,有五大种类,包括:鱼类,主要有大黄鱼、鲈鱼、石斑鱼、鲷鱼、美国红鱼等,占海水养殖产量的 7.36%;甲壳类,包括虾、蟹,占海水养殖总产量的 8.38%;贝类,包括牡蛎、鲍、扇贝、蛤等,占海水养殖总产量的 71.09%;藻类,包括海带、裙带菜、紫菜、石花菜等,占海水养殖总产量的 11.54%;其他类,包括海参、海胆、海蜇等,占海水养殖总面积的 1.63%。产量在 100 万吨以上的海水养殖产品主要包括牡蛎、扇贝、蛤、南美白对虾、海带等,占海水养殖总产量的 67.83%。产量在 50~100 万吨的海水养殖产品有贻贝和蛏,占海水养殖总产量的 8.65%。

(一) 我国海水养殖产量及分布

海水养殖主要集中在我国的天津、河北、辽宁、上海、江苏、浙江、福建、山东、广东、广西、海南等省份,山东、福建、广东、辽宁的产量排在前四位,其中辽宁省养殖面积最大,2018 年达到 69.32 万公顷。

表 7.1　2018 年各地区海水养殖产量

(吨、%)

地区	海水养殖产量	比重	鱼类	比重	甲壳类	比重	贝类	比重	藻类	比重	其他	比重
天津	7 652	0.04	1426	0.10	6226	0.37	—	—	—	—	—	—
河北	489 836	2.41	11648	0.78	31080	1.83	—	—	1003	0.04	12998	3.93
辽宁	2 863 634	14.10	71841	4.81	40963	2.41	268019	5.21	341622	14.58	114684	34.64
上海	—		—		—		—		—		—	
江苏	918 327	4.52	83925	5.61	115289	6.77	39883	0.78	42527	1.81	9136	2.76
浙江	1 208 973	5.95	44692	2.99	112290	6.59	223039	4.34	88090	3.76	3971	1.20
福建	4 788 297	23.57	391007	26.15	202077	11.87	1894204	36.85	1118653	47.73	48364	14.61
山东	5 210 855	25.65	111454	7.45	167039	9.81	933180	18.16	665310	28.39	118131	35.69
广东	3 167 259	15.59	594793	39.78	582121	34.18	1141457	22.21	73191	3.12	19076	5.76
广西	1 363 182	6.71	59748	4.00	316049	18.56	636055	12.38	—	—	4581	1.38
海南	294 191	1.45	124554	8.33	129777	7.62	3923	0.08	13475	0.57	93	0.03
全国	20 312 206	100	1495088	100	1702911	100	5139760	100	2343871	100	331034	100

资料来源:《2019 中国渔业统计年鉴》

我国大陆进行海水养殖的省份一共有 11 个,从东北地区的辽宁省到华南地区的海南省,由于所处的气候带不同,养殖的品种、面积和产量有很大区别。

海水养殖产量中,山东是我国产量最大的省,2018 年产量为 521.09 万吨,占全国海水养殖总产量的 25.65%;产量占总产量 20%以上的省份还有福建,产量为 478.83 万吨,占总产量的 23.57%;广东产量为 316.73 万吨,占总产量的 15.59%;辽宁产量为 286.36 万吨,占总产量的 14.10%。其余 7 个省份的产量均未超过 10%,按产量占比排名分别是广西、浙江、江苏、河北、海南、天津、上海。如果以山东省为界划分我国南北养殖区域,北方海水养殖区域包括辽宁、河北、天津、山东 4 省,海水养殖总产量 857.20 万吨,占全国海水养殖总产量的 42.20%;南方养殖区域包括江苏、上海、浙江、福建、广东、广西、海南等 7 省,海水养殖总产量为 1 174.02 万吨,占全国海水养殖总产量的 57.80%。

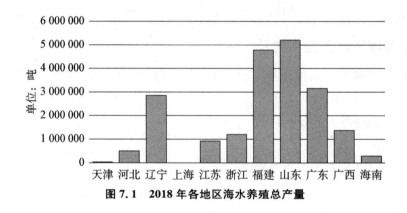

图 7.1　2018 年各地区海水养殖总产量

海水养殖品种中,海水鱼类的养殖在我国大陆沿海省份均有分布,主要包括鲈鱼、鲆鱼、大黄鱼、军曹鱼、鲷鱼、石斑鱼等。广东省海水养殖鱼类产量最大,为 59.47 万吨,占全国海水鱼类养殖产量的 39.78%;福建省海水鱼类养殖产量 39.10 万吨,占比 26.15%;这两省的海水鱼类产量占比超过了一半以上,为 65.94%。产量超过 4%的省份有山东、海南、江苏、辽宁、广西等,其余 3 省市的养殖总产量占比 3.86%。

海水养殖品种中,甲壳类主要包括虾和蟹。2018 年,我国甲壳类养殖产量 170.29 万吨,其中虾类就有 140.91 万吨,占甲壳类总产量的 82.75%,占所有海水养殖产量的 6.94%。南美白对虾在我国大陆沿海省份均有养殖。海水虾类产量最高的是广东省,为 50.75 万吨,产量最少的天津市为 6 226 吨。超过 10 万吨的省份有福建、山东、广西、海南等。

海水贝类产品是海水养殖产量最大的种类,包括牡蛎、鲍、螺、蚶、贻贝、扇贝等。2018年,我国贝类养殖量达1443.93万吨,占海水养殖产量的71.09%。山东省贝类产量最高,为414.89万吨,占贝类产量的28.73%;其次是福建省,产量为302.82万吨,占比为20.97%;排在第三的是辽宁省,产量为229.45万吨,占比15.89%。以上三个省份产量占总产量的65.59%。海水贝类产量排在前三位的品种是牡蛎、蛤和扇贝。

藻类是我国重要的海水养殖产品,也是我国从建国初直到现在产量都较高的海水养殖产品,主要包括海带、裙带菜、紫菜、江蓠、麒麟菜等。藻类产量最高的省份是福建,产量111.87万吨。其余省份均未超过百万吨。山东省产量排第二,为66.53万吨;辽宁省产量排第三,为34.16万吨。

其他类海水养殖产品还有海参、海胆、海水珍珠和海蜇。其他类海水养殖产品总产量为33.10万吨,养殖最多的品种是海参,包括河北、辽宁、江苏、福建、山东、广东等省,总产量为17.43万吨。海胆养殖的省份有辽宁、山东、广东,分别养殖1510.46吨、5498吨和1835.92吨。海水珍珠只有广东和广西两省养殖,总产量仅为2.78吨。养殖海蜇的省份较多,包括北方的河北、辽宁、山东,南方的江苏、浙江、福建、广东,总产量为7.27万吨,辽宁是海蜇产量最大的省份,占全国产量的81.43%。

(二) 我国海水养殖面积及养殖方式

我国海水养殖按水域划分,分为海上、滩涂和其他,养殖总面积为204.31万公顷。辽宁是我国海水养殖面积最大的省份,2018年辽宁海上养殖面积69.32万公顷、滩涂养殖面积12.31万公顷、其他养殖面积9.07万公顷。海水养殖面积排第二的省份是山东,有57.09万公顷。山东省的滩涂养殖面积全国排名第一,达15.75万公顷。其他省份的海水养殖也都集中在海水和滩涂上,其中,江苏、浙江、广东、海南四省滩涂养殖面积大于海水养殖面积。

表7.2　2018年各省海水养殖面积

(公顷)

地区	海水养殖面积	按养殖水域分		
		海上	滩涂	其他
天津	2 759	—	—	2 759
河北	111 404	61 941	22 708	26 775
辽宁	693 190	479 386	123 070	90 734
上海	—	—	—	—
江苏	186 641	48 924	117 387	20 330
浙江	80 924	22 634	34 052	24 238

地区	海水养殖面积	按养殖水域分		
		海上	滩涂	其他
福建	162 464	85 974	47 989	28 501
山东	570 857	370 248	157 542	43 067
广东	165 614	49 329	64 370	51 915
广西	47 844	18 022	16 336	13 486
海南	21 372	3 741	13 029	4 602
全国	2 043 069	1 140 199	596 483	306 407

资料来源：《2019 中国渔业统计年鉴》

海水养殖方式较为多样,主要包括池塘、普通网箱、深水网箱、筏式、吊笼、底播、工厂化 7 种养殖方式。池塘养殖和工厂化养殖在全国均有推广。养殖产量排名前三的方式有筏式、底播、池塘,产量分别为 612.62 万吨、531.17 万吨、246.65 万吨。

海水池塘养殖产量最高的是广东省,为 69.02 万吨;产量超过 30 万吨的省份只有浙江,为 33.97 万吨;产量超过 20 万吨的有江苏、福建、山东、广西等省。

普通网箱养殖产量最高的是福建省,占全国的 50.66%。广东省紧随其后,占 19.06%。深水网箱养殖以海南省产量最高,达 5.13 万吨,占深水网箱养殖的 33.32%;其次是广东和山东两省,产量分别为 3.44 万吨和 2.48 万吨。

筏式养殖是我国海水养殖产量最大的一种模式,山东省产量最高,为 194.25 万吨;其次是福建省,养殖产量 152.85 万吨;排在第三位的是辽宁省,为 97.85 万吨。

以吊笼、底播、工厂化养殖方式进行养殖的产量最大的都是山东省,分别为 99.24 万吨、181.76 万吨、12.35 万吨。这也从侧面反映出山东省是我国海水养殖产量最大的省。

三、我国淡水养殖结构与布局

我国是世界上最早开展水产养殖的国家,也是世界上最大的水产养殖国家。改革开放以来,我国淡水养殖发展迅速,养殖面积不断扩大,产量持续增加。近年来,随着绿色发展理念深入人心,淡水养殖面积有所减少,产业体系逐步成熟,呈现出淡水渔业资源得到保护、养殖品种不断优化、产品质量明显提高等新趋势。

(一) 我国淡水养殖产量与分布

2018 年全国淡水养殖产量 2 959.84 万吨,占淡水产品产量的 93.78%,比上年增加 54.55 万吨,增长 1.88%;其中鱼类产量 2 544.28 万吨,比上年增加 3.3 万吨,增长 0.13%;甲壳类产量 343.81 万吨,贝类产量 19.58 万吨。淡水养殖鱼类中,草鱼产量最高,为 550.43 万吨;鲢鱼次之,产量 385.89 万吨;鳙鱼第三,产量 309.64 万吨。甲壳类中虾类产量 268.13 万吨;河蟹产量 75.69 万吨。贝类中河蚌产量 5.89 万吨。其他类中鳖与珍珠产量分别为 31.91 万吨、702.56 吨。

与海水养殖不同,淡水产品在我国有广泛的养殖范围。无论东南西北,只要有淡水的地方都有淡水养殖。我国淡水养殖主要有池塘、水库、湖泊、河沟、稻田、其他等多种养殖方式。其中池塘养殖面积最大,为 2 666.84 千公顷;其次是水库,为 1 441.67 千公顷;湖泊和河沟养殖面积分别为 746.16 千公顷、179.41 千公顷。

从图 7.2 中可以看到,我国淡水养殖排前三名的省份有湖北、广东、江苏。

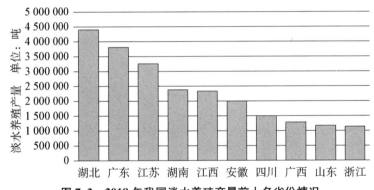

图 7.2　2018 年我国淡水养殖产量前十名省份情况

淡水养殖量超过 50 万吨的省(直辖市、自治区)有 16 个,主要包括湖北、广东、江苏、湖南、江西、安徽、四川、广西、山东、浙江、河南、辽宁、福建、云南、黑龙江、重庆等。其中超过 100 万吨的省份有 10 个:湖北省淡水养殖产量 440.30 万吨,占淡水养殖的 14.88%;广东省 381.75 万吨,占 12.90%;江苏省 325.29 万吨,占 10.99%,以上三个省份占全国淡水养殖产量的 38.76%;湖南省 237.95 万吨,占 8.04%;江西省 233.54 万吨,占 7.89%;安徽省 199.05 万吨,占 6.73%;四川省 148.94 万吨,占 5.03%;广西 128.27 万吨,占 4.33%;山东省 117.05 万吨,占 3.95%;浙江 113.30 万吨,占 3.83%,以上 7 个省份淡水养殖产品总产量 1178.11 万吨,占全国淡水养殖产量的 39.80%。年产量在 50 万~100 万吨的还有 6 个省市,分别是河南、福建、辽宁、云南、黑龙江、重庆,产量分别是 87.55 万吨、80.09 万吨、79.87 万吨、60.64 万吨、57.72 万吨、51.07 万吨,以上 6 省淡水养殖产品占全国淡水养殖总产量的 14.09%。2018 年,淡水养殖年产量超过 50 万吨的省份占全国淡水养殖总产量的 92.65%。

全国各地区淡水养殖品种分为六大类,包括鱼类、甲壳类、贝类、藻类、其他类、观赏鱼等。其中,淡水鱼是最大的养殖种类,2018 年产量为 2544.28 万吨,占淡水养殖产量的 85.96%;其次是甲壳类,养殖产量 343.81 万吨,占 11.62%;第三是贝类,养殖产量 19.58 万吨,占 0.66%;第四是藻类,养殖产量 0.69 万吨,占 0.02%;第五是其他类,养殖产量 51.48 万吨,占 1.74%;第六是观赏鱼,养殖量 535216 万尾。

淡水鱼类是我国水产品产量最大的品类,主要包括青鱼、草鱼、鲢鱼、鳙鱼、鲤鱼、鲫鱼、鳊鲂、泥鳅、鲶鱼等 25 种淡水鱼。我国淡水鱼养殖产量排名靠前的省份主要有广东、湖北、江苏、江西、湖南等省,年产量超过 200 万吨;安徽、四川、广西、山东、浙江等省产量均在前十名。从占比来看,广东省的产量占 13.75%,湖北和广东产量的和超过全国的 1/4,达 26.91%;产量排名前五的省份,占比超过全国的一半,达到 52.40%。这说明,虽然全国各地都有淡水鱼养殖分布,但是产量较大的区域还主要集中在长江流域和珠江流域。

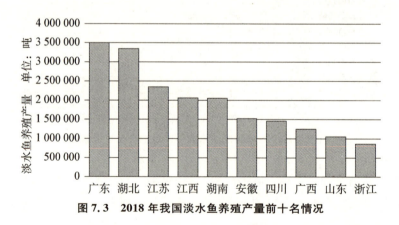

图 7.3   2018 年我国淡水鱼养殖产量前十名情况

淡水甲壳类养殖在我国历史也很悠久,主要品种有虾和河蟹。2018 年,我国淡水甲壳类养殖产量达 343.81 万吨,占淡水养殖总产量的 11.62%。小龙虾是近些年我国淡水甲壳类养殖产量有较大增长的品种,全国有多个省份养殖,总产量超过 163.87 万吨。甲壳类养殖产量中,湖北省产量居第一,达 98.51 万吨,占甲壳类总产量的 28.65%;江苏省产量居第二,为 84.40 万吨,占

24.55%;这两省的产量总和为全国的一半以上。其他主产省份还有安徽、广东、湖南、江西、浙江、山东、福建、辽宁等,排名前十的省份总产量占全国的94.61%。

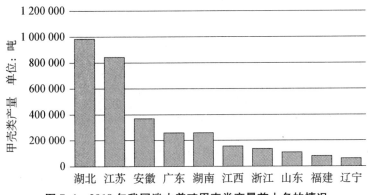

图7.4　2018年我国淡水养殖甲壳类产量前十名的情况

淡水贝类的养殖数量较海水少,主要包括河蚌、螺、蚬等。2018年,全国贝类产量19.58万吨,占淡水产品的0.66%。纵观全国,淡水贝类养殖主要集中在长江流域及珠江流域。全国有19个省养殖贝类,超过1万吨的省份有安徽、江西、福建、江苏、湖南、广东等,养殖规模较小。西北地区除新疆之外,基本没有淡水贝类的养殖。

我国螺旋藻产量较低。2018年,全国螺旋藻产量仅6 939吨。养殖螺旋藻的省份较少。北方只有内蒙古自治区养殖,产量达1 728吨,占总产量的24.90%;南方有江西、江苏等省份养殖,江西、江苏产量分别为2 794吨、976吨,分别占比40.22%和14.07%。

其他类淡水产品包括龟、鳖、蛙、珍珠等。鳖在我国二十几个省份均有养殖,养殖产量较大,达31.91万吨,占所有其他类的61.99%。江苏、浙江、安徽、江西、湖北、湖南、广东、广西等省其他类产量超过万吨,其中,浙江10.14万吨、湖北4.55万吨、江西2.88万吨,排在前三位。蛙的产量仅次于鳖,过万吨的有江西、湖南、福建、湖北等省,分别为3.49万吨、1.37万吨、1.20万吨、1.14万吨。全国淡水龟养殖产量不高,只有浙江一省超过万吨,达1.15万吨,其次是湖北0.77万吨,广东0.73万吨。淡水珍珠养殖省份不多,包括江苏、浙江、安徽、福建、江西、湖南等省,总产量较少,仅有702.56吨,其中安徽省产量最大,达274.21吨,其次是江西省,达248吨,位居第三的是江苏省,产量达101吨。

观赏鱼在我国有广泛的养殖,除黑龙江、西藏、甘肃、青海外,全国各省均有养殖,且养殖产量较大。从图 7.5 可以看出,我国观赏鱼养殖超过 1 亿尾的省份有 11 个,数量最多的是辽宁省,达 12.48 亿尾;紧随其后的是江苏省,为 8.58 亿尾;上海第三,为 8.51 亿尾。山东、北京和吉林产量超过 3 亿尾,天津、河南超过 2 亿尾,安徽、广东和重庆超过 1 亿尾。

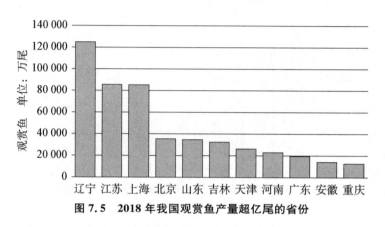

图 7.5　2018 年我国观赏鱼产量超亿尾的省份

(二) 我国淡水养殖面积及养殖方式

按水域划分,淡水养殖分为池塘、湖泊、水库、河沟、稻田和其他六种模式。2018 年,我国淡水养殖面积为 514.65 万公顷。其中,池塘养殖面积 266.68 万公顷,占淡水养殖面积的 51.82%,是我国淡水养殖的最主要水域;湖泊养殖面积 88.65 万公顷;水库养殖面积 161.64 万公顷;河沟养殖面积 21.37 万公顷;稻田养成鱼面积 202.83 万公顷;其他养殖面积 74.62 万公顷。

我国各省份均有淡水养殖,养殖面积最大的要数湖北省,养殖面积达 53.51 万公顷,占全国淡水养殖面积的 10.40%。其余省份与湖北省淡水养殖面积还有较大差距。排在第二名的安徽省的淡水养殖面积达 48.72 万公顷,占全国淡水养殖面积的 9.47%,安徽属于养殖面积大但各种水域养殖较平均的省份。

表 7.3　2018 年我国各省淡水养殖面积

(公顷)

地区	淡水养殖面积	地区	淡水养殖面积	地区	淡水养殖面积
湖北	535 148	辽宁	177 034	宁夏	35 007
安徽	487 169	河南	148 052	海南	30 800
江苏	444 989	广西	135 458	天津	27 811

地区	淡水养殖面积	地区	淡水养殖面积	地区	淡水养殖面积
湖南	419 303	新疆	120 424	青海	17 400
江西	408 404	内蒙古	112 821	上海	12 826
黑龙江	400 310	云南	94 429	山西	11 305
吉林	325 493	福建	85 899	甘肃	6 542
广东	313 283	重庆	83 024	北京	2 606
山东	211 398	贵州	47 664	西藏	4
四川	190 083	陕西	41 500		
浙江	179 764	河北	40 505		

资料来源:《2019 中国渔业统计年鉴》

　　池塘养殖是我国淡水养殖方式中最主要的一种。这种经常处于静水状态的小型水体,多由人工开挖或天然水潭改造而成,面积一般数亩到数十亩,是中国历史上最早的一种养鱼方式。池塘水体面积较小,水质容易控制,养殖技术也易掌握,是历来群众性养鱼的主要方式。池塘养殖涉及全国所有省份,占淡水养殖的 51.82%。其中养殖面积最大的是湖北省,达 53.51 万公顷;池塘养殖面积超过 20 万公顷的有江苏、湖南、广东三省;前十名中养殖面积超过 10 万公顷的还有安徽、江西、山东、河南、黑龙江五省;前十名的省份池塘养殖总面积达 217.28 万公顷,占全国池塘养殖总面积的 81.48%。池塘养殖前十位养殖产量达到 1 715.16 万吨,占全国池塘养殖产量的 77.58%。

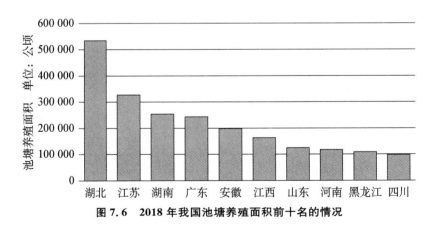

图 7.6　2018 年我国池塘养殖面积前十名的情况

表 7.4　2018 年我国池塘养殖前十名及产量

(公顷、吨)

地区	池塘	产量
湖北	535 148	3 712 259
江苏	327 348	2 582 898
湖南	255 255	1 750 574
广东	244 478	3 491 612
安徽	198 875	1 246 051
江西	164 031	1 479 749
山东	123 684	917 702
河南	116 571	749 153
黑龙江	109 064	409 659
四川	98 351	811 962

　　湖泊养殖是指在中小型湖泊或河道的进出水口建筑拦鱼设施进行养鱼,主要利用天然饵料,辅以人工施肥投饵。淡水湖泊是天然的养殖场所,全国养殖总面积达 74.62 万公顷。2018 年,湖泊养殖面积最大的省份是安徽,达 16 万公顷,其次是黑龙江、吉林,养殖面积超过 10 万公顷;前十名的省区湖泊养殖面积达 71.31 万公顷,占湖泊养殖总面积的 95.56%。湖泊养殖面积前十名的省份淡水产品为 90.20 万吨,占湖泊养殖产量的 92.23%。近年随着养殖量的逐年增加,湖泊生态环境遭到破坏,全国各地都在积极降低湖泊养殖面积,逐渐向绿色高效养殖转型。

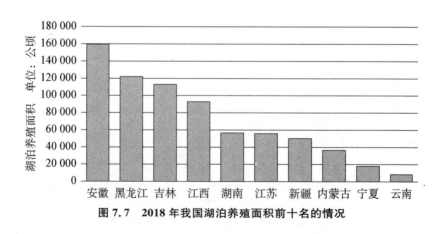

图 7.7　2018 年我国湖泊养殖面积前十名的情况

表 7.5　2018 年我国湖泊养殖面积前十名及产量

(公顷、吨)

地 区	湖泊	产量
安徽	159 550	258 374
黑龙江	122 185	51 023
吉林	112 906	30 617
江西	92 825	284 185
湖南	56 237	68 636
江苏	56 066	127 527
新疆	50 396	1 438
内蒙古	36 432	16 296
宁夏	18 059	58 466
云南	8 401	5 442

水库养殖在我国淡水养殖中占有很重要的地位。2018 年,我国水库养殖面积达 144.17 万公顷,除北京、上海、湖北、西藏外,均有水库养殖。水库养殖面积最大的省份是吉林,达 17.96 万公顷,其次是黑龙江,面积为 14.26 万公顷,吉林、黑龙江、江西水库养殖面积均超过 10 万公顷,前十名中还有湖南、辽宁、安徽、山东、四川、广西、浙江等省份,以上省份养殖总面积达 101.19 万公顷,占水库养殖总面积的 70.19%。我国水库养殖面积仅次于池塘,其中养殖面积前十名的省份的产量为 188.83 万吨,占水库养殖的 64.03%。

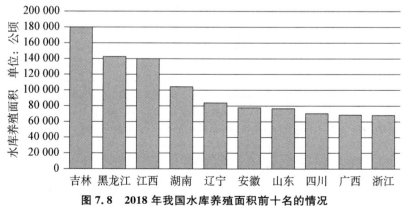

图 7.8　2018 年我国水库养殖面积前十名的情况

表 7.6　2018 年我国水库养殖面积前十名及产量

（公顷、吨）

地区	水库	产量
吉林	179 649	83 744
黑龙江	142 620	70 757
江西	139 377	391 573
湖南	104 124	199 746
辽宁	84 010	106 222
安徽	78 086	138 302
山东	76 583	174 187
四川	70 332	213 910
广西	68 733	430 899
浙江	68 339	78 917

河沟养殖是一种充分利用宝贵自然资源的养殖方式。我国因江河较多,形成阡陌纵横、河沟资源丰富的资源优势。河沟养殖主要是通过对天然河沟因地制宜的改造,利用各种水产品的差异和特性,进行人工养殖。2018 年,我国河沟养殖总面积 17.94 万公顷。河沟养殖面积最大的是安徽省,达 4.29 万公顷,占河沟养殖总面积的 23.91%,其次是江苏省,养殖面积为 3.80 万公顷。河沟养殖面积超过 1 万公顷的还有浙江、黑龙江、四川、浙江等省。位居前十名的省份的河沟养殖面积达 16.00 万公顷,占全国河沟养殖总面积的 89.22%。我国河沟养殖淡水产品总产量为 63.79 万吨,其中养殖面积位居前十的省份产量为 55.11 万吨,占全国河沟养殖产量的 86.39%。

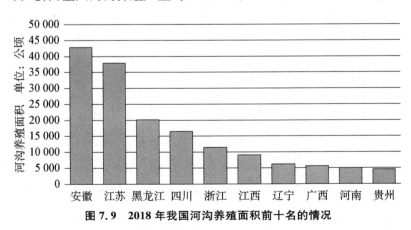

图 7.9　2018 年我国河沟养殖面积前十名的情况

表7.7　2018年我国水库养殖面积前十名及产量

(公顷、吨)

地区	河沟	产量
安徽	42 904	101 036
江苏	37 971	146 376
黑龙江	20 218	27 508
四川	16 511	71 864
浙江	11 557	37 002
江西	9 190	43 639
辽宁	6 301	4 286
广西	5 642	97 838
河南	5 184	13 993
贵州	4 600	7 515

其他类养殖方式中包括工厂化养殖等。其他类养殖方式主要利用科技手段集约化养殖,是绿色养殖的重要方式之一。2018年,其他类养殖方式养殖总面积为11.24万公顷。辽宁省其他类养殖面积最大,达4.95万公顷,占其他类养殖总面积的44.06%。其余排名前十的省份还有江苏、安徽、广东、新疆、黑龙江、浙江、湖北、江西、山东等,其中江苏省养殖面积超过1万公顷。其他类养殖面积前十名的面积共有11.25万公顷,占其他类养殖总面积的92.59%。其他养殖总产量在所有水域中是最少的,一共59.03万吨,其中养殖面积在前十位省份的产量为45.01万吨,占其他养殖总产量的76.24%。

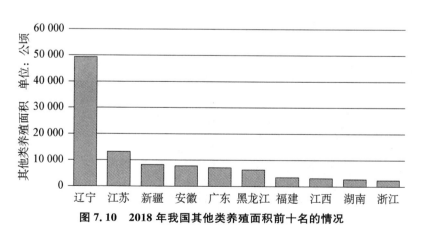

图7.10　2018年我国其他类养殖面积前十名的情况

表 7.8　2018 年我国水库养殖面积前十名及产量

(公顷、吨)

地区	其他	产量
辽宁	49 510	24 224
江苏	13 416	105 577
新疆	8 054	7 842
安徽	7 754	27 925
广东	7 231	66 261
黑龙江	6 223	10 693
福建	3 405	91 908
江西	2 981	38 347
湖南	2 717	48 173
浙江	2 442	29 115

　　我国稻田养鱼历史悠久。稻田养鱼,既可获得鱼产品,又可利用鱼吃掉稻田中的害虫和杂草,排泄粪肥,翻动泥土促进肥料分解,为水稻生长创造良好条件。我国稻田养殖第一大省是湖北,养殖面积达 39.32 万公顷;养殖面积超过30 万公顷的省份还有四川、湖南,分别为 31.22 万公顷和 30.01 万公顷,养殖面积超过 10 万公顷的省份还有江苏、安徽、贵州、云南省。稻田养殖前十名的省份面积共计 179.43 万公顷,占全国稻田养殖总面积的 88.47%。全国稻田养殖产量较大,共 233.32 万吨,其中稻田养殖面积前十名的省份的淡水产品产量为 210.88 万吨,占全国稻田养殖产量的 90.38%。

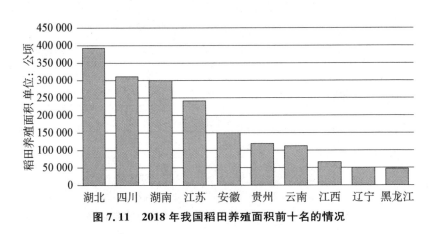

图 7.11　2018 年我国稻田养殖面积前十名的情况

表7.9　2018年我国水库养殖面积前十名及产量

（公顷、吨）

地区	稻田	产量
全国总计	2 028 262	2 333 269
湖北	393 171	690 722
四川	312 230	383 431
湖南	300 148	298 049
江苏	241 058	249 994
安徽	150 636	218 811
贵州	119 624	45 581
云南	111 947	64 543
江西	66 996	97 950
辽宁	51 509	52 109
黑龙江	47 000	7 580

　　新型淡水养殖方式主要包括围栏养殖、网箱养殖和工厂化三种,养殖面积分别是29 648.22万平方米、4 118.31万平方米、4 814.22万立方水体。可以看出,围栏养殖在我国淡水工厂化养殖方式中占有很重要的地位。栏养的起捕比池塘或网箱难度大,捕捞需要付出较大的劳动,但是基础设施投入相对于池塘和网箱来说比较少。我国围栏养殖的省份有18个,湖北、湖南、四川等淡水养殖大省并没有围栏养殖。围栏养殖面积最大的是安徽省,养殖面积达12 854.58万平方米,占围栏养殖总面积的43.36％,其余养殖面积较大的省份有内蒙古、江苏、广西、山东、陕西、重庆等。随着各地绿色养殖方式的深入开展,各省围栏养殖面积有所减少。围栏养殖产量在养殖方式中属于最少的,共8.4万吨,其中养殖面积前十名的省市水产品总产量为7.62万吨,占全国围栏淡水养殖产量的90.71％。

表7.10　2018年不同养殖方式中面积前十名的产量情况

（吨）

地区	围栏	地区	网箱	地区	工厂化
安徽	19 892	广西	175 402	福建	76 968
内蒙古	1 147	山东	25 683	浙江	22 973
江苏	17 344	安徽	32 412	陕西	530
广西	6 814	云南	102 255	山东	31 657
山东	19 142	江苏	18 520	湖北	8 418
陕西	2 210	湖南	43 858	江苏	18 272
重庆	980	陕西	25 065	云南	10 657
浙江	3 737	贵州	33 944	江西	14 676
江西	3 932	福建	19 670	河北	1 829

地区	围栏	地区	网箱	地区	工厂化
云南	1026	辽宁	55 939	安徽	11 152
合计	76 224	合计	532 748	合计	197 132
全国	84 030	全国	591 067	全国	213 463
占比	90.71%	占比	90.13%	占比	92.35%

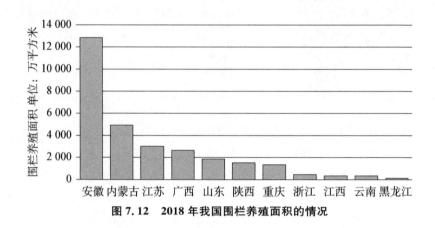

图 7.12　2018 年我国围栏养殖面积的情况

　　网箱养鱼是近 20 年来出现的一种新兴的现代化科学养鱼技术,已广泛地应用在水库、湖泊、河道等大中型水域中,主要用于培育鱼种和饲养各种经济鱼类。网箱养殖面积最大的省份是广西壮族自治区,达 1 056.65 万平方米,占网箱养殖总面积的 25.66%,养殖面积第二大的是山东省,山东、安徽养殖面积在700~800 万平方米,其余养殖面积较大的省份还有云南、江苏、湖南、陕西、贵州等。从养殖省份上看,全国共有 24 个省份有网箱养殖,前十名的省份养殖总面积为 3 889.31 万平方米,占养殖总面积的 94.44%。网箱养殖是养殖方式中产量最高的,达到 59.11 万吨,其中网箱养殖面积前十名的省市的淡水产品总产量为 53.27 万吨,占全国网箱养殖产量的 90.13%。

　　工厂化养殖方式是运用机械的、电气的、化学的、自动化的现代设施,在水质、水温、水流、溶氧、光照、投饵等各方面进行人为控制,创造和保持最适宜于鱼类生长和发育的生态条件,使鱼类的繁殖、苗种培养、商品鱼的养殖等各个环节都处在人工控制的水体环境中进行无季节性的连续生产。工厂化养殖在我国发展较为迅速,主要集中在福建、浙江等省,内陆的陕西、湖北也有较快的发展。福建工厂化养殖体积最大,达 1 939.91 万立方米,超过工厂化养殖总体积的 1/3,达 40.30%。养殖体积超过 800 万立方米的还有浙江省,其次是陕西

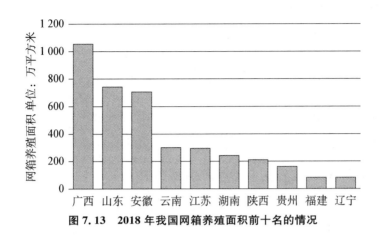

图 7.13　2018 年我国网箱养殖面积前十名的情况

省,养殖体积达 440.27 万立方米。在全国范围看,共有 26 个省进行工厂化养殖,养殖体积较大的还有山东、湖北、江苏、云南、江西、河北、安徽等省,前十名养殖体积共 4 607.94 万立方米,占工厂化养殖总体积的 95.72%。全国工厂化养殖产量达到 21.34 万吨,其中养殖体积最大的前十个省份产量突出,共生产 19.71 万吨,占全国淡水工厂化养殖产量的 92.35%。

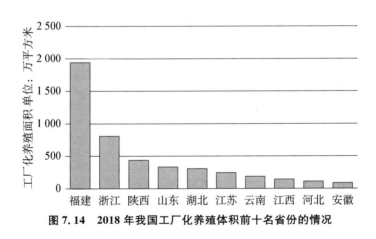

图 7.14　2018 年我国工厂化养殖体积前十名省份的情况

四、我国渔业生产区域布局演进

自新中国成立以来,我国渔业发展取得了举世瞩目的成就,1949 年我国水产品总产量仅为 49.79 万吨,经过恢复和发展,1957 年我国水产品总产量为 311.62 万吨,创下新中国成立以来的最高产量。但是随着政策变化,我国水产品总产量出现了较大的波动,1958—1977 年的 20 年间,我国水产品产量在徘徊中曲折上升。到 1978 年,水产品总产量 536.61 万吨,其中 60％以上为海洋捕捞的产量,此时,我国的海水养殖、淡水养殖都处于历史较低水平。1978 年以来,我国渔业发展步入了快车道,生产方式由传统渔业向现代渔业快步前行,在资源开发上,变更了传统的资源开发方式,渔业发展由捕捞向养殖调整,最终形成养殖产品比例远远大于捕捞产品、海水产品与淡水产品比例 51.1：48.9 的格局。

(一) 改革开放以来我国渔业生产方式的演进

改革开放以来,我国渔业生产多方面都取得了突破性的进展,海洋捕捞、海水养殖、淡水养殖都取得了巨大的成就,渔业产量逐年增加,并且产量长期处于世界第一的水平。2018 年,我国水产品总产量达到 6 457.66 万吨,其中养殖产量达到 4 991.06 万吨,捕捞产量为 1 466.60 万吨,二者之比为 3.4：1,海水产品与淡水产品产量比例为 1：1.02。远洋渔业也取得了较大的进步。2018 年,远洋渔业产量达到 225.75 万吨,占水产品总产量的 3.5％;我国水产品人均占有量达到 46.28 千克。

表 7.11 1978—2018 年中国水产品产量年度变化

(万吨)

年份	水产品	海水		淡水	
		捕捞	养殖	捕捞	养殖
1978	536.61	349.12	78.66	32.6	76.23
1985	801.69	386.86	124.65	52.26	237.92
1991	1 572.99	676.7	333.31	100.39	462.59
1996	3 280.72	1 245.64	765.89	175.43	1 093.76
2003	4 077.02	1 236.97	1 095.86	213.28	1 530.92
2009	5 116.40	1 178.61	1 405.22	218.39	2 216.46
2013	6 172.00	1 264.38	1 739.25	230.74	2 802.43
2018	6 457.66	1 044.46	2 031.22	196.39	2 959.84

资料来源: 根据历年《中国渔业统计年鉴》整理

(二) 改革开放以来我国渔业生产空间布局的演进

由于我国不同渔业区域生产资源差异较大,沿海各省与内陆各省的渔业生产都有其自身特点。沿海省份从海水养殖和海水捕捞,发展到今天的海水牧场、远洋捕捞。1978 年以来,沿海省份辽宁、山东、江苏、浙江、福建、广东、广西水产品产量先后突破百万吨大关,到 2000 年,广东、山东、福建产量已经超过 500 万吨,三个省的总产量超过了全国总产量的 1/3,浙江省的产量也接近以上省份的产量。此时的内陆沿河湖地区,淡水渔业发展也较为迅速,其中湖北省得益于便利的内陆水域条件,2000 年渔业产量达到 200 万吨。而此时的西部地区,渔业发展较为落后,产量低,虽然水资源丰富,但是水产品产量一直小于 1 万吨,西部各省份渔业产量都在百万吨以下。渔业产业地域差异明显,具体表现形式与我国地形相近,东、中、西部分布,东部地区海水产品和淡水产品均快速发展,中部地区凭借丰富的水资源淡水产品发展迅猛,西部地区淡水产品产量低。

我国海水渔业生产主要依靠沿海省份的生产。海洋捕捞自 1978 年起发生了巨大的变化,尤其是 1985 年,我国远洋渔业起步,使得我国外海渔业有了长足的发展。这一年,是海洋渔业的一个历史性转变,我国渔船从只集中在沿海、近海生产,到在黄海、东海和南海进行远洋捕捞作业,使我国渔业资源开发更加合理。从表 7.11 可以看出,我国海水捕捞量从 1978 年的 349.12 万吨增加到 1985 年 386.86 万吨,但是自 1985 年开始到 1996 年实现了海水捕捞过千万吨的产量。近些年,我国海水捕捞量出现减少,但是海水养殖产量逐年上升,2003 年海水养殖产量突破 1000 万吨,到 2018 年,我国海水养殖产量已经达到 2 031.22 万吨。这表明,我国海洋渔业的发展正在经历由近及远再由远及近的过程。现阶段,近海的滩涂、港湾被开发利用,生产技术逐年提高,近海养殖产量连年增长,而远洋渔业受益于先进的渔船和深海养殖技术的发展,捕捞产量常年稳定。我国沿海省份都是海水养殖大省,浙江、福建近些年海洋捕捞产量较大;近些年海水养殖蓬勃发展,近海养殖产量较大的省份有山东、辽宁、广东等。

我国渔业生产主要包括养殖产品和捕捞产品,其中海水养殖及捕捞主要集中在沿海省份,包括天津、河北、辽宁、上海、江苏、浙江、福建、山东、广东、广西、海南等省,2018 年以上省份海水养殖产量达到 2 031.22 万吨,海洋捕捞量达到 1 044.47 万吨。

表 7.12　2018 年海水产品产量

(吨)

地区	海水养殖	海洋捕捞
天津	7 652	27 002
河北	489 836	212 348
辽宁	2 863 634	524 394
上海		13 739

地区	海水养殖	海洋捕捞
江苏	918 327	475 170
浙江	1 208 973	2 873 946
福建	4 788 297	1 701 208
山东	5 210 855	1 702 291
广东	3 167 259	1 271 603
广西	1 363 182	559 066
海南	294 191	1 083 880
全国	20 312 206	10 444 647

资料来源:《2019 中国渔业统计年鉴》

　　淡水养殖在中国发展较为迅速,其产品具有产量高、品种全、分布广等特点。分东部、中部、西部、东北地区来看,淡水产品产量高的区域是中部地区,主要包括山西、安徽、江西、河南、湖北、湖南 6 个省份,其产量达到 1 202.94 万吨,占全国淡水产品产量的 40.64%,淡水捕捞量也是全国第一,达到 86.47 万吨,占比 44.03%。

表 7.13　2018 年中部地区淡水养殖及捕捞量

(吨)

中部地区	淡水养殖	淡水捕捞
山西	45 451	2 322
安徽	1 990 499	259 126
江西	2 335 443	224 007
河南	875 496	108 321
湖北	4 402 981	181 064
湖南	2 379 514	89 869
中部总量	12 029 384	864 709
全国	29 598 384	1 963 871
占比	40.64%	44.03%

资料来源:《2019 中国渔业统计年鉴》

　　东部地区包括北京、河北、天津、山东、江苏、上海、浙江、福建、广东、海南 10 个省市。东部地区经济发展水平高,地区生产总值占全国一半以上。东部地区淡水养殖及淡水捕捞在全国所占的比例都是靠前的。东部地区淡水养殖总产量达到 1 122.05 万吨,捕捞量 75.07 万吨,分别占国内淡水养殖、捕捞量的 37.91%、38.22%。东部地区除北京外都是沿海省份,综合来看,无论淡水养殖、捕捞,还是海水养殖、捕捞都是我国重要的地区。

表 7.14 2018 年东部地区淡水养殖及捕捞量

(吨)

东部地区	淡水养殖	淡水捕捞
北京	25 962	2 360
天津	272 228	5 522
河北	286 351	42 136
上海	94 293	1 584
江苏	3 252 943	287 194
浙江	1 133 036	130 628
福建	800 880	69 876
山东	1 170 526	82 821
广东	3 817 456	115 295
海南	366 861	13 256
东部总量	11 220 536	750 672
全国	29 598 384	1 963 871
占比	37.91%	38.22%

资料来源:《2019 中国渔业统计年鉴》

　　西部地区包括内蒙古、陕西、青海、甘肃、宁夏、新疆、西藏、四川、重庆、广西、云南、贵州 12 个省市。西部地区自然资源丰富,但水资源分布不均,淡水养殖及捕捞量较少。西部地区涵盖的省份较多,但是淡水养殖总产量仅为475.78 万吨,占全国淡水养殖产量的 16.07%,西部地区淡水捕捞量也较少,占全国淡水捕捞量的 12.36%。

表 7.15 2018 年西部地区淡水养殖及捕捞量

(吨)

西部地区	淡水养殖	淡水捕捞
内蒙古	118 179	21 320
广西	1 282 698	93 130
重庆	510 746	18 835
四川	1 489 358	45 396
贵州	226 382	10 938
云南	606 376	31 124
西藏	43	334
陕西	155 835	7 200
甘肃	14 136	—
青海	17 116	—
宁夏	176 555	394
新疆	160 302	14 040
西部总量	4 757 726	242 711
全国	29 598 384	1 963 871
占比	16.07%	12.36%

资料来源:《2019 中国渔业统计年鉴》

东北地区农业资源禀赋好,尤其是淡水资源。东北三省河道纵横,水资源十分充足,三省水资源占全国水资源的 6.29%,其中黑龙江水资源在域内占比最高,达到 58.53%。东北三省淡水养殖量达到 159.07 万吨,占全国淡水养殖总产量的 5.37%;淡水捕捞量为 10.58 万吨,占全国淡水捕捞量的 5.39%。

表 7.16　2018 年东北部地区淡水养殖及捕捞量

(吨)

东北地区	淡水养殖	淡水捕捞
辽宁	798 728	39 379
吉林	214 790	19 300
黑龙江	577 220	47 100
东北总量	1 590 738	105 779
全国	29 598 384	1 963 871
占比	5.37%	5.39%

资料来源:《2019 中国渔业统计年鉴》

长江、黄河是我国境内最为重要的两条河流,为水产养殖提供了丰富的淡水资源,尤其是长江流域淡水养殖在全国比重最大,为长江流域乃至全国提供了优质的淡水养殖产品。长江流域覆盖上海、江苏、浙江、安徽、江西、湖北、湖南、重庆、四川、云南、贵州 11 个省市,其中既有淡水养殖产量最多的湖北省,又有养殖产量较小的上海市,整个长江流域淡水养殖产量为 1 842.16 万吨,淡水捕捞产量为 127.98 万吨,分别占全国淡水养殖产量和捕捞产量的 62.24%、65.17%,即全国六成以上的淡水养殖集中在长江流域,接近 2/3 的淡水捕捞量来自长江流域。

表 7.17　2018 年长江流域淡水养殖及捕捞量

(吨)

长江流域	淡水养殖	淡水捕捞
上海	94 293	1 584
江苏	3 252 943	287 194
浙江	1 133 036	130 628
安徽	1 990 499	259 126
江西	2 335 443	224 007
湖北	4 402 981	181 064
湖南	2 379 514	89 869
重庆	510 746	18 835
四川	1 489 358	45 396
贵州	226 382	10 938

长江流域	淡水养殖	淡水捕捞
云南	606 376	31 124
长江流域总量	18 421 571	1 279 765
全国	29 598 384	1 963 871
占比	62.24%	65.17%

资料来源:《2019 中国渔业统计年鉴》

黄河流域,从西到东横跨青藏高原、内蒙古高原、黄土高原和黄淮海平原。流经青海、四川、甘肃、宁夏、内蒙古、陕西、山西、河南、山东 9 个省区,最后于山东省东营市垦利区注入渤海。黄河流域流经区域淡水养殖产量不及长江流域,整个流域淡水养殖产量为 406.27 万吨,淡水捕捞量为 26.78 万吨,分别占全国淡水养殖和捕捞量的 13.73%、13.64%。

表 7.18　2018 年黄河流域淡水养殖及捕捞量

(吨)

黄河流域	淡水养殖	淡水捕捞
青海	17 116	—
四川	1 489 358	45 396
甘肃	14 136	—
宁夏	176 555	394
内蒙古	118 179	21 320
陕西	155 835	7 200
山西	45 451	2 322
河南	875 496	108 321
山东	1 170 526	82 821
黄河流域总量	4 062 652	267 774
全国	29 598 384	1 963 871
占比	13.73%	13.64%

资料来源:《2019 中国渔业统计年鉴》

(三)我国渔业生产结构演进

我国淡水渔业自 1978 年后取得了骄人的成绩,淡水养殖面积逐年扩大,淡水养殖产量逐年上升,湖泊、水库、池塘、河沟、稻田养殖全面发展。1978 年,我国淡水养殖面积为 4 084.27 万亩,占当时养殖总面积的 96.44%,但是产量只占水产品总产量的 14.21%,养殖面积虽大,但是产量较低,说明当时的养殖技术水平低。随着时间推移,我国水产品产量发生了翻天覆地的变化,淡水养殖面积逐年上升,但是比例在逐年下降;淡水养殖产量逐年增长。到 2018 年,我国淡水养殖总产量为 2 959.84 万吨,占总产量的 45.83%,此时海水养殖产量为 2 031.22 万吨,占比为 31.45%。

表 7.19　1978—2018 年中国水产养殖面积变化

（万亩）

年度	水产养殖总面积	海水养殖面积	淡水养殖面积
1978	4 235.16	150.89	4 084.27
1985	5 946.74	415.54	5 531.20
1991	6 473.07	674.06	5 799.02
1996	8 520.02	1 233.11	7 286.91
2001	9 973.14	1 929.69	8 043.45
2006	8 276.84	1 907.61	6 369.23
2010	11 467.83	3 121.32	8 346.51
2014	12 579.54	3 458.21	9 121.33
2018	10 784.30	3 064.61	7 719.69

资料来源: 根据历年《中国渔业统计年鉴》整理

　　养殖面积的扩大,带来了养殖产量的提升。目前,我国水产品养殖面积基本达到了最高限度,要保持高水平发展,还需要继续进行养殖品种的品质升级。

　　改革开放初期,我国养殖淡水产品产量少,品种单一,主要以鱼为主。近些年淡水养殖的鱼虾蟹贝类均有所增加,小龙虾产量连年升高。目前看,我国淡水养殖的主要品种有草鱼、青鱼、鲢、鳙、鲤、鲫、鳊等,产量的大头主要还是"四大家鱼",甲鱼、小龙虾、河蟹慢慢也成为了大众品牌。

　　海洋渔业产量迅猛增加,主要在于我国海洋养殖业和捕捞业的稳定增长。从图 7.19 可以看出,我国海水养殖面积波动上升趋势。1978—2001 年,海水养殖面积逐年增加,到 2001 年后,海水养殖面积徘徊不前,2006 年后,海水养殖面积开始迅速上涨,直到 2014 年后,海水养殖面积才开始下降。20 世纪 80 年代后期,海水养殖业迅猛发展,海洋捕捞业的一部分力量也转移到虾蟹贝类养殖上来,使当时的水产品产量上升较快。近年,我国海水养殖中,贝类仍是最大的养殖品种,其次是鱼类、虾蟹类;远洋捕捞一直都是以鱼类为主。海水养殖主要以贻贝、扇贝为主,对虾产量也逐年上升。海洋捕捞作业主要以拖网为主,捕捞品种有马鲛鱼、沙丁鱼、鲳鱼等。

　　值得一提的是,我国深海养鱼技术取得突破性进展,尤其是抗风浪的深海养殖箱的引进与改造,使得我国的海水牧场有广阔的发展前景。一些深海高品

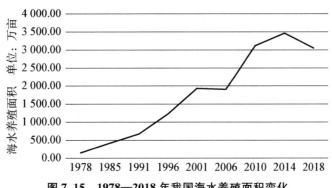

图 7.15　1978—2018 年我国海水养殖面积变化

质鱼类的养殖比例必将迅速提升,一些名贵的深海鱼也将成为居民餐桌的常客。

(四) 我国渔业生产区域演进的条件比较

对我国内陆地区淡水渔业发展的条件进行比较分析发现:首先,我国淡水鱼产量较大的省份有湖北、江苏、广东、湖南、安徽、江西、山东等省,无论是鱼类的养殖还是淡水甲壳类的养殖,都有较好的表现,这些省份主要集中在长江、珠江流域,或者内陆湖泊周围,水资源多,可养殖面积多,自然资源条件决定了其养殖淡水鱼类的优势。而大部分西部省区,养殖面积和养殖产量都比不上沿江、沿湖省份。西北内陆降水较少,自然流域较少,水产养殖产量有限。近年来水产养殖科技不断提升,助力西部地区养殖快速发展,但与水资源丰富的地区相比还是有一定差距。青藏高原区域虽然水资源较多,但是气候恶劣,渔业从业人员数量少,产量低。东北地区自然资源丰富,沿海的辽宁、内陆的黑龙江、吉林都有较好的水资源优势,近年水库资源利用率较高,淡水养殖发展较为迅速,但是品种与产量上较为一般。

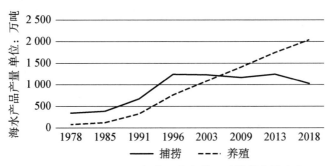

图 7.16　1978—2018 年我国海水养殖及捕捞产量变化

海水养殖及捕捞为我国海水渔业发展的主要模式。其中,海水养殖业是我国渔业重点发展对象。从图 7.16 可以看出,我国海洋捕捞量先快速增长、后平稳徘徊,近些年出现下降的趋势,而海水养殖量逐年上升,为我国提供了大量的海产品。1999 年,我国提出海洋捕捞零增长目标,但近海捕捞仍然进行。与世界其他渔场比较,我国既无大的冷暖流交汇,又没有较好的大陆架资源。海洋渔业的发展既要依靠近海贝类的养殖还要大力发展远海养殖和捕捞,同时要大力发展水产品贸易,丰富我国海水产品。目前,我国近海底层的传统种质资源衰退严重,甚至已经枯竭,海洋捕捞大省浙江、山东、福建、广东、辽宁等与临近四大海区的沿海省份的渔业资源状况相符。要想发展近海养殖,必须不断加大投入力度,不断提高科技水平。

下　篇
区域农业协调发展、结构调整与政策演进

第八章
我国区域农业发展现状及增长协调度测定

我国东、中、西和东北四大区域的自然环境、农业资源禀赋、农业产业结构和区域农业经济基础等因素的差异决定了各地区农业发展水平的差异。20世纪90年代以后,特别是进入21世纪后,我国区域经济发展差距问题越来越突出,引起了全社会的广泛关注。为此,党和政府把"坚持区域经济协调发展,逐步缩小地区发展差异"作为我国国民经济和社会发展的重要指导方针,积极实施西部大开发、振兴东北等老工业基地、促进中部崛起、鼓励东部率先发展的区域发展总体战略。作为国民经济的基础,农业发展的区域差异是我国区域经济发展失衡的一个重要方面。本章深入分析我国东、中、西和东北地区①农业发展水平和各区域农业的差异特征,为缩小各区域农业发展差异、实现农业区域协调发展奠定基础。区域农业的协调发展将有利于提高我国农业资源配置效率,实现区域农业资源优势互补,为促进区域经济协调发展贡献力量。

一、四大区域农业发展基本情况

从四大区域大农业的发展情况和区域差异来看,主要具有以下四方面的特征。

(一)农林牧渔业产值保持较快增长,东部地区农业总产值位居第一,东北地区最低

改革开放以来,伴随着中国经济的长足发展,中国四大区域农业产量和产

---

① 东部地区包括北京、天津、河北、上海、江苏、浙江、福建、山东、广东、海南10个省、自治区、直辖市;中部地区包括山西、安徽、江西、河南、湖北、湖南6个省、自治区;西部地区包括内蒙古、广西、重庆、四川、贵州、云南、西藏、陕西、甘肃、宁夏、青海、新疆12个省、自治区、直辖市;东北地区包括辽宁、吉林、黑龙江。

值保持较快增长。1978—2019 年,东部地区农林牧渔总产值从 518.05 亿元增长到 41 074.27 亿元,增长了大约 78.29 倍;中部地区农业总产值从 536.90 亿元增长到 31 898.64 亿元,增长了大约 76.67 倍;西部地区农业总产值从 368.32 亿元增长到 38 254.07 亿元,增长了大约 102.86 倍;东北地区农业总产值从 147.90 亿元增长到 12 740.95 亿元,增长了大约 85.15 倍。从各区域的农业总产值过去 40 余年间的增幅来看,西部地区增幅最大,东北地区次之,东部地区为第三,中部地区最低。

从四个区域农业总产值来看,区域间存在显著差异。四大区域中,东部农业总产值最高,西部次之,中部第三,东北地区最低。从各地区农业总产值与东部地区农业总产值比值来看,1978—2019 年,中部地区农业总产值约占东部地区农业总产值的 60%～76% 之间,西部地区农业总产值约占东部地区农业总产值的 54%～90% 之间,东北地区农业总产值约占东部地区农业总产值的 19%～35% 之间。四大区域农业总产值区域差异明显。

(二)农业产量和农业产值保持较快增长,区域差异逐渐缩小

从农业发展来看,中国四大区域农业产量和产值保持较快增长。首先,从各区域农业产值来看,1978—2019 年,东部地区农业产值从 404.31 亿元增长到 20 028.50 亿元,增长了大约 48.54 倍;中部地区农业产值从 264.40 亿元增长到 16 645.10 亿元,增长了大约 61.95 倍;西部地区农业产值从 278.69 亿元增长到 22 692.50 亿元,增长了大约 80.43 倍;东北地区农业产值从 122.10 亿元增长到 6 700.60 亿元,增长了大约 53.88 倍。从各区域农业产值 41 年间增幅来看,西部地区增幅最大,中部地区次之,东北地区为第三,东部地区最低。

其次,从各区域农业产量来看,1978—2019 年,东部地区农业产量从 10 474.50 万吨增长到 15 622.15 万吨,增长了大约 49.14%;中部地区农业产量从 8 731.50 万吨增长到 19 968.43 万吨,增长了大约 1.29 倍;西部地区农业产量从 7 539.50 万吨增长到 16 982.85 万吨,增长了大约 1.25 倍;东北地区农业产量从 3 731.00 万吨增长到 13 810.89 万吨,增长了大约 2.70 倍。东北地区农业产量增长最快,中部地区次之,西部地区为第三,东部地区最低。值得注意的是,与四个区域粮食产量的相对均衡分布相比,农业总产值区域间差异非常大。

表 8.1 东、中、西、东北四大区域农林牧渔总产值

（亿元）

区域	1978 年	1980 年	1985 年	1990 年	1995 年	2000 年	2005 年	2010 年	2015 年	2019 年
东部	518.05	714.18	1418.03	3002.18	8240.58	10377.60	15355.45	25245.97	37192.70	41074.27
中部	410.70	536.90	967.60	2085.30	4783.20	6642.80	10434.50	18927.54	27773.10	31898.64
西部	368.32	468.17	869.38	1882.50	4587.34	5820.35	9599.92	17653.14	29478.20	38254.07
东北	147.90	206.60	318.30	708.30	1805.70	2201.90	4016.50	7493.11	12612.20	12740.95

资料来源：国家统计局

表 8.2 东、中、西、东北四大区域农业产值

（亿元）

区域	1978 年	1980 年	1985 年	1990 年	1995 年	2000 年	2005 年	2010 年	2015 年	2019 年
东部	404.31	539.49	956.69	1847.58	4607.67	5399.66	7379.21	13007.21	19108.90	20028.50
中部	264.40	404.50	687.90	1369.70	2928.20	3752.10	5281.00	10536.83	14905.60	16645.10
西部	278.69	339.17	586.40	1215.64	2855.93	3462.67	5052.99	10020.62	17240.60	22692.50
东北	122.10	160.80	223.10	487.90	1146.30	1198.20	1876.80	3376.44	6380.90	6700.60

资料来源：国家统计局

表 8.3 东、中、西、东北四大区域农业产量

（万吨）

区域	1978 年	1980 年	1985 年	1990 年	1995 年	2000 年	2005 年	2010 年	2015 年	2019 年
东部	10474.50	10882.00	12958.40	14087.80	15236.80	13969.80	12766.30	13869.94	14949.76	15622.15
中部	8731.50	9189.00	11965.10	13514.50	13727.10	14028.00	14778.30	16720.66	18719.71	19968.43
西部	7539.50	8441.00	9356.00	11168.30	11729.90	12896.30	13438.80	14436.42	16500.94	16982.85
东北	3731.00	3543.50	3631.30	5853.70	5968.00	5323.50	7419.00	9620.70	11973.50	13810.89

资料来源：国家统计局

四大区域中,2012 年以前,东部农业产值最高,西部地区农业产值在 2012 年以后超越中部地区成为第二,2017 年之后超越东部地区成为第一,东北地区最低。从各地区农业产值与东部地区农业总产值比值来看,1978—2019 年,中部地区农业产值约占东部地区农业总产值的 61%～82%,西部地区农业产值约占东部地区农业总产值的 58%～110%,东北地区农业产值约占东部地区农业总产值的 21%～34%。四大区域农业产值区域差异虽然明显,但呈现逐渐收敛态势。但是从产量上看,自 2000 年起,中部地区农业产量超过东部地区成为第一,而西部地区农业产量则从 2002 年起超过东部地区成为第二,东北地区位居第四位。四大区域农业产量的差距逐渐减小。

(三)畜牧业产量和产值保持较快增长,区域差异逐渐缩小

从畜牧业发展来看,中国四大区域畜牧业产量和产值保持较快增长。从各区域畜牧业产值来看,1978—2019 年,东部地区畜牧业产值从 75.12 亿元增长到 8 872.9 亿元,增长了大约 117.15 倍;中部地区畜牧业产值从 43.20 亿元增长到 8 837.5 亿元,增长了大约 203.57 倍;西部地区畜牧业产值从 71.79 亿元增长到 10 963 亿元,增长了大约 151.71 倍;东北地区畜牧业产值从 18.90 亿元增长到 4 390.9 亿元,增长了大约 231.32 倍。从增幅来看,东北地区增幅最大,中部地区次之,西部地区为第三,东部地区最低。

从各区域肉类总产量来看,1980—2019 年,东部地区肉类总产量从 424.30 万吨增长到 2 286.9 万吨,增长了大约 4.39 倍;中部地区肉类总产量从 353.60 万吨增长到 2 162.6 万吨,增长了大约 5.16 倍;西部地区肉类总产量从 336.20 万吨增长到 2 460.9 万吨,增长了大约 6.32 倍;东北地区肉类总产量从 78.20 万吨增长到 848.2 万吨,增长了大约 9.85 倍。东北地区增幅最大,西部地区次之,中部地区为第三,东部地区最低。

四大区域中,东北地区畜牧业产值最低,西部地区在 2013 年以后超过东部地区位居第一。从各地区畜牧业产值与东部地区畜牧业产值比值来看,1978—2019 年间,中部地区畜牧业产值约占东部地区畜牧业产值的 53%～99%,西部地区畜牧业产值约占东部地区畜牧业产值的 64%～118%,东北地区畜牧业产值约占东部地区畜牧业产值的 20%～54%。四大区域畜牧业产值区域差异呈逐渐缩小态势。

(四)渔业产量和产值保持较快增长,东部地区渔业产值和产量均遥遥领先

从渔业发展来看,中国四大区域渔业产量和产值保持较快增长。从各区

表 8.4 东、中、西、东北四大区域畜牧业产值

(亿元)

区域	1978 年	1980 年	1985 年	1990 年	1995 年	2000 年	2005 年	2010 年	2015 年	2019 年
东部	75.12	121.26	304.46	748.73	2 104.70	2 762.59	4 412.96	6 365.96	8 374.20	8 872.9
中部	43.20	84.80	189.20	500.70	1 392.00	2 127.40	3 698.90	5 549.00	7 888.10	8 837.5
西部	71.79	106.11	216.22	543.07	1 436.95	1 916.30	3 594.35	5 842.88	9 006.90	10 963
东北	18.90	34.80	70.90	166.20	513.60	748.60	1 565.30	3 067.89	4 511.10	4 390.9

资料来源：国家统计局

表 8.5 东、中、西、东北四大区域肉类产量

(单位：万吨)

区域	1980 年	1985 年	1990 年	1995 年	2000 年	2005 年	2010 年	2015 年	2019 年
东部	424.30	654.30	933.60	1 819.97	2 371.76	2 889.67	2 958.17	3 192.32	2 286.9
中部	353.60	603.10	902.30	1 724.39	1 846.93	2 384.34	2 438.47	2 633.98	2 162.6
西部	336.20	567.00	849.10	1 350.00	1 427.87	1 927.37	2 019.98	2 252.20	2 460.9
东北	78.20	86.60	145.20	328.12	422.94	465.00	462.96	510.12	848.2

资料来源：国家统计局

表 8.6 东、中、西、东北四大区域渔业产值

(单位：亿元)

区域	1978 年	1980 年	1985 年	1990 年	1995 年	2000 年	2005 年	2010 年	2015 年	2019 年
东部	18.69	24.00	83.73	283.04	1 234.61	1 859.68	2 586.96	4 020.81	6 765.30	7 840.9
中部	1.90	5.20	21.00	71.70	235.60	464.30	741.10	1 319.02	2 318.30	2 717.4
西部	1.37	2.11	7.59	25.07	105.66	182.60	300.39	512.46	950.00	1 181.2
东北	2.30	2.60	9.80	35.70	109.80	205.80	349.00	570.10	847.30	832.8

资料来源：国家统计局

域渔业产值来看,1978—2019 年,东部地区渔业产值从 18.69 亿元增长到 7 840.9 亿元,增长了大约 418.52 倍;中部地区渔业产值从 1.90 亿元增长到 2 717.4 亿元,增长了大约 1 429.21 倍;西部地区渔业产值从 1.37 亿元增长到 1 118.2 亿元,增长了大约 860.69 倍;东北地区渔业产值从 2.30 亿元增长到 832.80 亿元,增长了大约 361.09 倍。从增幅来看,各区域渔业产值四十年间增幅较大,其中中部地区增幅最大,西部地区次之,东部地区为第三,东北地区最低。

从各区域水产品总产量来看,1978—2019 年,东部地区水产品总产量从 338.42 万吨增长到 3 893.53 万吨,增长了大约 10.50 倍;中部地区水产品总产量从 36.65 万吨增长到 1 317.95 万吨,增长了大约 34.96 倍;西部地区水产品总产量从 19.48 万吨增长到 707.00 万吨,增长了大约 35.30 倍;东北地区水产品总产量从 51.21 万吨增长到 543.50 万吨,增长了大约 9.61 倍。从各区域水产品总产量的增幅来看,西部地区增幅最大,中部地区次之,东部地区和东北地区水产品产量增幅非常接近,分别为第三和第四。

四大区域中,东部地区渔业产值最高,超过其他三大区域产值总和。中部地区渔业产值排第二,西部地区和东北地区则分列第三和第四。从各地区渔业产值与东部地区渔业产值比值来看,1978—2019 年,中部地区渔业产值约占东部地区渔业产值的 10%～33%,西部地区渔业产值约占东部地区渔业产值的 6%～14%,东北地区渔业产值约占东部地区渔业产值的 9%～13%。四大区域渔业产值比值在 1978—2019 年较为稳定,东部地区渔业产值一直遥遥领先其他三大区域。

二、四大区域农业发展增速发展特点

由于自然条件、社会经济发展情况等不同,四大区域的农业总产值、种植业、林业、畜牧业、渔业等的发展具有不同的趋势。

(一) 农林牧渔总产值

从定基增长速度来看,以 1978 年为基期,全国和四大区域农林牧渔总产值的发展具有一定的阶段性共性,1993 年以前四大区域农林牧渔总产值发展较为缓慢;1994—2002 年,四大区域农林牧渔总产值发展速度较前一阶段明显加快;2003 年以后,四大区域农林牧渔总产值发展速度进入快速发展阶段。分区域来看,1991—2006 年间,东部地区农林牧渔总产值的定基增速位居第一。

2007—2016年，东北地区农林牧渔总产值的定基增速排列第一，但在1985—2003年，东北地区农林牧渔总产值的定基增速均低于全国及中部、西部和东部地区。2017年后，西部地区农林牧渔总产值的定基增速排列第一。自2005年以后，中部地区农林牧渔总产值的定基增速一直处于末位。

从环比增长速度来看，全国和四大区域农林牧渔总产值在大部分时间内也表现出较强的一致性，只有个别时间段，如东北地区农林牧渔总产值在1989年、2000年呈现负增长，隔年则大幅反弹，超越其他区域，环北增速排名第一。整体来看，东北地区农林牧渔总产值环比增速的振荡幅度在大部分时间均大于全国及其他三个区域。这可能与东北地区三省地理分布较为集中，自然灾害具有同质性，粮食生产较易受到地域特色的自然灾害影响有关。[1] 其他地区则在纬度和经度方面跨度较大，自然灾害对某省份粮食生产的影响可以在整个区域内得到分散和均衡。

(二) 农业产值

以1978年为基期，全国和四大区域农业产值的发展具有一定的阶段性共性，1993年以前四大区域农业产值发展较为缓慢；1994—2002年，四大区域农业产值发展速度较前一阶段明显加快；2003年以后，四大区域农业产值发展速度进入快速发展阶段，2017年除西部地区外整体增速稍有下降。从各区域农业产值定基增速大小来看，1978—2012年，除1979年、1995年外，中部地区农业产值定基增速稳居第一。2013年以后，西部地区农业产值定基增速则成为首位。1987—2011年，东北地区农业产值定基增速位于四大区域中最末位。2012年后，东部地区接力东北地区，成为农业产值定基增速末位。

从环比增长速度来看，全国和四大区域农业产值在大部分时间内也表现出较强的一致性，但不同区域增长幅度并不一致，其中东北地区农业产值环比增速曲线震荡幅度较大，出现负增长的几率超出其他地区。自1988年以后，东部地区农业产值环比增速都基本处于其他三大区域增速阈值之间。

---

[1] 目前已发表的学术论文中，还没有学者专门针对东北地区在四大区域农业产量、产值及其结构、增速等方面震荡幅度较大的专项研究。但是不同学者用不同的工具测量了东北地区气象与农业之间的关系，如：马建勇，许吟隆，潘婕. 东北地区农业气象灾害的趋势变化及其对粮食产量的影响. 中国农业气象，2012，2；赵秀兰. 近50年中国东北地区气候变化对农业的影响. 东北农业大学学报，2010，9；何永坤，郭建平. 1961—2006年东北地区农业气候资源变化特征. 自然资源学报，2011，7 等。

表 8.7　东、中、西、东北四大区域水产品产量

（单位：万吨）

区域	1978 年	1980 年	1985 年	1990 年	1995 年	2000 年	2005 年	2010 年	2015 年	2019 年
东部	338.42	336.59	487.94	833.28	1665.42	2822.21	3230.00	3364.00	4055.90	3893.53
中部	36.65	47.30	109.46	195.28	416.27	689.24	900.00	1020.00	1317.50	1317.95
西部	19.48	19.99	39.83	71.61	173.00	358.77	472.00	479.00	693.00	707.00
东北	51.21	44.93	67.93	129.23	234.21	390.69	482.00	487.00	595.00	543.50

资料来源：国家统计局

表 8.8　东、中、西、东北四大区域农林牧渔总产值定基增速

区域	1979 年	1980 年	1985 年	1990 年	1995 年	2000 年	2005 年	2010 年	2015 年	2019 年
东部	25.53%	37.86%	173.72%	479.52%	1490.69%	1903.20%	2864.09%	4773.27%	7079.36%	7928.63%
中部	19.92%	30.73%	135.60%	407.74%	1064.65%	1517.43%	2440.66%	4508.60%	6662.38%	7766.90%
西部	6.96%	27.11%	136.04%	411.10%	1145.48%	1480.24%	2506.41%	4692.88%	7903.42%	10386.10%
东北	16.16%	39.69%	115.21%	378.90%	1120.89%	1388.78%	2615.69%	4966.34%	8427.52%	8614.57%

资料来源：根据国家统计局数据计算

表 8.9　东、中、西、东北四大区域农业产值定基增速

区域	1979 年	1980 年	1985 年	1990 年	1995 年	2000 年	2005 年	2010 年	2015 年	2019 年
东部	24.99%	33.43%	136.62%	356.97%	1039.64%	1235.52%	1725.14%	3117.14%	4626.30%	4953.75%
中部	16.38%	52.99%	160.17%	418.04%	1007.49%	1319.10%	1897.35%	3885.19%	5537.52%	6295.42%
西部	5.41%	21.70%	110.41%	336.20%	924.77%	1142.48%	1713.12%	3495.62%	6086.30%	8142.56%
东北	13.27%	31.70%	82.72%	299.59%	838.82%	881.33%	1437.10%	2665.31%	5125.96%	5487.80%

资料来源：根据国家统计局数据计算

（三）畜牧业产值

以 1978 年为基期,全国和四大区域畜牧业产值的发展具有一定的阶段性共性,1993 年以前四大区域畜牧业产值发展较为缓慢;1994—2003 年,四大区域畜牧业产值发展速度较前一阶段明显加快;2004 年以后,四大区域畜牧业产值发展速度进入快速发展阶段;2017 年后,四大区域畜牧业产值发展速度开始下降。其中,1979—2011 年,除 2007 年外,西部地区畜牧业产值定基增长率一直处于四大区域末位,2012 年以后东部地区接力西部地区位于末位。1980—2005 年,除 1989 年外,中部地区畜牧业产值定基增长率位居四大区域首位。2006 年以后,东北地区接力中部地区位于首位。从环比增长速度来看,全国和四大区域畜牧业产值在大部分时间内也表现出较强的一致性,但不同区域增长幅度并不一致。整体来看,四大区域的畜牧业产值环比增速均呈现明显的震荡下行趋势。

（四）渔业产值

以 1978 年为基期,全国和四大区域渔业产值的发展具有一定的阶段性共性,1993 年以前四大区域渔业产值发展较为缓慢;1994—2003 年,四大区域渔业产值发展速度较前一阶段明显加快;2004 年以后,四大区域渔业产值进入快速发展阶段。全国和四大区域渔业产值定基增速差别不大,其中,中部地区渔业产值定基增速稳居四大区域首位,西部地区在 1980—2003 年除个别年份一直位于四大区域末位,东部地区和东北地区则分别在 2004—2014 年和 2015 年以后位于四大区域末位。从环比增长速度来看,全国和四大区域渔业产值也表现出明显的震荡下行趋势。在 1979—2019 年,大部分时间内也表现出较强的一致性,但不同区域增长幅度并不一致。

三、四大区域农业结构逐渐向多元化转变

改革开放初期,中国农业结构呈现"以种植业为主,种植业以粮食为主"的特征。伴随着中国经济发展和农业生产率的提高,中国农业产业结构则逐渐向多元化转变。四大区域的农业产业结构也呈现这个特征。除西部地区外,其他三大区域农业(种植业)产业占农林牧渔总产值的比重逐渐降低。四大区域的畜牧业产值比重均呈现上升态势。

(一) 四大区域的农、牧、渔业产业结构发展趋势

1978—2019 年,东部地区农、牧、渔产值占总产值比重由 78：15：4 演变为 49：22：19,农业产值在农林牧渔总产值中逐渐下降,由 78％下降至 49％,畜牧业产值在农林牧渔总产值中逐渐上升,由 15％上升为 22％,渔业产值在农林牧渔总产值中也显著增加,由 4％增至 19％。

1978—2019 年,中部地区农、牧、渔产值占总产值比重由 64：11：0.46 演变为 52：28：9,农业产值在农林牧渔总产值中逐渐下降,由 64％下降至 52％,畜牧业产值在农林牧渔总产值中逐渐上升,由 11％上升为 28％,渔业产值在农林牧渔总产值中由 0.46％增至 9％。

1978—2019 年,西部地区农、牧、渔产值占总产值比重由 76：9：0.37 演变为 59：29：3,农业产值在农林牧渔总产值中逐渐下降,由 76％下降至 59％,畜牧业产值在农林牧渔总产值中逐渐上升,由 19％上升为 29％,渔业产值在农林牧渔总产值中也由 0.37％增至 3％。

1978—2019 年,东北地区农、牧、渔产值占总产值比重由 83：13：2 演变为 53：34：7,农业产值在农林牧渔总产值中逐渐下降,由 83％下降至 53％,畜牧业产值在农林牧渔总产值中逐渐上升,由 13％上升为 34％,渔业产值在农林牧渔总产值中也由 2％增至 7％。

整体来看,农业产值虽然在农林牧渔产业结构中下降,但在四大区域的农林牧渔产业结构中仍占比 50％以上,显示其在农业生产中的重要地位;畜牧业产值在农林牧渔产业结构中增长较快,在四大区域的农林牧渔产业结构中百分比均增加了两位数左右;渔业产值在农林牧渔产业结构中的比重与畜牧业和农业相比,虽然绝对值增加较少,但是增速很快,均增长了 2 倍以上。

(二) 农、牧、渔业在四大区域农业产业结构的发展趋势

农业、畜牧业、渔业在四大区域农业产业结构的变动态势,从 1978—2019 年农、牧、渔四大产业产值的增速中也可得以一窥。以各区域农业产值四十年间增速为参考值,各区域畜牧业、渔业产值四十年间增速与农业产值四十年间增速的比值如表 8.16 和表 8.17。可以看到,四十年间,畜牧业产值增速均大于农业产值增速(比值大于 1),表明畜牧业产值增速明显快于农业产值。此外,畜牧业产值增速与农业产值相比具有显著的阶段性特征。1983—2008 年,各地区畜牧业产值增速与农业产值增速的比值呈现明显上升趋势,2008 年以后则呈现下行态势。

表 8.10　东、中、西、东北四大区域畜牧产值定基增速

区域	1979 年	1980 年	1985 年	1990 年	1995 年	2000 年	2005 年	2010 年	2015 年	2019 年
东部	33.25%	61.42%	305.30%	896.71%	2701.78%	3577.57%	5774.55%	8374.39%	11047.76%	11811.63%
中部	22.45%	96.30%	337.96%	1059.03%	3122.22%	4824.54%	8462.27%	12744.91%	18159.49%	20457.18%
西部	14.19%	47.81%	201.18%	656.47%	1901.60%	2569.31%	4906.76%	8038.85%	12446.18%	15270.93%
东北	37.04%	84.13%	275.13%	779.37%	2617.46%	3860.85%	8182.01%	16132.22%	23768.25%	23232.28%

资料来源：根据国家统计局数据计算

表 8.11　东、中、西、东北四大区域渔业产值定基增速

区域	1979 年	1980 年	1985 年	1990 年	1995 年	2000 年	2005 年	2010 年	2015 年	2019 年
东部	5.35%	28.41%	347.99%	1414.39%	6505.72%	9850.13%	13741.41%	21413.16%	36097.43%	41952.38%
中部	10.53%	173.68%	1005.26%	3673.68%	12300.00%	24336.84%	38905.26%	69322.11%	121915.79%	143021.05%
西部	-12.86%	53.90%	453.91%	1728.58%	7607.91%	13220.86%	21813.74%	37284.01%	69202.60%	86168.66%
东北	4.35%	13.04%	326.09%	1452.17%	4673.91%	8847.83%	15073.91%	24686.96%	36739.13%	36208.70%

资料来源：根据国家统计局数据计算

表 8.12　东部地区农、牧、渔业产业结构（在农林牧渔业产值中的百分比）

区域	1978 年	1980 年	1985 年	1990 年	1995 年	2000 年	2005 年	2010 年	2015 年	2019 年
农业	78.04%	75.54%	67.47%	61.54%	55.91%	52.03%	48.06%	51.52%	51.38%	48.76%
畜牧业	14.50%	16.98%	21.47%	24.94%	25.54%	26.62%	28.74%	25.22%	22.52%	21.60%
渔业	3.61%	3.36%	5.90%	9.43%	14.98%	17.92%	16.85%	15.93%	18.19%	19.09%

资料来源：根据国家统计局数据计算

表 8.13 中部地区农、牧、渔业产业结构（在农林牧渔业产值中的百分比）

产业	1978 年	1980 年	1985 年	1990 年	1995 年	2000 年	2005 年	2010 年	2015 年	2019 年
农业	64.38%	75.34%	71.09%	65.68%	61.22%	56.48%	50.61%	55.67%	53.67%	52.18%
畜牧业	10.52%	15.79%	19.55%	24.01%	29.10%	32.03%	35.45%	29.32%	28.40%	27.70%
渔业	0.46%	0.97%	2.17%	3.44%	4.93%	6.99%	7.10%	6.97%	8.35%	8.52%

资料来源：根据国家统计局数据计算

表 8.14 西部地区农、牧、渔业产业结构（在农林牧渔业产值中的百分比）

产业	1978 年	1980 年	1985 年	1990 年	1995 年	2000 年	2005 年	2010 年	2015 年	2019 年
农业	75.67%	72.45%	67.45%	64.58%	62.26%	59.49%	52.64%	56.76%	58.49%	59.32%
畜牧业	19.49%	22.66%	24.87%	28.85%	31.32%	32.92%	37.44%	33.10%	30.55%	28.66%
渔业	0.37%	0.45%	0.87%	1.33%	2.30%	3.14%	3.13%	2.90%	3.22%	3.09%

资料来源：根据国家统计局数据计算

表 8.15 东北地区农、牧、渔业产业结构（在农林牧渔业产值中的百分比）

产业	1978 年	1980 年	1985 年	1990 年	1995 年	2000 年	2005 年	2010 年	2015 年	2019 年
农业	82.56%	77.83%	70.09%	68.88%	63.48%	54.42%	46.73%	45.06%	50.59%	52.59%
畜牧业	12.78%	16.84%	22.27%	23.46%	28.44%	34.00%	38.97%	40.94%	35.77%	34.46%
渔业	1.56%	1.26%	3.08%	5.04%	6.08%	9.35%	8.69%	7.61%	6.72%	6.54%

资料来源：根据国家统计局数据计算

表 8.16　四大区域的畜牧业产值增速与农业产值增速的比值情况

区域	1980 年	1985 年	1990 年	1995 年	2000 年	2005 年	2010 年	2015 年	2019 年
东部	1.84	2.23	2.51	2.60	2.90	3.35	2.69	2.39	2.38
中部	1.82	2.11	2.53	3.10	3.66	4.46	3.28	3.28	3.25
西部	2.20	1.82	1.95	2.06	2.25	2.86	2.30	2.04	1.88
东北	2.65	3.33	2.60	3.12	4.38	5.69	6.05	4.64	4.23

资料来源：根据国家统计局数据计算

　　渔业产值增速与农业产值增速的比值同样具有显著的阶段性特征。1979—1981 年,四大区域还有部分区域产值增速比小于 1,说明这段时期渔业产值增速慢与农业产值增速;1982 年以后,渔业产值增速与农业产值增速均大于 1,说明渔业产值增速开始快于农业产值增速。1982—2006 年,各地区渔业产值增速与农业产值增速的比值均呈现明显上升趋势。2007 年以后,四个区域的渔业发展趋势则开始分化,东部、西部和东北地区的渔业产值增速与农业产值增速开始呈现震荡下行趋势,而中部地区则呈现相反趋势。

表 8.17　四大区域的渔业产值增速与农业产值增速的比值情况

区域	1980 年	1985 年	1990 年	1995 年	2000 年	2005 年	2010 年	2015 年	2019 年
东部	0.85	2.55	3.96	6.26	7.97	7.97	6.87	7.80	8.47
中部	3.28	6.28	8.79	12.21	18.45	20.51	17.84	22.02	22.72
西部	2.48	4.11	5.14	8.23	11.57	12.73	10.67	11.37	10.58
东北	0.41	3.94	4.85	5.57	10.04	10.49	9.26	7.17	6.60

资料来源：根据国家统计局数据计算

四、区域农业协调度测定及评价

（一）测算方法

　　从已有研究来看,区域农业发展协调度的研究主要是罗其友(2010)从区域农业协调发展评价指标设定原则与层次分析方法出发,结合区域农业发展的实际,在对其相关指标进行修正的基础上,构建区域农业协调发展综合指数[1]。

---

[1] 罗其友. 农业区域协调发展评价研究. 北京：中国农业科学技术出版社,2010.

他将区域协调综合指数分三个层次：第一层为目标层，即区域农业协调发展综合指数。第二层为准则层包含区域协调指数、产业协调指数、制度协调指数、社会协调指数4个二级指标。第三层为指标层，其中，区域协调指数由农业资源禀赋等3个三级指标构成；产业协调指数由粮食与耕地耦合指数等2个三级指标构成；制度协调指数由财政支农资金等2个三级指标构成；社会协调指数由农村经济水平等3个三级指标构成。受限于数据的可得性，本文不再构建指标体系测算区域农业发展协调度，而是参照李言、毛丰付（2019）[1]的研究，采用偏离系数测算区域农业增长的协调度：

$$C_{i,t} = \left[X_{i,t} + X_{-i,t} \right] \bigg/ \left[\frac{X_{i,t} + X_{-i,t}}{2} \right]^2 \tag{1}$$

其中，$C_{i,t}$ 表示地区 i 的区域农业增长协调度，X_i 表示地区 i 的人均农业GDP增长值，X_{-i} 表示地区 i 相邻地区的人均农业GDP增长值。当 $X_i = X_{-i}$ 时，协调度得到最大值1，表明地区 i 的人均农业GDP增长值与其相邻地区的人均农业GDP增长值一致。协调度越偏离1，表明二者的偏差越大，意味着区域间的农业增长变量差异越大。

（二）区域农业增长协调度测定

区域农业增长协调度主要测算的是各省（直辖市/自治区）人均农业GDP增长率的协调度。由于增长率可能出现负值，导致协调度结果可能出现负数或绝对值大于1的情况，因此在测算过程中，本文所采取的增长率值并不是实际人均农业GDP增长率，而是农业GDP增长率的基础上加1。表8.18是各省份农业增长协调度的测算结果。由于时间跨度较长，采取了每5年为一个阶段的均值，既避免阶段时间较长不能完全反应农业增长变化的情况，也能体现农业增长阶段性的变化。

表 8.18　各省份农业增长协调度测算结果

	地区	1979—1980	1981—1985	1986—1990	1991—1995	1996—2000	2001—2005	2006—2010	2011—2015	2016—2019
1	北京	0.9980	0.9979	0.9989	0.9984	0.9998	0.9998	0.9999	0.9995	0.9991
2	天津	0.9966	0.9926	0.9966	0.9982	0.9995	0.9999	0.9992	0.9992	0.9981
3	河北	0.9998	0.9992	0.9996	0.9985	0.9997	0.9998	0.9992	1.0000	0.9998
4	山西	0.9995	0.9977	0.9976	0.9985	0.9982	0.9975	0.9914	1.0000	0.9997

① 李言,毛丰付. 中国区域经济增长与经济结构的变迁：1978—2016. 经济学家,2019(02)：55—65.

	地区	1979—1980	1981—1985	1986—1990	1991—1995	1996—2000	2001—2005	2006—2010	2011—2015	2016—2019
5	内蒙古	0.9972	0.9975	0.9993	0.9996	0.9995	0.9996	0.9995	0.9999	0.9996
6	辽宁	0.9968	0.9990	0.9990	0.9981	0.9998	0.9999	0.9999	0.9999	0.9998
7	吉林	0.9997	0.9988	0.9986	0.9987	0.9985	0.9996	0.9995	0.9998	0.9956
8	黑龙江	0.9969	0.9969	0.9956	0.9996	0.9981	0.9996	0.9997	0.9990	0.9972
9	上海	0.9926	0.9992	0.9993	0.9998	0.9995	0.9971	0.9982	0.9984	0.9989
10	江苏	0.9975	0.9994	0.9996	0.9994	0.9993	0.9991	0.9999	0.9993	1.0000
11	浙江	0.9977	0.9986	0.9999	0.9995	0.9999	0.9997	0.9995	0.9999	0.9999
12	安徽	0.9958	0.9964	0.9996	0.9963	0.9999	0.9996	0.9998	1.0000	0.9999
13	福建	0.9987	0.9983	0.9994	0.9993	0.9995	0.9998	0.9997	0.9999	0.9998
14	江西	0.9970	0.9997	0.9999	0.9997	0.9991	0.9999	0.9998	1.0000	0.9999
15	山东	0.9976	0.9995	0.9997	0.9971	0.9998	0.9992	0.9996	0.9999	0.9996
16	河南	0.9964	0.9976	0.9987	0.9986	0.9993	0.9989	0.9997	0.9997	0.9999
17	湖北	0.9916	0.9993	0.9986	0.9983	0.9983	0.9995	0.9998	0.9999	0.9998
18	湖南	0.9932	0.9989	0.9719	0.9948	0.9948	0.9995	0.9996	0.9996	0.9979
19	广东	0.9939	0.9958	0.9972	0.9998	0.9964	0.9995	0.9993	1.0000	1.0000
20	广西	0.9981	0.9988	0.9967	0.9987	0.9977	0.9996	0.9994	0.9994	0.9999
21	海南	—	—	—	0.9986	0.9958	0.9996	0.9995	0.9999	0.9998
22	重庆	—	—	—	—	—	0.9998	0.9974	0.9998	0.9998
23	四川	0.9959	0.9937	0.9999	0.9995	0.9995	0.9995	0.9983	0.9995	0.9999
24	贵州	0.9999	0.9989	0.9927	0.9995	0.9996	0.9991	0.9995	0.9951	0.9988
25	云南	0.9988	0.9997	0.9991	0.9997	0.9997	1.0000	0.9993	0.9990	0.9993
26	西藏	0.9956	0.9931	0.9957	0.9968	0.9967	0.9987	0.9986	0.9994	0.9995
27	陕西	0.9966	0.9992	0.9998	0.9981	0.9983	0.9995	0.9992	0.9997	0.9998
28	甘肃	0.9968	0.9963	0.9998	0.9993	0.9987	0.9997	0.9996	0.9998	0.9978
29	青海	0.9953	0.9969	0.9994	0.9999	0.9986	0.9996	0.9994	0.9994	0.9996
30	宁夏	0.9987	0.9985	0.9991	0.9996	0.9999	0.9998	0.9999	0.9997	0.9991
31	新疆	0.9990	0.9916	0.9986	0.9991	0.9992	0.9990	0.9981	0.9997	0.9990

　　整体来看,2019 年只有贵州和吉林两省的区域农业增长协调度较 1979 年有所降低,新疆和河北两省的区域农业增长度与 1979 年相同,其余省份均有所增长。可见,1978 年以来,我国大多数省份的农业增长协调度保持震荡上升态势。

表 8.19　四大区域农业增长协调度测算结果

区域	1979—1980	1981—1985	1986—1990	1991—1995	1996—2000	2001—2005	2006—2010	2011—2015	2016—2019
东部	0.9969	0.9978	0.9989	0.9989	0.9989	0.9993	0.9994	0.9996	0.9995
中部	0.9956	0.9983	0.9944	0.9977	0.9982	0.9991	0.9984	0.9998	0.9995
西部	0.9975	0.9967	0.9982	0.9991	0.9989	0.9995	0.9990	0.9992	0.9993
东北	0.9978	0.9982	0.9977	0.9988	0.9988	0.9997	0.9997	0.9995	0.9975

　　通过将四大区域内部省份数据平均,得到四个区域农业增长协调度的情况。从整体变动趋势来看,东部、中部、西部地区农业增长协调度上升,只有东北地区农业区域协调度下降。表明,从农业协调发展来看,东北地区省份的农业产业更具有独立发展的能力和趋势。

五、结论

　　改革开放以来,我国农林牧渔业产值保持较快增长,东部地区农业总产值始终位居第一。其中,农、牧、渔业的产量和产值均保持较快增长,区域差异逐渐缩小。但部分地区仍具备发展特定产业的优势,而且优势逐渐扩大,如东部地区渔业产值和产量均遥遥领先。我国大多数省份的农业增长协调度呈现逐渐向好态势,说明相邻省份之间在农业增长和农业发展方面能够实现区域内的互补和共赢。农业区域协调发展蕴含了缩小差距的内容,而区域农业增长协调度的提升,有助于实现缩小区域农业发展差距。因此,要更加注重在不同区域间打造农业产业集群,形成产业链、供应链、价值链的优势互补格局,提升区域农业增长的协调度。

第九章
我国北方地区种养结构调整与协调度研究

北方地区是指我国昆仑山、秦岭、淮河以北的广大地区,可分为东北、西北内陆、黄淮海三大地区,包括 16 个省(自治区、直辖市)。北方地区是我国重要的粮食产区和畜牧业发展优势区。2018 年,北方地区的粮食总产量为 38 660.40 万吨,占全国总产量的 58.76%;肉类总产量占全国总产量的比重为 43.57%,其中牛奶总产占比高达 89.35%;牛、羊存栏量占全国的比重分别为 58.04%、78.86%。近年来,北方地区的农业生产在取得重大成就的同时,也存在着种养结构单一、种养不衔接、产业融合发展水平低、资源环境约束趋紧等问题,亟需转变发展方式,推进种养结合,实现农业效益最大化。本章将重点分析我国北方地区的农业结构调整、特别是种养结构调整问题,以及北方地区农业协调度情况。

一、北方地区农业结构的变化趋势和特征

(一)北方地区农业结构的变化趋势

1. 农林牧渔总产值持续增长,但占 GDP 比重不断下降

北方地区的农林牧渔总产值呈持续增长态势。1978 年,我国北方地区的农林牧副渔总产值仅为 589.71 亿元,1982 年突破 1 000 亿元、达到 1 006.74 亿元,1998 年突破 1 万亿元、达到 10 616.06 亿元,2007 年突破 2 万亿元、达到 22 409.51 亿元,2012 年突破 4 万亿元、达到 41 710.90 亿元,2018 年已接近 5 万亿元。总体上,1978—2018 年,北方地区农林牧渔产值保持持续增长,年均增长率为 11.72%。但北方地区农林牧渔总产值占其 GDP 的比重总体呈下降趋势,由 1978 年的 36.51% 下降到 2018 年的 14.03%,年均降幅 2.36%,自 1999 年后

下降态势尤为明显,这与我国工业化、城镇化进程的不断加快有密切关系。

表 9.1　1978—2018 年北方地区农林牧渔总产值及占 GDP 比重变化

年份	北方地区农林牧渔总产值(亿元)	占北方地区 GDP 比重(%)
1978	589.71	36.51
1979	708.96	39.46
1980	803.26	39.66
1981	912.14	42.01
1982	1 006.74	41.96
1983	1 184.06	42.64
1984	1 358.67	41.02
1985	1 466.61	37.43
1986	1 611.22	36.79
1987	1 872.66	36.25
1988	2 322.57	36.00
1989	2 580.29	35.17
1990	3 107.53	38.00
1991	3 365.73	35.66
1992	3 662.58	32.39
1993	4 333.06	29.87
1994	6 123.78	32.25
1995	8 104.99	33.74
1996	9 446.33	33.09
1997	9 947.52	30.95
1998	10 616.06	30.70
1999	10 550.44	28.61
2000	10 712.42	25.91
2001	11 456.36	25.01
2002	12 046.11	23.81
2003	13 287.62	22.86
2004	16 325.19	23.04
2005	18 016.17	21.23
2006	18 992.01	19.00
2007	22 409.51	18.75
2008	26 463.72	18.34
2009	28 307.80	18.01
2010	32 901.79	17.54
2011	37 677.86	16.83
2012	41 710.90	16.82
2013	45 902.66	17.06

年份	北方地区农林牧渔总产值(亿元)	占北方地区 GDP 比重(%)
2014	48 086.71	16.66
2015	49 183.60	16.49
2016	49 453.41	15.91
2017	47 524.90	14.35
2018	49 580.40	14.03

资料来源：根据《新中国六十年统计资料汇编》和《中国统计年鉴》(2010—2019)数据计算而得

2. 农业生产全面发展，主要农产品产量不断提高

(1)粮食产量持续增加。1978 年，北方地区粮食总产量为 13 030.98 万吨，1990 年突破 2 亿吨、达到 20 200.91 万吨，1998 年增加到 25 154.73 万吨，之后粮食生产出现小幅下降，2004 年起开始呈迅速增长态势，到 2018 年已经达到 38 660.40 万吨，与 2004 年相比增长 63.44%，年均增幅 3.57%。

表 9.2　1978—2018 年北方地区粮食总产量变化

(万吨)

年份	总产量	年份	总产量
1978	13 030.98	1999	24 148.01
1979	13 558.91	2000	21 220.14
1980	12 906.80	2001	21 513.29
1981	12 865.08	2002	22 312.37
1982	13 365.22	2003	21 172.82
1983	15 929.10	2004	23 654.31
1984	16 802.04	2005	25 237.65
1985	15 480.11	2006	26 620.25
1986	16 151.39	2007	26 833.21
1987	17 057.28	2008	28 364.98
1988	17 132.86	2009	27 947.82
1989	17 126.38	2010	29 711.31
1990	20 200.91	2011	31 748.72
1991	19 725.40	2012	32 835.62
1992	19 843.02	2013	34 001.67
1993	21 766.89	2014	33 933.26
1994	20 915.88	2015	34 943.21
1995	21 558.40	2016	34 789.83
1996	24 367.62	2017	38 849.60
1997	22 585.63	2018	38 660.40
1998	25 154.73	—	—

资料来源：1978—2008 年数据来自《新中国六十年统计资料汇编》，2009 年之后数据来自 2010—2019 年《中国统计年鉴》

(2) 蔬菜、水果、油料等经济作物生产发展迅速。1978—2018 年,北方地区蔬菜产量从 4 330.22 万吨增长到 31 084.77 万吨,增加了 6.2 倍;水果产量(2003 年起水果产量包括瓜果类产量)从 494.1 万吨增长到 13 019.20 万吨,增加了 25.35 倍;油料从 229 万吨增加到 1 699.00 万吨,增加了 6.42 倍。

表 9.3　1978—2018 年北方地区主要经济作物产量

(万吨)

年份	蔬菜	水果	油料	年份	蔬菜	水果	油料
1978	4 330.22	494.10	229.00	1999	21 077.19	3 330.37	1 200.46
1979	4 175.51	515.31	288.05	2000	24 088.94	3 443.13	1 348.00
1980	3 905.87	468.87	411.60	2001	25 152.28	3 482.17	1 270.62
1981	4 095.44	543.76	464.74	2002	27 924.98	3 654.10	1 389.23
1982	4 391.66	501.23	467.67	2003	28 822.34	8 115.87	1 324.92
1983	4 687.41	636.18	504.71	2004	29 713.38	8 705.75	1 385.29
1984	5 159.80	615.60	602.50	2005	30 632.26	8 722.94	1 450.07
1985	5 440.45	701.86	819.97	2006	29 854.64	9 441.99	1 352.72
1986	6 333.29	709.23	687.26	2007	31 401.04	9 652.76	1 336.68
1987	6 471.90	851.32	718.40	2008	32 514.59	11 041.82	1 516.36
1988	6 954.74	896.13	632.51	2009	33 602.62	11 581.43	1 516.95
1989	7 275.44	790.05	577.27	2010	35 135.57	12 121.58	1 619.03
1990	7 420.77	887.96	763.23	2011	36 280.80	12 788.52	1 524.78
1991	8 323.13	956.20	752.65	2012	37 509.10	13 523.86	1 591.06
1992	8 456.93	1 228.21	693.82	2013	38 524.11	14 081.55	1 628.91
1993	10 253.75	1 571.47	879.44	2014	39 776.87	14 572.16	1 674.24
1994	11 423.95	1 902.39	1 008.57	2015	40 508.98	15 144.24	1 675.40
1995	12 965.92	2 301.45	1 032.46	2016	31 066.99	15 723.96	1 787.71
1996	15 635.17	2 685.42	1 028.62	2017	31 547.22	13 355.80	1 766.40
1997	17 246.38	2 742.66	922.84	2018	31 084.77	13 019.20	1 699.00
1998	19 243.42	3 109.01	1 138.98	—	—	—	—

注:2003 年起水果产量包括瓜果类产量

资料来源:1978—2008 年数据来自《新中国六十年统计资料汇编》;2009 年之后数据来自 2010—2019 年《中国统计年鉴》,其中,蔬菜数据来自 2010—2019 年《中国农村统计年鉴》

(3) 养殖业发展迅速。1978—2018 年,北方地区肉类产量从 302.38 万吨增长到 3 757.50 万吨,增加了 11.43 倍;牛奶产量从 57.81 万吨增长到 2 747.24 万吨,增加了 46.52 倍,是增长最为迅速的,其中自 2008 年以来受我国奶制品质量安全事件影响,牛奶产量呈波动下降态势;禽蛋产量从 69.57 万吨增长到 2 079.98 万吨,增加了 28.90 倍;水产品产量从 148.11 万吨增长到 1 715.04 万吨,增加了 10.58 倍。

表 9.4 1978—2018 年北方地区养殖业生产情况

(万吨)

年份	肉类	牛奶	禽蛋	水产品	年份	肉类	牛奶	禽蛋	水产品
1978	302.38	57.81	69.57	148.11	1999	2 518.46	591.19	1 382.03	1 245.67
1979	374.96	67.29	79.01	127.16	2000	2 589.53	679.23	1 383.82	1 193.55
1980	420.92	76.55	94.16	125.78	2001	2 753.94	843.81	1 474.52	1 200.80
1981	445.51	86.18	102.84	125.12	2002	2 994.56	1 081.48	1 553.79	1 251.61
1982	457.94	102.91	128.03	142.20	2003	3 190.19	1 495.37	1 662.13	1 266.01
1983	452.66	128.47	162.46	145.87	2004	3 462.20	1 987.75	1 750.62	1 312.20
1984	494.40	150.69	220.49	162.72	2005	3 509.02	2 465.54	1 787.41	1 372.67
1985	588.85	173.70	278.34	179.25	2006	3 392.56	2 863.80	1 663.54	1 305.13
1986	643.04	205.45	282.70	207.20	2007	3 140.27	3 186.27	1 691.75	1 363.33
1987	664.25	240.10	306.79	249.19	2008	3 474.62	3 341.84	1 614.21	1 534.77
1988	761.21	272.88	373.39	299.69	2009	3 299.97	3 202.25	1 828.10	1 626.61
1989	847.71	290.05	392.21	330.80	2010	3 408.07	3 257.89	1 836.59	1 558.63
1990	951.06	316.07	445.65	355.76	2011	3 405.31	3 319.38	1 866.45	1 585.51
1991	1 069.53	349.66	523.31	398.64	2012	3 606.65	3 396.00	1 901.33	1 669.09
1992	1 156.00	372.49	564.80	479.25	2013	3 674.35	3 202.25	1 909.32	1 750.83
1993	1 312.53	365.58	654.01	570.65	2014	3 754.04	3 376.07	1 918.40	1 832.00
1994	1 586.64	398.66	852.62	633.44	2015	3 737.90	3 408.40	1 992.20	1 875.90
1995	1 910.08	430.84	968.29	677.40	2016	3 738.56	3 258.95	2 068.96	1 961.17
1996	2 060.35	474.17	1 100.68	944.46	2017	3 792.10	2 715.30	2 054.30	1 751.24
1997	2 216.81	508.83	1 233.44	1 013.85	2018	3 757.50	2 747.24	2 079.98	1 715.04
1998	2 440.47	548.25	1 315.95	1 099.57	—	—	—	—	—

资料来源:1978—2008 年数据来自《新中国六十年统计资料汇编》,2009 年之后数据来自 2010—2019 年《中国统计年鉴》

3. 农业结构趋于多样化

(1) 从单一的种植业变为种养并重。改革开放初期,北方地区的农业结构单一,以种植业为主。1978 年北方地区种植业(农业)产值占农林牧渔总产值的 81.46%,而养殖业产值仅占 15.67%。1978—2008 年,养殖业产值比重不断提高,2008 年达到最高点 41.83%,此后出现小幅下降,2018 年降为 34.37%;种植业产值占农林牧渔总产值的比重呈不断下降态势,从 1978 年的 81.46% 下降到 2008 年的 51.64%,2009 年起出现小幅上升,2018 年增长至 57.26%。总之,北方地区种植业与养殖业产值的比例关系已从 1978 年的 81.46:15.67 转变为 2018 年的 57.26:34.37,呈现出种植业、养殖业并重发展的局面。

表 9.5　北方地区种植业、养殖业产值占农林牧渔总产值比重

(%)

年份	种植业	养殖业	年份	种植业	养殖业
1978	81.46	15.67	1999	61.04	36.38
1979	80.69	16.42	2000	58.97	38.12
1980	78.73	17.44	2001	58.43	38.73
1981	78.52	17.92	2002	56.46	39.33
1982	77.77	17.93	2003	53.36	40.16
1983	79.85	15.91	2004	52.81	41.34
1984	77.93	17.45	2005	52.62	41.67
1985	73.00	22.32	2006	55.65	36.24
1986	73.69	21.92	2007	54.38	38.98
1987	72.87	23.23	2008	51.64	41.83
1988	67.52	28.79	2009	53.02	40.07
1989	67.71	28.78	2010	56.30	37.57
1990	68.94	27.41	2011	54.51	39.44
1991	66.72	29.32	2012	55.18	38.61
1992	64.98	31.03	2013	56.02	37.64
1993	64.92	31.48	2014	56.28	37.12
1994	62.93	34.07	2015	56.60	36.63
1995	63.52	33.85	2016	55.39	37.46
1996	64.21	33.42	2017	55.70	36.27
1997	61.66	35.77	2018	57.26	34.37
1998	61.76	35.63	—	—	—

资料来源:根据《新中国六十年统计资料汇编》和 2010—2019 年《中国统计年鉴》中数据计算而得

(2)种植业中粮食作物比重下降,经济作物等非粮作物比重上升。改革开放初期,北方地区的农作物以粮食作物为主,非粮作物种植面积非常少。1978年,粮食作物种植面积占农作物总面积的 84.11%,而经济作物等非粮作物种植面积仅占 15.89%,到 1985 年两者比例为 77.56∶22.44。随着经济作物种植面积的扩大,粮食作物种植面积呈不断下降趋势,2013 年,粮食作物与非粮作物种植面积的比例为 69.13∶30.87。之后,粮食作物种植面积有所增加,到2018 年粮食作物与非粮作物种植面积的比例为 78.03∶21.97。

表 9.6　北方地区种植业总面积及其构成变化

年份	农作物总面积 (千公顷)	农作物面积构成(%)			
		粮食作物	非粮面积		
			小计	经济作物	其他作物
1978	71 468.00	84.11	15.89	12.12	3.77
1979	71 161.00	83.75	16.25	12.74	3.51
1980	70 631.00	82.36	17.64	11.93	5.71

年份	农作物总面积（千公顷）	农作物面积构成（%）			
		粮食作物	非粮面积		
			小计	经济作物	其他作物
1981	69 803.00	81.78	18.22	14.75	3.47
1982	69 000.00	80.77	19.23	15.85	3.38
1983	69 622.00	81.02	18.98	15.67	3.31
1984	70 011.00	79.48	20.52	17.36	3.16
1985	69 834.00	77.56	22.44	16.63	5.81
1986	70 066.00	79.85	20.15	16.33	3.82
1987	70 188.00	79.80	20.20	17.23	2.97
1988	70 157.00	78.32	21.68	15.42	6.26
1989	70 341.00	79.43	20.57	14.56	6.01
1990	70 777.00	80.01	19.99	15.44	4.55
1991	71 208.00	78.69	21.31	15.91	5.40
1992	70 772.00	78.21	21.79	16.13	5.66
1993	70 905.00	79.61	20.39	16.71	3.68
1994	71 210.00	78.13	21.87	19.23	2.64
1995	71 190.00	78.28	21.72	19.38	2.34
1996	72 418.80	79.22	20.78	18.34	2.44
1997	72 838.00	78.72	21.28	18.88	2.40
1998	74 412.10	78.40	21.60	19.43	2.17
1999	74 802.60	77.44	22.56	20.06	2.50
2000	75 238.00	73.84	26.16	22.70	3.46
2001	75 731.60	72.92	27.08	23.73	3.35
2002	75 551.90	71.85	28.15	24.23	3.92
2003	74 759.60	69.13	30.87	26.21	4.66
2004	75 345.50	69.85	30.15	25.79	4.36
2005	76 577.30	71.21	28.79	24.58	4.21
2006	78 073.10	73.41	26.59	22.92	3.67
2007	79 100.70	73.31	26.69	23.29	3.40
2008	80 263.20	73.11	26.89	23.72	3.17
2009	80 921.54	74.28	25.72	22.88	2.84
2010	81 754.12	74.35	25.65	22.75	2.90
2011	82 475.29	74.20	25.80	22.73	3.07
2012	82 898.89	74.32	25.68	22.69	2.99
2013	83 287.54	74.58	25.42	22.73	2.69
2014	83 984.17	74.68	25.32	23.17	2.15
2015	84 709.57	74.73	25.27	22.91	2.36
2016	85 095.09	74.25	25.75	22.89	2.86
2017	88 045.10	78.06	21.94	19.51	2.43
2018	87 856.80	78.03	21.97	19.56	2.41

资料来源：1978—2008 年数据来自《新中国六十年统计资料汇编》,2009 年之后数据来自 2010—2019 年《中国农村统计年鉴》

（3）粮食作物中口粮生产比重下降,饲料及加工原料粮的生产增加。改革开放初期,口粮生产占有绝对优势,小麦、稻谷、玉米、大豆、薯类和其他一些杂粮都是口粮。随着温饱问题的基本解决,玉米和大豆等粮食作物已很少用作口粮,而主要成为饲料和加工原料。1978 年,我国小麦种植面积占粮食作物总面积的 33.29%,玉米、薯类、大豆种植面积分别占粮食作物总面积的 24.35%、9.17% 和 8.16%,到 2018 年,小麦面积的比重下降为 24.20%,玉米面积的比重上升为 49.35%,薯类面积的比重下降为 3.5%,大豆面积的比重变化不大,为 8.67%。

从各类粮食作物的变化特征看,1978—1985 年,小麦种植面积占北方粮食作物总面积的比重呈不断上升态势,从 1978 年的 33.29% 上升到 1985 年的 37.37%,自 1986 年起则呈不断下降状态,到 2018 年下降为 24.20%。玉米种植面积的比重在 1978—1985 年间波动幅度不大,基本维持在 23%～25% 之间,自 1986 年开始出现大幅度上升,到 2018 年达到 49.35%。1978—2018 年,稻谷种植面积占粮食作物总面积的比重由 3.33% 增加到 9.31%,薯类面积比重由 9.17% 下降为 3.5%,大豆面积比重则一直处于波动状态。

表 9.7　1978—2018 年北方地区粮食作物种植结构

(%)

年份	小麦	玉米	薯类	大豆	稻谷	其他
1978	33.29	24.35	9.17	8.16	3.33	21.70
1979	33.24	24.88	8.44	8.60	3.35	21.49
1980	34.06	25.59	7.74	8.86	3.51	20.23
1981	33.89	24.58	7.16	9.97	3.42	20.97
1982	33.75	23.70	7.06	10.58	3.46	21.46
1983	34.91	24.23	7.20	9.10	3.48	21.08
1984	36.09	24.28	6.93	8.84	3.75	20.12
1985	37.37	23.75	6.65	10.04	4.17	18.01
1986	36.84	25.29	6.37	10.50	4.28	16.72
1987	35.22	26.93	6.45	10.81	4.51	16.08
1988	35.47	26.55	6.80	10.74	4.61	15.84
1989	36.02	27.02	6.50	10.35	4.78	15.32
1990	36.50	28.29	6.27	9.57	4.99	14.39
1991	37.03	28.77	6.12	9.28	5.36	13.45
1992	36.92	28.36	6.33	9.55	5.51	13.33
1993	35.79	27.16	6.28	12.74	4.92	13.12
1994	34.72	28.09	6.11	12.43	4.90	13.76
1995	34.51	30.74	6.44	10.68	5.16	12.47

年份	小麦	玉米	薯类	大豆	稻谷	其他
1996	34.28	32.52	6.55	9.35	5.71	11.59
1997	34.50	31.42	6.39	10.42	6.42	10.85
1998	33.61	32.47	6.42	10.60	6.57	10.32
1999	32.83	33.57	6.98	9.73	6.82	10.06
2000	32.13	30.45	7.54	12.10	7.09	10.69
2001	30.27	32.94	7.29	12.47	6.99	10.05
2002	29.73	34.22	7.35	11.25	7.23	10.22
2003	28.70	35.20	7.36	12.82	6.50	9.42
2004	27.80	36.98	6.82	13.14	7.28	7.99
2005	28.56	37.12	6.48	12.65	7.32	7.87
2006	28.13	39.06	5.33	12.37	7.73	7.37
2007	27.48	40.01	5.65	11.27	8.22	7.37
2008	27.08	40.01	5.88	11.57	8.39	7.07
2009	27.53	40.86	5.67	11.29	8.34	6.31
2010	27.16	42.25	5.63	11.25	8.79	4.91
2011	26.92	43.37	5.74	10.12	9.03	4.83
2012	26.62	45.22	5.58	9.13	9.22	4.23
2013	26.17	46.79	5.51	7.89	9.30	4.34
2014	25.95	47.47	5.29	7.26	9.17	4.86
2015	25.83	48.40	5.08	7.18	8.97	4.54
2016	26.06	46.48	5.20	6.77	9.15	6.35
2017	24.39	48.92	3.65	7.15	9.43	6.46
2018	24.20	49.35	3.50	8.67	9.31	4.97

资料来源：根据《新中国六十年统计资料汇编》和2010—2019年《中国统计年鉴》中数据计算而得

（4）畜牧业结构从以耗粮型的生猪生产为主，向节粮、食草型畜牧业方向发展。改革开放初期，北方地区畜牧业以养猪为主，1978年北方地区猪肉产量占肉类总产量的比重高达88.05％。随着畜牧业的快速发展，饲料粮短缺问题日益突出。为了解决畜牧业快速发展与饲料粮短缺之间的矛盾，节粮型和食草型畜牧业得到快速发展，耗粮型畜牧业发展减速。到2018年，猪肉在肉类总产量中的比重下降为54.20％，而牛肉和羊肉的产量比重分别由1978年的3.44％和7.34％提高到12.44％和9.46％，其中牛肉的产量比重上升幅度比较明显。

表 9.8　1978—2018 年北方地区肉类生产结构变化

(%)

年份	猪肉	牛肉	羊肉	年份	猪肉	牛肉	羊肉
1978	88.05	3.44	7.34	1999	57.49	14.83	7.39
1979	85.13	3.71	7.25	2000	55.80	15.27	7.73
1980	86.71	4.08	7.70	2001	53.65	15.01	7.80
1981	76.20	3.61	7.95	2002	51.93	14.40	7.79
1982	84.64	3.75	8.80	2003	51.94	14.68	8.31
1983	84.04	4.73	9.63	2004	51.76	14.49	8.67
1984	83.68	5.05	9.57	2005	54.52	15.05	9.42
1985	80.87	5.37	8.05	2006	50.75	13.09	8.40
1986	80.00	6.31	7.76	2007	48.98	14.86	9.50
1987	75.81	8.40	8.70	2008	47.73	13.18	8.40
1988	73.55	8.70	8.36	2009	53.21	14.30	9.01
1989	72.16	9.05	9.14	2010	53.22	14.17	8.93
1990	70.80	9.48	9.10	2011	52.96	13.95	8.80
1991	69.36	10.36	8.98	2012	53.34	13.45	8.48
1992	70.10	11.21	8.70	2013	54.26	13.29	8.46
1993	68.08	13.06	8.30	2014	55.37	13.22	8.72
1994	65.24	15.70	7.97	2015	53.98	13.40	8.97
1995	63.72	16.69	8.20	2016	52.33	13.67	9.38
1996	49.97	12.76	6.58	2017	54.60	12.19	9.28
1997	56.41	14.54	7.21	2018	54.20	12.44	9.46
1998	56.84	14.38	7.11	—	—	—	—

资料来源：根据《新中国六十年统计资料汇编》和 2010—2019 年《中国统计年鉴》中数据计算而得

二、北方地区农业结构的现状

我们以 2018 年数据分析北方地区农业产业结构现状。

(一)农业发展基础与特点

北方地区土地面积 688 万平方公里,占全国的 71.67%;草原面积 20 805.4 万公顷,占全国的 94.86%;耕地面积 8 092.6 万公顷,占全国的 60.00%①; 2018 年总人口为 58 633 万人,占全国的 42.02%;人均耕地面积 0.14 公顷,超过 0.10 公顷的全国人均水平。北方地区东西狭长,自然地带从东到西跨越整个温带(寒温带、中温带、暖温带)以及青藏高原区,气候以温带季风气候和温带

① 土地、草原、耕地为 2017 年数据,写作时 2018 年数据尚未公布。

大陆性气候为主,气候干旱,除东部沿海地带,普遍降雨量较少。北方地区主要河流有黄河、辽河、松花江、黑龙江等,近年来,由于地表水资源的过量开发使用,黄河的多条支流出现断流。水资源是决定农作物生长的重要因素,作为我国主要的粮食生产基地,北方地区拥有全国 60% 的耕地,而水资源量仅占全国水资源总量的 37.91%。北方地区降雨量较少,水资源短缺,是典型的缺水区,加之农业类型主要为灌溉农业,近年来灌溉水污染等问题也逐渐凸显,使得我国北方地区农业水资源问题不断加剧。

北方农作物主要是小麦、玉米、稻谷、大豆、花生、棉花等,熟制主要为一年一熟制和三年两熟制。从土壤特征看,东北地区的土壤肥沃,主要为有机质含量较高的黑土;内蒙古高原东部及中部主要为栗钙土,内蒙古中西部、新疆北部大部分为棕钙土;甘肃西部、新疆大部、青海的柴达木盆地等为荒漠土;向东南延伸到河北、河南、山东、山西一带,主要为棕壤、褐土、潮土和风沙土。东北三省的土壤有机质含量最大,其他地区均较低,整体而言,北方地区的土壤有机质含量不高,N、P、K 含量需要外界补给,即北方地区典型的种植特征是高投入,特别是农业化肥的过量投入。

(二) 农业经济与农业产业结构

1. 农村经济结构

2018 年北方地区第一产业产值 26 680.55 亿元,占全国的 41.22%;农林牧渔业总产值 49 580.40 亿元,占全国农林牧渔业总产值(113 579.50 亿元)的43.65%。

2. 农民收入结构

2018 年北方地区农民人均可支配收入为 14 188.6 元,其中来自家庭经营的收入有 5 229.3 元,占可支配收入的 36.86%,工资性收入占可支配收入的41.53%,工资性收入和农业经营收入是农民收入的主要来源。在东北地区和西北地区,农业经营收入是农民收入的主要来源,占可支配收入比重分别为49.93%和42.42%。

3. 种植业结构

北方地区种植业以粮食种植为主。2018 年北方地区农作物总播种面积87 856.8 千公顷,其中粮食作物播种面积占 78.03%,高出全国平均水平 7.48%,经济作物播种面积占 19.56%。2018 年,北方地区粮食总产量为 38 660.4 万吨,占全国的 58.76%。

4. 养殖业结构

北方地区是我国重要的畜产品产区,2018 年肉类总产量占全国总产量的

43.57%,禽蛋总产量占全国的 66.49%,牛奶总产量占全国的 89.35%,生猪存栏量占全国的 36.97%,牛存栏量占全国的 58.04%,羊存栏量占全国的 78.86%。

(三) 粮食生产结构

1. 粮食生产结构以玉米、小麦和水稻为主

2018 年,北方地区粮食总播种面积 68553.2 千公顷,占全国粮食总播种面积的 58.57%;其中,稻谷播种面积 6381.6 千公顷,占北方粮食总播种面积的 9.31%;小麦播种面积 16592.6 千公顷,占比 24.20%;玉米播种面积 33830.4 千公顷,占比 49.35%;豆类播种面积 6843.7 千公顷,占比 9.98%;薯类播种面积 2401.4 千公顷,占比 3.50%。就粮食产量而言,2018 年,北方地区粮食总产量为 38660.4 万吨,占全国粮食总量的 58.76%;其中,水稻产量 4785.3 万吨,占北方地区粮食总产量的 12.38%;小麦产量 9413.6 万吨,占比 24.35%;玉米产量 21415.3 万吨,占比 55.39%,豆类、薯类等粮食作物分别占 3.26% 和 2.68%。可见,在北方地区的粮食生产中,玉米占有绝对优势,其次是小麦和水稻,薯类等其他杂粮的发展则受到制约。

就不同区域而言,在黄淮海地区的粮食播种面积中,水稻、小麦、玉米、豆类、薯类、其他的比例关系是 3.25∶46.76∶43.87∶2.69∶1.70∶1.73,西北地区的比例关系是 2.20∶22.12∶47.63∶10.36∶8.72∶8.96,东北地区的比例关系是 21.94∶0.49∶56.92∶17.89∶1.27∶1.49。从产量看,黄淮海地区的粮食产量构成中水稻、小麦、玉米、豆类、薯类、其他的比例为 4.34∶47.68∶44.22∶1.11∶1.87∶0.78,西北地区的比例关系是 3.67∶18.99∶63.01∶3.42∶6.19∶4.71,东北地区的比例关系是 28.13∶0.28∶63.34∶5.71∶1.18∶1.35。可见,各区域的粮食生产结构有一定差异:黄淮海地区粮食生产中小麦占比最大,其次是玉米;西北地区是玉米占比最大,其次是小麦;东北地区是玉米占比最大,其次是水稻。

为进一步探讨各省的粮食生产结构,下面以各区域中的粮食大省[①]为例,通过其各类粮食产量进行分析。

一是黄淮海地区。此区域的产粮大省主要是河南、山东和河北,分别居北方地区的第二、三、四位。河南的粮食产量构成中,水稻、小麦、玉米、豆类、薯类、其他的比例关系是 7.54∶54.19∶35.37∶1.53∶0.96∶0.42,粮食生产主

---

① 以 2018 年为例,北方地区各省粮食产量排名为:黑龙江、河南、山东、河北、吉林、内蒙古、辽宁、新疆、山西、陕西、甘肃、宁夏、天津、西藏、青海、北京。

表 9.9　2018 年北方地区各省粮食作物种植结构

（千公顷，%）

地区	粮食作物 播面	水稻 播面	水稻 占比	小麦 播面	小麦 占比	玉米 播面	玉米 占比	豆类 播面	豆类 占比	薯类 播面	薯类 占比	其他 播面	其他 占比
北京	55.6	0.2	0.36	9.8	17.63	40.1	72.12	2.6	4.68	1.2	2.16	1.7	3.06
天津	350.2	39.9	11.39	110.8	31.64	186.8	53.34	6.5	1.86	1.3	0.37	4.9	1.40
河北	6538.7	78.4	1.20	2357.2	36.05	3437.7	52.57	116.0	1.77	226.2	3.46	323.2	4.94
山东	8404.8	113.8	1.35	4058.6	48.29	3934.7	46.81	158.0	1.88	103.9	1.24	35.8	0.43
河南	10906.1	620.4	5.69	5739.9	52.63	3919.0	35.93	424.0	3.89	114.9	1.05	87.9	0.81
辽宁	3484.0	488.4	14.02	2.4	0.07	2713.0	77.87	82.8	2.38	90.0	2.58	107.4	3.08
吉林	5599.7	839.7	15.00	1.2	0.02	4231.5	75.57	343.5	6.13	46.3	0.83	137.5	2.46
黑龙江	14214.5	3783.1	26.61	109.4	0.77	6317.8	44.45	3741.9	26.32	160.2	1.13	102.1	0.72
山西	3137.1	0.8	0.03	560.3	17.86	1747.7	55.71	250.7	7.99	174.5	5.56	403.1	12.85
内蒙古	6789.9	150.4	2.22	596.7	8.79	3742.1	55.11	1307.4	19.26	351.6	5.18	641.7	9.45
西藏	184.7	0.9	0.49	31.7	17.16	5.2	2.82	4.5	2.44	0.9	0.49	141.5	76.61
陕西	3006.0	105.4	3.51	967.3	32.18	1179.5	39.24	188.4	6.27	344.9	11.47	220.5	7.34
甘肃	2645.3	3.8	0.14	775.6	29.32	1012.7	38.28	137.5	5.20	570.7	21.57	145.0	5.48
青海	281.3	0.0	0.00	111.6	39.67	18.5	6.58	12.8	4.55	88.3	31.39	50.1	17.81
宁夏	735.7	78.0	10.60	128.6	17.48	310.8	42.25	22.6	3.07	109.9	14.94	85.8	11.66
新疆	2219.6	78.4	3.53	1031.5	46.47	1033.3	46.55	44.5	2.00	16.6	0.75	15.3	0.69
黄淮海	26255.4	852.7	3.25	12276.3	46.76	11518.3	43.87	707.1	2.69	447.5	1.70	453.5	1.73
东北	23298.2	5111.2	21.94	113.0	0.49	13262.3	56.92	4168.2	17.89	296.5	1.27	347.0	1.49
西北	18999.6	417.7	2.20	4203.3	22.12	9049.8	47.63	1968.4	10.36	1657.4	8.72	1703.0	8.96
北方	68553.2	6381.6	9.31	16592.6	24.20	33830.4	49.35	6843.7	9.98	2401.4	3.50	2503.5	3.65
全国	117038.0	30189.0	25.79	24266.0	20.73	42130.0	36.00	10186.0	8.70	7180.0	6.13	3087.0	2.64

资料来源：2019 年《中国统计年鉴》

表 9.10 2018年北方地区各省粮食产量结构

(万吨,%)

地区	粮食	稻谷		小麦		玉米		豆类		薯类		其他	
	产量	产量	占比	产量	占比	产量	占比	产量	占比	产量	占比	产量	占比
北京	34.1	0.1	0.29	5.3	15.54	27.1	79.47	0.5	1.47	0.7	2.05	0.4	1.17
天津	209.7	37.4	17.84	57.1	27.23	110.6	52.74	1.4	0.67	0.9	0.43	2.3	1.10
河北	3700.9	52.5	1.42	1450.7	39.20	1941.2	52.45	28.1	0.76	147.9	4.00	80.5	2.18
山东	5319.5	98.6	1.85	2471.7	46.46	2607.2	49.01	44.5	0.84	84.2	1.58	13.3	0.25
河南	6648.9	501.4	7.54	3602.9	54.19	2351.4	35.37	101.7	1.53	63.8	0.96	27.7	0.42
辽宁	2192.4	418.0	19.07	1.4	0.06	1662.8	75.84	20.0	0.91	40.8	1.86	49.4	2.25
吉林	3632.7	646.3	17.79	0.0	0.00	2799.9	77.07	62.8	1.73	36.2	1.00	87.5	2.41
黑龙江	7506.8	2685.5	35.77	36.2	0.48	3982.2	53.05	678.5	9.04	80.7	1.08	43.7	0.58
山西	1380.4	0.6	0.04	228.6	16.56	981.6	71.11	35.6	2.58	51.6	3.74	82.4	5.97
内蒙古	3553.3	121.9	3.43	202.3	5.69	2700.0	75.99	205.7	5.79	149.8	4.22	173.6	4.89
西藏	104.4	0.5	0.48	19.5	18.68	3.4	3.26	2.2	2.11	0.6	0.57	78.2	74.90
陕西	1226.0	80.7	6.58	401.3	32.73	584.2	47.65	28.6	2.33	94.3	7.69	36.9	3.01
甘肃	1151.4	2.5	0.22	280.5	24.36	590.0	51.24	30.6	2.66	202.3	17.57	45.5	3.95
青海	103.1	0.0	0.00	42.6	41.32	11.5	11.15	2.9	2.81	36.2	35.11	9.9	9.60
宁夏	392.6	66.6	16.96	41.6	10.60	234.6	59.76	2.8	0.71	36.4	9.27	10.6	2.70
新疆	1504.2	72.7	4.83	571.9	38.02	827.6	55.02	14.0	0.93	11.5	0.76	6.5	0.43
黄淮海地区	15913.1	690.0	4.34	7587.7	47.68	7037.5	44.22	176.2	1.11	297.5	1.87	124.2	0.78
东北地区	13331.9	3749.8	28.13	37.6	0.28	8444.9	63.34	761.3	5.71	157.7	1.18	180.6	1.35
西北地区	9415.4	345.5	3.67	1788.3	18.99	5932.9	63.01	322.4	3.42	582.7	6.19	443.6	4.71
北方地区	38660.4	4785.3	12.38	9413.6	24.35	21415.3	55.39	1259.9	3.26	1037.9	2.68	748.4	1.94
全国	65789.2	21212.9	32.24	13144.0	19.98	25717.4	39.09	1920.3	2.92	2865.4	4.36	929.2	1.41

资料来源：2019年《中国统计年鉴》

要以小麦为主,其次是玉米,小麦占有绝对优势。山东省的水稻、小麦、玉米、豆类、薯类、其他的比例关系是 1.85∶46.46∶49.01∶0.84∶1.58∶0.25,粮食生产也以玉米、小麦为主,玉米的比重高于小麦。河北省的水稻、小麦、玉米、豆类、薯类、其他的比例关系是 1.42∶39.20∶52.45∶0.76∶4.00∶2.18,粮食生产以玉米、小麦为主,其中玉米比重较大。

二是东北地区。黑龙江、吉林、辽宁三省粮食产量分别居北方地区的第一、五、七位。东北三省的粮食生产结构相似。其中,黑龙江的粮食产量构成中,水稻、小麦、玉米、豆类、薯类、其他的比例关系是 35.77∶0.48∶53.05∶9.04∶1.08∶0.58,粮食生产以玉米为主,其次是水稻,玉米生产占主导地位。

三是西北地区。与黄淮海和东北各省相比,西北省份的粮食产量较小。从西北地区内部看,内蒙古、新疆、山西、陕西、甘肃粮食产量相对较大,分别位居北方粮食产量的第六、八、九、十、十一位。其中,内蒙古粮食产量构成中水稻、小麦、玉米、豆类、薯类、其他的比例关系是 3.43∶5.69∶75.99∶5.79∶4.22∶4.89,玉米生产占绝对主导地位。

2. 粮食种植的地区差异明显

2018 年,在北方地区粮食产量构成中,黄淮海地区、东北地区和西北地区的粮食总产量分别为 15 913.1 万吨、13 331.9 万吨和 9415.4 万吨,占北方地区粮食总产量的比例分别为 41.16%、34.49%和 24.35%,黄淮海地区略高。从播种面积看,2018 年黄淮海地区粮食作物播种面积占北方地区粮食播种面积的 38.30%,东北地区占比为 33.99%,西北地区占比为 27.71%。具体到各个省份,粮食产量比重前五位的省份依次是黑龙江(20.73%)、河南(15.91%)、山东(12.26%)、内蒙古(9.90%)、河北(9.54%),粮食播种面积比重居前五位的省份依次是黑龙江(19.42%)、河南(17.20%)、山东(13.76%)、河北(9.57%)、吉林(9.40%),黑龙江、河南、山东的粮食播种面积和产量在北方地区的比重都位居前三位。可见,黄淮海地区(主要指河南、山东和河北三省)和东北地区(主要指黑龙江、吉林为主)的粮食种植在北方地区具有明显优势。

表 9.11　2018 年各省粮食产量占北方的比重

(%)

地区	粮食	稻谷	小麦	玉米	豆类	薯类	其他
北京	0.09	0.00	0.06	0.13	0.04	0.07	0.05
天津	0.54	0.78	0.61	0.52	0.11	0.09	0.31
河北	9.57	1.10	15.41	9.06	2.23	14.25	10.76
山东	13.76	2.06	26.26	12.17	3.53	8.11	1.78
河南	17.20	10.48	38.27	10.98	8.07	6.15	3.70

地区	粮食	稻谷	小麦	玉米	豆类	薯类	其他
辽宁	5.67	8.74	0.01	7.76	1.59	3.93	6.60
吉林	9.40	13.51	0.00	13.07	4.98	3.49	11.69
黑龙江	19.42	56.12	0.38	18.60	53.85	7.78	5.84
山西	3.57	0.01	2.43	4.58	2.83	4.97	11.01
内蒙古	9.19	2.55	2.15	12.61	16.33	14.43	23.20
西藏	0.27	0.01	0.21	0.02	0.17	0.06	10.45
陕西	3.17	1.69	4.26	2.73	2.27	9.09	4.93
甘肃	2.98	0.05	2.98	2.76	2.43	19.49	6.08
青海	0.27	0.00	0.45	0.05	0.23	3.49	1.32
宁夏	1.02	1.39	0.44	1.10	0.22	3.51	1.42
新疆	3.89	1.52	6.08	3.86	1.11	1.11	0.87
黄淮海地区	41.16	14.42	80.60	32.86	13.99	28.66	16.60
东北地区	34.49	78.36	0.40	39.43	60.42	15.19	24.13
西北地区	24.35	7.22	19.00	27.71	25.59	56.15	59.27

资料来源：根据 2019 年《中国统计年鉴》计算而得

表 9.12　2018 年各省粮食播种面积占北方的比重

（%）

地区	粮食	稻谷	小麦	玉米	豆类	薯类	其他
北京	0.08	0.00	0.06	0.12	0.04	0.05	0.07
天津	0.51	0.63	0.67	0.55	0.09	0.05	0.20
河北	9.54	1.23	14.21	10.16	1.69	9.42	12.91
山东	12.26	1.78	24.46	11.63	2.31	4.33	1.43
河南	15.91	9.72	34.59	11.58	6.20	4.78	3.51
辽宁	5.08	7.65	0.01	8.02	1.21	3.75	4.29
吉林	8.17	13.16	0.01	12.51	5.02	1.93	5.49
黑龙江	20.73	59.28	0.66	18.67	54.68	6.67	4.08
山西	4.58	0.01	3.38	5.17	3.66	7.27	16.10
内蒙古	9.90	2.36	3.60	11.06	19.10	14.64	25.63
西藏	0.27	0.01	0.19	0.02	0.07	0.04	5.65
陕西	4.38	1.65	5.83	3.49	2.75	14.36	8.81
甘肃	3.86	0.06	4.67	2.99	2.01	23.77	5.79
青海	0.41	0.00	0.67	0.05	0.19	3.68	2.00
宁夏	1.07	1.22	0.78	0.92	0.33	4.58	3.43
新疆	3.24	1.23	6.22	3.05	0.65	0.69	0.61
黄淮海地区	38.30	13.36	73.99	34.05	10.33	18.63	18.11
东北地区	33.99	80.09	0.68	39.20	60.91	12.35	13.86
西北地区	27.71	6.55	25.33	26.75	28.76	69.02	68.03

资料来源：根据 2019 年《中国统计年鉴》计算而得

为进一步分析北方粮食种植的地区差异,下面从不同区域、省份进行具体分析。黄淮海地区的优势作物是小麦和玉米,两种作物的产量分别为7 587.70万吨(占北方地区的80.60%)、7 037.50万吨(占北方地区的32.86%),播种面积分别为12 276.30千公顷(占北方地区的73.99%)、11 518.30千公顷(占北方地区的34.05%)。小麦、玉米的种植主要集中在河南、山东、河北三省,三省小麦产量分别为3 602.90万吨、2 471.70万吨、1 450.70万吨,占北方地区总产量的比重分别为38.27%、26.26%、15.41%,累计占比79.94%;河南、山东、河北小麦播种面积分别为5 739.90千公顷、4 058.60千公顷、2 357.20千公顷,占北方地区的比例分别为34.59%、24.46%、14.21%,累计占73.26%。

东北地区的优势作物是水稻、豆类和玉米,产量分别为3 749.80万吨(占北方地区的78.36%)、761.30万吨(占北方地区的60.42%)和8 444.90万吨(占北方地区的39.43%),播种面积分别为5 111.20千公顷(占北方地区的80.09%)、4 168.20千公顷(占北方地区的60.91%)、13 262.30千公顷(占北方地区的39.20%)。这三类粮食作物的种植主要集中在黑龙江省,黑龙江的水稻、豆类和玉米产量分别占东北三省总量的56.12%、53.85%和18.60%,播种面积占东北三省的比例分别为59.28%、54.68%和18.67%。

西北地区的优势作物是薯类等其他粮食作物,其中,薯类的产量和播种面积分别为582.70万吨(占北方地区的56.15%)、1 657.40千公顷(占北方地区的69.02%),主要集中在甘肃、内蒙古等省。西北地区小麦、玉米、豆类的产量分别为1 788.30万吨、5 932.90万吨、322.40万吨,占北方总产量的比重分别为19.00%、27.71%、25.59%。

(四)非粮作物生产结构

2018年,北方地区非粮作物播种面积为19 303.6千公顷,占全国非粮作物播种面积的39.50%。其中,棉花播种面积2 969.9千公顷,占全国的88.55%;油料作物播种面积5 208.5千公顷,占全国的40.46%;蔬菜播种面积6 337.3千公顷,占全国的31.01%。

在北方地区的非粮作物播种面积中,黄淮海地区、东北地区和西北地区的非粮作物播种面积分别为8 335.0千公顷、1 663.1千公顷和9 305.5千公顷,占北方的43.18%、8.62%和48.21%。

表 9.13　2018 年北方各地非粮作物播种面积及占北方非粮播种面积比重

(千公顷、%)

地区	非粮作物		油料		棉花		蔬菜		其他	
	面积	占比	面积	占比	面积	占比	面积	占比	面积	占比
北京	48.2	0.25	1.6	0.03	0.0	0.00	36.0	0.57	10.6	0.22
天津	79.1	0.41	2.1	0.04	17.1	0.58	49.7	0.78	10.2	0.21
河北	1658.4	8.59	367.9	7.06	210.4	7.08	787.6	12.43	292.5	6.11
山东	2672.0	13.84	711.4	13.66	183.3	6.17	1479.6	23.35	297.7	6.22
河南	3877.3	20.09	1461.4	28.06	36.7	1.24	1721.1	27.16	658.1	13.75
辽宁	723.1	3.75	290.9	5.59	0.0	0.00	313.4	4.95	118.8	2.48
吉林	481.2	2.49	280.8	5.39	0.0	0.00	110.9	1.75	89.5	1.87
黑龙江	458.8	2.38	51.5	0.99	0.0	0.00	161.5	2.55	245.8	5.13
山西	418.1	2.17	111.9	2.15	2.6	0.09	176.9	2.79	126.7	2.65
内蒙古	2034.2	10.54	891.0	17.11	0.1	0.00	189.8	2.99	953.3	19.91
西藏	85.7	0.44	22.5	0.43	0.0	0.00	24.0	0.38	39.2	0.82
陕西	1085.0	5.62	284.0	5.45	6.9	0.23	495.1	7.81	299.0	6.24
甘肃	1128.3	5.85	325.8	6.26	21.5	0.72	352.6	5.56	428.4	8.95
青海	276.0	1.43	147.9	2.84	0.0	0.00	44.0	0.69	84.1	1.76
宁夏	428.9	2.22	33.7	0.65	0.0	0.00	121.8	1.92	273.4	5.71
新疆	3849.3	19.94	224.1	4.30	2491.3	83.88	273.3	4.31	860.6	17.97
黄淮海	8335.0	43.18	2544.4	48.85	447.5	15.07	4074.0	64.29	1269.1	26.51
东北	1663.1	8.62	623.2	11.97	0.0	0.00	585.8	9.24	454.1	9.48
西北	9305.5	48.20	2040.9	39.18	2522.4	84.93	1677.5	26.47	3064.7	64.01
北方	19303.6	—	5208.5	—	2969.9	—	6337.3	—	4787.9	—
全国	48864.0	—	12872.0	—	3354.0	—	20439.0	—	12199.0	—

资料来源：2019 年《中国统计年鉴》

各类非粮作物的地区分布也存在较大差异。黄淮海地区的蔬菜和油料在北方地区具有较大优势,播种面积分别为 4074.0 千公顷、2544.4 千公顷,分别占北方地区总播种面积的 64.29% 和 48.85%。其中,蔬菜种植主要集中在山东、河南和河北,油料种植主要集中在河南和山东。

西北地区的棉花种植在北方地区占有绝对优势,播种面积 2522.4 千公顷,占北方棉花总播种面积的 84.93%,其中,棉花种植主要集中在新疆,播种面积为 2491.3 千公顷,占北方棉花总面积的 83.88%;油料、蔬菜播种面积分别为 2040.9 千公顷、1677.5 千公顷,占北方地区播种面积的比例分别为 39.18%、26.47%。此外,得益于土壤、天气等自然条件,西北地区的瓜果种植具有一定优势,特别是新疆、内蒙古等省区。

东北地区主要以种植粮食作物为主,非粮作物的总播种面积很小,油料、棉花、蔬菜的种植面积仅占北方总面积的 11.97%、0.00%、9.24%。

（五）畜牧业结构

北方地区的养殖业主要以畜牧业为主，水产养殖所占比例相对较低，因此本部分重点分析畜牧业结构。

1. 以猪肉为主的肉类结构。2018 年，北方地区肉类总产量为 3 757.5 万吨，占全国肉类总产量的 43.57%，其中，猪肉总产量 2 036.7 万吨，占北方肉类总产量的 54.20%；牛羊肉总产量 822.8 万吨，占北方肉类总产量的 21.90%。可见，北方地区的肉类结构中以猪肉为主。

2. 畜牧业的区域差异明显。2018 年，北方肉类产量的地区构成中，黄淮海地区、东北地区和西北地区的肉类总产量分别为 2 042.2 万吨、878.3 万吨和 837.1 万吨，分别占北方地区肉类总产量的 54.35%、23.37% 和 22.28%，黄淮海地区的比例明显高于东北地区和西北地区。北方 16 省市的肉类总产量差异明显，山东是北方地区第一肉类产量大省，肉类产量占北方地区肉类总产量的 22.75%，其次是河南（17.82%）、河北（12.42%）、辽宁（10.04%），北京最少，仅占北方肉类总产量的 0.46%。

从畜牧业的结构来看，北方地区的畜牧业具有较大的区域差异。

黄淮海地区畜牧业的优势是禽蛋，其次是猪肉。2018 年，黄淮海地区禽蛋产量 1 269.2 万吨（占北方地区的 61.02%），猪肉产量 1 221.1 万吨（占北方地区的 59.96%）。2018 年，山东的禽蛋总产量占北方地区的 21.49%，在北方居第一位，其次是河南（19.89%）、河北（18.17%），分别位居第二、三位，三省累计占比 59.55%；河南的猪肉总产量位居北方第一位，占北方地区总产量的 23.52%，位居第二、三位的是山东（20.67%）、河北（14.06%），三省累计占比 58.25%。黄淮海地区的生猪存栏量 9 385.8 万头，占北方地区的 59.29%，其中，河南、山东、河北的生猪存栏量分别为 4 337.2 万头、2 985.6 万头和 1 820.8 万头，分别占北方地区的 27.40%、18.86% 和 11.50%。

东北地区的畜牧业优势并不明显。2018 年，东北地区禽蛋产量 522.8 万吨，占北方禽蛋总产量的 25.14%；猪肉总产量为 487.0 万吨，占北方生猪总产量的 23.91%；牛奶总产量 626.5 万吨，占北方牛奶总产量的 22.28%；牛羊肉总产量 134.4 万吨，占北方牛羊肉总产量的 16.33%。具体到各省份，辽宁的禽蛋、猪肉产量分别为 297.2 万吨和 210.1 万吨，占北方总产量的比重相对较高（14.29% 和 10.32%）；黑龙江的牛奶产量达 455.9 万吨，占北方地区总产量的 16.60%，仅次于内蒙古；牛羊肉产量方面，辽宁、吉林、黑龙江三省差别不大，产量分别为 34.1 万吨、45.3 万吨和 55.0 万吨，占比分别为 4.14%、5.50%

和 6.69%。

西北地区畜牧业的优势是牛羊肉生产,其次是牛奶生产。2018 年,西北地区的牛羊肉产量 421.0 万吨,占北方地区的 51.16%,牛奶产量 1 229.0 万吨,占北方地区的 44.74%。其中,西北地区的牛羊肉生产主要集中在内蒙古、新疆,两省的牛羊肉产量分别占北方地区的 20.39%、12.32%;牛奶产量主要集中在内蒙古,其产量占北方地区总产量的 20.59%,位居首位。2018 年,西北地区的羊存栏量为 16 707.4 万只,占北方地区的 71.31%;牛存栏量为 3 013.0 万头,占北方地区的 58.23%。

表 9.14　2018 年北方地区各省畜产品产量及占北方畜产品产量比重

(万吨、%)

地区	肉类		猪肉		牛羊肉		牛奶		禽蛋	
	产量	占比	产量	占比	产量	占比	产量	占比	产量	占比
北京	17.5	0.46	13.5	0.66	1.5	0.19	31.1	1.13	11.2	0.54
天津	33.9	0.90	21.2	1.04	4.0	0.49	48.0	1.75	19.4	0.93
河北	466.7	12.42	286.3	14.06	87.0	10.57	384.8	14.01	378.0	18.17
山东	854.7	22.75	421.0	20.67	113.2	13.75	225.1	8.19	447.0	21.49
河南	669.4	17.82	479.0	23.52	61.7	7.50	202.7	7.38	413.6	19.89
辽宁	377.1	10.04	210.1	10.32	34.1	4.14	131.8	4.80	297.2	14.29
吉林	253.6	6.75	127.0	6.23	45.3	5.50	38.8	1.41	117.1	5.63
黑龙江	247.5	6.59	149.9	7.36	55.0	6.69	455.9	16.60	108.5	5.22
山西	93.1	2.48	62.5	3.07	14.6	1.78	81.1	2.95	102.6	4.93
内蒙古	267.3	7.11	71.8	3.53	167.8	20.39	565.6	20.59	55.2	2.65
西藏	28.4	0.76	1.0	0.05	26.7	3.25	36.4	1.33	0.5	0.02
陕西	114.5	3.05	86.6	4.25	17.8	2.16	109.7	3.99	61.6	2.96
甘肃	101.2	2.69	50.6	2.48	45.0	5.47	40.5	1.47	14.1	0.68
青海	36.5	0.97	9.2	0.45	26.3	3.20	32.6	1.19	2.3	0.11
宁夏	34.1	0.91	8.8	0.43	21.4	2.60	168.3	6.13	14.4	0.69
新疆	162.0	4.31	38.1	1.87	101.3	12.32	194.9	7.09	37.3	1.79
黄淮海	2 042.2	54.35	1 221.1	59.96	267.5	32.51	891.7	32.46	1 269.2	61.02
东北	878.3	23.37	487.0	23.91	134.4	16.33	626.5	22.80	522.8	25.14
西北	837.1	22.28	328.6	16.13	421.0	51.16	1 229.0	44.74	287.9	13.84
北方	3 757.5	—	2 036.7	—	822.8	—	2 747.2	—	2 080.0	—
全国	8 624.6	—	5 403.7	—	1 119.1	—	3 074.6	—	3 128.3	—

资料来源:根据 2019 年《中国统计年鉴》计算而得

表 9.15　2018 年北方地区各省牲畜存栏及占北方牲畜存栏比重

（万头、万只、%）

地区	大牲畜		牛		猪		羊	
	存栏数	占比	存栏数	占比	存栏数	占比	存栏数	占比
北京	10.9	0.19	10.6	0.20	45.4	0.29	24.2	0.10
天津	25.1	0.44	24.6	0.47	196.9	1.24	41.9	0.18
河北	371.6	6.52	342.0	6.61	1820.8	11.50	1179.6	5.03
山东	390.1	6.85	380.6	7.36	2985.6	18.86	1801.4	7.69
河南	377.0	6.62	373.4	7.22	4337.2	27.40	1734.1	7.40
辽宁	306.0	5.37	248.3	4.80	1262.2	7.97	772.8	3.30
吉林	330.7	5.80	325.3	6.29	870.4	5.50	396.6	1.69
黑龙江	476.2	8.36	456.5	8.82	1353.2	8.55	772.7	3.30
山西	118.5	2.08	102.0	1.97	549.5	3.47	875.6	3.74
内蒙古	778.7	13.67	616.2	11.91	497.3	3.14	6001.9	25.62
西藏	642.2	11.27	608.4	11.76	38.8	0.25	1047.1	4.47
陕西	153.1	2.69	149.9	2.90	839.0	5.30	866.8	3.70
甘肃	504.6	8.85	440.4	8.51	545.2	3.44	1885.9	8.05
青海	527.6	9.26	514.3	9.94	78.2	0.49	1336.1	5.70
宁夏	128.9	2.26	124.6	2.41	73.8	0.47	534.3	2.28
新疆	557.3	9.78	457.2	8.84	335.8	2.12	4159.7	17.75
黄淮海	1174.7	20.61	1131.2	21.86	9385.8	59.30	4781.2	20.40
东北	1112.9	19.53	1030.1	19.91	3485.8	22.02	1942.1	8.29
西北	3410.8	59.86	3013.0	58.23	2957.5	18.68	16707.4	71.31
北方	5698.5	—	5174.3	—	15829.2	—	23430.7	—
全国	9625.5	—	8915.3	—	8915.3	—	29713.5	—

资料来源：根据 2019 年《中国统计年鉴》计算而得

（六）渔业结构

2018 年北方地区的水产品总产量为 1715.0 万吨，占全国的 26.56%，其中海水产品 1184.9 万吨，占全国总量的 35.89%，淡水产品 530.1 万吨，占全国总量的 16.80%。北方的海水产品产地主要集中在山东和辽宁，2018 年海水产品分别为 736.1 万吨、367.0 万吨，分别占北方海水产品总量的 62.12%、30.97%；淡水产品产地主要集中在山东、河南、辽宁和黑龙江等地。

三、北方地区农业结构存在的问题

通过对改革开放以来北方地区农业结构变化和 2018 年现状的深入分析，

可以发现,北方地区的农业结构总体上与全国有着相同的变化趋势,农业生产结构在持续不断地改善。在农业层次上,种植业比重明显下降,林牧渔特别是畜牧业比重有较大提高;在种植业层次上,粮食作物比重明显下降,经济作物比重相应上升;在粮食作物内部结构方面,小麦生产比重下降,玉米的产量显著增长,而玉米的迅速增长与饲料用粮、加工用粮需求的快速增长有直接关系[1];在畜牧业内部结构方面,草食动物增长迅速,虽然生猪仍占据畜产品的主要位置,但比例出现下降,牛羊肉、禽蛋、牛奶等的比重不断上升。

随着经济社会发展,城乡居民生活逐步由温饱迈入小康,消费水平逐年上升,市场需求结构也发生了较大变化,北方地区农业结构的单一性、脆弱性、地区雷同和协调性问题凸显。

(一) 生产结构相对单一性和脆弱性

北方地区的农业生产结构具有一定的单一性,主要表现在"农业—种植业—粮食—玉米+小麦""非粮作物—蔬菜+油料+棉花""畜牧业—养猪"等较为单一的低效益传统模式。

北方地区的农业仍是以种植业为主的传统农业格局。2018年,北方地区的农林牧渔总产值构成中,种植业、林业、畜牧业和渔业产值分别占57.26%、2.90%、28.88%、5.50%,与1978年的81.62%、2.84%、14.37%、1.17%相比,畜牧业、渔业生产虽然都有了很大发展,但农业格局仍以传统种植业为主。

北方地区的种植业结构仍是以粮食生产为主的传统格局。2018年,在北方地区种植业总面积构成中,粮食作物、经济作物、其他作物面积分别占78.03%、19.56%、2.41%,与1978年的84.11%、12.12%、3.77%相比,虽然经济作物的生产有所增加,但以粮食生产为主的传统种植业结构未改变。

北方地区的粮食生产基本以玉米和小麦为主,其他耐旱性较强的小杂粮很少。2018年,在北方地区粮食作物种植面积构成中,玉米、小麦、豆类、水稻、其他作物和薯类分别占49.35%、24.20%、9.98%、9.31%、3.65%和3.50%,玉米和小麦共占73.5%,接近粮食作物种植总面积的3/4。从北方地区粮食的产量构成看,玉米、小麦、水稻、豆类、薯类和其他作物分别占55.39%、24.35%、12.38%、3.26%、2.68%和1.94%,玉米和小麦产量共占79.74%,接近粮食总产量的4/5。

北方地区的非粮作物主要是以蔬菜、油料和棉花为主。2018年,在北方地

---

[1] 2018年,饲料用粮约占粮食消费的36.6%(数据来源:蒋和平,尧珏,蒋黎. 新时期我国粮食安全保障的发展思路与政策建议. 经济学家,2020(01):110—118)。

区的非粮作物种植面积构成中,蔬菜、油料和棉花分别占 32.83%、26.98%、15.39%,累计占 75.20%,接近非粮作物总面积的 4/5。

北方地区的畜牧业是以生猪生产为主的格局。2018 年,除内蒙古和新疆外,北方地区的其他畜牧业大省的猪肉产量占各省肉类总产量的比重均在 50% 以上,陕西和河南猪肉产量占比达到 75.64% 和 71.56%,接近半数的省份牛羊肉产量比重不足 16%;内蒙古、新疆的牛羊肉产量占比均超过 50% 且产量很大;西藏、青海、宁夏的牛羊肉产量在本省份内占比超过 50%,但总产量较小。

虽然北方地区的农业结构趋于多样化发展,但相对而言仍比较单一,农业产业和产品结构单一,结构调整进程缓慢,因为结构单一而使得北方农业结构具有一定的脆弱性,遇到市场疲软就会卖难,使农民收入出现波动。

(二) 生产结构区域雷同

北方地区农业区域差异大,根据各自比较优势形成了不同区域的农业特色,但总体上区域农业经济和产业特色不明显。农业生产结构区域雷同主要表现在:

一是农业产值结构雷同。北方三大区域的种植业产值占各自农林牧渔总产值的比重最低的是东北(53.72%),最高的是西北(63.29%),两者之间相差 9.57%。就畜牧业产值占农林牧渔总产值的比重而言,最低的是西北(27.86%),最高的是东北(32.77%),两者相差 4.91%。可见,种植业产值在北方地区内各区域的农林牧渔总产值结构中都是占大头。

二是种植结构雷同。三大区域的粮食作物面积占农作物总面积的比重最低的为 67.12%(西北),最高的为 93.34%(东北),种植业以粮食为主的特点明显。

三是畜牧业生产结构雷同。北方的畜牧业大省除了内蒙古和新疆外均以猪肉为主,牛羊肉产量比重均较低,仅有西部的几个偏远省区(西藏、青海、宁夏)的牛羊肉比重较大,但其肉类总产量较低。

(三) 粮畜间生产协调差

北方大多数省份畜牧业以耗粮型畜牧业为主。根据任继周等人的观点,耗粮型畜牧业发展的基础是种植系统中能生产出足够的粮食,不但能满足人们的口粮需求,也能满足耗粮型畜牧业发展的需求。因此,可以根据种植业系统中剩余粮食数量与耗粮型畜牧业生产所需消耗粮食数量之间的匹配情况,来分析粮食生产与畜牧业发展之间的协调情况。我们借鉴姚成胜等[1]构建的粮畜生产协调度(Coordination Degree between Grain Production and Animal Husbandry, CDGPAH)指标,以北方 16 个省(自治区、直辖市)为例,分析其粮食生产与畜牧业发展的协调状况。CDGPAH 的具体计算公式为:

$$CDGPAH_i = (SGA_i - GACAH_i)/GACAH_i \qquad (1)$$

式中,$CDGPAH_i$ 为 i 年或 i 地区粮食生产协调度,SGA_i 为 i 年或 i 地区种植业系统中的剩余粮食数量(粮食总产量扣除粮食直接消费量)(Surplus Grain Amounts, SGA),$GACAH_i$ 为 i 年或 i 地区耗粮型畜牧业猪肉、禽肉、禽蛋生产所消耗的粮食数量(Grain Amounts Consumed in Animal Husbandry, GACAH)。SGA 和 $GACAH$ 应为同一计量单位,即统一按"万吨粮食"表示,借鉴姚成胜等的做法,将该单位称为"粮食当量"。

对于公式(1)中的剩余粮食数量 SGA_i,可采用如下公式计算:

$$SGA_i = TGO_i - (AGUP_i \times TUP_i + AGCRP_i \times TRP_i) \qquad (2)$$

上式中,TGO_i 为 i 年或 i 地区的粮食总产量(Total Grain Output, TGO),$AGUP_i$ 为 i 年或 i 地区城镇居民的人均粮食消费量(Average Grain Consumption of Urban Population, AGUP),TUP_i 为 i 年或 i 地区城镇居民人口总数(Total Urban Population),$AGCRP_i$ 为 i 年或 i 地区农村居民人均粮食消费量(Average Grain Consumption of Rural Population, AGCRP),TRP_i 为 i 年或 i 地区农村居民人口总数(Total Rural Population, TRP)。$AGUP_i \times TUP_i + AGCRP_i \times TRP_i$ 的值为 i 年或 i 地区的直接粮食消费总量 TDGC(Total Direct Grain Consumption, TDGC)。

对于公式(1)中的耗粮型畜牧业猪肉、禽肉、禽蛋生产所需消耗的粮食数量 $GACAH_i$,采用如下公式计算:

$$GACAH_i = \sum_{j=1}^{3} TMO_{ij} \times W_j \qquad (3)$$

上式中,TMO_{ij} 为 i 年或 i 地区猪肉、禽肉、禽蛋三类肉产品的总产量(Total Meat Output, TMO),W_j 为猪肉、禽肉、禽蛋三类肉产品的折粮系数(即生产 1 kg 肉产品所需消耗的粮食数量[2])。折粮系数 W_j 采用中国农业科学院提出的肉类比[3]进行折算,其中猪肉为 4.3∶1,禽肉和禽蛋为 2.7∶1。

---

① 姚成胜,朱鹤健. 福建省粮食生产与畜牧业发展协调状况的时空变化研究. 农业现代化研究,2009,5.
② 陆伟国. 对中国饲料用粮数量的测算. 中国粮食经济,1997,3.
③ 中国农业科学院. 中国粮食之研究. 中国科技出版社,1989.

$CDGPAH_i$ 理论上的取值范围为 $(-\infty, +\infty)$，但基于北方这 16 个省份粮食生产的实际水平和耗粮型畜牧业的生产规模，此 16 省份的 $CDGPAH_i$ 的取值范围约维持在 $[-3,5]$ 之间。$CDGPAH_i < 0$，说明种植业系统中所提供的剩余粮食数量 (SGA_i) 无法满足其耗粮型畜牧业生产的需求，即耗粮型畜牧业生产规模过大，此时要使粮食生产和畜牧业协调发展，就必须压缩耗粮型畜牧业生产规模，而且 $CDGPAH_i$ 越小说明粮食生产和畜牧业发展之间的关系越不协调。$CDGPAH_i = 0$，说明剩余粮食数量 (SGA_i) 刚好能满足其耗粮型畜牧业生产的需求，粮食生产系统和耗粮型畜牧业系统中的物质和能量均得到充分利用，两系统之间达了良性耦合状态。$CDGPAH_i > 0$ 说明剩余粮食数量 (SGA_i) 不但能满足其耗粮型畜牧业生产的需求，而且尚有剩余，耗粮型畜牧业生产的规模偏小，此时要使粮畜生产协调发展，就必须扩大耗粮型畜牧业生产规模或将多余的剩余粮食数量输出系统，而且 $CDGPAH_i$ 越大说明粮食生产和畜牧业发展之间的关系越不协调。

参考城市化与生态环境耦合度的划分标准及其耦合关系的判断模式[1]，将粮畜生产协调度 $(CDGPAH_i)$ 划分为：①当 $-0.2 < CDGPAH_i < 0.2$ 时，为粮食生产与畜牧业发展的耦合协调模式，即种植业系统所提供的剩余粮食与耗粮型畜牧业生产规模匹配良好，两者发展相互协调（当 $CDGPAH_i = 0$ 时，剩余粮食与畜牧业生产规模完全匹配）。②当 $0.2 < CDGPAH_i < 0.5$ 或 $-0.5 < CDGPAH_i < -0.2$ 时，为粮食生产与畜牧业发展的基本协调模式。此时，前一种情况意味着种植业系统中有过量的剩余粮食，耗粮型畜牧业生产规模偏小；后一种情况意味着种植业系统中的剩余粮食不能满足耗粮型畜牧业发展的需求，耗粮型畜牧业生产规模偏大。③当 $0.5 < CDGPAH_i < 0.8$ 或 $-0.8 < CDGPAH_i < -0.5$ 时，为粮食生产与畜牧业发展的冲突模式。此时，前一种情况说明种植业系统提供的剩余粮食远大于耗粮型畜牧业生产规模，系统尚存在较多的剩余粮食；后一种情况说明种植业系统提供的剩余粮食远不能满足耗粮型畜牧业生产的需求，系统需要进口大量粮食。④当 $CDGPAH_i > 0.8$ 或 $CDGPAH_i < -0.8$ 时，为粮食生产与畜牧业发展的相悖模式。前一种情况表明，种植业系统尚存在大量的剩余粮食可以发展耗粮型畜牧业生产；后一种情况表明耗粮型畜牧业生产规模大大超过种植业系统所提供的剩余粮食，耗粮型畜牧业生产所需的粮食基本完全依赖于外界粮食的进口。

本部分所使用的粮食总产量、猪肉、禽肉、禽蛋总产量、城镇和居民的人均粮食消费量、城镇和农村居民人口总数等各种数据来自于 2019 年的《中国统计

① 刘耀彬，李仁东，宋学锋. 中国城市化与生态环境耦合度分析. 自然资源学报，2005，20.

年鉴》。需要指出的是,国家统计局统计的粮食总产量和农村居民的粮食消费量是按原形态计算的,而城镇居民粮食消费量则是指成品粮的购买量①,因此对于粮食总产量和农村居民粮食消费量按照 0.85 的通用折算系数②,将原粮折算为成品粮后参与计算。根据公式(1)(2)(3),分别计算出 2018 年 16 个省份的剩余粮食数量(SGA)和耗粮型畜牧业生产所消耗粮食数量(GACAH),见表 9.16。

表 9.16　2018 年 16 个省粮畜生产协调情况

地区	SGA(万吨)	GACAH(万吨)	CDGPAH	耦合模式
北京	− 164.20	94.64	− 2.73	相悖模式
天津	0.49	166.68	− 1.00	相悖模式
河北	2 233.57	2 491.52	− 0.10	耦合协调
山东	3 433.40	3 868.10	− 0.11	耦合协调
河南	4 555.01	3 505.72	0.30	基本协调
辽宁	1 338.83	2 058.22	− 0.35	基本协调
吉林	2 757.74	1 076.59	1.56	相悖模式
黑龙江	5 892.24	1 049.07	4.62	相悖模式
山西	709.11	586.38	0.21	基本协调
内蒙古	2 662.24	510.97	4.21	相悖模式
西藏	24.36	7.46	2.26	相悖模式
陕西	574.64	563.67	0.02	耦合协调
甘肃	615.90	267.80	1.30	相悖模式
青海	26.44	47.72	− 0.45	基本协调
宁夏	264.45	86.61	2.05	相悖模式
新疆	925.03	307.74	2.01	相悖模式

资料来源:根据 2019 年《中国统计年鉴》计算而得

从表 9.16 中可以看出,剩余粮食数量(SGA)以黑龙江最多,多达 5 892.24 万吨,其次分别为河南、山东、吉林、内蒙古、河北和辽宁,剩余粮食数量均在 1 000 万吨以上;其他省份剩余粮食数量在 1 000 万吨以下,其中北京剩余粮食数量为负,即北京粮食生产量无法满足当地城乡居民直接粮食消耗。耗粮型畜牧业生产规模(折算成成品粮)则以山东省最大,为 3 868.10 万吨粮食,其次分别为河南、河北、辽宁、吉林和黑龙江,规模均在 1 000 万吨以上;其他省份耗粮型畜牧业生产规模均在 1 000 万吨以下,其中西藏仅为 7.46 万吨。

① 封志明,史登峰. 近 20 年来中国食物消费变化与膳食营养状况评价. 资源科学,2006,28.
② 许世卫. 中国食物发展与区域比较研究. 北京:中国农业出版社,2001.

根据 SGA 和 GACAH 的数据,利用公式(1)分别计算出 16 省的粮畜生产协调度 CDGPAH,如表 9.16 所示。从中可以看出,陕西的粮畜生产协调度为 0.02,已近似达 0 的最佳水平,表明其粮食生产与耗粮型畜牧业发展的规模最相匹配,耗粮型畜牧业发展所需粮食可以完全由种植业系统所提供,就粮食生产与畜牧业发展的耦合协调关系而言,陕西的生产效益最高。其次是河北和山东,粮畜生产协调度分别为-0.10 和-0.11,属于耦合协调模式,即河北和山东种植业系统所提供的剩余粮食与其耗粮型畜牧业的生产规模匹配良好。山西、河南、辽宁和青海的粮畜生产协调度分别为 0.21、0.30、-0.35 和-0.45,均属于粮畜生产的基本协调模式,差别在于:辽宁和青海两省的剩余粮食数量不能满足耗粮型畜牧业发展的需求,耗粮型畜牧业生产规模偏大;山西和河南则是有过量的剩余粮食,耗粮型畜牧业生产规模偏小。其余省份的粮畜生产协调度属于粮食生产和畜牧业发展的相悖模式,其中甘肃、吉林、新疆、宁夏、西藏、内蒙古和黑龙江的种植业系统中尚存在大量的剩余粮食可以发展耗粮型畜牧业生产;天津和北京则正好相反。综上,各省粮食生产和耗粮型畜牧业发展之间的协调关系由好到差依次为:陕西>河北>山东>山西>河南>辽宁>青海>天津>甘肃>吉林>新疆>宁夏>西藏>北京>内蒙古>黑龙江。

四、北方地区农业结构调整的政策建议

针对北方地区农业结构存在的问题,应加强上一层次的政策协调、引导和支持,促进北方地区种养结构调整与产业化发展、乡村建设等相结合,在促进种养业深度融合上下功夫。

(一) 政府的引导与支持

各级政府要发挥在种养结构调整中的主导作用,主要包括:一是做好规划,完善政策。北方地区地域广阔,地区差异明显。在遵循自然规律和市场规律的前提下,立足各区域的资源特点、经济条件和区位优势,确定不同区域种养结构调整的方向和重点,制定一套切实可行的规划、政策及法规,实施基于比较优势的区域种养结构调整政策,分类引导各地区发挥比较优势,转变农业发展方式,调整优化种养结构。二是增加投入。加大对不同类型区种养结构调整的资金投入,特别是对传统农区、生态环境脆弱区等的投入,设立结构调整专项资金;加大科技投入,积极研制开发新技术(农地整治技术、综合种植技术、畜禽养殖技术、农产品精深加工技术、机械化技术等),发挥科技创新在种养结构调整优化中的作用。三是建立健全农村信息服务体系。在推进地区农业结构调整的过程中,应建立和完善各类农产品市场信息网络,向农民及时传播有效信息。提高农产品市场体系建设和管理水平。加强农产品储运、加工、分级分类、包装和信息服务等市场配套设施建设,积极培育代理商、批发商等中介组织,改进交易方式,采取多种形式。

(二) 种养结构调整要与农业产业化经营、乡镇建设相结合

按照农业产业化经营的思路来调整种养结构,加快推进农村二、三产业的发展,促使种养结构超过初级生产范围,拓展纵向和横向与其他经济活动的联系,形成产加销一体化经营。调整种植结构、发展加工适应品种,加强专用粮食生产基地、优质畜产品生产基地、绿色食品生产基地、农产品出口创汇生产基地等农产品商品生产和示范基地建设;积极培育和发展龙头企业、种养大户、家庭农场、农民合作社等新型农业经营主体,鼓励和带动农户按照市场需求原则调整优化种养结构。积极发展乡镇企业,促进农村剩余劳动力离土离乡、进厂进城,向二、三产业转移,调整和优化农村劳动力的就业结构,有利于提高农村劳动力素质,实现农业增产、农民增收,为种养结构调整提供宽松的外部环境。

(三) 促进种植业与养殖业在生产链上的深度融合

促进种植业与养殖业在生产链上的深度融合,可以更好地利用农业资源,不仅能有效地解决农业面源污染问题,减少化肥、农药等化学品的投入量,还可以进一步提高资源要素的利用效率,改善种养业的生产条件,促进农业可持续发展。要实现种养结合、提高资源要素的利用效率,实现变废为宝、变弃为用、化害为利,首先必须要破除传统观点,树立农作物秸秆、禽畜粪便等农业生产环节的剩余物与残留物也是重要农产品和重要生物质资源的理念,充分利用现代加工技术,加大对秸秆、禽畜粪便等的深度加工利用,向农业资源利用的广度和深度进军,促进农业可持续发展。

第十章
内蒙古种植结构调整和区域农业协调发展研究

内蒙古自治区是我国 13 个粮食主产区之一,自 2003 年开始实行粮食购销体制改革以来,经过 17 年的发展,农业种植结构已经发生较大改变,种植业在保持总量稳定的基础上,品种、质量和分品种数量均发生变化,充分满足了居民不断提高的消费需求,有力地推动了内蒙古畜牧业、农产品加工业发展,夯实了现代农业发展根基。为实现全面建成小康社会目标,适应国内城乡居民消费结构变化,内蒙古针对种植业结构"一粮独大"的问题,从资源现状出发,加快种植结构调整,促进区域内农业协调发展,旨在形成与全国其他地区优势互补、协调共赢的农业发展新格局。

一、内蒙古推动种植结构调整、促进区域农业协调发展的意义

(一) 高效合理配置资源

内蒙古自治区地缘辽阔,区域之间、旗县之间农业生产的自然资源、技术水平和外部环境有很大差异。

2016 年中央"一号文件"提出:要"探索实行耕地轮作休耕制度试点,通过轮作、休耕、退耕、替代种植等多种方式,对地下水漏斗区、重金属污染区、生态严重退化地区开展综合治理。"从内蒙古的现实需求看,草食畜牧业的较快发展导致饲草饲料供给相对不足,每年都有一定的供求缺口,需要适当扩展饲草饲料种植面积,利用好滩涂、荒山、荒坡资源等。在内蒙古畜牧业大县,适当加大

青贮玉米种植,既可以提高饲料的质量和数量,又可以增加土地的产出效率。在内蒙古,充分利用耕地和其他土地资源,进行种植业结构调整,可以促进三元种植结构的协调发展,进而促进种养结构更加合理,大幅度提升畜牧业竞争力。

(二) 缓解生态环境压力

伴随经济增长,内蒙古也出现自然资源过度开发利用、环境污染、生态恶化、水土流失、土地沙化等问题。从 2007 年开始,我国在东北三省和内蒙古实行玉米临时收储政策。2007—2017 年,内蒙古玉米种植面积以年均 6.64% 的增幅逐年扩大,总产量以年均 7.99% 的增幅逐年提高,为粮食连年丰产做出重要贡献。随着全国玉米产能过剩的出现,2016 年我国提出农业供给侧结构性改革任务,内蒙古作为玉米主要产区也承担了相应的调减面积和消解库存的任务。此后,内蒙古统筹调整种植业结构,稳定水稻、小麦生产,有序调减非优势区籽粒玉米,进一步扩大大豆生产规模,确保一定的自给水平,大力发展优质饲料牧草,合理利用退耕地、草山草坡和冬闲田拓展饲草生产空间。

通过种植业结构调整,节约和高效利用农业资源,推进农业节水增效,发展旱作农业、节水农业和雨养农业,推进化肥农药减量增效,建立耕地轮作制度,实现用地养地结合,可以促进资源永续利用、生产生态协调发展,形成农业经济与农业生态环境协调发展的良好局面。因此,充分把握种植业结构调整契机,多措并举,既是内蒙古缓解农业生态环境压力的重要选择,也是推动现代农业高质量发展的必由之路。

二、内蒙古农业资源概况和种植业基本情况

(一) 农业资源概况

内蒙古地处祖国北疆,横跨东北、华北、西北地区,土地资源丰富,总面积118.3 万平方公里,是黑龙江省的 2.5 倍,辽宁省的 8.1 倍,北京市的 72.0 倍,与世界一些国家相比,是日本的 3.1 倍,法国的 2.1 倍,意大利的 3.9 倍。按人均计,内蒙古人均占有土地 73.3 亩,是全国平均水平的 6.8 倍;内蒙古现有耕地 1.39 亿亩,人均占有耕地 5.5 亩,是全国平均水平的 8.6 倍;全区有效灌溉面积 4 698 万亩,人均灌溉面积 1.85 亩,是全国平均水平的 2.5 倍。[①]

---

① 满都呼主编,赵金涛副主编. 内蒙古地理. 北京师范大学出版社,2016,7.

内蒙古年降水量一般在 50～450 毫米,自东向西递减。呼伦贝尔市东北部年降水量最多,为 450～480 毫米;阿拉善盟西部降水量最少,为 40～100 毫米。内蒙古降水的分布特点是山区多于平原或高原,山前多于山后;降水的年际变化大,降水最集中的月份是 6—8 月份,占全年的 60%～70%,春秋季各占 15% 左右,冬季只占 1%～3%,冬春少雨雪,春旱严重,有时甚至春夏秋连旱,降水是农牧业生产不稳定的重要因素。但内蒙古雨热同期,有效降水多,这是其农牧业生产的有利条件之一。

内蒙古具有冷凉的气候资源和丰富的光照资源,昼夜温差大、平均日照时长在 2 700 小时以上。

内蒙古的农业灾害种类较多。首先,干旱是内蒙古农牧业生产面临的主要自然灾害。内蒙古干旱范围广,大兴安岭以西和乌兰察布市的广大地区及赤峰市、通辽市部分地区都属于干旱半干旱地区,干旱半干旱地区面积约占全区总面积的 3/5 以上。内蒙古干旱几率大、干旱持续时间长。从历史资料看,干旱年份占 70%～75%,有"三年有二年旱,七年左右有一大旱"之说;干旱一年的约占整个干旱年数的 54%,连旱二年的约占 20%～30%,连旱三年的约占 10%～15%,最长连旱年数可达七年。其次,大风和沙尘暴对农牧业危害严重。春季大风天气多,造成风沙压埋幼苗,或使根部外露,严重时吹走种子,造成毁种、改种;大风移动沙丘,埋没农田、草场;风蚀、沙化问题严重。

内蒙古还是全国沙漠沙地最多、土地沙漠化最严重的省区之一,境内有巴丹吉林、腾格里、乌兰布和、库布齐、巴音温都尔五大沙漠和毛乌素、浑善达克、科尔沁、呼伦贝尔、乌珠穆沁五大沙地及阴山北麓大面积严重风蚀沙化的土地,分布于内蒙古 12 个盟市的 90 个旗县,面积达 4 159 万公顷。这些地区土地沙化、盐碱化问题突出,生态环境脆弱,沙区经济发展滞后。

(二)种植业发展情况

内蒙古粮食生产以玉米、小麦、水稻、大豆、马铃薯五大作物和谷子、高粱、莜麦、糜黍、绿豆等杂粮杂豆为主。目前已初步形成了体现不同地域特点和优势的粮食生产基地,包括:河套、土默川平原、大兴安岭岭北地区的优质小麦生产基地;西辽河平原及中西部广大地区的优质玉米生产基地;大兴安岭东南的优质大豆、水稻生产基地;中西部丘陵旱作区的优质马铃薯、杂粮杂豆生产基地。2019 年,内蒙古玉米产量居全国第 3 位,播种面积居第 5 位;豆类面积、产量居全国第 2 位;马铃薯播种面积居全国第 6 位,产量居全国第 7 位;油料播种面积居全国第 5 位、产量居全国第 6 位。

内蒙古是国家重要的粮食生产基地,也是北方重要的生态屏障。全区草原面积8666.7万公顷,其中天然牧场6800万公顷,占全国草原面积的27%。多样化的天然草地类型和良好的人工饲草生产基础,为内蒙古发展独具特色的草食畜牧业创造了有利条件。

三、内蒙古推进种植业结构调整的目标、进展、做法、效果和问题

2015年中央农村工作会议强调,要加大农业供给侧结构性改革力度,提高农业供给体系质量和效率,实现改革的核心目标,即通过农业自身的不懈调整,让农户生产的农产品供给充足、品种和质量与消费者的需要和偏好紧密相关,形成结构合理、多方面保障充足的有效供给。内蒙古自治区坚决贯彻中央部署要求,积极优化调整种植业结构,加快农业转型升级,促进现代农业发展。

(一) 内蒙古种植业结构调整的目标

1. "提、压、转"三措并举,调整优化玉米种植结构。根据玉米供求现状和生产实际,加快品种结构和布局调整。一是"提"。加强耕地质量建设,巩固提升玉米优势区产能,力争到2020年全区玉米优势区域集中度达到90%以上。二是"压"。调减高纬度、高海拔地区和严重干旱地区玉米种植,压缩产量低、水分高、品质差的玉米品种;三是"转"。立足"为养而种、以种促养、以养增收",在农区畜牧业聚集区、农牧交错带,引导籽粒玉米向粮草轮作、粮改饲和玉米整株青贮转变。

2. "三薯"协同并进,促进马铃薯产业提质增效。马铃薯是内蒙古自治区的优势作物,也是重点发展的产业。一是大力发展脱毒种薯。延长轮作倒茬周期,实行脱毒种薯生产田三年以上一轮作,提高脱毒种薯质量;二是积极推行鲜食薯错期上市。推广马铃薯早熟品种,集成配套绿色高产高效栽培技术,充分利用市场空档期,合理安排鲜食薯上市,提高种植效益;三是大力发展加工薯。推广优质专用加工品种,支持马铃薯主食开发,实现加工增值。

3. "名、优、绿"三品共创,提升特色农产品竞争力。一要突出"名"。大力发展名特产品,抓好精深加工和特色品牌创建;二要突出"优"。促进设施蔬菜、露地冷凉蔬菜、加工蔬菜协调发展,推进标准化生产,提高产品质量,实现优质优价;三要突出"绿"。在高纬度、高海拔地区退出玉米种植,恢复非转基因大豆种植。在大兴安岭以南地区推广粮豆轮作和大比例间作,实现用地养地结合。在中部干旱地区推广特色杂粮杂豆,发展绿色高端保健农产品。

（二）内蒙古种植业结构调整的进展

2016 年,内蒙古自治区以农业供给侧结构性改革为切入点,大力推进种植业结构调整,积极调减籽实玉米面积,超额完成了国家玉米调减任务,种植业结构调整成效初现,"粮经饲"种植结构逐步趋于合理。全区农作物播种面积稳中略增,作物结构呈现"两增一减"态势。具体表现为 5 个方面的特点:一是农作物总体播面积略增,粮食面积略减、经济作物面积增加。据农情统计,2016 年,内蒙古农作物总播种面积 1.29 亿亩,同比增加 144.78 万亩;粮食作物播种面积 1.04 亿亩,同比减少 138.93 万亩,继续稳定在 8 000 万亩以上;经济作物播种面积 2001 万亩,同比增加 193 万亩。二是粮食作物中玉米面积减少,其他作物面积增加。籽粒玉米面积 5 247.31 万亩,同比减少 932.98 万亩;小麦面积 1 018.62 万亩,同比增加 36.89 万亩;水稻面积 166.63 万亩,同比增加 19.15 万亩;马铃薯面积 975.96 万亩,同比增加 42.14 万亩;大豆面积 934.62 万亩,同比增加 59 万亩,其中高蛋白大豆种植面积占全区大豆总面积的 38.2%,比重明显提高;杂粮杂豆面积 1 317.13 万亩,同比增加 316.87 万亩。三是经济作物面积小幅增长。甜菜面积 109.22 万亩,同比增加 33.84 万亩;蔬菜面积 494.05 万亩,同比增加 88.15 万亩;油料面积 1 397.49 万亩,同比增加 70.62 万亩;棉花面积 0.28 万亩,同比增加 0.1 万亩。四是青贮玉米种植规模迅速扩大。饲料作物中以青贮玉米为主的饲用农作物面积大幅增加,青贮玉米面积同比增加 51%。五是苗情长势良好,具备丰收基础。

2018 年,内蒙古粮食播种面积稳定在 8 000 万亩之上,玉米、小麦、马铃薯和大豆、杂粮呈现"三减两增"的趋势,种植结构继续优化。一是籽粒玉米意向种植面积进一步调减,预计调减规模达 230 万亩,其中压减 80 万亩,转青贮玉米 150 万亩;二是农业生产方式进一步实现绿色发展,以控肥、控药、控水、控膜为主的绿色生产技术覆盖面积进一步扩大;三是全力推进农业生产标准化,六大作物生产标准化面积预计新增千万亩以上。

（三）内蒙古种植业结构调整的做法和保障措施

1. 种植业结构调整的做法

在标准化生产上,重点推广玉米、小麦、水稻、马铃薯、大豆、向日葵六大作物的标准化生产技术,梳理出主推标准 75 项、拟修订 13 项、新制订 18 项符合高质量发展的技术标准。2018 年,内蒙古新建标准化生产基地 1 000 万亩,拟 3 年内达到 3 000 万亩。

在品种上,主要保谷物、重点保口粮,大力推广优质专用品种,提高玉米、大豆、马铃薯等作物优质加工专用品种比例,推广高淀粉加工专用玉米、高粗蛋白饲料玉米和优质青贮玉米品种,推广高蛋白、高油等大豆专用品种。

在结构上,以产业融合为重点,按照以养带种、以种促养,优化调整粮经饲各产业间生产结构,继续大力调减籽粒玉米种植面积,严格控制井灌稻发展,稳定小麦种植面积,扩大大豆生产,增加有效供给。结合耕地轮作与粮豆轮作任务,推进压玉米、扩大豆工作开展,在呼伦贝尔市、兴安盟、通辽市的 4 个旗县的冷凉和严重干旱区,主推玉米大豆轮作为主的生态友好型三年轮作模式,促进大豆产业发展。

2. 种植业结构调整的保障措施

一是加大资金投入。"十三五"期间,内蒙古自治区财政安排 6 000 万元资金,对马铃薯脱毒种薯进行补贴,提高加工专用品种种植比例。安排 1 000 万元资金,用于粮改饲、粮豆轮作、大比例间作等示范引导。基于国家和自治区节水增效工程、百亿斤粮食增产工程、高标准农田建设等基础性重点项目,加大节水灌溉、配方施肥、增施农家肥、秸秆还田、盐碱地改造、合理轮作等技术的推广应用,切实提升玉米优势区域产能和市场竞争力。

二是强化指导服务。把粮改饲和粮豆轮作种植模式、玉米青贮技术等作为"冬春科技巡回大培训""千家万户"科技服务和"三级联创"蹲点示范服务的主要内容,引导农民应用节水、节肥、控药等绿色高产高效技术。此外,印刷了3 000 册主要农作物主推标准和技术规范,免费发放给各旗县,指导各地按标准生产,达到产量、质量、效益提升,做到农民收益有保障。

三是推进种养结合,搞好加工转化。从畜牧业的需求出发,在农区养殖聚集区和农牧交错带,大力发展青贮玉米种植,推进养殖企业与种植大户、农民合作社等对接,扩大订单生产;围绕加工企业布局,加大玉米、马铃薯等优势农产品生产基地建设,促进产加销衔接,打通全产业链,促进加工转化和增产增收。

(四) 内蒙古种植业结构调整的总体效果

2018 年,内蒙古地区农户春播意向种植面积比上年增长 1.3%,其内部结构呈现"三增两减"特点,玉米、小麦、水稻意向种植面积比上年分别增加7.7%、11.4%、0.6%,大豆、马铃薯意向种植面积比上年分别减少 15.3%和25.7%。

玉米意向种植面积的增长主要受玉米收购价格上涨和玉米生产者补贴影响。2017 年一季度玉米平均价格 1.5 元/公斤,同比上涨 19.4%,玉米销售价格回暖提振了农民种植意向。此外,内蒙古各地积极落实"玉米生产者价格补贴政策",有效缓解了 2015 年和 2016 年玉米销售价格低迷对普通种植户的不利影响,增强了农户种植玉米的信心。

水稻意向种植面积增长的主因是近年来水稻市场行情持续向好。内蒙古农田整治力度加大,水稻适宜种植面积增加,并且近年来水稻价格一直处于飙升状态,种植收益能够得到保障,农户认为水稻产量高、价格稳定、效益好,更加倾向种植水稻。

大豆意向种植面积缩减的主因是国产大豆受进口冲击影响而市场价格低迷。从 2017 年秋开始,全国大豆收购价格一直低迷,大豆加工厂和贸易商大量采购大豆的意愿降低。据农户反映,2018 年大豆市场价格为 3.3 元/公斤,2017 年同期价格为 3.5 元/公斤,同比下降 5.7%。同时,大豆销售情况不乐观,也是导致农户大豆种植意向下降的重要原因。

2006—2016 年,内蒙古主要种植作物的面积变化呈上升趋势,2015 年达到峰值 340.7 万公顷,2016 年玉米种植面积较 2015 年有下降,为 320.9 万公顷,下降 5.81%;大豆种植面积在 2006—2015 年总体呈现下降走势,2015 年达到 53 万公顷的近十年最低值,2016 年大豆种植面积开始上升;马铃薯是内蒙古的特色农产品,从 2010 年开始薯类种植面积出现下降趋势,2016 年略有回升。

发展牧草是内蒙古种植业结构调整的重要内容。随着牧草产业的快速发展,从 2015 年开始内蒙古青饲料种植面积逐年增加,一改 2006—2011 年青饲料种植面积逐年下降的走势,对优化内蒙古种植结构起到积极作用。

从粮食总量上看,2007—2013 年内蒙古粮食总产量呈较快增长态势,2014 年之后粮食产量增长较为平缓,2016 年粮食产量出现小幅下降。其中,内蒙古玉米总产量在 2006—2015 年呈上升趋势,随着农业供给侧结构性改革推进以及玉米临时收储价格的取消,2015 年之后内蒙古玉米总产量出现下降;稻谷总产量自 2010 年开始下降;2015 年之后大豆产量表现出恢复势头;小麦总产量近十年总体稳定;薯类总产量自 2011 年后总体呈现下降趋势。

(五)内蒙古推进种植业结构调整面临的困难

2018 年,内蒙古推进种植业结构调整过程中,玉米种植比重高的特点依然十分显著,玉米产量持续增加,加之生产成本持续走高、转化能力有限,市场供大于求,价格低迷,直接导致农民陷入增产不增收的处境,种植业结构调整面临着多重困难与问题。

1. "降成本"目标效果欠佳。"降成本"是农业供给侧结构性改革面临的难题。改革以来,亩成本虽有降低,但人工及土地成本依然上升且占很大比重。每亩直接生产费用同样不降反升,其中,租赁费、机械费占比大且保持增长。由于没有最低收购价支持,内蒙古玉米价格大幅下跌,净利润水平直线下降,首次出现净亏损。在政策调整的影响下,农民只能调减种植面积。

2. 玉米产出质量偏低。结构调整后,玉米优势区的产能与品质基本稳中有升,非优势产区种植规模调减,但由于后者基数较大,受限于可替代作物少,玉米种植意愿依旧较高。在一些高纬冷凉和农牧交错干旱地带的玉米生产区,玉米产能低、机械化程度低、产出质量低。

3. 种植结构需进一步调整。从粮经饲比例上看,部分地区的种植结构调整成效显著,如鄂尔多斯市达拉特旗的粮经饲比例从 63∶20∶17 转变为 58∶21∶21,而内蒙古全区粮经饲比例变动情况是:由 75∶17∶8 调整为 73∶17∶10。从玉米种植结构上看,非优势产区的玉米种植结构调整效果明显,但籽粒玉米种植规模仍较大。

4. "去库存"成效不明显。玉米临时收储政策改革前,内蒙古玉米库存压力持续居高,库存量大,仓储成本高,积压带来玉米霉变率高等问题严重。种植结构调整政策出台后,玉米产量有调减,但库存基数太大,再加上新玉米入库,库存压力难缓解。2018 年初,内蒙古举行玉米竞价销售拍卖会,拍卖的玉米包括 2014 年及 2015 年的库存,成交率仅 10%。

四、内蒙古促进区域农业协调发展的做法

(一)内蒙古农业供给体系建设的总体方向及基本情况

1. 农业供给体系建设总体方向

内蒙古是我国重要的绿色农畜产品生产加工输出基地。农业发展方式粗放、玉米"一粮独大"、牲畜"一畜独大"的结构性矛盾是内蒙古农业面临的主要问题。内蒙古农业供给体系建设的方向主要是:基于农业供给侧结构性改革,紧扣市场需求,适应市场竞争,构建高效、安全、可持续的农畜产品供给体系。

(1)以市场为导向,调整优化农牧业结构,充分发挥农牧业资源丰富的优势,实施"农牧结合"发展战略,构建"为养而种,为牧而农,过腹转化,种养循环"的新型农牧业结构。

(2)以生态为基础,推动农牧业绿色发展,始终牢固树立"绿水青山就是金山银山"的发展理念,实施"控肥增效、控药减害、控水降耗、控膜提效"四大行动,力争到 2020 年,种植业农药、化肥用量实现零增长,农业用水总量和用水强度得到"双控",地膜覆盖面积和农膜残留实现"双减"。

(3)以产业为驱动,促进农畜产品加工转型升级,积极推进农牧业产业化

从数量扩张向质量、质量效益并重方向提升。以输出为引领,带动产加销协调发展。"输出"是内蒙古农业供给侧结构性改革的终极目标,也是检验生产和加工的重要环节。通过实施"输出工程",实现农畜产品与市场对接,以市场需求指导农畜产品生产和加工。

(4)以监管为保障,确保绿色农畜产品安全供给。按照"四个最严"要求,以增加优质农畜产品供给、确保农畜产品安全输出为目标,坚持问题导向,创新树立"管行业即管安全,发现问题是成绩、消除隐患是政绩,扶优、扶强、扶安全"的农畜产品监管理念。

2. 农业供给体系建设基本情况

农畜产品生产领域,在种植业方面,大力推进"稳粮优经扩饲",在 2016 年调减 933 万亩玉米的基础上,2017 年继续调减 783 万亩,连续两年保持 13% 以上的调减幅度;饲用农作物面积达 1 342 万亩,同比增长 25.8%,粮经饲比例由 2016 年的 75:17:8 调整为 73:17:10。在畜牧业方面,深入推进"稳羊增牛扩猪禽",以"粮改饲"和"草畜业"为抓手,积极引导牧区牛羊养殖向农区转移,推动"牧繁农育";积极承接生猪产业转移,做优草原畜牧业,做大农区畜牧业,为发展循环农牧业打好坚实基础。

农产品品牌建设领域,草原生态整体恶化的趋势得到有效遏制,局部草原生态明显恢复,草原植被盖度由 2000 年的 37% 提高到 2017 年的 44%,基本恢复到 20 世纪 80 年代的最好水平。草原生态环境的改善促进了有机农畜产品的持续供给,为区域性品牌的打造提供良好条件。2017 年,内蒙古"三品一标"产品 1 917 个,地理标志登记保护产品 89 件,有机农畜产品产量居全国第一。实行农畜产品质量安全"一票否决制",进一步健全从农田到餐桌的全程监管体系,全力保障"舌尖上的安全"。

农业产业化发展领域,在农畜产品营销方面,近年来内蒙古利用"品牌+展示直销+电商平台"的输出模式,成功举办了绿色农畜农产品展销会、绿色农畜产品博览会;在北京、上海、广州运营了绿色农畜产品精品馆;开通"蒙优汇"电商平台,构建出全方位、立体式的农畜产品输出渠道,成功将内蒙古绿色农畜产品推向全国。

(二)内蒙古新型农业经营主体的发展情况及支持政策

近年来,内蒙古新型经营主体发展迅速。2013 年《中共中央国务院关于加快发展现代农业进一步增强农村发展活力的若干意见》中提出要积极扶持家庭农场。2013 年年末,内蒙古符合条件的家庭农场增加到 5.7 万个。到 2017 年底,内蒙古已认定的家庭农牧场为 10.3 万个,较 2013 年增加 4.3 万个;注册登记的合作社 8.21 万家,全区销售收入 500 万元以上农畜产品加工企业 1 802 家,农牧业生产托管服务面积 1 200 多万亩;与农牧民建立利益联结机制的企业比例达 81%,构建紧密型利益联结机制的达到 43%,较 2013 年提高 13%。

内蒙古自治区出台《关于扶持农牧业新型经营主体、加快构建农牧业新型经营体系的意见》,明确提出鼓励发展专业合作、股份合作等多种形式的农牧民合作社,加大财政项目资金投入力度,允许财政补助形成的资产转交合作社持有和保管,有关部门要建立规范透明的管理制度;推进财政支持农牧民专业合作社创新试点,引导发展农牧民专业合作社联合社;按照自愿原则开展家庭农牧场登记;在年度建设用地指标中单列一定比例专门用于新型农牧业经营主体建设配套辅助设施;鼓励地方政府和民间出资设立融资性担保公司,为新型农牧民业经营主体提供贷款担保服务;加大对新型职业农牧民和新型农牧业经营主体领办人的教育培训力度;完善和落实税收优惠政策,为农牧民合作社发展农畜产品加工流通提供支持等。

(三) 内蒙古做大做强优势特色产业的发展模式和主要举措

因地制宜发展优势特色产业。内蒙古锡林郭勒盟实施"标准化＋"建设模式,带动特色优势产业发展。盟行署结合地方特色产业发展实际,出台《锡林郭勒盟优质良种肉牛产业发展扶持政策》,明确提出对获得中国驰名商标、国家地理标志保护产品、内蒙古名牌产品以及标准化示范项目一次性奖励 20 万～100 万元;对获得无公害畜产品、绿色畜产品、有机食品三项认证的经营主体一次性奖励 10 万元。

锡林郭勒盟与内蒙古自治区食品检验检测中心合作开展了为期三年的肉类地理标志保护产品溯源技术研究项目,该项目通过对锡林郭勒盟苏尼特、乌珠穆沁、察哈尔等羊肉产品的稳定性同位素(氢、氮、碳)进行深入分析,明确了羊肉产品的产地鉴定特征指标,为完善锡盟羊肉产品溯源体系建设和羊肉品牌保护提供了有力的技术支撑。

2017 年,内蒙古实施优势特色农牧业提质增效行动计划,发展乳、肉、绒等优势特色产业,设立牧民转产创业和民族特色产业发展基金,扶持牧民专业合作组织发展奶制品、牛羊肉加工、马奶和骆驼奶加工等民族特色食品加工产业,扶持牧民发展传统民族工艺品、美术品和少数民族特需商品生产。

大力发展林沙产业,坚持沙植物种植和生态治理相结合。大力发展林沙产业既是改善生态环境的需要,也是合理开发利用沙区资源,发展生产、增加农牧民收入的需求。内蒙古因地制宜发展林下经济,推动农林、畜林复合经营,发展干鲜果品,木本油料等特色经济林产业和林菜、林药、林禽、林畜、林菌。建设药材基地,保护药材品种,发展中蒙药材、保健食品、生物制药等特色新型产业,促进蔬菜瓜果、花卉苗木、食用菌等产业提档升级。

为促进林沙产业健康发展,内蒙古进一步完善了扶持政策。首先,建立稳定的投入机制。积极建立国家、地方、集体、个人以及社会各界互补多元化投入机制,积极扩大对外开放,积极利用国际金融组织贷款和外国政府贷款。其次,强化林沙产业信贷支持。各级政府出台了鼓励现有担保机构积极参与林沙产业发展建设的支持措施。同时,担保公司和金融机构互利合作、风险共担的利益联结机制逐步建立,地方政府、担保公司、被担保者三方联动的风险防范机制逐步完善。最后,完善针对沙区的各项优惠政策。贴息补助、树木种苗补贴、基地原料运输绿色通道、投资参控股等优惠政策为农牧民生产发展提供了良好的外部环境。此外,为发展林山产业营造的可再生原木林的主体,可享受中央财政森林生态效益补偿和地方财政森林生态效益补偿及造林补贴。

(四)内蒙古促进农村产业融合发展的基本经验和总体效果

2015—2018 年,中央连续四年出台中央一号文件,明确指出我国农业现代化面临的重大挑战,强调要走一二三产业融合发展的道路。2017 年中央一号文件强调农业供给侧结构性改革的主要方向为"去库存、降成本、补短板",其重点是推动三产融合。内蒙古在"丝绸之路经济带"建设中拥有得天独厚的区位优势、资源优势和文化优势。内蒙古分别与国内最大的重工业基地辽宁、吉林、黑龙江三省,与资源丰富、经济落后、地广人稀的蒙古国以及依赖自然资源程度高、进出口贸易不发达、市场经济发展不完善、土地面积大的俄罗斯交界。内蒙古是我国自然资源富集的地区之一,其煤炭资源、稀土资源、畜牧产品相当丰富。所有这些都是内蒙古与"丝绸之路经济带"沿线国家搞好经济合作发展的有利条件。面对新的形势与发展环境,发展农产品精加工,拓展农业产业链与价值链,促进农村一二三产业融合发展是内蒙古实现乡村振兴的必然选择。

1. 内蒙古农村产业融合发展的基本经验

(1)着力推进新型城镇化。将农村牧区产业融合发展与新型城镇化建设有机结合,有序推进包头市、扎兰屯市、元宝山区、准格尔旗、和林格尔县、宁城县八里罕镇、托克托县双河镇等中小城市综合试点改革试点,引导二三产业向城镇周边集聚。支持农畜产品加工、商贸物流等特色小城镇创建,培育一批规模大、主导产业突出、核心企业竞争力强以及对区域经济、相关产业和农牧民增收辐射带动作用大的农畜产品加工物流园区,形成产业集聚融合发展的示范区。

(2)加快农牧业结构调整。按照"粮改饲"和"稳羊增牛扩猪禽"发展思路,内蒙古努力改变农牧业"一粮独大""一畜独大"的单一种养结构,加强耕地休养生息,鼓励青储玉米、燕麦等优势牧草种植,提升牧草产业质量、效益和竞争力。大力发展规模化养殖场,推动养殖增量由牧区向农区转移,实现三元作物(粮食作物、经济作物、饲草作物)的协调发展。

(3) 延伸农牧业产业链。开展农牧业生产全程化社会化服务创新试点,支持为农牧民提供代耕代收、联耕联种、统防统治、烘干贮藏、饲料防疫等"保姆式""菜单式"服务,支持粮食银行发展。发展特色精深加工业,支持羊绒加工企业提升自主品牌影响力和产品市场占有率,减少贴牌出口。完善农畜产品产地营销体系,推广"农超对接""农社对接""农企对接""农校对接"等机制,促进城市社区鲜活农畜产品直销网点建设。以旗县(市区)为基础,搭建农村牧区综合性信息化服务平台,提供电子商务、乡村旅游、价格信息等服务。

(4) 拓展农牧业多种功能。深入发掘农牧业生态文化、农耕文化、草原文化、民族文化、历史文化、庭院经济等资源,发展休闲农牧业和乡村旅游业;通过生态观光、休闲度假、健康养生等复合型旅游产品的开发,使休闲农牧业旅游产品形态多元化,满足游客多层次、多样化和高文化品味需求;基于农业科普旅游的发展,开发现代设施农业、蔬菜和花卉新品种展示、现代农业科普教育、蔬菜新品种采摘等为一体的现代农业旅游产品。

(5) 大力发展农业电商新业态。积极实施"互联网+现代农牧业"行动,在推广五原县"互联网+牧场"电商新模式基础上,建设农牧业电商产业园区。大力支持牛羊肉追溯系统等一批实用信息技术和产品研发推广,支持对大田种植、畜禽养殖、渔业生产等物联网改造。

(6) 引导产业集聚发展。充分发挥县域连接城乡、贯通三产的纽带作用,完善产业空间布局和功能定位,推动农畜产品加工园区发展。优先保障农村规模化经营主体生产设施、附属及配套设施用地的需求,将通过土地治理和闲置宅基地整理增加的耕地优先用于一二三产业融合。

2. 内蒙古农村产业融合发展效果

巴彦淖尔市五原县位于河套平原腹地,这里有"河套雪花粉之乡""河套葵花之乡""巴美肉羊之乡""瓜菜番茄之乡"的美誉。2016 年五原县被列入全国农村产业融合发展试点示范县。该县建设了三产融合核心示范区的农村产业融合发展示范园,园区由特色种植、光伏发电、科技示范、加工流通、综合服务、文化旅游 6 个功能区组成,实现了一二三产业集群化发展,年产值 8.5 亿元,参与园区经营的农民人均可支配收入达到 2 万元,高出该县平均水平 32%,其也被列入国家级农业科技园区和农业综合开发现代农业园区。通过积极推进农村牧区一二三产业融合发展,内蒙古产业结构得到优化、农牧民增收渠道拓宽、现代农牧业产业体系初步构建。2018年,内蒙古三次产业比重由2015年的9.1∶50.5∶43.3调整到2017年的10.2∶39.8∶50.0,2017年第三产业占比首次超过第二产业,超过10.2%;第三产业对内蒙古经济增长的贡献度首次超过第二产业,达74.9%。

(五) 内蒙古推进质量兴农的基本情况和典型做法

内蒙古各级农牧业部门认真贯彻落实党的"十九大"提出的实施食品安全战略和乡村振兴战略有关部署,坚决贯彻"四个最严"要求,坚持"产""管"并举,依法履职、积极作为,近年来未发生重大农畜产品质量安全事件,全区农畜水产品总体合格率连续5年保持在96%以上。

1. 内蒙古推进质量兴农的基本情况

在监管体系建设方面,内蒙古12个盟市、全部涉农旗县和所有苏木乡镇均建立了农畜产品质量安全监管机构,落实专兼职监管人员3 300余人;全区12个盟市级、93个旗县(区、场)级检测机构获批复建设。2018年,65个机构通过项目验收,26个机构通过"双认证",落实检测人员900余人。

在监管条件保障方面,内蒙古党委政府多次印发文件,落实农畜产品质量安全党政同责,要求将农畜产品监管经费按照每亩1.3元、每头牲畜0.5元的标准纳入地方财政预算;自治区考核工作领导小组将农畜产品质量安全工作独立纳入对盟市党政领导班子考核体系,属地管理责任得到进一步落实。

在执法监管方面,围绕重点行业、重点环节、重点领域,持续实施七个专项治理行动。2017年,内蒙古全区农牧业系统累计出动农资执法人员4.2万多人次,检查企业近2.9万个,整顿市场4 980个,查获假劣种子、肥料、农药、饲料、兽药等18.9万公斤,农机及零配件819台件,印发宣传材料121.8万份,挽回经济损失689万元。

在推进标准化生产方面,共制修订900余项农牧业地方标准,监督指导生产者规范生产经营行为。出台"三品一标"认证奖补政策,累计投入奖补资金1 000余万元,2018年,共认证"三品一标"用标企业939家,产品总数2 643个,有机产品产量居全国第一。

在质量安全监测方面,组织开展例行监测,抽检农畜水产品样品共2 840批次,总体合格率98.6%,印发有关检测函报11期。组织召开年中和年度例行抽检分析会商会,同时,各盟市结合生产实际,扎实开展例行监测工作,全年共定量抽检样品7 747批次,速测筛查31万多批次,总体合格率在97%以上。

在开展追溯管理方面,农畜产品质量安全监管追溯信息平台已连接管理的企业1 291家,其中种植业用户657家、养殖业用户472家、渔业用户162家,上传生产记录过万条;纳入平台管理的农资门店 40 家,上传购销数据 2 000 余条;130 家检测机构的检测数据实时上传平台,总计上传检测数据 13 万多条。

在安全县创建方面,阿荣旗、扎赉特旗、喀喇沁旗 3 个旗县已正式命名挂牌。杭锦后旗、丰镇市、商都县、开鲁县、五原县、乌审旗被确定为第二批国家级质量安全县创建单位。积极推进自治区级农畜产品质量安全县创建活动,命名自治区级农畜产品质量安全县 16 个,2018 年新创建质量安全县 17 个。

2. 内蒙古推进质量兴农的典型做法

内蒙古坚持质量兴农兴牧,突出优质、安全、绿色导向,实施农牧业标准化战略,开展特色农畜产品标准化生产示范。2017 年,内蒙古已建立 155 个农牧业标准化示范区。其中,国家级示范区 102 个,自治区级示范区 53 个,农业标准化示范区的辐射带动作用进一步增强。通过实施农牧业标准化这一重要手段狠抓农畜产品质量。

切实加强产地环境保护和源头治理,推行农牧业良好的生产规范,严格执行农牧业投入品生产销售使用有关规定,深入实施化肥农药使用零增长行动和农药兽药减量行动,减少农业面源污染。每年开展以销售和使用违禁农业投入品、非法添加剂、有毒有害物质为主的农畜产品质量安全整治和农资打假专项治理工作。全面实行限制使用农药定点经营制度,实行专柜销售、实名购买和溯源管理。

健全农畜产品质量和食品安全监管体制,分片区建立农畜产品检验检测中心,加强旗县、苏木乡镇两级监管能力建设,加大了动物疫情防治力度,强化集中免疫、疫情监测、检疫监管、境外动物疫情防堵等工作。以内蒙古赤峰市为例,2017 年,该市 12 个旗县区共有 18 个局全部成立了农(畜)产品质量安全管理站,132 个苏木乡镇挂牌成立了 251 个苏木乡镇农畜产品质量安全监管站。同时,赤峰市还争取国家投资 4 600 万元的项目资金,建设了 1 个地市级检验检测中心、12 个旗县区级农产品质检站,并依托农技推广项目在全市大部分乡镇监管站建立了检测室,开展农畜产品速测工作。

建立全程可追溯、互联共享的追溯监管服务平台,健全从农田牧场到餐桌的农畜产品质量安全追溯系统。2018 年,由内蒙古自治区标准化院申报的“国家畜产品追溯标准化区域服务与推广平台”经过材料审核和专家评审,成为国家标准化管理委员会首批的 10 个国家农业标准化区域服务与推广平台之一。“国家畜产品追溯标准化区域服务与推广平台”的建立,将提高内蒙古畜牧业标准化服务水平,有力支撑全区绿色畜产品全产业链追溯体系建设工程。

加强畜禽屠宰监管,推行畜禽屠宰质量安全风险分级管理制度,保证肉品品质安全。建立畜禽屠宰操作、无害化处理等关键环节视频实时监控网络,开展畜禽屠宰质量安全专项整治。推进农畜产品质量安全旗县创建活动,力争通过三年努力,内蒙古 20%的旗县达到国家农产品质量安全县标准,50%以上的旗县达到自治区安全县标准。

(六)内蒙古创建农业公用品牌、产业品牌和企业品牌的经验

1. 农业公用品牌、产业品牌和企业品牌建设现状

内蒙古在发挥企业主体作用的基础上,加大农业公用品牌、产业品牌以及企业品牌的创建力度。建设绿色农畜产品知名品牌,支持新型农牧业经营主体申请"三品一标"。加强农畜产品驰名商标、著名商标、知名商标保护。拓宽品牌营销渠道,继续办好绿色农畜产品博览会。借助专业服务机构和专家团队,利用传统媒体和网络媒体、社交平台,强化品牌塑造,扩大品牌影响力。推进区域农畜产品公用品牌建设,支持发展"蒙"字头集群品牌。鼓励盟市、旗县以当地优势特色产业和优势企业为依托,打造区域农畜产品公用品牌。

2017 年底,内蒙古农畜产品获中国驰名商标达 72 件;"三品一标"农畜产品总数 2 643 个,总产量 1 148.4 万吨,约占内蒙古同类农畜产品产量的 20.4%,培育有机产品产量居全国第一,地理标志农产品 95 件;有国家级农牧业产业化重点龙头企业 38 家,自治区级重点龙头企业 583 家。截止 2018 年,内蒙古 254 家农畜产品企业的 944 个产品获得"名优特"农畜产品认定,提高了知名度和影响力。

2. 内蒙古发展农业公用品牌、产业品牌和企业品牌的经验

(1)依托优势资源,明确主要产业和特色产品,调整优化农牧业产业结构、品种结构,特色鲜明、比较优势突出的生产布局得以形成。打造各具特色的规模化品牌农牧业基地和优势产业带。

(2)以农牧业产业化示范园区为主体,实施耕地质量提升工程,发展资源节约型、环境友好型农牧业。积极开展产地环境质量认证,确保农牧业标准化生产基地通过环境质量认证。改善农牧业生产环境,促进农牧业品牌健康发展。

(3)开展农畜产品质量安全监管示范县,发展无公害农产品、绿色食品、有机农产品和地理标志农产品。对农牧民开展标准化技术培训,推行生产全程监控和质量安全追溯。

(4)积极引导农牧业产业化重点龙头企业为主体的品牌创建。启动龙头企业"六个一"提升工程即引导龙头企业创建一个基地,振兴一个产业,打造一个品牌,引领一个合作社,创新一个模式,造福一方百姓,增强龙头企业的市场竞争力和辐射带动能力。

（5）在实施"一乡一品""一县多标"品牌培育工程的基础上,鼓励、引导、支持农牧业生产经营主体进行农畜产品商标注册,建立农畜产品品牌申报、认定激励机制,开展优秀品牌农畜产品评选认定工作,鼓励、支持龙头企业、合作社等积极申报中国驰名商标。

五、内蒙古区域农业协调发展面临的问题

内蒙古土地面积辽阔,是我国重要的商品粮生产基地和畜产品生产基地,受政策和投入不足影响,内蒙古区域农业协调发展仍面临困难,农业竞争力仍有待提高。

(一)技术和投入不足制约水稻产业做优做强

内蒙古稻区属于高纬度寒地稻作区域,主要集中在北纬 42～49°之间的内蒙古东北部地区,属东北半湿润早熟单季稻作物带,种植的主要是粳稻品种。稻田主要分布在嫩江水系的诺敏河、阿伦河、雅鲁河、绰尔河、归流河流域和西辽河水系的西拉木伦河、老哈河、新开河、教来河流域的冲积平原。2006 年以来,内蒙古水稻种植面积基本稳定在 130 万亩,总产约 60 万吨。2016 年全区水稻种植面积为 147.6 万亩,总产量 84.9 万吨。2019 年内蒙古水稻产量为 136.2 万吨。

水稻目前已经是内蒙古自治区重要的口粮作物,东部地区由于适宜的土壤、光照和水分条件成为优质粳稻产区。内蒙古 99% 的水稻种植集中在东部呼伦贝尔市、兴安盟、通辽市和赤峰市 4 个盟市,其中兴安盟种植面积最大,约 50 万亩,单产水平最高,稳定在 500 千克/亩左右,面积和总产约占全区的 1/3;其次是通辽市,播种面积在 30 万亩以上,占全区总面积的 1/4;此外,鄂尔多斯市、包头市、乌海市、呼和浩特市和巴彦淖尔市等地有零星种植的水稻。2016 年,兴安盟、通辽市、呼伦贝尔市和赤峰市的水稻种植面积分别是 50.1 万亩、40.5 万亩、28 万亩和 26.8 万亩;总产分别是 36 万吨、24 万吨、13.5 万吨和 10.4 万吨;东四盟市的水稻种植面积和总产分别占全区水稻种植面积和总产的 98.5% 和 98.8%。其中,水稻种植面积在 10 万亩以上的旗县有 5 个,分别是兴安盟扎赉特旗、通辽市科左后旗、赤峰市翁牛特旗、呼伦贝尔市莫力达瓦旗、兴安盟乌兰浩特市,面积分别为 27.6 万亩、26.4 万亩、19.6 万亩、16.2 万亩和 12 万亩。近年来,随着鄂尔多斯市沿黄滩涂盐碱地区农田整理力度不断加大,配套基础设施逐步完善,水稻种植效益初步显现,水稻种植面积不断增

加,鄂尔多斯市水稻种植面积由 2014 年的 10 965 亩,增加为 2016 年的 16 300 亩,增长 48.7%,主要集中在该市的达拉特旗、准格尔旗和杭锦旗。

受无霜期偏短及水资源不足等自然条件限制和项目支持少等客观因素影响,内蒙古水稻生产还存在一些问题:一是水稻自育品种和优质品种种植面积偏小;二是先进栽培技术覆盖面小,绿色高产高效新技术推广应用缓慢;三是机械化程度偏低,制约节本增效和种植面积扩大;四是稻农专业合作社发展滞后,市场信息掌握滞后,影响实现高产高效;五是水稻产业发展与乡村旅游业结合仍处于起步阶段,水稻生产潜在的旅游附加值尚未充分挖掘。

(二)大豆种植有所扩大,但受自然风险和市场风险双重影响

内蒙古大豆产量居全国第三位,大豆种植主要集中在东部呼伦贝尔市,其次是兴安盟,赤峰和通辽也有零星种植,以轮作倒茬为主。2017 年,呼伦贝尔市大豆种植面积 904 万亩,总产量 139.6 万吨,占内蒙古的 80% 以上。呼伦贝尔市主产区扎兰屯市、阿荣旗、鄂伦春旗、莫力达瓦旗地处松嫩平原过渡带,土壤肥沃、气候适宜、土地面积大、机械化程度高,非常适合大豆生长。2018 年,国家大豆补贴标准提高,呼伦贝尔市积极宣传土地轮作区补贴和大豆生产者补贴政策,提高豆农种植意向。2016—2017 年,呼伦贝尔市实施耕地轮作制度试点 65 万亩,2018 年新增试点面积 150 万亩,总实施面积达到 215 万亩。主要轮作模式为"大豆—玉米—大豆",每亩每年补贴 150 元。据呼伦贝尔市农牧业局统计,2017 年玉米种植调减 215.9 万亩,大豆增加 120.4 万亩。

内蒙古大豆种植受自然风险和市场风险双重影响。2016 年,内蒙古东部遭遇夏伏旱,大豆单产降低,内蒙古大豆整体减产,品质较往年下降,价格下跌。2017 年 2 月后优质大豆价格快速大幅上涨,但很多的豆农此前就已将大豆出售。2017 年春播季节,内蒙古大豆种植面积增长,其中呼伦贝尔市播种面积 60.27 万公顷,同比增 8 万公顷,莫力达瓦旗大豆种植面积增幅为 34.5%。而鄂伦春旗及呼伦贝尔市其他旗市、兴安盟、通辽市等地的大豆种植收益低于小麦、稻谷,大豆的种植面积增幅不大。2017 年,内蒙古持续受低温和旱灾影响,降雨量较常年同期明显偏少,大豆出苗后幼苗受到影响,苗情偏差。2017 年 5 月末呼伦贝尔市局部地区出现霜冻,又有部分大豆苗冻死。

(三)"粮改饲"强调调整面积,粮饲草畜协调发展的长效机制有待建立

"粮改饲"政策既有调整面积的要求,也有资金的配套。部分地区粮饲草畜协调发展的长效机制未建立,不能形成长期稳定的饲草料供给,也不利于形成

稳定可持续的种养结合发展模式。

1. 农户参与度低。试点区为扩大"粮改饲"面积,在一些地方政府主导下,由大型养殖场或工商资本流转农户土地,形成大规模的青贮玉米或牧草种植基地。虽然大部分籽粒玉米种植户有调整种植结构的强烈意愿,但在实际的调整行动中,农户逐渐退出,未享受到"粮改饲"政策的红利。

2. 产销衔接困难。肉牛、肉羊和奶牛在近几年产能高速增长后,价格逐年下降,部分养殖主体已出现亏损。养殖户普遍处于观望态度,投入信心不足,养殖量处于下降通道,饲料料需求减弱、饲料结构优化的动力不足。在试点区,许多农户担心青贮玉米及牧草种植面积扩大后,收益会下滑。农户根据市场行情收割籽粒玉米或青贮玉米,如果青贮价格好且有人收,就在蜡熟期收获作为青贮卖掉;如果青贮价格低,就等玉米收获时当作籽粒玉米卖掉。有的农户履约意识差,在签订青贮收购合同后毁约,按合同执行时农户在收割前将玉米棒子掰走。由于玉米价格低,农民对玉米疏于田间管理。对奶牛养殖户来说,专用青贮玉米更有营养,籽粒玉米转成的青贮玉米营养差很多,由于种养合作不畅、利益联结机制不完善,种养户之间互不信任,直接影响奶牛产奶量及乳品质量。

3. 专业机械设备和设施不足。饲草料对收割、仓储的时机要求非常高,早一天或晚一天都会极大影响饲草料品质。因此,农户在没有定单的情况下是不敢扩大饲草料种植面积的。其次,青贮收获后需要在短时间粉碎并放入专门的场地储存、发酵,目前农村牧区这样的专用储存设施和场地缺乏,农户自储存面临很大难题。此外,农户在饲草料收获阶段受制于人,议价能力弱。

(四) 农业结构调整的支撑保障体系建设滞后

1. 科技滞后和人才缺失。内蒙古农业科技创新人才和农业科技创新能力缺乏,1 000多家规模以上农产品加工企业中,从事科技研发及科技管理的人员少,科技力量薄弱,尤其是缺少农产品精深加工科学研究的拔尖人才。内蒙古农产品加工业起步较晚,除少数企业经过技术改造,技术装备接近发达国家水平外,很多旗县仍是一些乡镇企业在投资发展,装备粗放落后,且单机多、机型多,但用于特殊物料加工的机械却没有,设备稳定性差、寿命短。

2. 投入保障不足。内蒙古财政对涉农产业投入的资金逐年增加,但地方财政投入能力有限,农业发展支持政策体系仍未完善。由于资金短缺,企业做大更强困难。在农业保险尚不完善的情况下,金融部门对农产品龙头企业的基地建设贷款缺乏信心,导致企业缺乏长久发展的资金,不利于现代农业产业体系建设。

3. 农产品流通体系建设。目前,内蒙古自治区现代化的农业物流系统还未实现全覆盖,冷链运输、物流信息网建设比较落后,农产品批发市场建设还存在缺乏规划、基本服务配套设施不完善、管理落后等问题,批发市场从业人员以小规模个体经营户为主,经营效率较低。

4. 特色定位不准。区域特色农产品的核心是产地资源,特定的品种在特定的光热水土、地理条件和气候条件下,才能长出味道好、品相好的地域性特色农产品。以马铃薯为例。马铃薯是内蒙古主要种植的特色农作物之一。2015年全区马铃薯种植面积为 769.5 万亩,占全国马铃薯种植面积的 10% 以上。乌兰察布市是内蒙古主要的马铃薯种植区域,2015 年乌兰察布市马铃薯种植面积达到 387 万亩,占内蒙古马铃薯种植面积的 50% 以上,马铃薯种植是当地农民收入的重要来源。2017 年 3 月,我国质量认证中心发布了全国各区域品牌价值评估报告,乌兰察布市的"集宁马铃薯种薯"品牌评估价值达 8.51 亿元。然而由于特色定位不准、设施投入不足,内蒙古马铃薯产品差异化竞争优势没有得到充分挖掘。2017 年,内蒙古马铃薯价格持续下降,收购价 1 元/千克,2016 年同期收购价 1.4 元/千克,价格下跌 28.6%。大部分农户受储存条件所限只能低价出售。有储存条件的农户惜售,以期冬季价格上涨,但冬季马铃薯价格不涨反降,且销路不畅,部分地区马铃薯平均收购价跌至 0.8 元/千克,为历史最低点。种植收益难以得到保障,使农户马铃薯种植意向大幅度降低。再以哈密瓜为例。哈密瓜曾在内蒙古各旗县广泛种植,其中巴彦淖尔市种植条件最好,所产的蜜瓜品质最高,销量最多。由于特色定位准,巴彦淖尔市哈密瓜打出了品牌影响力,而内蒙古其他地区哈密瓜种植面积却基本萎缩。同样由于特色定位模糊、逐步退出市场的还有武川等地的小杂粮、准格尔旗等地的荞面等。

5. 品牌宣传力度不够。内蒙古农产品品牌数量逐年增加,但知名度还不高。与农业相关的会展活动多,但推广农产品品牌的会展活动少。

六、提高内蒙古农业供给体系质量和效率的建议

一是加强农业生态环境建设。绿水青山就是金山银山,良好的生态环境是实现农业可持续发展的基础。内蒙古大部分地区生态环境脆弱,在生态环境承载力范围内发展农牧业生产十分重要。在生态脆弱区,实施退耕还林还草、退牧还草等措施,加大农业生态建设力度,修复农业生态系统功能。采取保护性耕作、秸秆还田、增施有机肥、种植绿肥等土壤改良方式,增加土壤有机质,提升土壤肥力,合理使用化学药剂等。

二是发挥特色农产品优势,培育特色农产品品牌。内蒙古具有得天独厚的

区位条件、自然资源和人文资源,也有具有区域特色的农产品,如鄂尔多斯阿尔巴斯羊肉、塔拉沟羊肉、乌兰察布土豆、呼和浩特武川莜面、托县辣椒、巴彦淖尔杭锦后旗河套向日葵、锡林郭勒草原肉羊等。但这些内蒙古农产品的自身价值与市场影响力与山东、江苏、浙江等省份的品牌农产品相比存在较大差距。培育内蒙古特色农产品品牌,提高其市场地位与美誉度,是促进内蒙古农业供给侧结构性改革的有效手段,也是促进内蒙古农业供给体系质量效率提升的内在动力。

三是创新农业科技,发展高效节水农业。1. 整合农业科研院所、高校、企业的资源和力量,加大农业科技创新投入力度。内蒙古的农牧业高校和农科院所普遍存在大而不强的问题,应加大整合力度,在此基础上加大农业资源高效利用、环境综合治理、生态有效保护等综合技术创新能力,突破农业资源约束瓶颈。要调整种植结构,推广抗旱品种,推广采用节水农业技术,推行农艺节水保墒技术,改进耕作方式,提高水资源利用效率。采取积极的耕地保护措施,继续提高土地资源利用效率和土地质量。2. 有效降低农产品生产成本、提升品质。推广适度规模经营,积极推进农业机械化水平提升,解决人工费用高的问题;加强土地流转管理与服务,通过统一购置农业物资,提高资源配置效率,降低直接、间接生产成本。3. 构建农产品价格监测预警体系。建立农产品价格监测预警平台,及时发布市场供求信息,加强农产品信息咨询服务,降低生产者因信息不对称所增加的风险成本,尽快做出生产调整,保障稳定供给。

四是完善农业金融保险制度。现阶段,内蒙古农业发展进入"结构升级、方式转变、动力转换"的紧要关口,需要加强金融保险服务。内蒙古农村牧区现代金融体系不完善,农业电商平台专业化程度低,缺乏第三方支付平台。应从如下方面着手,积极支持提升农村金融服务。1. 加大对优化农畜产品结构、调整种养结构、精深加工、稳定粮食综合生产能力、扩大畜产品生产经营规模等领域的信贷投放。2. 增加对新型农牧业经营主体发展的信贷供给,重点支持品牌农产品生产加工基地建设。3. 支持农村牧区电商平台、乡村旅游、健康养老、休闲度假等新型业态发展,努力实现农牧户和农牧业经营主体授信全覆盖。4. 践行绿色金融理念,立足区域和产业特色,聚焦绿色农牧业,进一步做好"三农三牧"和小微企业绿色金融服务。

第十一章
我国"镰刀弯"地区种植结构调整

近年来,国家出台一系列强农惠农富农政策,有力促进了粮食和种植业的持续稳定发展。2015年,我国粮食产量实现"十二连增",其中,玉米的贡献值最大,是面积增加最多、产量增加最快的作物。① 与此同时,农业结构性矛盾开始显现,不同品种供求关系差异拉大,阶段性、结构性的供过于求和供给不足并存,就粮食种植品种而言,小麦、稻谷供求基本平衡,大豆供需缺口不断拉大,玉米出现阶段性供大于求(高产量、高收购量和高库存量的"三高"叠加,库存消费比高达95%以上)。受国内消费需求增长放缓、替代品进口冲击等影响,玉米种植效益低下,增产不增收,亟需调整优化种植结构。遵循2015年农业部发布的《关于"镰刀弯"地区玉米结构调整的指导意见》对西北地区玉米结构调整的要求,本章以甘肃、内蒙古、新疆和宁夏四省为例对西北干旱地区的粮食种植结构调整情况进行分析,梳理该地区"镰刀弯"政策的执行情况,在此基础上分析西北干旱地区玉米种植结构调整的影响因素及存在问题,并提出相关政策建议。

一、"镰刀弯"地区种植结构调整政策形成背景

近十年来,我国玉米发展过快,种植结构单一、种养不衔接、产业融合度较低的问题日益突出;玉米生产的快速扩张,加重了干旱半干旱地区的水土流失、土壤沙化等问题,使资源环境约束与生产发展的矛盾日益突出;低价格且不稳定的玉米产量,也影响到地区种植效益和农民收入。在市场方面,受国内经济增速放缓以及非洲猪瘟的影响,玉米的饲用需求下降,深加工量减少,需求增长

---

① 在之前的12年里,玉米面积增加2.1亿亩,产量增加2175亿斤,占整个粮食产量增长量的57%。

速度赶不上生产发展速度,玉米库存不断增长;国际市场上,受全球经济低迷、石油价格下跌、深加工疲软等多种因素影响,玉米供给宽松、价格下跌。因成本上升等因素影响,国内玉米价格持续上涨,国内外玉米价格倒挂。受国内外价差的影响,近几年玉米及玉米替代品进口量快速增长,对国内玉米生产造成较大冲击。因此,从 2015 年开始,综合考虑资源禀赋、生态保护、市场需求等因素,主动调整玉米种植结构,缓解国内玉米库存压力。2015 年 11 月 2 日,农业部出台《关于"镰刀弯"地区玉米结构调整的指导意见》,提出"巩固提升玉米优势区产能,适当调减非优势区玉米种植面积;在调整区域上,重点是'镰刀弯'地区"。

(一)"镰刀弯"地区基本情况

"镰刀弯"地区,包括东北冷凉区、北方农牧交错区、西北风沙干旱区、太行山沿线区及西南石漠化区,在我国地形版图中呈现由东北向华北—西南—西北镰刀弯状分布,主要涉及河北、山西、内蒙古、辽宁、吉林、黑龙江、陕西、甘肃、新疆、宁夏、广西、云南、贵州 13 个省区。

"镰刀弯"地区涉及北方水资源匮乏的集中区域,是退耕还林还草和生态涵养建设的重点区域,也是我国玉米种植规模较大的地区。在"镰刀弯"地区中,西北干旱地区是北方水资源匮乏最集中的区域,除新疆北部的准噶尔盆地、甘肃河西走廊东段等山麓地带的年降水量可达 100～200 毫米外,其他地方年降水量均不超过 100 毫米。西北干旱地区是退耕还林还草和生态涵养建设的重点区域,但由于玉米生产快速扩张,水土流失、土壤沙化等问题加重,资源环境约束与生产发展的矛盾日益突出。在西北干旱地区,农业用水依靠由山区降水和冰雪消融形成的河川径流及其转化补给的地下水,地下水开采率过高使得地下水位下降很快。乌鲁木齐地下水位比 20 年前下降 17 米,甘肃石羊河下游地下水位比 30 年前下降了 30 米。[①] 一些内陆河流域用水已经过度,地下水位下降、河道干涸严重威胁农业发展,农田甚至因无水灌溉而干涸。20 世纪 90 年代,甘肃民勤绿洲地区就因为地下水过度开采,内部形成了 3 000 km² 的地下水漏斗,49 300 hm² 的树木死亡,26 700 hm² 的农田弃耕沙化。因此,加快对玉米等粮食作物种植结构的调整,贯彻落实中央关于加快转变农业发展方式的部署和调整优化农业结构的要求,发挥比较优势,推进农牧结合,促进产业提档升级,实现稳粮增收、提质增效和可持续发展,对于保护西北干旱地区的生态环境、提高农民种植效益和收入具有重要的现实意义。

---

① 参考文献:李新.中国华北和西北地区水量短缺对农业的压力及对策.干旱区地理,2002,25(4):290—295。

（二）"镰刀弯"地区农业概况

在自然条件和资源禀赋上,东北冷凉区位于高纬度、高寒地区,包括黑龙江北部和内蒙古东北部第四、五积温带以及吉林东部山区,≥10℃积温在1 900～2 300℃,冬季漫长而严寒,夏季短促,无霜期仅有90多天,昼夜气温变化较大,农作物生产容易遭受低温冷害、早霜等灾害的影响。[①] 由于多年玉米连作,造成土壤板结、除草剂残留药害严重,影响单产提高和品质提升。

北方农牧交错区是连接农业种植区和草原生态区的过渡地带,涉及黑龙江、吉林、辽宁、内蒙古、山西、河北、陕西、甘肃等省区,属于半干旱半湿润气候区,土地资源丰富,光热条件好,但水资源紧缺,土壤退化沙化,是我国灾害种类多、发生频繁、灾情严重的地区,其中干旱发生概率最大、影响范围最广、危害程度最重。西北风沙干旱区地处西北内陆,位于昆仑山、阿尔金山、祁连山、白于山和大青山以北的广大地区,包括新疆、甘肃、宁夏、内蒙古等省区,属于干旱荒漠气候,干旱少雨,光热资源丰富,昼夜温差大,≥10℃积温在2 800～4 400℃,无霜期115～210天,但水资源紧缺,绿洲沙化、盐碱化严重,牧区草原退化,农业生态系统脆弱。

太行山沿线区位于五台山以南、伏牛山以北,包括山西东部和河北西部山区,气候温凉,自北向南从半干旱向半湿润气候过渡,年降水量500～650毫米,地势北高南低,海拔在800～1 000米;该区域以旱作农业为主,旱地占耕地面积的80%以上,土层浅薄,水土流失严重。农业基础条件差,灌溉设施不足,春旱伏旱发生频繁,玉米产量低而不稳。

西南石漠化区位于横断山脉以东、大瑶山以西,以云贵高原为主体,包括广西、云南、贵州等省区,属于温带和亚热带湿润、半湿润气候,水热条件较好,80%以上土地为丘陵山地和高原,海拔500～2 500米,地势起伏大,农业立体性强,但光照条件较差,春旱、伏旱和秋旱常有发生;地形复杂,不利于农业规模化经营和机械化生产;岩溶发育广,石漠化严重,农业生态系统脆弱。

在市场方面,2004—2015年,中国粮食产量已经实现了12年连续增长。2016年,粮食产量略有减少。2016—2019年期间,只有2018年粮食产量出现了下降。2004—2013年,只有2008年和2009年两年的粮食生产量稍大于需求量,其余年份都是需求大于生产,且缺口越来越大。2000—2011年的11年间,粮食生产总量增加了23.59%,进口量却增加了328.08%。粮食进口量的增长幅度是粮食生产总量增长幅度的13.91倍。2012—2018年,粮食生产总

[①] 分区参照农业部《关于"镰刀弯"地区玉米结构调整的指导意见》,下同。

量增加了 7.46%,进口量增加了 43.99%,后者是前者的 5.9 倍。同时,三大主粮净进口增加的常态化趋势对粮食安全的影响越来越大。2000—2012 年,中国的粮食自给率呈现下降趋势,从 2008 年开始已经处于粮食自给率 95% 的标准之下,且逐渐降低,到 2012 年底已经跌破 90%。2013—2018 年,我国粮食自给率一直小于 90%。

为了保障国家粮食安全,2002 年,我国开始在部分省份试点粮食直接补贴政策,并在 2004 年大规模实施对种粮农民的直接补贴政策。同时,国务院决定在粮食主产区对短缺的重点粮食品种实行最低收购价格政策。2006 年,我国又实施了农资综合补贴政策,并着力完善粮食直接补贴和最低收购价政策。从 2006 年开始,我国已经形成了种粮农民直接补贴、农资综合直补等收入补贴政策,良种补贴、农机具购置补贴等生产性专项补贴,以及粮食最低收购价格政策等保障性政策。从 2016 年开始,"四补贴"政策被改为农业支持保护补贴,即耕地地力保护补贴和粮食适度规模经营补贴。到 2019 年,粮食补贴政策调整了承包土地种粮的对象,即只补贴承包土地来种粮的农民。受需求和政策影响,我国农业种植结构和区域分布发生了明显变化,粮食主产区和主销区产销失衡矛盾突出。中国 13 个粮食主产省区,主要集中在中部、东北三省和内蒙古自治区,粮食储存量约占全国总储存量的四分之三;而粮食主销区却十分分散,且粮食储存量占全国总储存量的比例不足十分之一。[①]

二、"镰刀弯"地区种植结构调整和区域布局变化情况

在自然条件、资源禀赋和市场等多种因素的影响下,"镰刀弯"地区农业种植规模快速上升,种植结构、区域布局都发生了变化,特别是玉米种植,在各区域种植结构中都占有一定比例。

(一) 种植结构

2006—2018 年,"镰刀弯"地区农业种植规模快速上升。其中,粮食作物种植规模增加较为迅速,在农作物种植规模中占比呈现先增加后减少的趋势,占比较高。如表 11.1 所示,2006 年,"镰刀弯"地区粮食作物种植规模为 49 874.14 千公顷,在农作物种植规模中占比 73.77%;2015 年,"镰刀弯"地区

---

① 资料来源:候石安,赵和楠. 中国粮食安全与农业补贴政策的调整. 贵州社会科学,2016,313(1):143—151。

表 11.1 "镰刀弯"地区农业种植结构情况

（千公顷）

	2006	2007	2008	2009	2010	2011	2012	2013	2014	2015	2016	2017	2018
农作物	67 606.99	67 967.29	69 585.03	70 908.04	72 271.66	73 588.57	74 900.83	75 999.66	77 045.59	78 195.98	79 459.33	79 255.15	78 976.02
粮食作物	49 874.14	50 718.4	51 714.04	53 634.48	54 779.71	55 581.23	56 464.23	57 417.06	58 272.87	59 152.26	59 253.3	58 546.06	58 087.32
谷物	18 433.76	18 569.48	20 260.16	20 291.61	22 128.17	24 089.73	25 855.1	27 606.41	27 746.36	28 842.77	28 772.17	28 368.14	27 899.67
豆类	1 347.49	1 063.95	1 367.91	1 260.58	1 246.99	1 248.45	1 080.28	983.22	1 008.75	972.85	1 111.21	1 281.75	1 280.15
薯类	1 188.88	1 143.03	1 222.35	1 184.7	1 231.76	1 284.26	1 299.94	1 311.54	1 269.29	1 231.84	1 228.43	1 295.32	1 353.99

粮食作物种植规模为 59 152.26 千公顷,在农作物种植规模中占比 75.65%。
2018 年,粮食作物种植规模达到 58 087.32 千公顷,在农作物种植规模中占比
73.55%,较 2015 年略有下降。在粮食作物的种植结构上,谷物种类种植规模
增加最为迅速,近五年来有所下降;薯类种植规模呈摇摆式增加,近五年来有所
上升;豆类种植规模减少较多,近五年来有所增加。

具体而言,"镰刀弯"地区粮食种植的内部结构比例如表 11.2 所示。2006
年,"镰刀弯"地区粮食作物种植结构比例为 9.21:2.08:1,2015 年,这一种植
结构比例变为 13.35:1.53:1。可见,在"镰刀弯"地区粮食种植结构中,谷物
的种植比重大量增加,豆类的种植比重减少,薯类的种植比重增加。到 2018
年,"镰刀弯"地区粮食作物种植结构比例为 12.42:1.89:1,近五年来,谷物
种植比重有所下降,豆类和薯类种植比重有所增加。

表 11.2　"镰刀弯"地区粮食种植结构情况

年份	谷物:豆类:薯类
2006	9.21:2.08:1
2007	9.48:2.04:1
2008	9.46:2.06:1
2009	9.50:1.96:1
2010	10.03:1.84:1
2011	10.30:1.69:1
2012	11.06:1.52:1
2013	11.70:1.46:1
2014	12.56:1.53:1
2015	13.35:1.53:1
2016	13.07:1.73:1
2017	12.47:1.89:1
2018	12.42:1.89:1

(二) 区域布局

在区域布局上,"镰刀弯"地区的农作物播种面积情况如表 11.3 所示。13
个省区中,黑龙江的农作物播种面积最大,其次是内蒙古和河北,最少的是
宁夏。

表 11.3　"镰刀弯"地区农作物播种面积情况

(千公顷)

地区	2006	2007	2008	2009	2010	2011	2012	2013	2014	2015	2016	2017	2018
河北	8 713.93	8 158.13	8 422.27	8 416.08	8 260.75	8 278.32	8 361.89	8 416.01	8 454.9	8 457.76	8 467.51	8 381.65	8 197.13
山西	3 471.3	3 482.17	3 530.31	3 561.48	3 638.11	3 694.41	3 696.23	3 667.89	3 664.57	3 612.65	3 591.54	3 577.62	3 555.16
内蒙古	6 590.03	6 534.52	6 750.57	6 895.77	7 362.07	7 539.51	7 670.84	7 823.05	8 079.08	8 423.68	8 957.21	9 014.22	8 824.07
辽宁	3 627.21	3 736.4	3 725.86	3 810.64	3 950.14	3 997.53	4 095.55	4 154.41	4 219.8	4 335.47	4 242.73	4 172.32	4 207.11
吉林	4 815.21	5 035.99	5 077.82	5 091.09	5 258.93	5 297.23	5 431.98	5 632.95	5 890.5	5 997.91	6 063.25	6 086.2	6 080.89
黑龙江	11 678.34	12 270.97	12 389.77	12 840.66	13 347.65	13 749.58	13 929.68	14 211.99	14 497.68	14 811.88	14 829.46	14 767.59	14 673.33
广西	5 557.26	5 727.94	5 850.33	5 964.99	5 896.37	5 899.88	6 036.16	6 076.46	5 855.03	6 078.81	5 966.74	5 969.88	5 972.38
贵州	4 449.43	4 535.35	4 665.46	4 802.59	4 896.93	4 998.1	5 201.03	5 388.73	5 510.5	5 532.9	5 604.8	5 659.37	5 477.16
云南	5 776.18	5 968.1	6 194.88	6 381.56	6 257.06	6 484.91	6 674.13	6 848.56	6 842.84	6 818.64	6 786.62	6 790.8	6 890.77
陕西	3 983.47	4 164.06	4 214.55	4 207.83	4 237.57	4 193.6	4 182.84	4 108.22	4 053.87	4 050	4 160.15	4 063.88	4 091.01
甘肃	3 658.74	3 672.25	3 676.63	3 693.94	3 723.47	3 774.33	3 770.7	3 779.84	3 775.83	3 768.38	3 749.2	3 752.03	3 773.55
宁夏	1 109.3	1 193.77	1 198.95	1 205.32	1 205.86	1 205.76	1 176.46	1 147.08	1 126.76	1 132.43	1 118.85	1 132.63	1 164.57
新疆	4 176.59	3 487.64	3 887.63	4 036.09	4 236.75	4 475.41	4 673.34	4 744.47	5 074.23	5 175.47	5 921.27	5 886.96	6 068.89

在粮食作物的区域布局上,13个省区有所差别,具体如表11.4所示。黑龙江是粮食作物种植比例最高的省份,新疆是粮食作物种植比例最低的自治区。其中,河北、黑龙江、吉林、新疆的粮食作物种植比例呈增加趋势。到2018年,粮食作物种植比例超过80%的仍有黑龙江、吉林、山西、辽宁和河北。

表11.4　粮食作物种植面积的区域布局情况

地区	2006	2007	2008	2009	2010	2011	2012	2013	2014	2015	2016	2017	2018
河北	0.72	0.76	0.74	0.75	0.78	0.78	0.78	0.79	0.79	0.80	0.80	0.79	0.80
山西	0.82	0.86	0.87	0.87	0.88	0.88	0.88	0.88	0.89	0.90	0.90	0.89	0.88
内蒙古	0.75	0.77	0.78	0.82	0.79	0.79	0.80	0.80	0.79	0.78	0.76	0.75	0.77
辽宁	0.85	0.84	0.82	0.83	0.82	0.82	0.82	0.82	0.82	0.83	0.83	0.83	0.83
吉林	0.88	0.89	0.90	0.90	0.90	0.90	0.90	0.91	0.92	0.92	0.91	0.91	0.92
黑龙江	0.90	0.91	0.93	0.94	0.93	0.93	0.95	0.96	0.96	0.96	0.96	0.96	0.97
广西	0.56	0.52	0.50	0.51	0.51	0.51	0.49	0.49	0.50	0.49	0.49	0.48	0.47
贵州	0.64	0.62	0.62	0.62	0.62	0.61	0.58	0.57	0.57	0.56	0.56	0.54	0.50
云南	0.70	0.66	0.66	0.65	0.66	0.65	0.63	0.62	0.62	0.62	0.62	0.61	0.61
陕西	0.77	0.75	0.75	0.75	0.75	0.75	0.75	0.75	0.75	0.75	0.76	0.74	0.73
甘肃	0.71	0.71	0.71	0.72	0.73	0.72	0.73	0.73	0.72	0.72	0.72	0.71	0.70
宁夏	0.72	0.71	0.67	0.67	0.68	0.68	0.67	0.66	0.65	0.64	0.64	0.64	0.63
新疆	0.36	0.40	0.41	0.49	0.48	0.46	0.46	0.48	0.45	0.46	0.41	0.39	0.37

而在粮食作物种植结构的区域布局上,13个省区的具体情况如表11.5所示。可以发现,谷物是粮食作物种植结构中占比最高的粮食种类,其中,新疆是谷物种类占比最高的地区,黑龙江是豆类种类占比最高的地区,贵州是薯类种类占比最高的地区。到2018年,谷物仍是各省区粮食作物种植结构中占比最高的粮食种类,且总体呈现不断增加的态势,豆类和薯类总体上呈现略有降低的趋势。

(三)玉米种植情况

在玉米种植上,2006年,"镰刀弯"地区共种植玉米19 004.24千公顷,占"镰刀弯"地区粮食作物种植面积的38%;2015年,"镰刀弯"地区共种植玉米31 077.62千公顷,占"镰刀弯"地区粮食作物种植面积的53%;2018年,"镰刀弯"地区共种植玉米28 697.86千公顷,占"镰刀弯"地区粮食作物种植面积的49%。从2005年到2015年,玉米种植面积快速增加;近五年,在玉米调减政策作用下,玉米种植面积有所减少。"镰刀弯"地区13个省区的玉米种植情况如表11.6所示。从中可以发现,除了贵州省玉米种植面积占粮食种植面积的比

表 11.5 粮食作物种植结构(谷物：豆类：薯类)的区域布局

年份	河北	山西	辽宁	吉林	黑龙江	陕西	广西	云南	贵州	内蒙古	甘肃	新疆	宁夏
2006	23.05 :	13.30 :	27.41 :	28.62 :	28.07 :	8.81 :	12.94 :	5.26 :	2.19 :	5.14 :	3.09 :	61.28 :	4.45 :
	1.08 : 1	2.04 : 1	1.45 : 1	2.11 : 1	22.11 : 1	0.72 : 1	0.70 : 1	0.96 : 1	0.39 : 1	2.19 : 1	0.39 : 1	4.22 : 1	0.17 : 1
2007	22.90 :	11.68 :	31.05 :	38.21 :	42.31 :	8.57 :	12.66 :	5.32 :	2.26 :	5.57 :	3.04 :	40.24 :	3.22 :
	0.95 : 1	1.61 : 1	1.52 : 1	6.00 : 1	27.55 : 1	0.71 : 1	0.70 : 1	0.92 : 1	0.38 : 1	1.90 : 1	0.38 : 1	2.26 : 1	0.12 : 1
2008	22.83 :	15.20 :	31.81 :	41.47 :	30.86 :	8.59 :	12.66 :	5.30 :	2.24 :	6.01 :	3.03 :	47.03 :	2.44 :
	0.95 : 1	1.97 : 1	2.05 : 1	6.85 : 1	19.95 : 1	0.79 : 1	0.70 : 1	0.99 : 1	0.38 : 1	1.84 : 1	0.36 : 1	2.68 : 1	0.28 : 1
2009	25.14 :	14.13 :	34.69 :	36.48 :	26.39 :	8.57 :	11.24 :	5.28 :	2.26 :	5.75 :	3.10 :	88.30 :	2.82 :
	0.81 : 1	1.65 : 1	1.81 : 1	5.82 : 1	15.72 : 1	0.77 : 1	0.66 : 1	0.93 : 1	0.35 : 1	1.84 : 1	0.30 : 1	4.09 : 1	0.24 : 1
2010	26.91 :	15.11 :	43.11 :	48.91 :	31.73 :	8.55 :	10.61 :	5.40 :	2.33 :	5.88 :	3.27 :	57.22 :	2.92 :
	0.71 : 1	1.65 : 1	1.65 : 1	6.74 : 1	15.21 : 1	0.76 : 1	0.67 : 1	0.90 : 1	0.36 : 1	1.81 : 1	0.29 : 1	2.77 : 1	0.25 : 1
2011	26.29 :	15.56 :	43.31 :	53.86 :	33.34 :	8.33 :	10.63 :	5.66 :	2.34 :	6.20 :	3.19 :	47.66 :	3.05 :
	0.60 : 1	1.52 : 1	1.46 : 1	6.47 : 1	13.38 : 1	0.76 : 1	0.67 : 1	0.93 : 1	0.35 : 1	1.73 : 1	0.27 : 1	1.55 : 1	0.20 : 1
2012	27.19 :	16.02 :	46.76 :	62.73 :	39.53 :	8.78 :	10.65 :	5.62 :	2.39 :	7.00 :	3.25 :	86.30 :	3.21 :
	0.56 : 1	1.54 : 1	1.39 : 1	5.61 : 1	11.80 : 1	0.79 : 1	0.61 : 1	0.90 : 1	0.35 : 1	1.62 : 1	0.25 : 1	2.21 : 1	0.20 : 1
2013	28.94 :	16.16 :	51.07 :	68.16 :	47.03 :	8.16 :	10.21 :	5.91 :	2.45 :	8.25 :	3.28 :	87.58 :	3.20 :
	0.54 : 1	1.51 : 1	1.34 : 1	5.33 : 1	12.22 : 1	0.72 : 1	0.59 : 1	0.87 : 1	0.35 : 1	1.72 : 1	0.24 : 1	1.91 : 1	0.17 : 1
2014	30.78 :	16.51 :	49.57 :	73.02 :	57.62 :	8.15 :	10.00 :	5.83 :	2.50 :	10.36 :	3.44 :	79.03 :	4.08 :
	0.53 : 1	1.49 : 1	1.04 : 1	5.33 : 1	15.46 : 1	0.59 : 1	0.61 : 1	0.84 : 1	0.36 : 1	1.84 : 1	0.22 : 1	1.68 : 1	0.21 : 1
2015	30.74 :	16.91 :	55.07 :	79.05 :	84.26 :	8.13 :	9.23 :	5.92 :	2.53 :	11.44 :	3.64 :	104.86 :	4.45 :
	0.47 : 1	1.44 : 1	1.02 : 1	4.65 : 1	20.45 : 1	0.59 : 1	0.53 : 1	0.85 : 1	0.38 : 1	2.10 : 1	0.23 : 1	1.82 : 1	0.22 : 1
2016	30.65 :	15.66 :	42.50 :	84.80 :	68.66 :	8.54 :	9.22 :	6.07 :	2.49 :	11.71 :	3.62 :	101.47 :	4.66 :
	0.42 : 1	1.34 : 1	1.00 : 1	4.70 : 1	22.02 : 1	0.61 : 1	0.54 : 1	0.88 : 1	0.39 : 1	2.42 : 1	0.23 : 1	1.75 : 1	0.16 : 1
2017	30.03 :	14.93 :	36.39 :	82.98 :	60.37 :	7.17 :	9.12 :	6.01 :	2.38 :	11.98 :	3.46 :	94.69 :	4.93 :
	0.43 : 1	1.29 : 1	0.94 : 1	5.30 : 1	24.03 : 1	0.55 : 1	0.56 : 1	0.89 : 1	0.37 : 1	2.71 : 1	0.23 : 1	1.80 : 1	0.16 : 1
2018	27.40 :	15.54 :	36.80 :	112.43 :	64.38 :	7.17 :	8.89 :	5.97 :	1.68 :	14.59 :	3.39 :	130.19 :	5.49 :
	0.51 : 1	1.44 : 1	0.92 : 1	7.41 : 1	23.36 : 1	0.55 : 1	0.58 : 1	0.88 : 1	0.36 : 1	3.72 : 1	0.24 : 1	2.68 : 1	0.21 : 1

例有微小减少,陕西玉米种植面积占粮食种植面积的比例变化不大,其他地区的玉米种植面积占粮食种植面积的比例都增加了,尤其是吉林和辽宁,玉米种植面积占粮食种植面积的比例分别高达76%和78%。

表11.6 "镰刀弯"地区玉米种植面积占粮食种植面积比例情况

地区	2006	2007	2008	2009	2010	2011	2012	2013	2014	2015	2016	2017	2018
河北	0.45	0.47	0.47	0.49	0.50	0.50	0.51	0.52	0.53	0.54	0.54	0.53	0.53
山西	0.44	0.43	0.46	0.49	0.51	0.54	0.55	0.57	0.57	0.58	0.58	0.57	0.56
内蒙古	0.39	0.41	0.45	0.45	0.46	0.49	0.52	0.57	0.60	0.60	0.56	0.55	0.55
辽宁	0.64	0.65	0.65	0.66	0.70	0.73	0.75	0.76	0.79	0.81	0.79	0.78	0.78
吉林	0.68	0.65	0.66	0.66	0.69	0.70	0.72	0.74	0.75	0.77	0.77	0.75	0.76
黑龙江	0.31	0.36	0.34	0.36	0.38	0.40	0.46	0.48	0.48	0.52	0.46	0.41	0.44
广西	0.16	0.17	0.17	0.18	0.18	0.19	0.19	0.20	0.20	0.21	0.21	0.21	0.21
贵州	0.26	0.27	0.27	0.28	0.30	0.31	0.31	0.32	0.33	0.33	0.33	0.33	0.22
云南	0.31	0.33	0.34	0.35	0.37	0.37	0.39	0.40	0.41	0.42	0.42	0.42	0.43
陕西	0.37	0.38	0.38	0.38	0.39	0.40	0.39	0.40	0.40	0.40	0.43	0.40	0.39
甘肃	0.20	0.19	0.22	0.25	0.31	0.32	0.34	0.37	0.38	0.39	0.39	0.39	0.38
宁夏	0.23	0.24	0.26	0.27	0.27	0.28	0.31	0.35	0.40	0.41	0.44	0.42	0.42
新疆	0.35	0.37	0.37	0.32	0.34	0.37	0.42	0.44	0.44	0.44	0.43	0.44	0.47
镰刀弯	0.38	0.40	0.40	0.41	0.43	0.45	0.48	0.50	0.51	0.53	0.51	0.49	0.49

对于"镰刀弯"地区,在种植业上,农业种植主要以粮食作物为主,2006—2018年期间,粮食作物种植面积占农作物种植面积的比例一直处于73%以上。其中,谷物是主要的粮食种类,而玉米又是谷物类中增速很快的粮食品种。2015年,"镰刀弯"地区玉米种植面积已占粮食种植面积的52.54%。2018年,这一比例下降为49.4%。而在养殖业上,除了西北地区,其他地方的养殖业都以生猪为主。西北地区养殖业的优势是牛羊肉生产,其次是牛奶生产。其中,西北地区的牛羊肉生产主要集中在内蒙古、新疆,牛奶产量主要集中在内蒙古。"镰刀弯"地区大多数省区畜牧业以耗粮型畜牧业为主,粮食生产规模与畜牧业发展规模之间的协调性不足。2015年后,在"镰刀弯"玉米种植结构调整政策的作用下,养殖业中草食畜牧业的比重逐渐增加,籽粒玉米的种植比例调减,青贮玉米的种植比例调增,粮食生产规模与畜牧业发展规模之间的协调性不断增强。

三、西北干旱地区粮食种植结构调整情况

2005—2014 年,西北干旱地区有效灌溉面积从 7 360.41 千公顷增长到 9 639.74 千公顷,农作物总播种面积从 14 772.23 千公顷增长到 18 055.9 千公顷,粮食作物播种面积从 9 229.48 千公顷增长到 12 140.98 千公顷。到 2018 年,西北干旱地区有效灌溉面积为 9 940.97 千公顷,农作物总播种面积为 19 831.08 千公顷,粮食作物播种面积为 12 390.41 千公顷。2005—2014 年,西北干旱地区粮食播种面积从 9 229.48 千公顷增长到 12 140.98 千公顷,粮食总产量从 3 675.45 万吨增长到 6 384.17 万吨,粮食单产从 3 982.29 千克/公顷增长到 5 327.93 千克/公顷。到 2018 年,粮食播种面积增长到 12 390.41 千公顷,粮食总产量增长到 6 601.52 万吨,粮食单产增长到 5 327.93 千克/公顷。

在具体粮食作物品种上,2005—2014 年,西北干旱地区的谷物种植面积从 6 509.19 千公顷增加到 9 811.53 千公顷,其中,稻谷种植面积从 230.08 千公顷增加到 251.31 千公顷,小麦种植面积从 2 474.66 千公顷增加到 2 660.31 千公顷,玉米种植面积从 2 994.97 千公顷增加到 6 168.73 千公顷;豆类种植面积从 1 491.76 千公顷下降到 1 095.67 千公顷,其中,大豆种植面积从 988.2 千公顷下降到 856.02 千公顷;薯类种植面积从 1 228.53 千公顷增加到 1 233.79 千公顷,其中,马铃薯种植面积从 1 220.16 千公顷增加到 1 231.27 千公顷。2018 年,西北干旱地区农作物播种面积为 19 831.08 千公顷,粮食作物播种面积为 12 390.41 千公顷,谷物播种面积为 9 829.61 千公顷,稻谷播种面积为 310.67 千公顷,小麦播种面积为 2 532.35 千公顷,玉米播种面积为 6 098.96 千公顷,豆类播种面积为 1 512 千公顷,大豆播种面积为 1 181.54 千公顷,薯类播种面积为 1 048.81 千公顷,马铃薯播种面积为 1 046.75 千公顷,杂粮播种面积为 1 218.08 千公顷。

可以发现,2005—2018 年,西北干旱地区粮食作物播种总面积持续增长到 2016 年,之后略有减少。分品种来看,谷物和豆类粮食作物种植总面积增加了,薯类种植总面积减少了,均呈现出先增长后减少的趋势。具体看来,2005 年,粮食种植结构为:谷类作物、豆类作物、薯类作物的种植比例为 5.30:1.21:1。2014 年,这一比例变为 7.95:0.89:1,2018 年,这一比例是 9.37:1.44:1。具体变化趋势如表 11.7 所示。从种植结构比例来看,种植面积增加最多的是谷类作物,豆类作物有小幅增加,薯类作物有小幅减少。

表 11.7　西北干旱地区粮食种植结构变化情况

| 年份 | 粮食作物种植面积(千公顷) | | | 种植结构 |
	谷类作物	豆类作物	薯类作物	谷类∶豆类∶薯类
2005	6 509.19	1 491.76	1 228.53	5.30∶1.21∶1
2006	6 867.97	1 639.79	1 336.73	5.14∶1.23∶1
2007	7 024.57	1 448.84	1 412.58	4.97∶1.03∶1
2008	7 407.97	1 462.02	1 441.47	5.14∶1.01∶1
2009	8 074.41	1 529.64	1 482.71	5.45∶1.03∶1
2010	8 376.36	1 533.56	1 497.83	5.59∶1.02∶1
2011	8 641.70	1 423.16	1 516.11	5.70∶0.94∶1
2012	9 080.94	1 275.10	1 448.14	6.27∶0.88∶1
2013	9 436.99	1 202.94	1 376.70	6.85∶0.87∶1
2014	9 811.53	1 095.67	1 233.79	7.95∶0.89∶1
2015	10 121.19	1 145.05	1 161	8.72∶0.99∶1
2016	10 186.22	1 274.68	1 149.95	8.86∶1.11∶1
2017	9 946.34	1 360.38	1 139.72	8.73∶1.19∶1
2018	9 829.61	1 512	1 048.81	9.37∶1.44∶1

在具体作物上,小麦、玉米、大豆和马铃薯是西北干旱地区种植面积较大的粮食作物。其中,玉米是粮食作物中种植面积增长幅度最大的,其次是小麦,马铃薯和大豆种植面积有所降低。在小麦、玉米、大豆、杂粮等主要粮食作物的种植上,甘肃、内蒙古、新疆和宁夏不仅在种植结构上存在差异,而且在产量、面积和单产上都存在不同。

(一) 粮食产量

2005—2014 年,西北干旱地区粮食总产量从 3 675.45 万吨增长到 6 384.17 万吨,到 2018 年,粮食总产量为 6 601.52 万吨。其中,甘肃粮食总产量从 836.89 万吨增长到 1 151.43 万吨,内蒙古粮食总产量从 1 662.15 万吨增长到 3 553.28 万吨,新疆粮食总产量从 876.6 万吨增长到 1 504.23 万吨,宁夏粮食总产量从 299.81 万吨增长到 392.58 万吨。具体变化趋势如表 11.8 所示。可以发现,在西北干旱地区中,内蒙古的粮食产量远高于其他几个省份,宁夏的粮食产量最低。从增速来看,内蒙古基本保持正向增长,2005 年到 2018 年平均增长率为 1.4%;甘肃和宁夏基本保持负向增长,2005 年到 2018 年平均增长率分别为 −2% 和 −2.3%;新疆呈现出先增长后减少的趋势,2005 年到 2018 年平均增长率为 −0.1%。

表 11.8 西北干旱地区粮食产量变化情况

(万吨)

年份	西北干旱地区	内蒙古	占比	甘肃	占比	宁夏	占比	新疆	占比
2005	3 675.45	1 662.15	0.45	836.89	0.23	299.81	0.08	876.6	0.24
2006	3 833.65	1 806.84	0.47	808.05	0.21	322.4	0.08	896.36	0.23
2007	3 741.69	1 764.4	0.47	801.59	0.21	323.49	0.09	852.21	0.23
2008	4 315.84	2 100.94	0.49	870.44	0.20	329.22	0.08	1 015.24	0.24
2009	4 654.94	2 128.91	0.46	893.15	0.19	340.61	0.07	1 292.27	0.28
2010	5 011.82	2 344.28	0.47	948.79	0.19	356.39	0.07	1 362.36	0.27
2011	5 368.04	2 573.41	0.48	1 009.06	0.19	358.84	0.07	1 426.73	0.27
2012	5 728.16	2 739.83	0.48	1 096	0.19	374.97	0.07	1 517.36	0.26
2013	6 288.19	3 070.48	0.49	1 117.47	0.18	373.29	0.06	1 726.95	0.27
2014	6 384.17	3 112.36	0.49	1 145.37	0.18	376.59	0.06	1 749.85	0.27
2015	6 715.08	3 292.58	0.49	1 154.58	0.17	372.6	0.06	1 895.32	0.28
2016	6 303.74	3 263.28	0.52	1 117.48	0.18	370.65	0.06	1 552.33	0.25
2017	6 215.22	3 254.54	0.52	1 105.9	0.18	370.05	0.06	1 484.73	0.24
2018	6 601.52	3 553.28	0.54	1 151.43	0.17	392.58	0.06	1 504.23	0.23

1. 小麦

2005—2018 年,西北干旱地区小麦总产量经历了先增加后减少的波动过程。2005 年,小麦总产量为 884.04 万吨,到 2009 年增长到 1 135.17 万吨,2014 年,小麦总产量降为 1 124.25 万吨,到 2018 年,小麦总产量降为 1 096.27 万吨。总体看来,2005—2014 年,内蒙古、甘肃、新疆的小麦产量增加了,宁夏的小麦产量减少了。到 2018 年,新疆是小麦产量最高的地区,其次是甘肃,最小的是宁夏。具体变化情况如表 11.9 所示。

表 11.9 西北干旱地区小麦产量变化情况

(万吨)

年份	西北干旱地区	内蒙古	占比	甘肃	占比	宁夏	占比	新疆	占比
2005	884.04	143.56	0.16	264.84	0.30	79.41	0.09	396.23	0.45
2006	912.43	172.2	0.19	260.7	0.29	83.3	0.09	396.23	0.43
2007	808.76	171.08	0.21	237.78	0.29	61.6	0.08	338.3	0.42
2008	855.28	150.85	0.18	261.96	0.31	64.07	0.07	378.4	0.44
2009	1 135.17	188.39	0.17	262.36	0.23	73.56	0.06	610.86	0.54
2010	1 094.24	174.28	0.16	253.52	0.23	70.33	0.06	596.11	0.54
2011	1 082.68	171.88	0.16	251.5	0.23	62.98	0.06	596.32	0.55
2012	1 086.81	186.26	0.17	270.2	0.25	62.04	0.06	568.31	0.52
2013	1 101.16	184.33	0.17	239.57	0.22	46.32	0.04	630.94	0.57

年份	西北干旱地区	内蒙古	占比	甘肃	占比	宁夏	占比	新疆	占比
2014	1 124.45	174.83	0.16	278.12	0.25	40.55	0.04	630.95	0.56
2015	1 195.41	179.15	0.15	285.1	0.24	39.64	0.03	691.52	0.58
2016	1 179.67	187.72	0.16	272.11	0.23	38	0.03	681.84	0.58
2017	1 109.17	189.05	0.17	269.72	0.24	37.82	0.03	612.58	0.55
2018	1 096.27	202.29	0.18	280.51	0.26	41.58	0.04	571.89	0.52

表 11.9 数据显示,在西北干旱地区的小麦产量上,以 2014 年为例,新疆占比达到一半以上;其次是甘肃,占比 25%;最少的是宁夏,只占 4%。2018 年的情况为:新疆占比 52%,甘肃占比 26%,内蒙古占比 18%,宁夏占比 4%。

2. 玉米

玉米是西北干旱地区种植最多的粮食作物。2005 年,西北干旱地区玉米总产量为 1 812.84 万吨,到 2014 年,玉米产量增长到 4 318.15 万吨。2018 年,玉米产量达到 4 352.13 万吨。总体看来,2005—2014 年,甘肃、内蒙古、新疆、宁夏的玉米产量都增加了。2018 年的情况为:内蒙古玉米产量达到 2 699.95 万吨,新疆为 827.57 万吨,甘肃为 589.99 万吨,宁夏为 234.62 万吨,较 2014 年,除了新疆,其他 3 个地区都出现了不同程度的增长。具体变化如表 11.10 所示。

表 11.10　西北干旱地区玉米产量变化情况

(万吨)

年份	西北干旱地区	内蒙古	占比	甘肃	占比	宁夏	占比	新疆	占比
2005	1 812.84	1 066.2	0.59	248.51	0.14	121.41	0.07	376.72	0.21
2006	1 852.42	1 130	0.61	218.6	0.12	127.1	0.07	376.72	0.20
2007	1 954.19	1 175.19	0.60	244.02	0.12	146.6	0.08	388.38	0.20
2008	2 370.81	1 442.25	0.61	268.3	0.11	149.94	0.06	510.32	0.22
2009	2 542.14	1 488.28	0.59	338.74	0.13	156.38	0.06	558.74	0.22
2010	2 873.41	1 643.66	0.57	415.98	0.14	165.8	0.06	647.97	0.23
2011	3 182.76	1 858.46	0.58	448.33	0.14	172.43	0.05	703.54	0.22
2012	3 568.47	2 015.97	0.56	516.81	0.14	191.18	0.05	844.51	0.24
2013	4 174.5	2 397.63	0.57	585.67	0.14	206.24	0.05	984.96	0.24
2014	4 318.15	2 503.25	0.58	589.57	0.14	224.08	0.05	1 001.25	0.23
2015	4 567.43	2 652.23	0.58	598.09	0.13	226.88	0.05	1 090.23	0.24
2016	4 141.08	2 563.09	0.62	591.88	0.14	220.47	0.05	765.64	0.19
2017	4 061.6	2 497.44	0.61	576.67	0.14	214.87	0.05	772.62	0.19
2018	4 352.13	2 699.95	0.62	589.99	0.14	234.62	0.05	827.57	0.19

上表数据显示,在西北干旱地区玉米产量上,内蒙古一直占据着重要地位,以 2014 年为例,内蒙古玉米产量占了西北干旱地区玉米总产量的 58%;其次是新疆,占比 23%;然后是甘肃,占比 14%;最少的是宁夏,只占 5%。2018 年,内蒙古仍为玉米种植规模最大的地区,占比 62%;其次是新疆,占比 19%;最小的是宁夏,占比仅 5%。

3. 大豆

大豆在西北干旱地区种植不多,总体呈减少趋势。2005 年,西北干旱地区大豆总产量为 170.10 万吨,到 2014 年,这一产量降为 136.22 万吨,2018 年,产量增长到 195.15 万吨。分地区来看,内蒙古的大豆产量占西北干旱地区大豆总产量的比例最高,2018 年占比 92%,甘肃和新疆占一定比例,宁夏大豆产量很少。具体情况如表 11.11。

表 11.11　西北干旱地区大豆产量变化情况

(万吨)

年份	西北干旱地区	内蒙古	占比	甘肃	占比	宁夏	占比	新疆	占比
2005	170.19	130.86	0.77	15.01	0.09	1.1	0.01	23.22	0.14
2006	164.74	130.3	0.79	13.11	0.08	0.7	0.00	20.63	0.13
2007	104.43	74.04	0.71	14.99	0.14	1.11	0.01	14.29	0.14
2008	152.99	119.13	0.78	14.32	0.09	1.63	0.01	17.91	0.12
2009	156.2	124.54	0.80	12.94	0.08	1.22	0.01	17.5	0.11
2010	178.33	149.37	0.84	13.92	0.08	1.22	0.01	13.82	0.08
2011	162.43	135.37	0.83	13.38	0.08	0.99	0.01	12.69	0.08
2012	153.12	130.72	0.85	13.45	0.09	0.9	0.01	8.05	0.05
2013	152.61	128.6	0.84	14.82	0.10	0.82	0.01	8.37	0.05
2014	136.22	115.04	0.84	12.97	0.10	0.77	0.01	7.44	0.05
2015	146.98	126.75	0.86	12.58	0.09	0.68	0.00	6.97	0.05
2016	169.22	150.75	0.89	9.76	0.06	1.11	0.01	7.6	0.04
2017	182.88	162.62	0.89	9.35	0.05	0.73	0.00	10.18	0.06
2018	195.15	179.4	0.92	7.23	0.04	0.88	0.00	7.64	0.04

表 11.11 数据显示,总体看来,除了内蒙古外,西北干旱地区中的其他地区大豆产量都降低了。内蒙古从 2005 年的 130.86 万吨降低到 2014 年的 115.04 万吨,到 2018 年,产量又增长到 179.4 万吨。在大豆产量占比上,以 2014 年为例,内蒙古大豆产量占西北干旱地区大豆总产量的 84%,新疆占 5%,甘肃占 10%,宁夏占 1%。2018 年,内蒙古大豆产量占西北干旱地区大豆总产量的 92%,新疆占 4%,甘肃占 4%,宁夏占 5%。

4. 杂粮

杂粮通常是指水稻、小麦、大豆、玉米和薯类五大作物以外的粮食作物。2005—2014 年,西北干旱地区杂粮产量略有下降,从 245.7 万吨降为 198.69 万吨,2018 年,产量又增长到 294.48 万吨。具体变化趋势如表 11.12 所示。从增速上看,近两年产量出现了不同程度的增长。

表 11.12　西北干旱地区杂粮产量变化情况

(万吨)

年份	西北干旱地区	增速
2005	245.7	—
2006	306.02	0.25
2007	297.56	−0.03
2008	315.39	0.06
2009	231.69	−0.27
2010	250.98	0.08
2011	262.99	0.05
2012	259.19	−0.01
2013	212.79	−0.18
2014	198.69	−0.07
2015	240.52	0.21
2016	231.26	−0.04
2017	259.19	0.12
2018	294.48	0.14

(二) 粮食种植面积

2005—2014 年,西北干旱地区粮食种植面积呈现逐年递增趋势,到 2016 年达到峰值,2018 年又有所减少。2014 年,粮食种植面积达 12 140.98 千公顷,2018 年,粮食种植面积达 12 390.41 千公顷,具体变化趋势如表 11.13 所示。

表 11.13　西北干旱地区粮食种植面积变化情况

年份	西北干旱地区	内蒙古	占比	甘肃	占比	宁夏	占比	新疆	占比
2005	9 229.48	4 373.58	0.47	2 587.19	0.28	775.91	0.08	1 492.8	0.16
2006	9 844.49	4 936.78	0.50	2 598.84	0.26	793.47	0.08	1 515.4	0.15
2007	9 885.98	5 033.78	0.51	2 614.37	0.26	844.43	0.09	1 393.4	0.14
2008	10 311.46	5 295.41	0.51	2 613.74	0.25	808.26	0.08	1 594.05	0.15
2009	11 086.76	5 644.25	0.51	2 672.46	0.24	805.15	0.07	1 964.9	0.18
2010	11 407.75	5 846.11	0.51	2 722.37	0.24	814.99	0.07	2 024.28	0.18

年份	西北干旱地区	内蒙古	占比	甘肃	占比	宁夏	占比	新疆	占比
2011	11 580.94	5 979.03	0.52	2 735.64	0.24	816.13	0.07	2 050.14	0.18
2012	11 804.17	6 124.1	0.52	2 742.16	0.23	787.8	0.07	2 150.11	0.18
2013	12 016.64	6 253.09	0.52	2 750.87	0.23	755.79	0.06	2 256.89	0.19
2014	12 140.98	6 388.81	0.53	2 720.44	0.22	728.32	0.06	2 303.41	0.19
2015	12 427.24	6 579.96	0.53	2 715.72	0.22	728.15	0.06	2 403.41	0.19
2016	12 610.84	6 803.4	0.54	2 684.24	0.21	717.92	0.06	2 405.28	0.19
2017	12 446.44	6 780.92	0.54	2 647.16	0.21	722.51	0.06	2 295.85	0.18
2018	12 390.41	6 789.85	0.55	2 645.25	0.21	735.68	0.06	2 219.63	0.18

在具体粮食品种和区域上,粮食种植面积情况有所差别。

1. 小麦

2005 年,西北干旱地区小麦种植面积为 2 474.66 千公顷,种植面积最大的是甘肃,为 1 000.83 千公顷;2014 年,西北干旱地区小麦种植面积增至 2 660.31 千公顷,种植面积最大的是新疆,为 1 110.81 千公顷;2018 年,小麦种植面积最大的仍是新疆,为 1 031.47 千公顷。总体看来,甘肃和宁夏的小麦种植面积减少了,内蒙古和新疆的小麦种植面积增加了。具体变化情况如表 11.14 所示。

表 11.14　西北干旱地区小麦种植面积变化情况

(千公顷)

年份	西北干旱地区	内蒙古	占比	甘肃	占比	宁夏	占比	新疆	占比
2005	2 474.66	460.57	0.19	1 000.83	0.40	276.02	0.11	737.24	0.30
2006	2 429.65	483.6	0.20	958.54	0.39	250.27	0.10	737.24	0.30
2007	2 396.73	545.34	0.23	983.71	0.41	233.73	0.10	633.95	0.26
2008	2 319.54	462.68	0.20	906.44	0.39	204.29	0.09	746.13	0.32
2009	2 855.71	553.44	0.19	968.52	0.34	218.46	0.08	1 115.29	0.39
2010	2 777.16	589.76	0.21	885.33	0.32	211.37	0.08	1 090.7	0.39
2011	2 722.59	599.07	0.22	868.56	0.32	202.1	0.07	1 052.86	0.39
2012	2 723.83	658.96	0.24	842.02	0.31	178.98	0.07	1 043.87	0.38
2013	2 663.08	618.29	0.23	820.87	0.31	148.83	0.06	1 075.09	0.40
2014	2 660.31	619.27	0.23	802.76	0.30	127.47	0.05	1 110.81	0.42
2015	2 704.1	617.21	0.23	806.39	0.30	122.45	0.05	1 158.05	0.43
2016	2 766.68	658.79	0.24	774.69	0.28	117.33	0.04	1 215.87	0.44
2017	2 690.37	673.94	0.25	766.47	0.28	123.13	0.05	1 126.83	0.42
2018	2 532.35	596.73	0.24	775.56	0.31	128.59	0.05	1 031.47	0.41

表 11.14 数据显示,西北干旱地区小麦总种植面积虽然增加了,但在区域种植结构上发生了变化。2014 年,新疆小麦种植面积达到 1 110.81 千公顷,占西北干旱地区小麦种植总面积的 42%;甘肃占比 30%;内蒙古占比 23%;宁夏占比 5%。2018 年,新疆小麦种植面积占西北干旱地区小麦种植总面积的41%,甘肃占比 31%,内蒙古占比 24%,宁夏占比 5%。

2. 玉米

2005—2014 年,西北干旱地区玉米种植面积大幅增加,呈现出逐年递增的趋势。2005 年,玉米种植面积为 2 994.97 千公顷,2014 年种植面积增至6 168.73 千公顷。到 2018 年,种植面积为 6 098.96 千公顷。总体看来,内蒙古、甘肃、新疆、宁夏的种植面积都增加了。具体变化情况如表 11.15 所示。

表 11.15 西北干旱地区玉米种植面积变化情况

(千公顷)

年份	西北干旱地区	内蒙古	占比	甘肃	占比	宁夏	占比	新疆	占比
2005	2 994.97	1805.8	0.60	484.79	0.16	178.29	0.06	526.09	0.18
2006	3 142.94	1916.66	0.61	517.72	0.16	182.47	0.06	526.09	0.17
2007	3 284.57	2074.13	0.63	494.68	0.15	206	0.06	509.76	0.16
2008	3 766.28	2401.87	0.64	563.3	0.15	208.52	0.06	592.59	0.16
2009	4 065.44	2560.27	0.63	668.62	0.16	215.08	0.05	621.47	0.15
2010	4 476.23	2709.67	0.61	853.85	0.19	223.41	0.05	689.3	0.15
2011	4813.59	2956.7	0.61	861.84	0.18	231.1	0.05	763.95	0.16
2012	5 257.11	3174.82	0.60	932.6	0.18	245.9	0.05	903.79	0.17
2013	5 797.93	3534.06	0.61	1013.99	0.17	262.02	0.05	987.86	0.17
2014	6 168.73	3828.54	0.62	1045.4	0.17	288.75	0.05	1006.04	0.16
2015	6 372.82	3938.32	0.62	1065	0.17	301.77	0.05	1067.73	0.17
2016	6 239.92	3843.56	0.62	1056.73	0.17	313.23	0.05	1026.4	0.16
2017	6 083.57	3716.34	0.61	1040.97	0.17	306.33	0.05	1019.93	0.17
2018	6 098.96	3742.14	0.61	1012.74	0.17	310.79	0.05	1033.29	0.17

表 11.15 数据显示,西北干旱地区玉米种植面积增幅很大,甘肃从 484.79千公顷增加到 1012.74 千公顷,增幅 108.90%;内蒙古从 1805.8 千公顷增加到 3 742.14 千公顷,增幅 107.23%;新疆从 526.09 千公顷增加到 1 033.29 千公顷,增幅 96.41%;宁夏从 178.29 千公顷增加到 310.79 千公顷,增幅74.32%。在种植规模上,以 2014 年为例,种植面积最大的是内蒙古,为3 828.54 千公顷,占比 62%。到 2018 年,种植面积最大的仍是内蒙古,为3 742.14 千公顷,占比 61%。

3. 大豆

2005—2014 年,西北干旱地区大豆种植面积呈现先增后减趋势。2018 年,种植面积又有所增长,达到 1 181.54 千公顷。总体看来,甘肃、新疆、宁夏的大豆种植面积都减少了。具体情况如表 11.16 所示。

表 11.16　西北干旱地区大豆种植面积变化情况

(千公顷)

年份	西北干旱地区	内蒙古	占比	甘肃	占比	宁夏	占比	新疆	占比
2005	988.2	796.96	0.81	94.17	0.10	18.72	0.02	78.35	0.08
2006	1 108.69	940.72	0.85	89.04	0.08	8	0.01	70.93	0.06
2007	884.22	729.9	0.83	95.73	0.11	9.39	0.01	49.2	0.06
2008	910.83	729.43	0.80	96.34	0.11	23.92	0.03	61.14	0.07
2009	1 103.54	931.22	0.84	82.59	0.07	19.26	0.02	70.47	0.06
2010	1 098.11	942.72	0.86	79.11	0.07	19.49	0.02	56.79	0.05
2011	996.78	846.23	0.85	79.21	0.08	15.55	0.02	55.79	0.06
2012	927.37	800.1	0.86	74.31	0.08	14.38	0.02	38.58	0.04
2013	916.23	796.25	0.87	71.76	0.08	11.72	0.01	36.5	0.04
2014	856.02	744.56	0.87	67.64	0.08	11.36	0.01	32.46	0.04
2015	914.87	812.85	0.89	61.04	0.07	11.25	0.01	29.73	0.03
2016	1 025.21	923.4	0.90	64.07	0.06	8.5	0.01	29.24	0.03
2017	1 090.88	988.96	0.91	64.42	0.06	8.04	0.01	29.46	0.03
2018	1 181.54	1 094.24	0.93	44.99	0.04	6.9	0.01	35.41	0.03

表 11.16 数据显示,内蒙古是西北干旱地区中大豆种植最多的地区。2014 年,内蒙古大豆种植面积减少到 744.56 千公顷,占西北干旱地区大豆总种植面积的 87%。最少的为宁夏,仅占 1%。2018 年,内蒙古仍为西北干旱地区大豆种植面积最大的地区,达到 1 094.24 千公顷,占比 93%;宁夏仍为最少的地区,占比仅 1%。

4. 杂粮

2005—2014 年,西北干旱地区杂粮种植面积从 1 313.04 千公顷减少至 970.82 千公顷,2018 年,杂粮种植面积增加到 1 218.08 千公顷。具体变化如表 11.17。

表 11.17 西北干旱地区杂粮种植面积变化趋势

年份	杂粮种植面积（千公顷）	增速（%）
2005	1313.04	—
2006	1592.88	0.21
2007	1652.64	0.04
2008	1616.63	−0.02
2009	1314.96	−0.19
2010	1303.97	−0.01
2011	1269.72	−0.03
2012	1176.39	−0.07
2013	1004.88	−0.15
2014	970.82	−0.03
2015	1033.17	0.06
2016	1152.09	0.12
2017	1160.34	0.01
2018	1218.08	0.05

随着技术进步和管理水平的提高,西北干旱地区粮食单产呈现增长趋势。具体变化情况如表 11.18 所示。

表 11.18 西北干旱地区粮食单产变化情况

（千克/公顷）

年份	西北干旱地区	内蒙古	占比	甘肃	占比	宁夏	占比	新疆	占比
2005	3982.29	3800.43	0.95	3234.75	0.81	3863.98	0.97	5872.19	1.47
2006	3894.21	3659.96	0.94	3109.27	0.80	4063.17	1.04	5915.01	1.52
2007	3784.84	3505.12	0.93	3066.09	0.81	3830.83	1.01	6116.09	1.62
2008	4185.48	3967.48	0.95	3330.23	0.80	4073.18	0.97	6368.93	1.52
2009	4198.65	3771.83	0.90	3342.07	0.80	4230.43	1.01	6576.76	1.57
2010	4393.35	4009.99	0.91	3485.17	0.79	4373.02	1.00	6730.08	1.53
2011	4635.24	4304.06	0.93	3688.56	0.80	4396.86	0.95	6959.18	1.50
2012	4852.66	4473.86	0.92	3996.84	0.82	4759.75	0.98	7057.1	1.45
2013	5232.90	4910.35	0.94	4062.24	0.78	4939.1	0.94	7651.9	1.46
2014	5258.36	4871.57	0.93	4210.24	0.80	5170.63	0.98	7596.79	1.44
2015	5403.52	5003.95	0.93	4251.48	0.79	5117.12	0.95	7885.95	1.46
2016	4998.67	4796.54	0.96	4163.12	0.83	5162.85	1.03	6453.85	1.29
2017	4993.57	4799.56	0.96	4177.68	0.84	5121.73	1.03	6467.01	1.30
2018	5327.93	5233.23	0.98	4352.8	0.82	5336.29	1.00	6776.91	1.27

上表数据显示,2005 年,新疆粮食单产水平远高于西北干旱地区平均水平,甘肃、内蒙古、宁夏的粮食单产都处于平均水平之下,其中,甘肃粮食单产水

平最低。在具体的粮食作物品种上,单产水平有差异。2018年,新疆粮食单产水平仍远高于西北干旱地区平均水平,宁夏粮食单产水平也高于西北干旱地区平均水平,内蒙古和甘肃仍低于西北干旱地区平均水平。

(三) 粮食种植布局的变化

粮食种植布局是指粮食作物的地域分布,指粮食作物在一定的地区内及不同地区间的地域分布,也包括一个生产单位种植粮食的种类、面积与田块配置。对于西北干旱地区,表11.7的数据显示,谷类作物和薯类作物的种植面积越来越大,豆类作物的种植面积越来越少。具体种植面积的区域布局变化情况如表11.19所示。在西北干旱地区中,粮食种植面积的区域布局为:内蒙古种植面积最大,其次是甘肃,最小的是宁夏。在变化趋势上,内蒙古和新疆的增长幅度较大,甘肃和宁夏的增长幅度较平缓。

种植的品种主要包括稻谷、小麦、玉米、谷子、高粱、其他谷物、大豆、绿豆、红小豆、马铃薯等,且主要以小麦、玉米、大豆和马铃薯为主。在谷物作物上,种植面积最大的是内蒙古,其次是新疆,最小的是宁夏。在具体品种上,种植面积最大的是玉米,其次是小麦。在玉米种植上,种植面积最大的是内蒙古,新疆成为第二大玉米种植地区,宁夏是玉米种植面积最小的地区;在小麦种植上,新疆赶超甘肃成为第一大小麦种植地区,甘肃第二,宁夏最少。在豆类作物种植面积布局上,内蒙古是西北干旱地区中最大的豆类种植地区,其次是甘肃,宁夏最少。豆类中主要种植品种是大豆,种植面积的区域排序是:内蒙古、甘肃、新疆、宁夏。在薯类作物种植面积布局上,甘肃赶超内蒙古成为西北干旱地区第一大薯类种植地区,最小的是新疆。在品种上,马铃薯是西北干旱地区主要种植的薯类作物,2014年的种植面积区域排序是:甘肃、内蒙古、宁夏、新疆。到2018年,薯类种植面积区域排序仍不变,甘肃仍是种植规模最大的地区。

表 11.19 西北干旱地区粮食种植面积布局变化情况

年份	西北干旱地区	增速	内蒙古	增速	甘肃	增速	宁夏	增速	新疆	增速
2005	9 229.48	—	4 373.58	—	2 587.19	—	775.91	—	1 492.8	—
2006	9 844.49	0.07	4 936.78	0.13	2 598.84	0.00	793.47	0.02	1 515.4	0.02
2007	9 885.98	0.00	5 033.78	0.02	2 614.37	0.01	844.43	0.06	1 393.4	-0.08
2008	10 311.46	0.04	5 295.41	0.05	2 613.74	0.00	808.26	-0.04	1 594.05	0.14
2009	11 086.76	0.08	5 644.25	0.07	2 672.46	0.02	805.15	0.00	1 964.9	0.23
2010	11 407.75	0.03	5 846.11	0.04	2 722.37	0.02	814.99	0.01	2 024.28	0.03
2011	11 580.94	0.02	5 979.03	0.02	2 735.64	0.00	816.13	0.00	2 050.14	0.01

年份	西北干旱地区	增速	内蒙古	增速	甘肃	增速	宁夏	增速	新疆	增速
2012	11804.17	0.02	6124.1	0.02	2742.16	0.00	787.8	−0.03	2150.11	0.05
2013	12016.64	0.02	6253.09	0.02	2750.87	0.00	755.79	−0.04	2256.89	0.05
2014	12140.98	0.01	6388.81	0.02	2720.44	−0.01	728.32	−0.04	2303.41	0.02
2015	12427.24	0.02	6579.96	0.03	2715.72	0.00	728.15	0.00	2403.41	0.04
2016	12610.84	0.01	6803.4	0.03	2684.24	−0.01	717.92	−0.01	2405.28	0.00
2017	12446.44	−0.01	6780.92	0.00	2647.16	−0.01	722.51	0.01	2295.85	−0.05
2018	12390.41	0.00	6789.85	0.00	2645.25	0.00	735.68	0.02	2219.63	−0.03

(四) 与全国种植结构的比较

按照粮食作物的三大分类,西北干旱地区与全国的粮食种植结构如表 11.20 所示。可以发现,西北干旱地区与全国粮食种植结构变化相同的是,谷类作物种植面积越来越大,豆类作物种植面积越来越小;豆类作物的种植面积呈现出先减小后增加的趋势,特别是 2015 年后增加的趋势很明显;不同的是,薯类一直是全国粮食作物中种植比例最小的粮食种类,而西北干旱地区在 2011 年到 2015 年间豆类是种植比例最小的粮食作物。

表 11.20　西北干旱地区与全国的粮食种植结构比较

年份	全国谷类：豆类：薯类	西北干旱地区谷类：豆类：薯类
2005	8.62：1.36：1	5.30：1.21：1
2006	10.78：1.54：1	5.14：1.23：1
2007	10.93：1.48：1	4.97：1.03：1
2008	10.86：1.49：1	5.14：1.01：1
2009	11.18：1.46：1	5.45：1.03：1
2010	11.55：1.38：1	5.59：1.02：1
2011	11.83：1.30：1	5.70：0.94：1
2012	12.42：1.20：1	6.27：0.88：1
2013	12.85：1.15：1	6.85：0.87：1
2014	13.40：1.17：1	7.95：0.89：1
2015	14.13：1.15：1	8.72：0.99：1
2016	14.18：1.28：1	8.86：1.11：1
2017	14.05：1.40：1	8.73：1.19：1
2018	13.88：1.42：1	9.37：1.44：1

在具体的粮食品种上,西北干旱地区与全国种植结构也存在差异。以水稻、小麦、玉米、大豆、马铃薯和杂粮几种主要粮食作物为例,它们的种植结构比

例如表 11.21 所示。

表 11.21　西北干旱地区与全国在具体粮食种植结构上的比较

年份	全国						西北干旱地区					
	水稻	小麦	玉米	大豆	马铃薯	杂粮	水稻	小麦	玉米	大豆	马铃薯	杂粮
2005	0.28	0.22	0.25	0.09	0.05	0.07	0.02	0.27	0.32	0.11	0.13	0.14
2006	0.28	0.22	0.27	0.09	0.04	0.06	0.02	0.25	0.32	0.11	0.13	0.16
2007	0.27	0.22	0.28	0.08	0.04	0.06	0.03	0.24	0.33	0.09	0.14	0.17
2008	0.27	0.22	0.29	0.09	0.04	0.06	0.02	0.22	0.37	0.09	0.14	0.16
2009	0.27	0.22	0.30	0.08	0.04	0.06	0.02	0.26	0.37	0.08	0.13	0.12
2010	0.27	0.22	0.31	0.08	0.04	0.05	0.02	0.24	0.39	0.10	0.13	0.11
2011	0.27	0.22	0.33	0.07	0.04	0.05	0.02	0.22	0.42	0.10	0.13	0.11
2012	0.27	0.21	0.34	0.06	0.04	0.04	0.02	0.23	0.45	0.08	0.12	0.10
2013	0.26	0.21	0.36	0.06	0.04	0.04	0.02	0.22	0.48	0.08	0.11	0.08
2014	0.26	0.21	0.37	0.06	0.04	0.04	0.02	0.22	0.51	0.07	0.10	0.08
2015	0.26	0.21	0.38	0.06	0.04	0.04	0.02	0.22	0.51	0.07	0.09	0.08
2016	0.26	0.21	0.37	0.06	0.04	0.04	0.02	0.22	0.49	0.09	0.09	0.09
2017	0.26	0.21	0.36	0.07	0.04	0.04	0.02	0.22	0.49	0.09	0.09	0.09
2018	0.26	0.21	0.36	0.07	0.04	0.04	0.03	0.20	0.49	0.10	0.08	0.10

注：每种粮食作物数据是通过该粮食种植面积除以粮食种植总面积得来
资料来源：笔者根据国家统计局数据计算得来

上表数据显示,2005 年全国粮食种植结构中,水稻的种植面积最大,占比
28%,其次是玉米(25%)、小麦(22%),最小的是马铃薯(5%)。到 2014 年,玉
米成为全国种植面积最大的粮食品种,占比 37%;其次是水稻(26%)、小麦
(21%)、大豆(6%)、马铃薯和杂粮(均为 4%)是种植面积最小的作物。2018
年,玉米仍是全国种植面积最大的粮食品种,占比 36%,其次是水稻(26%)、小
麦(21%)、大豆(7%),最小的仍是马铃薯和杂粮,均占比 4%。而对于西北干
旱地区,2005 年,粮食种植结构中,玉米的种植面积最大,占比 32%,其次是小
麦(27%)、杂粮(14%)、马铃薯(13%),最小的是水稻,仅占比 2%。到 2014
年,玉米仍是西北干旱地区种植面积最大的粮食作物,占比 51%,其次是小麦
(22%)、马铃薯(10%),种植面积最小的仍是水稻,占比 2%。到 2018 年,玉米
仍是西北干旱地区种植面积最大的粮食作物,占比 49%,其次是小麦(20%)、
大豆和杂粮(均为 10%)、马铃薯(8%),最少的仍为水稻,占比 3%。

与全国相比,西北干旱地区粮食种植结构变化相同的特征有:玉米是种植
面积最大的粮食作物,且呈递增趋势;大豆是种植面积较小的粮食作物,且呈减
少态势;小麦虽然有所减少,但都占有一定比例。不同的特征有:水稻在全国

粮食种植结构中占有一定比例,而在西北干旱地区是种植面积最小的粮食作物;马铃薯和杂粮在全国种植比例较小,但在西北干旱地区仍占有一定比例。

四、"镰刀弯"地区种植结构调整政策执行情况和结果

(一)玉米种植结构调整的政策措施

2015年11月2日,《农业部关于"镰刀弯"地区玉米结构调整的指导意见》出台,指出要调整几个重点区域的玉米种植结构,具体如表11.22所示。对于西北风沙干旱地区,规定的主攻方向是:充分利用丰富的光热资源,重点推广水肥一体化等高效节水措施。在河西走廊灌溉条件较好的地区,发展玉米等制种产业;在宁夏、内蒙古河套灌区,逐步调减高耗水的玉米种植,发展胡麻、油葵、饲料油菜等低耗水作物;在生态脆弱区,积极发展耐盐耐旱的饲油兼用油莎豆等沙生植物;在新疆地区发展青贮玉米和苜蓿生产,满足畜牧业发展对优质饲料的需求。

表 11.22　重点区域的玉米种植结构调整目标

重点区域	省区	目标(力争到 2020 年)
东北冷凉区	黑龙江北部和内蒙古东北部第四、五积温带以及吉林东北山区	1000 万亩以上
北方农牧交错区	黑龙江、吉林、辽宁、内蒙古、山西、河北、陕西、甘肃等省(区)	3000 万亩以上
西北风沙干旱区	新疆、甘肃、宁夏、内蒙古等省(区)	500 万亩
太行山沿线区	山西东部和河北西部山区	200 万亩
西南石漠化区	广西、云南、贵州等省(区)	500 万亩

与此同时,2016年国家出台了一系列玉米生产支持和保护政策,在东北三省和内蒙古将玉米临时收储政策调整为"市场化收购+补贴"的新机制;在东北和内蒙古建立玉米生产者补贴制度;8月9日,报经国务院批准,中央财政拨付第一批玉米生产者补贴资金3 003 860万元,其中内蒙古662 515万元、辽宁457 788万元、吉林726 306万元、黑龙江1 157 251万元;11月4日,报经国务院批准,中央财政拨付第二批玉米生产者补贴资金900 000万元,其中内蒙古204 520万元、辽宁141 320万元、吉林224 211万元、黑龙江329 949万元;财政部和国家税务总局联合发布《关于恢复玉米深加工产品出口退税率的通知》,就

恢复玉米深加工产品出口退税率做出相应规范,经国务院批准,自 2016 年 9 月 1 日起,将玉米淀粉、酒精等玉米深加工产品的增值税出口退税率恢复至 13%。2017 年,农业部和财政部发布重点强农惠农政策,在"镰刀弯"地区和黄淮海玉米主产区实施。选择玉米种植面积大、牛羊饲养基础好、种植结构调整意愿强的县整体推进,采取以养带种方式推动种植结构调整。补助对象为规模化草食家畜养殖场(户)或专业青贮饲料收贮企业(合作社)。2018 年,农业农村部和财政部发布财政重点强农惠农政策,在以"镰刀弯"为主的地区扩大实施粮改饲规模,选择玉米种植面积大、牛羊饲养基础好、种植结构调整意愿强的县整体推进,采取以养带种方式推动种植结构调整。补助对象为规模化草食家畜养殖场(户)或专业青贮饲料收贮企业(合作社)。

(二) 具体执行情况和结果

根据农业部《关于"镰刀弯"地区玉米结构调整的指导意见》的要求,西北干旱地区四省区结合自身区域特点和资源禀赋,积极调整优化当地玉米种植结构。

1. 甘肃省

按照农业部《关于"镰刀弯"地区玉米结构调整的指导意见》的要求,甘肃省在坚持因地制宜、尊重农民意愿和确保产业安全的前提下提出,到 2020 年,在"镰刀弯"地区调减籽粒玉米 150 万亩左右,重点发展青贮玉米、甜高粱 100 万亩,苜蓿等其他牧草 30 万亩,杂粮杂豆 15 万亩,林果及生态功能型植物等 5 万亩。2016 年计划调整 70 万亩,其中在"镰刀弯"地区调整 15 万亩。"镰刀弯"地区中的非优势区是此次玉米结构调整的重点。甘肃省的嘉峪关市、金川区、永昌县、凉州区、民勤县、古浪县、甘州区、肃州区、环县、华池县、静宁县和会宁县等 22 个县(市、区)在此次"镰刀弯"地区玉米结构调整之列。

甘肃省于 2016 年 1 月 25 日出台《甘肃省农牧厅关于 2016 年全省种植业重点工作安排的意见》【甘农牧发(2016)13 号】,提出"将玉米、马铃薯等高产作物向优势区域集中,以高产粮食作物替代低产品种""2016 年全省计划粮食面积调减至 4 100 万亩,其中,小麦 1 150 万亩、玉米 1 450 万亩、马铃薯 1 050 万亩、小杂粮 450 万亩""在农牧交错区积极开展粮改饲试点和国家'镰刀弯'玉米结构调减行动,将粮饲兼用玉米改为青贮专用玉米,构建粮草兼顾、农牧结合、循环发展的新型种养结构""玉米种子生产基地稳定在 150 万亩左右,产量稳定在 5.8 亿千克。积极推进国家级玉米制种基地建设"。在 2017 年 2 月 4 日发布的《2017 年全省稳定粮食生产行动方案》中提出,2017 年全省玉米稳定在 1 450 万亩;结合《甘肃省"镰刀弯"地区玉米结构调整实施方案》要求,落实好"粮改饲"等政策,适当调减河西和沿黄灌区水地玉米。《2018 年全省稳定粮食生产行动方案》提出,要重点发展饲料玉米,优质玉米面积达到 600 万亩,杂交玉米种子生产面积稳定在 130 万亩左右。《2019 年全省稳定粮食生产行动方案》指出,要在肃州区、民勤县、广河县重点开展玉米绿色高质高效创建,全省优质玉米种植面积达到 600 万亩,杂交玉米种子生产面积稳定在 100 万亩左右。《2020 年全省稳定粮食生产行动方案》指出,玉米要重点推广抗旱、耐密、宜机收、粒收、高产优质品种。

甘肃省自 2015 年起实施粮改饲试点①,试点县由 3 个增加到 7 个,试点资金由 3 000 万元增加到 4 751 万元,增长 58.4%,2016 年实施粮改饲项目 33.6 万亩。实施粮改饲两年间,种植全株青贮玉米、甜高粱、紫花苜蓿,推广籽粒玉米改青贮、玉米改饲草等种植模式,促进了粮、经、饲三元种植结构协调发展。2016 年,凉州区粮、经、饲种植比例由 2015 年的 51∶33∶16 调整为 43∶30∶27;甘州区 2016 年粮经饲比例由 2015 年的 25∶60∶15 调整为 25∶55∶20。2018 年以来,甘肃省把粮改饲作为循环农业的主要抓手,以广河县、甘州区等 27 个牛羊产业大县作为重点区域,大力推广粮改饲全株青贮技术,基本实现了播种、收割、粉碎、揉丝、打捆、打包全程机械化作业。

2. 宁夏回族自治区

按照农业部《关于"镰刀弯"地区玉米结构调整的指导意见》的要求,宁夏回族自治区于 2016 年 2 月 1 日出台了《宁夏玉米结构调整指导意见》,指出"坚持稳定粮食产量,优化种植结构,适度调减籽粒玉米、稳步扩大青贮玉米、积极发展制种玉米、示范鲜食加工玉米和杂粮杂豆种植""规划到 2020 年,全区玉米总面积稳定在 480 万亩,其中:籽粒玉米面积稳定在 440 万亩左右(调减 13 万亩);发展专用全株青贮玉米 38 万亩(调增 8.5 万亩),建设鲜食加工玉米基地 2 万亩(调增 1.5 万亩);发展玉米制种面积 10 万亩;扩大高效杂粮杂豆种植面积 3 万亩;发展以喷灌、滴灌水肥一体化为核心的高效节水玉米 70 万亩,实现亩节水 50% 以上,亩节约肥料 30 千克"。

2015 年,宁夏的利通区、沙坡头区和贺兰县被农业部列为粮改饲试点县,每个县补助 1 000 万元。通过一年的实施,宁夏在粮改饲工作中成效显著:青贮玉米收贮量增幅明显,试点县区青贮玉米收贮总量达 94.73 万吨;全株玉米青贮入户率大幅提升,试点县区奶牛场全株玉米青贮普及率达 100%。同时,通过粮改饲试点工作,也促进了各试点县机械化收割比例明显增加,机械化收

---

① 粮改饲试点是落实党中央、国务院关于加快农业供给侧结构性改革,推进农业结构调整的重大部署。2015 年起,农业部联合财政部在 10 个省启动实施粮改饲试点。

割比例达 97.9%。2016 年,宁夏新增青铜峡市、中宁县两个试点县,试点县总数达 5 个,补助资金总额达 4 778 万元。截止 2016 年 11 月,宁夏五个试点县(区)青贮玉米种植面积达 47.43 万亩,完成计划任务的 189.7%;共加工制作青贮 123.61 万吨,完成计划任务的 164.8%,受益养殖企业 218 家,较 2015 年增加 76 家。2018 年以来,宁夏自治区推广优质苜蓿青贮 15 万吨,推广冬牧 70 黑麦草复种近 5 万亩,较单一种植青贮玉米增收 420 万元,加工全株玉米青贮已增加到 260 万吨。

3. 内蒙古自治区

按照农业部《关于"镰刀弯"地区玉米结构调整的指导意见》的要求,内蒙古自治区于 2016 年 4 月 22 日出台了《内蒙古玉米结构调整实施意见》,意见指出,玉米种植结构调整的总体思路是,"提、压、转"三措并举,调整优化玉米种植结构。一"提",加强耕地保护和耕地质量建设,巩固提升玉米优势区产能,增强产业竞争力,力争到 2020 年全区玉米优势区域集中度达 90%以上。二"压",调减高纬度、高海拔地区和严重干旱地区玉米种植,压缩产量低、水分高、品质差的玉米品种,力争到 2020 年压减籽粒玉米 500 万亩。三"转",立足"为养而种、以种促养、以养增收",在农区畜牧业聚集区、农牧业交错带,引导籽粒玉米向粮草轮作、粮改饲和玉米整株青贮转变,力争到 2020 年转籽粒玉米为青贮玉米 500 万亩。

内蒙古自 2015 年起进行粮改饲试点,坚定不移走"农牧结合"道路,积极构建"为养而种,为牧而农,过腹转化,农牧循环"的新型绿色发展方式,大力实施"粮改饲"和"稳羊增牛扩猪禽"发展战略,加快实现畜牧业大区向畜牧业强区转变。2016 年,内蒙古紧紧抓住国家玉米临储政策改革的机遇,调减籽实玉米产量,扩大青贮玉米生产规模,推动农产品供给结构由粮食为主向肉、蛋、奶转化,主动适应新形势下市场需求变化。全年承担农业部"粮改饲"试点任务 100 万亩,在通辽市、赤峰市、兴安盟、呼伦贝尔市和巴彦淖尔市等 5 个玉米种植重点盟市的 14 个试点旗县,实施青贮玉米收贮补贴,引导试点区域"整县整乡整村"调整生产结构,有效调动了农牧民发展青贮饲料生产的积极性,为降低草食家畜饲养成本打下牢固基础。据统计,到 2016 年年末试点旗县共计完成补贴青贮玉米收储 294.6 万吨,收储面积达 146.6 万亩,超额完成国家安排的计划任务。2017 年,青贮玉米种植面积达到 983 万亩,以青贮玉米为主的饲用农作物种植面积达到 1 342 万亩,收储量达到 838 万吨。

4. 新疆维吾尔自治区

按照农业部《关于"镰刀弯"地区玉米结构调整的指导意见》以及《全国农技中心关于组织编制"镰刀弯"地区玉米结构调整技术模式的通知》的要求,2016

年,新疆维吾尔自治区农业技术推广总站组织各有关地州、县市农技中心(站)编制"'镰刀弯'—新疆玉米结构调整技术模式"。到2018年,新疆玉米播种面积为1033.29千公顷,较2015年减少了34.44千公顷。在结构上,新疆除了调减籽粒玉米的种植,调增青贮玉米的种植,还重点发展了玉米杂交种子制种。

五、西北干旱区玉米种植结构调整的影响因素及存在问题

我们从自然条件、耕地面积、市场变化、政策因素、科学技术等方面分析西北干旱地区玉米种植结构调整的影响因素及存在问题。

(一)自然条件

西北干旱半干旱地区主要包括第二级阶梯的内蒙古高原、塔里木盆地和准噶尔盆地等,面积占全国陆地面积的30%,人口只占全国的4%。年降水量由东向西逐渐减少,除新疆北部的准噶尔盆地、甘肃河西走廊东段等山麓地带的年降水量可达100~200毫米外,其他地方均不超过100毫米。新疆塔里木盆地降水甚少,吐鲁番的托克逊降水量全国最少。植被由东向西呈现出草原、荒漠草原、荒漠的变化特征。西北干旱地区河流稀少,且多内流河和季节性河流。农业主要以畜牧业和灌溉农业为主,其中,灌溉农业主要集聚在河套平原、宁夏平原、河西走廊和新疆绿洲地区,采用的灌溉水主要是河水、高山冰雪融水和地下水。由于西北干旱地区有大片的戈壁和沙漠,平地多疏松沙质沉积物,且风沙易活动,使得生态很脆弱。而在资源利用上,又存在过度樵采、放牧、开垦和水资源利用不当等行为,致使农牧过渡带向北推进,加大了草地和耕地的荒漠化。因此,在自然条件上,除了灌溉农业区,其他地方不适合种植玉米。[1]

(二)耕地面积

据《2015中国国土资源公报》显示,我国耕地面积已从2010年的20.29亿亩减少为2014年的20.26亿亩。2014年,全国因建设占用、灾毁、生态退耕、农业结构调整等原因减少耕地面积582万亩,通过土地整治、农业结构调整等增加耕地面积421.05万亩,年内净减少耕地面积75万亩。随着工业化、城镇化的发展,耕地减少成为了一种发展趋势,对于西北干旱地区也不例外。具体来看,在耕地面积和人口结构变化上,西北干旱地区已经发生了分化。2005

---

① 耿庆玲. 西北旱区农业水土资源利用分区及其匹配特征研究. 中国科学院大学博士学位论文,2014.

年,农村居民家庭经营耕地面积最大的是内蒙古,为8.29亩/人;最小的是甘肃,为2.65亩/人。在人口结构上,内蒙古、甘肃、宁夏、新疆都是乡村人口大于城镇人口。随着城镇化和工业化的发展,耕地面积和人口数量都发生了变化。乡村人口规模都发生了不同程度的减少。其中,减少幅度最大的是甘肃,到2014年,甘肃乡村人口减少了270万人;减少幅度最小的是新疆,到2014年,乡村人口减少了24万人。同时,内蒙古和宁夏的城镇人口已经超过乡村人口规模。随着乡村人口的减少和城镇人口的增多,西北干旱地区农村居民家庭经营耕地面积也发生了变化,总体看来,除了宁夏减少了,内蒙古、甘肃、新疆都发生了不同程度的增加。到2012年,宁夏农村居民家庭经营耕地面积减至3.69亩/人,内蒙古农村居民家庭经营耕地面积增至10.40亩/人,甘肃农村居民家庭经营耕地面积增至2.72亩/人,新疆农村居民家庭经营耕地面积增至5.76亩/人。

(三)市场变化

加入WTO以后,中国按照入世承诺对一些重要农产品进行了降税。如大米、小麦和玉米进口实行关税配额管理,即配额内的进口税率为1%~3%,配额外的进口税率约束在65%。入世承诺的兑现使得中国的关税保护能力下降,关税的降低进而推动中国进口粮食的价格下降,而国内粮食生产成本年均增加10%以上,两方面的因素综合在一起使得中国在面对国外粮食大量涌入时不能有效防止其对国内粮食市场的冲击。2000—2011年,国内粮食价格随着国内粮食生产成本的逐年增加而快速上升,小麦、玉米等大宗农产品在国际市场上已经失去了价格竞争优势,即国内价格已高于国际市场价格。比较国内和国际两个市场的粮食价格及其变化趋势后发现,存在着显著的天花板效应。国内粮食市场由于成本高价格低,使得种植粮食的经济效益低。对于西北干旱地区,种植粮食的成本更高,所能获得的经济效益会更低。

(四)政策因素

为了解决粮食结构性矛盾问题,我国陆续出台了一些政策。如《全国种植业结构调整规划(2016—2020年)》指出,要加强粮食主产区建设,建设一批高产稳产的粮食生产功能区,强化基础设施建设,提升科技和物质装备水平,不断夯实粮食产能。目标是要保口粮和保谷物。具体要求是:到2020年,粮食面积稳定在16.5亿亩左右,其中稻谷、小麦口粮品种面积稳定在8亿亩,谷物面积稳定在14亿亩。对于西北干旱地区,将河西走廊、河套灌区划定为粮食生产功能区;依据降水和灌溉条件,以水定种,改种耗水少的杂粮杂豆和耐旱牧草,提高水资源利用率;适当调减玉米面积,改种耐旱耐瘠薄的薯类、杂粮杂豆,到2020年,薯类杂粮种植面积达2.3亿亩左右。农业部《关于"镰刀弯"地区玉米结构调整的指导意见》指出,当前我国玉米供大于求,库存大幅增加,种植效益低下。对于西北风沙干旱地区,要充分利用丰富的光热资源,重点推广水肥一体化等高效节水措施。在河西走廊灌溉条件较好的地区,发展玉米等制种产业;在宁夏、内蒙古河套灌区,逐步调减高耗水的玉米种植,发展胡麻、油葵、饲料油菜等低耗水作物;在生态脆弱区,积极发展耐盐耐旱的饲油兼用油莎豆等沙生植物;在新疆地区发展青贮玉米和苜蓿生产,满足畜牧业发展对优质饲料的需求。力争到2020年,调减籽粒玉米500万亩。

(五) 科学技术

目前,我国农业科技进步贡献率超过56%,主要农作物特别是粮食作物基本实现全覆盖;农机总动力达11亿千瓦,主要农作物耕种收综合机械化率达63%。对于西北干旱地区,粮食种植虽然已经具有了较好的技术环境,但在适用技术研发应用和推广上仍存在很多问题,使得农业科技成果转化率和技术利用效率不高。

六、政策建议

玉米种植结构调整是农业生产方式的转变和产业结构的升级,是一项复杂的系统工程,不仅要做好顶层设计,还需要一系列配套措施及相关涉农部门、当地政府及农业从业者的协助和配合。在市场经济条件下,政府进行宏观调控一方面可弥补市场的缺陷,另一方面也有利于促进市场发育。因此,在西北干旱地区玉米种植结构调整过程中,当地政府应通过制定扶持政策、增加科技投入、强化服务意识等手段为玉米种植结构调整创造良好的外部环境。

(一) 因地制宜,合理调整

鉴于西北干旱地区的自然条件、资源禀赋等因素,在进行玉米结构调整的过程中要从长远考虑,而不是搞"一刀切"。甘肃、宁夏、内蒙古、新疆虽都属于西北风沙干旱区,都具有荒漠气候、干旱少雨、光热资源丰富、昼夜温差大等特点,但各个省区的自然状况、发展水平又不完全相同。因此,在玉米结构调整过程中要因地制宜,在甘肃灌溉条件较好的地区,发展玉米等制种产业;在生态脆弱区,发展耐盐耐旱的饲油兼用油莎豆等沙生植物;在新疆地区发展青贮玉米和苜蓿生产等,引导农民合理调整,在保证农民持续增收的前提下,促进当地农业持续发展。

(二) 加强对农民的引导

推进玉米种植结构调整的主体是广大农民群众,农民群众是结构调整的具体实施者。政府相关部门应加强服务,引导农民合理调整玉米结构。加大市场信息指导服务力度,搞好农情信息的收集、整理、传播和发布,引导农民了解市场动态并进行市场预测,使农民避免盲目生产,确定调整种植方向;搞好技术服务,在加强新品种、新技术推广应用的同时,加强对农民的技术培训,全面提高农民的科学文化素质;重点培育龙头企业、种养大户、家庭农场、农民合作社等新型农业经营主体,发展订单农业,采用"企业+合作社+农户"的产业化经营模式,通过"传、帮、带"促进典型案例的示范和引领作用,引导农民调整种植结构;培养农民种养结合意识,推行轮作等生态友好型耕作制度,建立用地、养地相结合的土地利用模式,引导农民科学种植,发展绿色有机农产品,提升农产品品质。

(三) 建立区域性玉米市场化收购制度

根据国家规定,自2016年起东北三省和内蒙古自治区将玉米临时收储政策调整为"市场化收购+"补贴"的新机制,不再由中储粮总公司作为执行主体组织临时收储,而是由多元市场主体随行就市收购。西北干旱地区的其他三省区(甘肃、宁夏、新疆)也可在特定区域进行"市场化收购"的试点尝试:一方面发挥市场机制的作用,对玉米实行市场定价,让市场这只"无形的手"引导多元市场主体进行市场化收购,进一步引导玉米种植结构调整;另一方面发挥各级政府"有形的手"的作用,在玉米市场化收购过程中对玉米收储企业、玉米加工企业、种植大户等做好政策宣传、组织引导、政策服务。

(四) 完善补贴、补助政策

在引导玉米种植结构调整、进行玉米"市场化收购"的过程中,不断完善相关补贴政策,对玉米收储企业、加工企业、流通企业进行补贴;完善玉米生产者的补贴政策,鼓励支持农民、种养大户、农民合作社、龙头企业参与种植结构调整,在不影响种植结构调整的同时,保障种粮农民收入处于合理水平;建立合理轮作体系的补助政策,鼓励农民实现种地养地结合;加大对龙头企业、有实力的专业合作社的金融支持力度。

（五）增加农业科技投入

科技是第一生产力,农业生产领域更是如此。因此,在玉米结构调整过程中,甘肃、宁夏、内蒙古、新疆等地政府应加大对农业科研的投入力度,通过各地农业科技部门加强对广大种植户的农业种植技术培训,引导农民种植区域性的高效特色经济作物,如马铃薯、蔬菜、中药材等。各级政府还可通过农场、合作社等新型经营主体来进行科技示范培训,发挥他们在农业新技术、新品种推广应用中的示范带动作用。

第十二章
我国区域农业协调发展政策演进

    各区域农业的协调发展有利于提高我国农业资源配置效率,实现区域农业资源优势互补,为促进区域农业经济协调发展贡献力量。区域农业协调发展政策是我国区域经济政策的重要组成部分。长期以来,我国区域经济政策偏重于工业区域布局、产业区域布局等综合区域经济政策和大的流域和环都市圈区域,对农业区域协调发展政策的关注和研究都不多。从我国经济社会发展的历史轨迹来看,我国各区域农业发展不协调、不平衡、不同步是常态,区域农业发展水平的差异天然存在。缩小差距、追求公平与效率兼顾,是我国区域协调发展战略的重要目标。在经济发展新常态的大背景下,国民经济与社会发展"十三五"规划提出,要全面建成小康社会,要保持经济中高速增长,经济发展质量和效益明显提高,要基本形成区域协调发展的新格局,使发展空间布局得到优化,要解决区域性整体贫困。在国民经济与社会发展步入"十四五"阶段时,有必要对区域农业协调发展政策进行梳理和分析,研究如何加大对农业经济不发达地区的投入,实现农业资源合理配置、发挥各地区比较优势、合理分工,这是新时代一个尤为重要的课题。

一、我国区域农业协调发展政策的演进历程

    我国区域农业协调发展政策演进既受整体区域经济发展政策影响,也受自身政策演进影响。我国区域农业协调发展政策演进可分为五个阶段:一是1949—1978年的"以粮为纲",稳步提高粮食产量阶段;二是1979—1991年的农业生产结构调整,农林牧副渔并举阶段;三是1992—2000年的农业结构战略性调整,发展高产优质高效农业阶段;四是2001—2012年的工业反哺农业,增加农业投入、优化区域布局阶段;五是2013年至今的农业供给侧结构性改革,

转变农业发展方式阶段。

（一）1949—1978 年：“以粮为纲”，稳步提高粮食产量

1949—1978 年，我国处于计划经济时期，农业发展以保证粮食安全（基本解决人民群众温饱问题）和保证工业生产和城市供给为导向，采取的是农业养育工业、农村支持城市的政策。该时期，我国优先发展以重工业为基础的工业体系，农业从属于工业，工业化的发展依赖农业提供资金。据资料统计，1952—1978 年国家依赖农民和农业积累的资金为 4 413 亿元[①]。1953—1957 年，我国处于社会主义过渡时期和国民经济恢复期，农业发展的基本任务是发展部分集体所有制的农业生产合作社、手工业生产合作社，并建立农业和手工业社会主义改造的初步基础。“一五”计划提出，农业生产供应全国人民食粮，也为工业产品提供原料，要尽可能扩大粮食播种面积。该时期的目标是以工业总产值占农业总产值 70％和工业总产值中生产资料占 60％作为实现国家工业化的重要标志之一，在某种程度上忽视了农业的发展。1958 年，毛泽东同志提出了“以粮为纲”的农业生产基本方针[②]，农业发展得到重视。“二五”计划提出 1958—1962 年要在优先发展重工业的基础上，大力发展农业生产，“积极推广一切可能增产措施，以便继续提高粮食和各种经济作物单位面积产量”。但受“大跃进”和人民公社化运动的冲击，农业总产值下降 19.9％，国民收入下降了 14.5％。1960 年 9 月 30 日，国家计委发布《关于 1961 年国民经济计划控制数字的报告》，明确提出要大力恢复农业，压缩基本建设和重工业生产。“一五”和“二五”时期，我国的农业政策以提高粮食产量为主，且主要服务于重工业发展。

随着 1964 年越南战争的爆发，国际形势日趋紧张。“三五”时期我国的战略部署转变为以国防建设为中心的备战计划，国防建设为首要任务，农业生产也主要围绕“三线”国防工业建设展开。“三五”计划提出“发展农业生产，相应地发展轻工业，逐步改善人民生活”。到 1970 年，计划主要指标基本完成或超额完成，农业总产值年均增长 2.9％。“四五”计划初期，国民经济发展的重点仍以集中力量建设“三线”强大战略后方为主，突出建设重工业，加速农业机械化建设进程。1973 年中共中央工作会议调整了“四五”计划的部分内容，提出将农业发展放在第一位，“大力发展农业，加速农业机械化进程”。到 1975 年，工农业总产值年均增长 7.6％，其中农业总产值年均增长 3.4％，粮食达到 5 690 亿斤，棉花达到 4 760 万担。“三五”和“四五”计划受国际政治局势影响，

---

① 吕政,郭克莎,张其仔. 论我国传统工业化道路的经验与教训. 中国工业经济,2003,1.

② 邹华斌. 毛泽东与“以粮为纲”方针的提出及其作用. 党史研究与教学,2010(06)46—52.

经济建设具有鲜明的战备特点,农业生产也主要是满足军需和内需。"五五"计划提出要"努力发展农业,把农业搞上去,降低重工业增长速度"。该时期农业生产取得一定成效:农业总产值年均增长 5.1%;到 1980 年底,粮食达 6 411.1亿斤,缺粮省、区实现粮食自给,棉花达 5 413.4 万担。该时期,粮食普遍匮乏,农业政策的目标是解决全国人民的温饱问题[①]。我国种植业与林牧副渔业的结构比例基本维持在 4:1 左右,种植业产值约占农林牧渔总产值的 80%以上,占据主导地位[②]。从种植业内部结构看,粮食作物播种约占 80%以上,全国农业生产以粮食型结构为主[③],农业发展的重心是增加粮食播种面积,提高粮食产量。这说明该阶段我国区域农业发展政策的单一性和趋同性,即全国各地区的农业政策目标一致,即提高粮食产量;农业生产结构趋同,即农业以种植业为主,种植业以粮食为主。

表 12.1　1949—1978 年的农业发展政策

年份	文件/会议名称	主要相关政策
1955	关于发展国民经济的第一个五年计划(1953—1957 年)	农业生产供应全国人民食粮,也为工业产品提供原料。应尽可能地扩大粮食播种面积,在不影响粮食增产条件下,多增加一些技术作物播种面积;各种技术作物应积极地和逐步地在适当的地区向山坡和山地扩大种植面积,尽可能避免因增加技术作物播种面积而缩小粮食作物播种面积
1956	关于发展国民经济的第二个五年计划(1958—1962 年)	必须大力发展农业生产,使农业发展同工业发展互相协调,满足国家和人民需要。保证粮食增产,推动整个农业发展;同时保证主要经济作物特别是棉花、大豆等增产,推动轻工业发展。鼓励多种经营,使畜牧业、林业、水产养殖业和农家副业等都有较大发展。积极推广一切可能增产措施,以便继续提高粮食和各种经济作物单位面积产量
1965	关于发展国民经济的第三个五年计划(1966—1970 年)[④]	必须立足战争,积极备战,把国防建设放在第一位,加快三线建设,逐步改变工业布局。发展农业生产,相应地发展轻工业,逐步改善人民生活。积极地、有目标、有重点地发展新技术,努力赶上和超过世界先进技术水平

---

① 郑有贵.目标与路径:中国共产党"三农"理论与实践 60 年.长沙:湖南人民出版社,2009.
② 宋洪远.农村改革三十年.北京:中国农业出版社,2008.
③ 叶初升,马玉婷.新中国农业结构变迁 70 年:历史演进与经验总结.南京社会科学,2019(12):1—9+33.
④ 由于"二五"时期出现国民经济失衡,为使"三五"计划顺利展开,中央将 1963—1965 年作为继续调整、整顿的过渡时期。

年份	文件/会议名称	主要相关政策
1970	关于发展国民经济的第四个五年计划(1971—1975年)	狠抓战备,集中力量建设大三线强大战略后方,改善布局;大力发展农业,加速农业机械化进程。建立经济协作区和各自特点、不同水平的经济体系,做到各自为战,大力协同。初步建成我国独立的、比较完善的工业体系和国民经济体系,促进国民经济新飞跃
1975	关于发展国民经济的第五个五年计划(1976—1980年)	把农业搞上去。降低重工业增长速度,努力发展农业、轻工业,逐步开展多种经营形式和开辟多种流通渠道

资料来源:根据相关政策文件整理而得

(二)1979—1991年:农业生产结构调整,农林牧副渔并举

1979—1991年,我国进行农业市场化改革,调整农业内部的产业结构和产品结构,实行家庭承包经营制度,改革商品流通体制,因地制宜发展粮食和经济作物,开展多种经营,逐步进入了农村改革的新时期。1978年3月,第五届全国人大第一次会议通过《1976—1985年发展国民经济十年规划纲要(修订草案)》,提出"以粮为纲,全面发展",将经济作物增产列入发展规划;同年12月,中共十一届三中全会提出在"以粮为纲"基础上要"农林牧副渔并举";1979年9月,中共十一届四中全会通过《中共中央关于加快农业发展若干问题的决定》,将发展农业生产力作为今后一段时期重点,提出二十五项政策措施加快农业发展,并强调要改变以前"只重视粮食种植业、忽视经济作物种植业和林业、牧业、副业、渔业的状况"。这标志着我国的农业发展政策由建国初期的"以粮为纲"为主导,逐渐转变为"农林牧副渔同时并举"的多元化发展格局。

1982年的中央一号文件以完善农业生产责任制和改革流通体制为重点,同时提出要做好农业资源调查和农业区划,注意协调个别地区因地制宜的发展计划和全国合理布局,为下一步调整农业生产结构和布局提供依据。这说明我国农业政策开始关注结构调整和生产布局。1983—1985年的中央一号文件均提到要建立商品生产基地,但以粮食生产基地为主。其中,1985年的中央一号文件提出要"大力帮助农村调整产业结构""支持发展畜牧业、水产养殖业、林业等产业""以一定财力物力支持粮棉集中产区发展农产品加工业"。这是我国的第一次农业结构调整,改变了种植业过于偏重粮食生产的结构,畜禽养殖、水产

等产业都有了较大的发展①。"六五"期间我国农业生产发生较大变化,推行多种形式生产责任制,极大调动农民生产积极性;农村出现一批专业大户,商品生产日益丰富,对农业生产各个环节的专业化分工和合作也日益增加;农业政策进一步放宽经营限制,探索和利用各种促生产的积极因素,鼓励多种形式经营。该时期农业总产值年均增长10.8%,农村人均年收入年均增长14%,初步解决了人民的吃饭穿衣难、日用消费品紧张和重大比例关系失调问题。

"七五"时期,我国处于计划经济向市场经济转轨和过渡时期,两种体制并存。1986年的中央一号文件明确提出要"以工补农",发展近郊蔬菜,加强商品基地建设,"正确处理粮食生产和多种经营的关系"。"七五"计划专门提出地区布局和地区经济发展政策,将我国分为东部、中部和西部三大经济带,并明确了三个地区在农业产业布局上的不同定位,即东部要建立农副产品贸易中心和生产资料交易中心,中部要建立粮、豆、油料和糖料生产基地,西部要以稳定粮食播种面积、发展畜牧业为主。这些举措表明我国的区域农业发展政策正逐步向调整农业结构和实施区域布局方向发展。

总的来看,农业市场化改革后,我国农业布局开始遵循比较优势原则,各区域的经济作物、畜牧业、渔业等有了较快发展,农业结构重心逐步向牧业和渔业偏移,经济作物和饲料粮地位上升,家禽饲养业、淡水养殖业及林产品行业地位也逐渐凸现②。我国的区域农业政策由以发展种植业为主向调整和优化农业产业结构,重视种植业、养殖业和加工业多元化发展的方向转变,调整的重点是种养结构和种植业的品种结构。这一时期农业结构调整的效果较为显著:种植业产值占农林牧渔总产值的比重由1978年的80.0%下降到1991年的63.1%;种植业中的粮食播种面积比例由1978年的80.3%下降到1991年的75.1%③。但该阶段区域农业发展政策嵌套于地区经济发展政策中,如"七五"计划中对东中西部农业产业的布局,尚未涉及区域农业协调发展理念,协调更多的是指农村工业与城市工业之间的协调。

① 孔祥智.农业供给侧结构性改革的基本内涵与政策建议.改革,2016(02):104—115.
② 农业部软科学委员会课题组编.中国农业发展新阶段.北京:中国农业出版社,2000.
③ 资料来源:新中国农业60年统计资料.

表 12.2　1979—1991 年的农业发展政策

时间	文件名称	主要相关政策
1978 年 3 月	1976—1985 年发展国民经济十年规划纲要（修订草案）	要处理好农业、轻工业和重工业关系,使农轻重相互协调、相互促进地发展。基本建成西南、西北、中南、华东、华北、东北六个大区不同水平,各有特点,各自为战,大力协同,农、轻、重比较协调发展的经济体系。大力加强农业基础,坚持以粮为纲,全面发展方针,把粮食搞上去。切实搞好粮、棉、油、麻、丝、茶、糖、菜、烟、果、药、杂十二个字布局,要把增产经济作物放在重要地位
1978 年 12 月	十一届三中全会	集中主要精力把农业尽快搞上去。大力恢复和加快发展农业生产,坚决地、完整地执行"农林牧副渔并举"和"以粮为纲,全面发展,因地制宜,适当集中"方针,逐步实现农业现代化
1979	中共中央关于加快农业发展若干问题的决定	要贯彻执行"农林牧副渔同时并举"和"以粮为纲,全面发展,因地制宜,适当集中"的方针;要有计划地逐步改变目前农业结构和人们的食物构成,将粮食作物和经济作物按照各地区特点,适当集中发展
1982	中共中央一九八二年一月一日全国农村工作会议纪要	农业经济要以计划经济为主,市场调节为辅。建立农业生产责任制。改善农村商业,疏通流通渠道,加强市场管理,以保证农业生产迅速发展。粮棉油等产品坚持统购统销政策
1982 年 12 月	关于发展国民经济的第六个五年计划（1981—1985 年）	决不放松粮食生产,积极开展多种经营。积极支持群众乐意推行的家庭联产承包责任制或其他形式,让多种联合形式在实践中发展提高,放手发展多种经营。在农业建设方面,继续建设黑龙江三江平原、江西鄱阳湖地区、湖南洞庭湖地区、安徽淠史杭灌区等商品粮基地。逐步建立和健全优良种子的繁殖推广体系。建设一批畜禽良种场、饲养场和饲料加工厂
1983	当前农村经济政策的若干问题	稳定和完善农业生产责任制是当前农村工作主要任务。适应商品生产需要,发展多种多样的合作经济。调整购销政策,改革国营商业体制,放手发展合作商业,适当发展个体商业,实现以国营商业为主导,多种商业经济形式并存,广辟流通渠道。建立一批商品生产基地
1984	中共中央关于一九八四年农村工作的通知	农村工作重点是在稳定和完善生产责任制基础上,提高生产力水平;加强社会服务,促进农村商品生产的发展;疏理流通渠道。可试行建立专门的生产基地
1985	中共中央、国务院关于进一步活跃农村经济的十项政策	改革农产品统派购制度。大力帮助农村调整产业结构,以一定财力物力支持粮棉集中区发展农产品加工业。按自愿互利原则和商品经济要求,积极发展和完善农村合作制

时间	文件名称	主要相关政策
1986 年 1 月	中共中央国务院关于一九八六年农村工作的部署	进一步摆正农业在国民经济中的基础地位。深入进行农村经济改革，经济发达地区粮食合同定购数量应保持稳定，通过乡镇企业"以工补农"方式，对生产和交售粮食的农民给予合理补偿；大城市做好近郊蔬菜生产，逐步开辟远郊蔬菜基地和外埠专项蔬菜基地，做到近郊为主，远郊为辅，外埠调剂，保证供给；正确处理粮食生产和多种经营的关系。扶持畜牧业和水产业发展，加强商品生产基础设施和草场、远洋渔业设施建设，建立良种繁育、饲料、防疫、产品加工、贮运、销售等服务体系，形成相对集中的商品生产区。县一级要做好农业资源调查和农业区划，做好社会经济调查，制定本地区综合发展规划，充分发挥地区优势
1986 年 4 月	国民经济和社会发展第七个五年计划（1986—1990 年）	地区经济发展要正确处理东部沿海、中部、西部三个经济地带关系。东部沿海要大力发展农业生产，调整农村产业结构；中部要大力发展农业，促进粮食和其他经济作物稳定增长；中部要充分发挥农业生产潜力，建立几个粮、豆、油料和糖料商品生产基地；西部要稳定粮食播种面积，提高单产，逐年减少粮食调入量

资料来源：根据相关政策文件整理而得

（三）1992—2000 年：农业结构战略性调整，发展高产优质高效农业

从 1992 年邓小平南巡讲话开始，我国经济体制改革进入新的阶段，国民经济市场化、社会化程度明显提高，社会主义市场经济体制逐步建立，我国农村基本经营制度逐渐稳定和完善，农产品流通体制改革深化，农村产业结构进一步调整[①]。但随着人民生活水平的提高和国民经济结构的调整，我国农产品的市场供需结构发生重大变化[②]。1992 年以后，以粮棉油为代表的重要农产品出现供给过剩和"卖难"现象，而一些优质农产品却供不应求[③]。在此背景下，为缓解农产品卖难，增加农民收入，1992 年国务院制定了发展高产优质高效农业的政策，提出"不论种植业还是林业、畜牧业和水产业，都要把扩大优质产品的生

[①] 宋洪远. 大国根基：中国农村改革 40 年. 广州：广东经济出版社，2018.
[②] 高强，孔祥智. 中国农业结构调整的总体估计与趋势判断. 改革，2014(11)：80—91.
[③] 叶初升，马玉婷. 新中国农业结构变迁 70 年：历史演进与经验总结. 南京社会科学，2019(12)：1—9 ＋33.

产放在突出地位,并作为结构调整的重点"①。1993 年中国共产党第十四届中央委员会第三次全体会议通过《中共中央关于建立社会主义市场经济体制若干问题的决定》,明确提出"要适应市场对农产品消费需求的变化,优化品种结构,使农业朝着高产、优质、高效的方向发展"。自此我国的农业结构调整范围由品种结构扩展到品质结构,农业进入了以市场为导向、由数量型转向质量效益型的阶段②。

伴随着农业生产结构的调整,我国的区域农业发展政策也开始重视生产力区域布局。"八五"计划明确提出要"正确处理并协调沿海和内地的关系",鼓励东部沿海的发达地区采取多种形式帮助边远地区和内地发展经济,提出了地区经济协作和联合政策,重点是调整和优化地区产业结构。在农业区域布局中,农业商品生产基地主要分布在三江平原、松嫩平原、豫皖平原、江汉平原、四川盆地和宁夏,以及内蒙古灌区。具体而言,内蒙古和宁夏河套地区为我国的商品粮基地,内蒙古、新疆和宁夏为甜菜基地,广西和云南为蔗糖基地,新疆为棉花基地。此外,还要逐步发展西藏的"一江两河"流域,并加强海南,广西和云南的热带经济作物生产。"八五"时期我国经济快速增长,提前 5 年实现了经济总量比 1980 年翻两番的战略目标,农业增加值年均增长 4.1%。"九五"计划将促进区域经济协调发展作为重要方针提了出来,总体思路是当 2000 年人民生活基本达到小康水平的时候,突出解决区域发展不平衡的问题。该计划强调粮食生产的重要性,将实施科教兴农战略,完善"米袋子"省长负责制,建立基本农田保护制度,推动农工贸一体化等作为确保农业农村经济增长的重要措施。"八五"计划的顺利完成为"九五"计划奠定很好的基础,这两个时期我国经济快速增长,1997 年实现了我国国民生产总值比 1980 年翻两番的目标,完成了我国现代化经济建设第二步战略部署;对农业生产的重视力度加大,农业发展政策更为多元和具体化,并仍以全国的国民经济和社会发展五年计划为引领。

在"九五"时期,我国开始了农业结构的第二次重大调整,即 1998 年的农业结构战略性调整③。此次调整以农业增效、农民增收为导向。1998 年《政府工作报告》明确提出"要以市场为导向,调整和优化农业结构,在不放松粮食生产的同时,积极发展畜牧业、水产业和林业,促进农业向高产、优质、高效方向发

---

① 《国务院关于发展高产优质高效农业的决定》(国发〔1992〕56 号),成文于 1992 年 9 月 25 日,发布于 2010 年 12 月 19 日,根据《国务院关于宣布失效一批国务院文件的决定》(国发〔2016〕38 号),此文件已宣布失效。

② 叶初升,马玉婷. 新中国农业结构变迁 70 年:历史演进与经验总结. 南京社会科学,2019(12):1—9 +33.

③ 宋洪远. 中国农村改革三十年. 北京:中国农业出版社,2008.

展。"该阶段,我国农业结构调整取得显著成效:种植业占农林牧渔总产值比重由 1992 年的 61.5% 下降到 2000 年的 55.7%;种植业中粮食作物播种面积比例由 1992 年的 74.2% 下降到 2000 年的 69.4%[①]。

表 12.3　1992—2000 年的农业发展政策

年份	文件名称	主要相关政策
1991	国民经济和社会发展第八个五年计划(1991—1995 年)	沿海地区要稳步调整农村产业结构,提高高附加价值农产品生产比重,稳步发展创汇农业;内陆地区要大力发展农林牧业生产,加强三江平原、松嫩平原、豫皖平原、江汉平原、四川盆地和宁夏、内蒙古灌区等农业商品生产基地建设,提高粮、棉、油和糖料等农产品生产能力和加工能力,积极发展畜牧业和畜牧产品加工业;少数民族地区要增加稳产高产农田,努力提高粮食自给;贫困地区要加强农业建设,改善农、林、牧业的生产条件
1993	中共中央关于建立社会主义市场经济体制若干问题的决定	我国农村经济开始进入以调整结构、提高效益为主要特征的新阶段。要适应市场对农产品消费需求的变化,优化品种结构,使农业朝着高产、优质、高效的方向发展。在保持粮棉等基本农产品稳定增长的前提下,调整农村的产业结构,加快乡镇企业和其他非农产业的发展,为农村剩余劳动力提供更多的就业机会。实现农业产品结构和农村产业结构调整,必须积极培育农村市场,打破地区封锁、城乡分割的状况,进一步搞活流通,增强农村经济发展的开放性,使各种经济资源在更大的范围内流动和组合
1995	关于国民经济和社会发展"九五"计划(1996—2000 年)和 2010 年远景目标纲要的报告	重视支持中西部地区发展,朝着缩小差距的方向努力,促进区域经济协调发展。农业居于国民经济发展首位,确保农业和农村经济持续稳定增长:保证粮、棉、油等基本农产品稳定增产;大力改造中低产田,搞好黑龙江、吉林、新疆、黄淮海等地区的粮棉生产基地建设,继续扶持粮棉集中产地发展经济;加快发展农用工业,增加农业生产资料的供应,提高农业机械化和现代化水平;鼓励农村种植业、养殖业、加工业有机结合,推动农工贸一体化,促进农业向高产、优质、高效方向发展
2001	国民经济和社会发展第十个五年计划纲要(2001—2005 年)	实施西部大开发战略,加快中西部地区发展,合理调整地区经济布局,促进地区经济协调发展。以优化品种、提高质量、增加效益为中心,积极调整种植业作物结构、品种结构和品质结构,发展优质高产高效种植业。继续建设新疆优质棉基地、长江流域双低油菜基地及绿色食品基地。合理调整农业生产区域布局,发展特色农业,形成规模化、专业化的生产格局。加大对粮食主产的支持力度,保护粮食主产区生产粮食积极性,鼓励与销区建立长期稳定的购销关系

资料来源:根据相关政策文件整理而得

---

① 资料来源:中国统计年鉴(2019).

（四）2001—2012 年：工业反哺农业，增加农业投入、优化区域布局

20 世纪和 21 世纪之交，我国城乡差距较大，粮食连年减产、农民收入增长幅度连年下降，"三农"问题成为全社会关注的热点①。2001 年 12 月，我国加入世界贸易组织，这为我国农业对外开放带来新机遇的同时，也进一步暴露了国内农业生产的短板，如农业生产成本较高降低了农产品价格优势，农业投入不足降低了农产品品质优势，给粮棉油等重要农产品带来巨大冲击②。为了缩小城乡差距，促进农业发展，提高农产品的国际竞争力，我国确定了"工业反哺农业、城市支持农村"的政策方针，逐步实施了农业的"四大补贴"政策，即种粮直接补贴、良种补贴、农机具购置补贴和农业生产资料综合补贴，并于 2006 年取消了除烟叶以外的农业特产税，并全部免征牧业税③。此外，我国不断完善农业的支持和保护体系，增加对农业的财政、金融、科技等投入力度。

在减轻农业负担、增加农业投入的同时，我国的农业发展政策更加注重优化农业区域布局（见表 12.4）。2001 年的《中华人民共和国国民经济和社会发展第十个五年计划纲要》提出要"合理调整农业生产区域布局，发展特色农业，形成规模化、专业化的生产格局。"此后，我国区域农业发展政策逐渐由嵌套于全国经济和社会发展规划，向农业农村专项规划、农业产业发展专项规划、农产品专项规划，以及地区经济发展专项规划转变。如 2003 年制定了《全国农业和农村经济发展第十个五年计划》，为农业农村发展提供系统全面的指导，明确指出要"优化农业区域布局，充分发挥地区比较优势，逐步确立我国农业发展的地域分工格局"，并对东中西部的农业生产格局做了初步规划。同年，为了进一步促进草原畜牧业的可持续发展，国务院西部开发办等五部门联合发布《关于下达 2003 年退牧还草任务的通知》，决定在我国西部地区④启动退牧还草工程，实行以草定畜，严格控制载畜量，优化畜草产业结构。

2004 年的《中共中央、国务院关于促进农民增加收入若干政策的意见》在继续调整农业区域布局的同时，指出要引导农产品市场和加工业合理布局。自此，我国一系列农业发展的专项规划陆续出台：一是制定农业产业发展专项规划，如 2006 年发布了畜牧业和渔业发展的五年规划（"十一五"规划）。

---

① 郑有贵. 目标与路径：中国共产党"三农"理论与实践 60 年. 长沙：湖南人民出版社,2009.

② 叶初升,马玉婷. 新中国农业结构变迁 70 年：历史演进与经验总结. 南京社会科学,2019(12)：1—9 +33.

③ 2005 年 12 月的十届全国人大常委会第十九次会议,决定废止《农业税条例》,自 2006 年 1 月 1 日执行。

④ 这里的西部地区包括内蒙古、甘肃、宁夏、青海、云南、四川、新疆等省(自治区)及新疆生产建设兵团。

二是制定农产品专项规划,包括三个方面内容:(1)优势和特色农产品整体规划,如《优势农产品区域布局规划(2003—2007年)》《特色农产品区域布局规划(2006—2015年)》和《全国优势农产品区域布局规划(2008—2015年)》等;(2)重要农产品专项规划,如粮食行业发展方面的粮食行业科技发展规划("十五"—"十一五"),《全国粮食生产发展规划(2006—2020年)》和《国家粮食安全中长期规划纲要(2008—2020年)》等;(3)农产品加工业发展规划,如《全国主要农产品加工业发展规划》和《农产品加工业"十一五"发展规划》等。此外,该时期国家更加重视区域经济发展,制定了区域经济发展的地区专项规划,如西部大开发①、东北全面振兴②、中部地区崛起③和东部率先发展政策等。

2010年,国务院印发《全国主体功能区规划》,按照开发内容,将我国国土空间分为城市化地区、农产品主产区和重点生态功能区,其中农产品主产区是以提供农产品为主体功能的地区,也提供生态产品、服务产品和部分工业品。《规划》明确提出要构建以"七区二十三带"(七区指东北平原等七个农产品主产区;二十三带指七区中以水稻、小麦等农产品生产为主的二十三个产业带)为主体的农业战略格局。这标志着,我国区域农业的发展有了整体的战略布局,各类农业农村专项规划、农产品专项规划等与全国农业战略布局的政策部署越来越协调,对农业结构调整、农业生产布局等重要内容的部署也更为具体。2011年的《中华人民共和国国民经济和社会发展第十二个五年规划纲要》和2012年的《全国农业和农村经济发展第十二个五年规划》则在全国主体功能区划分的基础上,提出要优化农业产业布局,加快构建以东北平原和黄淮海平原等的农产品主产区为主体,其他农业地区为重要组成的"七区二十三带"农业战略格局。此外,我国的区域农业政策更注重地区间的均衡发展,如2012年的《中共中央、国务院关于加快推进农业科技创新持续增强农产品供给保障能力的若干

---

① 2000年《国务院关于实施西部大开发若干政策措施的通知》、2001年《国务院办公厅转发国务院西部开发办关于西部大开发若干政策措施实施意见的通知》、2002年《国家计委、国务院西部开发办关于印发"十五"西部开发总体规划的通知》、2004年《国务院关于进一步推进西部大开发的若干意见》、2007年《西部大开发"十一五"规划(2006—2010)》、2010年《中共中央、国务院关于深入实施西部大开发战略的若干意见》。

② 2003年《中共中央、国务院关于实施东北地区等老工业基地振兴战略的若干意见》、2007年《东北地区振兴规划》、2009年《国务院关于进一步实施东北地区等老工业基地振兴战略的若干意见》。

③ 2006年《国务院关于促进中部地区崛起的若干意见》、2006年《国务院办公厅关于落实中共中央国务院关于促进中部地区崛起若干意见有关政策措施的通知》、2007年《国务院办公厅关于中部六省比照实施振兴东北地区等老工业基地和西部大开发有关政策范围的通知》、2012年《201208:国务院关于大力实施促进中部地区崛起战略的若干意见》。

意见》中提出要"健全主产区利益补偿机制,增加产粮(油)大县奖励资金,加大生猪调出大县奖励力度"。

在这一阶段,我国的区域农业政策从重视农业增产、调整农业品种和品质结构,向统筹城乡经济发展,重视农业投入,着力发挥区域比较优势、优化农业区域布局,注重区域农业均衡、协调发展的方向转变。这一阶段,我国农业结构进一步调整:2012 年,种植业占农林牧渔总产值比重下降到 51.94%,畜牧业占农林牧渔产值比重增加到 30.68%;种植业中粮食作物播种面积比例下降到 70.57%[①]。经过部署,基本形成了东北平原、黄淮海平原、长江流域、汾渭平原、河套灌区、华南和甘肃新疆 7 个农产品主产区,以及水稻、专用玉米、大豆、畜产品、优质专用小麦、优质棉花、优质水稻、优质油菜、水产品、甘蔗等 23 条产业带。

表 12.4　2001—2012 年的农业发展政策

时间	文件名称	主要相关政策
2003 年 7 月	全国农业和农村经济发展第十个五年计划(2001—2005 年)	优化农业区域布局,充分发挥地区比较优势,逐步确立我国农业发展的地域分工格局:东部沿海地区、大中城市郊区,要大力发展外向型农业、高科技农业和高附加值农业;中部地区和粮食主产区要发挥粮食生产优势,加强商品粮、加工专用粮和饲料粮生产基地建设,稳定提高粮食生产能力,大力发展畜牧业,加快发展食品加工业;加快西部地区农业和农村经济发展步伐,为西部大开发战略顺利实施奠定物质基础
2004	中共中央、国务院关于促进农民增加收入若干政策的意见	推进农业结构调整,挖掘农业内部增收潜力。加快实施优势农产品区域布局规划,发挥各地比较优势,继续调整农业区域布局。农产品市场和加工布局、技术推广和质量安全检验等服务体系建设,要着眼和有利于促进优势产业带形成;引导农产品加工业合理布局,扶持主产区发展以粮食为主要原料的农产品加工业,重点是发展精深加工。搞好粮食产销区协作,优化储备布局,加强粮食市场管理和宏观调控
2005 年 1 月	中共中央、国务院关于进一步加强农村工作提高农业综合生产能力若干政策的意见	改善粮食品种结构,优化区域布局,着力提高单产,努力保持粮食供求总量大体平衡。加强对粮食主产区的支持,建立粮食主产区与主销区之间的利益协调机制,支持粮食主产区加强生产能力建设。发挥区域比较优势,建设农产品产业带,大力发展特色农业

---

① 资料来源:中国统计年鉴(2019).

时间	文件名称	主要相关政策
2005年12月	中共中央、国务院关于推进社会主义新农村建设的若干意见	稳定发展粮食生产,实施优质粮食产业工程和粮食丰产科技工程,加快建设大型商品粮生产基地和粮食产业带,稳定粮食播种面积,提高粮食单产、品质和生产效益;继续执行对粮食主产县的奖励政策,增加中央财政对粮食主产县的奖励资金。积极推进农业结构调整,加快建设优势农产品产业带,积极发展特色农业、绿色食品和生态农业,保护农产品知名品牌,培育壮大主导产业。发展农业产业化经营,着力培育一批竞争力、带动力强的龙头企业和企业集群示范基地
2006年3月	国民经济和社会发展第十一个五年规划纲要(2006—2010年)	把解决好"三农"问题作为重中之重,实行工业反哺农业、城市支持农村。落实区域发展总体战略,形成东中西优势互补、良性互动的区域协调发展机制。推进农业结构调整,优化农业产业结构,在保证粮棉油稳定增产的同时,提高养殖业比重;优化农业产品结构,发展高产、优质、高效、生态、安全农产品。优化农业区域布局,建立粮食主产区与主销区间利益协调机制
2006年6月	全国农业和农村经济发展第十一个五年规划(2006—2010年)	建立粮食主产区和主销区间利益协调机制,稳定发展粮食产业。将农业区域分成优势开发区、重点开发区、适度开发区三类区域:优势开发区要做大做强优势农产品产业带,使之成为我国农产品主要生产基地,带动农业整体素质提高和生产布局优化;重点开发区要提高农业综合生产能力和农产品竞争力,使之成为农产品生产战略基地,主要包括新疆北部地区、东北中低产田地区、黄淮海旱作地区、华南热作地区、海峡西岸地区、南方草山草坡地区;适度开发区要适度发展畜牧业和特色农业,转变生产方式,提高当地农业和农村经济发展水平,主要包括农牧交错区、青藏高原区、黄土高原区、西南岩溶区、西北荒漠化地区、东北湿地区
2007	中共中央、国务院关于积极发展现代农业扎实推进社会主义新农村建设的若干意见	推进粮食优势产业带建设,鼓励有条件的地方适度发展连片种植,加大对粮食加工转化的扶持力度。大力发展特色农业,立足当地自然和人文优势,培育主导产品,优化区域布局。合理布局,加快建设一批设施先进、功能完善、交易规范的鲜活农产品批发市场
2008	中共中央、国务院关于切实加强农业基础建设进一步促进农业发展农民增收的若干意见	根据粮食产销格局变化,完善粮食风险基金政策,加大对粮食主产区扶持力度,完善产粮大县奖励政策。实施粮食战略工程,集中力量建设一批基础条件好、生产水平高和调出量大的粮食核心产区;在保护生态前提下,着手开发一批资源有优势、增产有潜力的粮食后备产区。扩大西部退耕地区基本口粮田建设。落实粮食省长负责制,主销区和产销平衡区要稳定粮食自给水平。通过结构优化增收,搞好农产品优势区域布局规划和建设,支持优质农产品生产和特色农业发展,推进农产品精深加工

时间	文件名称	主要相关政策
2009	中共中央、国务院关于2009年促进农业稳定发展农民持续增收的若干意见	把发展粮食生产放在现代农业建设首位,稳定播种面积,优化品种结构,提高单产水平,增强综合生产能力。抓紧实施粮食战略工程,推进国家粮食核心产区和后备产区建设,加快落实全国新增千亿斤粮食生产能力建设规划。支持粮食生产政策措施向主产区倾斜,建立主产区利益补偿制度。推进农业结构战略性调整,构建现代农业产业体系。搞好产业布局规划,科学确定区域农业发展重点,形成优势突出和特色鲜明的产业带,引导加工、流通、储运设施建设向优势产区聚集
2010	中共中央、国务院关于加大统筹城乡发展力度进一步夯实农业农村发展基础的若干意见	在稳定粮食播种面积基础上,大力优化品种结构,着力提高粮食单产和品质。加快建立健全粮食主产区利益补偿制度,增加产粮大县奖励补助资金,提高产粮大县人均财力水平。协调推进城乡改革,增强农业农村发展活力:坚决守住耕地保护红线,建立保护补偿机制,加快划定基本农田,实行永久保护
2011年3月	国民经济和社会发展第十二个五年规划纲要(2011—2015年)	建立健全区域发展衔接协调机制,按照推进形成主体功能区的要求,完善区域规划编制,做好专项规划、重大项目布局与主体功能区规划的衔接协调。推进农业结构战略性调整,完善现代农业产业体系,发展高产、优质、高效、生态、安全农业。优化农业产业布局,加快构建以东北平原、黄淮海平原、长江流域、汾渭平原、河套灌区、华南和甘肃新疆等的农产品主产区为主体,其他农业地区为重要组成的"七区二十三带"农业战略格局
2012年2月	中共中央、国务院关于加快推进农业科技创新持续增强农产品供给保障能力的若干意见	促进农业技术集成化、劳动过程机械化、生产经营信息化,构建适应高产、优质、高效、生态、安全农业发展要求的技术体系。支持优势产区加强棉花、油料、糖料生产基地建设,进一步优化布局、主攻单产、提高效益。要加快推进区域化布局、标准化生产、规模化种养,提升"菜篮子"产品整体供给保障能力和质量安全水平。健全主产区利益补偿机制,增加产粮(油)大县奖励资金,加大生猪调出大县奖励力度。探索完善森林、草原、水土保持等生态补偿制度
2012年8月	全国农业和农村经济发展第十二个五年规划(2011—2015年)	稳定粮食播种面积,优化粮食品种结构,提高粮食单产水平,加强粮食主产区建设,完善粮食生产的激励机制。推进农业结构战略性调整,优化农业区域布局,加快构建"七区二十三带"农业战略格局

资料来源:中央一号文件(2004—2012年),全国农业和农村经济发展计划("十五"—"十二五"),国民经济和发展五年计划("十五"—"十二五")

(五) 2013 年至今:农业供给侧结构性改革,转变农业发展方式

通过两次农业结构调整,我国的农业生产结构不断优化,种养加结构、粮经

饲结构趋于合理,农业供求总量平衡,但结构性矛盾日益突出,如供需不匹配与结构性调整问题、农业生产成本攀升、农产品价格"倒挂"问题、农产品质量安全问题等[①]。基于此,我国于 2013 年开始了以国内外市场为导向的新一轮农业结构调整,于 2015 年开始了农业供给侧结构性改革。2013 年的《中共中央、国务院关于加快发展现代农业进一步增强农村发展活力的若干意见》中提出要将农业补贴向"专业大户、家庭农场、农民合作社等新型生产经营主体倾斜",这表明我国开始重视调整农业的生产经营结构。2015 年中央农村工作会议首次提出"农业供给侧结构性改革"[②],改革的重点是"去产能、去库存、去杠杆、降成本、补短板"[③],会议强调要"推进种植业、畜牧业、渔业结构调整,重点是调减玉米种植面积,调整生猪、牛羊、渔业生产布局,巩固提升粮食产能,推动粮经饲统筹、农牧渔结合、种养加一体、一二三产业融合发展。"2015 年,为解决玉米供大于求,库存大幅增加,种植效益降低等问题,我国开始对镰刀弯地区[④]的玉米种植结构进行调减,《农业部关于"镰刀弯"地区玉米结构调整的指导意见》中指出结构调整的重点任务是"玉米种植面积稳定在 1 亿亩,比目前减少 5 000 万亩以上,重点发展青贮玉米、大豆、优质饲草、杂粮杂豆、春小麦、经济林果和生态功能型植物等"。2016—2019 年的中央一号文件继续提出要推进、深化农业供给侧改革,加快转变农业发展方式。

在农业供给侧结构性改革的主线下,我国区域农业发展政策更加注重农业发展方式的转变,以农业高质量发展为导向。2018 年的《中共中央、国务院关于实施乡村振兴战略的意见》提出"深入推进农业绿色化、优质化、特色化、品牌化,调整优化农业生产力布局,推动农业由增产导向转向提质导向。"2019 年,农业农村部等七部门联合制定《国家质量兴农战略规划(2018—2022 年)》,强调要深化农业供给侧结构性改革,"优化农业要素配置、产业结构、空间布局、管理方式,推动农业全面升级、农村全面进步、农民全面发展"。2019—2020 年的中央一号文件均提出继续调整优化农业结构,发展绿色优质农产品。

这一阶段,我国的区域农业政策围绕市场需求变化,以调结构、转方式为重点,旨在解决农产品阶段性供过于求和供给不足的问题。同时,在统筹城乡发展,统筹区域经济协调发展的战略框架下,以粮食主产区利益补偿机制、市场化

---

① 祁春节.农业供给侧结构性改革:理论逻辑和决策思路.华中农业大学学报(社会科学版),2018(04):89—98+170.

② 孔祥智.农业供给侧结构性改革的基本内涵与政策建议.改革,2016(02):104—115.

③ 2015 年 12 月 18 至 21 日中央经济工作会议。

④ "镰刀弯"地区包括东北冷凉区、北方农牧交错区、西北风沙干旱区、太行山沿线区及西南石漠化区,在地形版图中呈现由东北向华北—西南—西北镰刀弯状分布,是玉米结构调整的重点地区。

多元化生态补偿机制为重点,区域农业发展政策越来越协调。该阶段,我国农业结构相对较为稳定:种植业占农林牧渔总产值比重稳定在53％左右,2013年种植业占比为52.53％,2018年种植业占比为54.11％;畜牧业占农林牧渔总产值比重稳定在28％左右,2013年畜牧业占比为29.59％,2018年畜牧业占比为25.27％;种植业中粮食作物播种面积比例稳定在71％左右,2013年粮食作物占比为70.80％,2018年粮食作物占比70.55％[①]。

表 12.5　2013 年至今的农业发展政策

时间	文件名称	主要相关政策
2013	中共中央、国务院关于加快发展现代农业进一步增强农村发展活力的若干意见	促进工业化、信息化、城镇化、农业现代化同步发展,着力强化现代农业基础支撑。稳定发展农业生产,继续开展粮食稳定增产行动,加强 800 个产粮大县基础设施建设,推进东北四省区节水增粮行动、粮食丰产科技工程。支持优势产区棉花、油料、糖料生产基地建设。扩大粮棉油糖高产创建规模,在重点产区实行整建制推进,集成推广区域性、标准化高产高效模式。优化粮食等大宗农产品储备品种结构和区域布局,完善粮棉油糖进口转储制度
2014	中共中央、国务院关于全面深化农村改革加快推进农业现代化的若干意见	推进中国特色农业现代化,坚持家庭经营为基础与多种经营形式共同发展,传统精耕细作与现代物质技术装备相辅相成,实现高产高效与资源生态永续利用协调兼顾。加快建立利益补偿机制。加大对粮食主产区的财政转移支付力度,增加对商品粮生产大省和粮油猪生产大县的奖励补助,鼓励主销区通过多种方式到主产区投资建设粮食生产基地,完善粮食主产区利益补偿机制。支持粮食主产区发展粮食加工业
2015	中共中央、国务院关于加大改革创新力度加快农业现代化建设的若干意见	深入推进农业结构调整。科学确定主要农产品自给水平,合理安排农业产业发展优先序。启动实施油料、糖料、天然橡胶生产能力建设规划。加快发展草牧业,支持青贮玉米和苜蓿等饲草料种植,开展粮改饲和种养结合模式试点,促进粮食、经济作物、饲草料三元种植结构协调发展。立足各地资源优势,大力培育特色农业
2016 年 1 月	中共中央、国务院关于落实发展新理念加快农业现代化 实现全面小康目标的若干意见	推进农业供给侧结构性改革,加快转变农业发展方式,保持农业稳定发展和农民持续增收,走产出高效、产品安全、资源节约、环境友好的农业现代化道路。优化农业生产结构和区域布局。树立大食物观,面向整个国土资源,全方位、多途径开发食物资源,满足日益多元化的食物消费需求。推动农产品加工业转型升级。加强农产品加工技术创新,促进农产品初加工、精深加工及综合利用加工协调发展

---

① 资料来源:中国统计年鉴(2019).

时间	文件名称	主要相关政策
2016年3月	国民经济和社会发展第十三个五年规划纲要(2016—2020年)	健全区域协调发展机制,创新区域合作机制,加强区域间、全流域的协调协作。完善对口支援制度和措施,通过发展"飞地经济"、共建园区等合作平台,建立互利共赢、共同发展的互助机制。建立健全生态保护补偿、资源开发补偿等区际利益平衡机制。健全粮食主产区利益补偿机制。建立耕地保护补偿制度。加快推进农业结构调整,推动粮经饲统筹、农林牧渔结合、种养加一体发展
2016年10月	全国农村经济发展"十三五"规划(2016—2020年)	优化农业生产结构和区域布局。促进粮经饲三元种植结构协调发展;提升畜牧业和渔业发展水平;优化农产品生产区域布局,划定粮食生产功能区和重要农产品保护区,加强粮食等大宗农产品主产区建设,形成布局合理、数量充足、设施完善、产能提升、管护到位、生产现代化的粮食等重要农产品核心产区和供给基地
2017	中共中央、国务院关于深入推进农业供给侧结构性改革 加快培育农业农村发展新动能的若干意见	统筹调整粮经饲种植结构,加快构建粮经饲协调发展的三元种植结构。粮食作物要稳定水稻、小麦生产,重点发展优质稻米和强筋弱筋小麦,调减非优势区籽粒玉米,增加优质食用大豆、薯类、杂粮杂豆等;经济作物要优化品种品质和区域布局,巩固主产区棉花、油料、糖料生产;饲料作物要扩大种植面积,发展青贮玉米、苜蓿等优质牧草,大力培育现代饲草料产业体系。完善粮食主产区利益补偿机制,稳定产粮大县奖励政策。优化农业区域布局,以主体功能区规划和优势农产品布局规划为依托,科学合理划定稻谷、小麦、玉米粮食生产功能区和大豆、棉花、油菜籽、糖料蔗、天然橡胶等重要农产品生产保护区
2018	中共中央、国务院关于实施乡村振兴战略的意见	深入推进农业绿色化、优质化、特色化、品牌化,调整优化农业生产力布局,推动农业由增产导向转向提质导向。优化养殖业空间布局,大力发展绿色生态健康养殖,做大做强民族奶业。统筹海洋渔业资源开发,科学布局近远海养殖和远洋渔业,建设现代化海洋牧场。建立市场化多元化生态补偿机制。落实农业功能区制度,加大重点生态功能区转移支付力度,完善生态保护成效与资金分配挂钩的激励约束机制
2019	中共中央、国务院关于坚持农业农村优先发展做好"三农"工作的若干意见	发挥粮食主产区优势,完善粮食主产区利益补偿机制,健全产粮大县奖补政策。压实主销区和产销平衡区稳定粮食生产责任。调整优化农业结构,大力发展紧缺和绿色优质农产品生产,推进农业由增产导向转向提质导向。深入推进优质粮食工程。实施大豆振兴计划,多途径扩大种植面积。支持长江流域油菜生产,推进新品种新技术示范推广和全程机械化。积极发展木本油料。实施奶业振兴行动,加强优质奶源基地建设。合理调整粮经饲结构,发展青贮玉米、苜蓿等优质饲草料生产。合理确定内陆水域养殖规模
2020	中共中央、国务院关于抓好"三农"领域重点工作确保如期实现全面小康的意见	继续调整优化农业结构,加强绿色食品、有机农产品、地理标志农产品认证和管理,打造地方知名农产品品牌,增加优质绿色农产品供给。加强农产品冷链物流统筹规划、分级布局和标准制定

资料来源:中央一号文件(2013—2020年),全国农业和农村经济发展计划("十三五"),国民经济和发展五年计划("十三五")

二、我国区域农业协调发展政策的特点

一个有效的区域政策"篮子"要充分体现"区域协调发展"特征,须综合考虑区域的差异性,结合区域资源、产业基础、市场等因素的差异制定相应的、有针对性的差异政策。农业区域政策最需要优化的是,根据区域发展差异对政策进行动态调整,平衡政策的灵活性和延续性。当前,我国的区域农业协调发展政策呈现出如下三个特点。

(一) 政策呈现明显的阶段性,政策间具有延续性

由前文分析可知,我国的区域农业协调发展政策大体可以分为五个阶段,每个阶段的政策均有明显的侧重点,且政策间具有延续性。改革开放前,我国的农业政策是"以粮为纲",重视粮食增产解决人民温饱问题;改革开放后,粮食生产基本稳定,随着市场化进程的深入,我国开始调整农业生产结构,种植结构更为多元化,经济作物和饲料粮增加,畜牧业和渔业也得到进一步发展;在农业结构战略性调整的部署下,高产优质高效农业得到发展;2000 年后,随着城乡差距的不断扩大,农业政策也逐渐向统筹城乡发展、工业反哺农业转变,农业区域布局愈发完善,逐渐细化为种植业、养殖业、渔业等专项布局;在农业供给侧结构性改革的推动下,农业发展方式逐步转变,政策间的协调度也逐渐增强。可见,我国的区域农业协调发展政策呈现出从计划经济向市场经济转变、从整体布局向专项布局转变、从种植业向农林牧渔全面发展、从重视数量向提质增效转变的特点。

(二) 政策覆盖区域因需而定,跨省和单省政策并重

就政策覆盖面而言,当前的农业区域发展政策根据不同区域的划分和个别省市农业专项发展的需要,主要有三类覆盖面不一的政策:一是以解决区域共性问题为目标的跨省份合作政策。例如 2018 年 9 月,农业农村部出台《关于支持长江经济带农业农村绿色发展的实施意见》,提出以"共抓大保护、不搞大开发"为原则,推动长江经济带沿线的上海、江苏、浙江、安徽、江西、湖北、湖南、重庆、四川、云南和贵州等 11 个省市农业农村的绿色发展。2019 年 9 月,习近平

总书记在黄河流域①生态保护和高质量发展座谈会上指出,沿黄河各地区要坚持生态优先、绿色发展理念,探索富有地域特色的高质量发展新路子。这两类政策均以解决流域共性问题为目标,涉及多省间的合作。二是以解决重点省区的农业发展问题为目标的单一省份政策。例如2017年1月,内蒙古自治区人民政府办公厅印发《内蒙古自治区农牧业现代化第十三个五年发展规划》,旨在解决内蒙古农牧业发展中存在的供给侧结构性矛盾突出、资源成本价格"三板"②挤压、质量安全面临挑战等问题,提出要加快农牧业结构调整和发展方式转变,"宜粮则粮、宜经则经、宜草则草、宜牧则牧、宜渔则渔",进一步优化农牧业生产力布局。三是以解决重点区域的突出问题为目标的重点区域政策。相邻省份之间的一些重点地区可能存在一些突出的共性问题,需要在特殊的发展背景下给予特殊的政策支持。第一类是区域扶贫政策,农业政策内含其中。例如"三区三州"扶贫政策、四省藏区扶贫政策、大兴安岭南麓片区区域发展和扶贫政策等。2012年10月,国务院扶贫开发领导小组办公室、国家发展和改革委员会联合印发《大兴安岭南麓片区区域发展与扶贫攻坚规划(2011—2020年)》,将大兴安岭南麓片区划分为重点发展区、农业发展区和生态保护区,在农业扶贫政策上提出要"重点支持粮食、畜禽和果蔬等覆盖面大、带动力强、比较优势突出、扶贫优势明显的产业发展"。第二类是区域农业结构调整政策。例如镰刀弯地区的玉米种植结构调整政策、北方农牧交错带以调减玉米为重点的结构调整政策③、南方重金属污染区调减水稻种植面积政策④等。

(三)内含于区域政策和农业政策,以综合性政策为主

"十五"计划之前,我国农业产业发展政策与区域发展政策之间缺乏协调和统筹,农业区域协调发展政策主要分散于各个区域发展政策中。从农业区域政策的出台形式而言,农业区域政策并未高度突出农业这一产业的基础性和重要性,而是将农业置身于整个区域发展的大背景下,大多将农业视为区域经济发展的辅助产业而制定相应政策。这些政策不是以专门的农业类政策文件出台的,而是分散于各个区域发展规划中;这些政策并未围绕粮食生产、休闲农业、农产品加工业等某一具体的农业发展主题,而是笼统地纳入现代农业发展的大框架之下,为区域农业发展指出发展方向,但没有给出具体的政策支持措施,以

---

① 黄河流域包括青海、四川、甘肃、宁夏、内蒙古、山西、陕西、河南和山东9个省区的69个地市(州、盟)。

② 三板:成本高地板、价格天花板和资源环境硬夹板。

③ 2017年6月原农业部办公厅印发《2017年推进北方农牧交错带农业结构调整工作方案》。

④ 2015年1月原农业部印发《关于进一步调整优化农业结构的指导意见》。

综合政策为主,具体的专项政策较少。"十一五"之后,我国的农业农村专项规划、农产品专项规划等相继出台,极大地丰富了区域农业发展政策体系的内容,但涉及区域农业协调发展政策的内容尚不系统,基本分散于区域发展规划、农业发展规划等中。

三、我国区域农业协调发展中存在的问题

我国的区域农业布局目前已经基本建立,形成了生产、加工和流通等分布相对合理的格局,但区域农业协调发展政策中仍存在一些问题。

(一) 农业区域协调发展政策体系不完备

区域农业协调发展政策体系需进一步完善,当前主要存在三方面问题:一是尚无专门的区域农业协调发展规划。有关农业协调发展的内容多分散于各类农业发展规划、区域发展规划中,内含于区域协调发展和城乡协调发展政策中,政策体系尚不完整,缺乏统筹的机构或组织,无法真正指导地方的实践工作。二是政策未充分考虑区域和省际差异。当前的农业区域划分方式有很多,按行业划分的如农区、牧区、渔业区,按区位划分的如长江经济带、京津冀、黄河流域、珠江三角洲地区等,按作物划分的如粮食主产区、油料主产区、水产品主产区等。区域农业政策结合不同区域划分制定了不同的支持政策,如四川省既是粮食主产区又是长江经济带沿江省份,两类政策都可同时享受。可以说,农业区域政策充分考虑了大区域之间的差异,结合大区域的资源和产业差异制定了差异化的支持政策。但区域农业政策还没有充分考虑区域内的省际差异,例如粮食政策实行的是省长负责制,而十三个粮食主产区的政策支持力度明显要大于主销区和平衡区;农田水利基础设施建设支持力度在农区和牧区之间、在中原地区和边疆地区也存在明显差距等。三是当前农业协调发展的政策尚未落地。相关内容更多地是一种发展理念,如何将这种理念转变为实际可操作的政策,尚需有关部门进一步研判,即如何去平衡农业生产的主产区和主销区之间的利益关系,让承担了保障民生粮油蔬菜和肉类供给等重任的省份能够享受到一定的优惠政策,从而平衡区域间资源分配,促进协调发展。

(二) 农业协调发展的机制尚未建立

当前我国的农业政策较为重视区域布局,尤其是自 2010 年主体功能区划分以来,各类农业农村专项规划也陆续出台,对农业的生产、加工和流通布局也

更为详细,如《全国粮食生产发展规划(2006—2020 年)》中将粮食生产区分为优势主产区、潜力提升、稳固发展区和战略储备区。但区域农业之间的协调发展机制尚未建立,以粮食生产为例,文件中提出要建立粮食主产区与主销区之间的利益协调机制或补偿机制,但该机制包括哪些具体的内容、如何建立,尚未有明确的部署,仍存在"粮食大省、工业弱省、财政穷省"的问题[1]。而且除了粮食生产外,对不同区域承担的不同农业主体功能,也缺少相应的利益协调机制,农业农村规划多强调结构调整、区域农业生产力布局。

(三) 农业产业结构仍需进一步调整

改革开放以来,我国进行了两次重要的农业结构调整[2],第一次是 1985—1997 年的以需求为导向的农业结构调整,重点调整和优化种植业作物和品种结构,优化区域布局,发展畜牧业和农产品加工业;第二次是 1998—2012 年的农业结构战略性调整,重点提高粮食综合生产能力[3]。两次农业结构调整后,我国的农业生产稳定增长,综合生产能力不断提高,农业的产业结构也不断优化,但仍存在农产品阶段性、结构性供大于求[4],以及一些优质农产品供不应求的问题。这涉及两个层次三个方面的问题,第一个层次是全国视角下区域之间的农业产业结构,即大区域间的农业结构仍需调整,第二个层次是不同区域内部的农业产业结构,即特定区域内不同省市县之间、及省市县内部的农业结构仍需调整;三个方面分别是大农业的三产结构、种养结构、种植业的粮经饲结构,以及农林牧渔业各自的品种结构调整问题。以北方地区省内种养结构为例,该地区的粮畜生产协调度较差[5],经计算,北方 16 个省(直辖市、自治区)中,只有陕西、河北和山东为耦合协调,即粮食生产与耗粮型畜牧业发展规模相匹配,天津、甘肃、吉林、新疆、宁夏、西藏、北京、内蒙古和黑龙江为相悖模式,即粮食生产与耗粮型畜牧业发展规模不匹配,包括耗粮型畜牧业生产规模偏小和耗粮型畜牧业生产规模偏大两种情况[6]。

---

① 杨建利,靳文学. 粮食主产区和主销区利益平衡机制探析. 农业现代化研究,2012,33(02): 129—134.
② 高强,孔祥智. 中国农业结构调整的总体估价与趋势判断. 改革,2014(11): 80—91.
③ 宋洪远等. "十五"时期农业和农村回顾与评价. 北京: 中国农业出版社,2007.
④ 农业部软科学委员会课题组编. 中国农业发展新阶段. 北京: 中国农业出版社,2000.7.
⑤ 此处借鉴姚成胜等人构建的粮畜生产协调度(Coordination Degree between Grain Production and Animal Husbandry, CDGPAH)指标。姚成胜,朱鹤健. 福建省粮食生产与畜牧业发展协调状况的时空变化研究. 农业现代化研究,2009,30(03): 288—292.
⑥ 刘耀彬,李仁东,宋学锋. 中国城市化与生态环境耦合度分析. 自然资源学报,2005(01): 105—112.

(四) 农业生产力布局需进一步优化

当前,我国的农业生产力布局存在区域资源承载力不平衡、布局不平衡的问题,受资源环境的约束较大,其中种植业生产布局受水资源约束较大,养殖业生产布局受环境容量约束较大[①]。以种植业为例,华北地区的宁夏、河南和河北等省份农业开发程度高,但水资源稀缺;而东南地区的浙江和福建等水资源丰富,农业开发强度则低于华北地区。可见,种植业生产布局与水资源情况不匹配,前者开发过度,后者开发不足。再者,以养殖业为例,我国西南和华南地区的福建、广东、广西、海南、四川、贵州和云南等为畜牧业的超载区,存在畜禽污染问题,环境压力较大[②]。为进一步优化养殖业布局,促进生产和环境保护相协调,相应的发展规划应运而生。例如2016年4月,农业部发布《全国生猪生产发展规划(2016—2020年)》,将河北、山东、河南等7省(市)作为我国生猪主产区,东北4省(辽宁、吉林、黑龙江和内蒙古)和云南、贵州2省作为潜力增长区,北京、上海等大城市以及南方水网地区为约束发展区,西部的陕西、甘肃等省区则为适度发展区。在政策的作用和引导下,生猪养殖进一步向北方粮食主产区集中,"南猪北养"局面逐渐形成,这可能会给北方的水资源供给和水环境质量带来较大潜在风险[③]。

四、促进我国区域农业协调发展的建议

区域农业协调发展,不仅包括纵向上"全国—区域—省"的协调,横向上"大区域间—区域内省际间"的协调,也包括农业发展与资源、环境之间的协调。前者是从区域角度进行的划分,后者关注的是农业的协调、可持续发展。为进一步促进我国区域农业的协调发展,可从四方面完善我国区域农业协调发展政策。

(一) 完善我国区域农业协调发展政策体系

进一步构建相对完备的区域农业协调发展政策体系。一是研究制定促进

---

① 李靖,张正尧,毛翔飞,张汝楠. 我国农业生产力布局评价及优化建议——基于资源环境承载力的分析. 农业经济问题,2016,37(03):26—33+110.
② 李靖,张正尧,毛翔飞,张汝楠. 我国农业生产力布局评价及优化建议——基于资源环境承载力的分析. 农业经济问题,2016,37(03):26—33+110.
③ 韩冬梅,金书秦,胡钰,吴天龙,陈艳丽. 生猪养殖格局变化中的环境风险与防范. 中国生态农业学报(中英文),2019,27(6):951—958.

区域农业协调发展的专项规划。统筹考虑,以全国主体功能区划分为重要依托,以区域发展政策、城乡协调发展政策为重要参考,制定相应的专项规划,明确发展思路和要求,确定目标、任务和重要举措等。二是政策制定要突出区域差异。以协调发展为引领,以区域资源环境禀赋、生产条件和增产潜力等为基础,兼顾大区域间、省际间和省内差异,因地制宜谋划发展。三是积极推动政策落地。以专项规划为总纲领,各区域、省份研究制定切实可行的指导性文件和方案等,建立自上而下的政策体系,以政策推动发展。

(二) 建立完善协调发展机制

综合考虑数量和质量、产区和销区、生产和消费等的关系,通过政策策动、市场拉动、企业运作等方式[1]构建区域间的协调发展机制。一是完善市场机制。以市场化手段优化要素配置,推动区域间生产要素的自由流动,形成良性竞争的大区域农业发展格局。二是构建区域间的农业合作机制。通过政府、企业等主体的跨区域合作,不断提升区域间农产品的加工能力,完善农产品流通机制。三是建立中央统一协调机制[2]。通过政策体系的完善实现农业协调发展机制的顶层设计,统一区域规划;通过完善农业补贴政策、政府财政投入机制和金融支持机制等[3]建立农业主产区和主销区的利益补偿机制。

(三) 调整区域农业产业结构

坚持市场为导向、发挥区域比较优势、稳定提高农业综合生产能力的原则[4],以供给侧结构性改革为导向,以大农业三产结构调整、种养结构调整、种植业、畜牧业和渔业内部品种和品质结构调整等为重要方向,推动区域农业产业结构进一步调整优化。一是调整大农业三产结构。在保障重要农产品有效供给的基础上,以大农业观引领农产品的加工、流通,促进农旅融合,不断发挥农业的系统性、多功能、开放性和综合性,推动大农业三产结构升级、融合发展。二是调整种养结构。进一步调整大区域间、省际间、省内的种植业和养殖业结构,尤其是要根据省内资源环境禀赋合理安排种养结构,提高粮食生产与耗粮型畜牧业发展的匹配度。三是调整种植业结构。在保证粮食综合生产能力的

---

① 匡远配,曾福生. 试论粮食主产区和主销区之间协调机制的建立. 安徽农业学,2005(09): 1739—1740 +1777.

② 周绍杰,王有强,殷存毅. 区域经济协调发展: 功能界定与机制分析. 清华大学学报(哲学社会科学版),2010,25(02): 141—148+161.

③ 赵波. 中国粮食主产区利益补偿机制的构建与完善. 中国人口·资源与环境,2011,21(01): 85—90.

④ 农业部软科学委员会课题组编. 中国农业发展新阶段. 北京: 中国农业出版社,2000.7.

同时,进一步统筹粮经饲比例,提高经济作物和饲料粮比重,并提升优质农产品的供给水平。四是调整畜牧业结构。以提质增效为导向,调整畜牧业的品种、品质结构,提高精深加工产品比重,增加优质畜牧产品供给。五是调整渔业结构。坚持"提质增效、减量增收、绿色发展、富裕渔民",转变渔业养殖方式,发展绿色高效渔业、净水渔业、生态渔业,促进渔业绿色发展,适度发展名优特产品,推动渔业结构转型升级。

(四) 优化区域农业生产布局

根据区域农业资源、经济发展水平、农业生态环境的承载力和市场需求等,坚持"宜粮则粮、宜经则经、宜草则草、宜牧则牧、宜渔则渔"①,进一步优化区域农业生产布局,促进农业生产与生态环境相匹配。一是根据区域水土资源状况,调整种植业布局。如降低华北地区的农业开发强度,开展"节水保粮"行动,减轻农业用水压力,或充分利用东南地区的水资源优势,提高水资源利用率,加大农业开发力度。二是根据区域环境承载力,调整畜牧业布局。在全国畜牧业整体布局的基础上,重点发展传统农区和农牧交错区,适度发展北方牧区②;审慎推动畜牧业由西南和华南地区向东北转移,在发挥"东北大粮仓"优势的基础上,开展"稳粮增畜"行动③,降低南方地区的资源环境压力,结合畜禽粪污资源化利用,减少畜禽污染。三是根据资源环境和市场需求,优化渔业养殖和捕捞布局。完善养殖水域滩涂规划,推进禁限养区整治;引导内陆重要江河捕捞逐步退出,调减近海和内陆大水面养殖④。

---

① 2015 年 1 月,原农业部印发《关于进一步调整优化农业结构的指导意见》。
② 2016 年 7 月,原农业部印发《全国草食畜牧业发展规划(2016—2020 年)》。
③ 李靖,张正尧,毛翔飞,张汝楠. 我国农业生产力布局评价及优化建议——基于资源环境承载力的分析. 农业经济问题,2016,37(03):26—33+110.
④ 2016 年 12 月,原农业部印发《全国渔业发展第十三个五年规划》。

参考文献

1. 胡焕庸. 论中国人口之分布. 地理学报,第2卷第2期.
2. 郭卫华,袁爱民,高民,王哲. 浅议中国气候特点对农业发展的影响. 甘肃农业,2010,2.
3. 司振中,李貌,邱维理,郧文聚. 中国耕地资源的区域差异与保护问题. 自然资源学报,2010.
4. 曹兵海,苏华维. 南方肉牛产业现状与发展战略之我见. 中国畜牧业,2012,20.
5. 邓蓉,阎晓军. 关于我国的生猪养殖区域发展再探讨. 现代化农业,2012,9.
6. 封志明,史登峰. 近20年来中国食物消费变化与膳食营养状况评价. 资源科学,2006,28.
7. 高强,孔祥智. 中国农业结构调整的总体估价与趋势判断. 改革,2014(11):80—91.
8. 耿庆玲. 西北旱区农业水土资源利用分区及其匹配特征研究. 中国科学院大学博士学位论文,2014.
9. 郭建平. 1961—2006年东北地区农业气候资源变化特征. 自然资源学报,2011,7.
10. Han Donglin. Why Has China's Agriculture Survived WTO Accession? *Asian Survey*, 2005.
11. 韩冬梅,金书秦,胡钰,吴天龙,陈艳丽. 生猪养殖格局变化中的环境风险与防范. 中国生态农业学报(中英文),2019,27(6):951—958.
12. 侯石安,赵和楠. 中国粮食安全与农业补贴政策的调整. 贵州社会科学,2016,313(1):143—151.
13. 胡浩,应瑞瑶,刘佳. 中国生猪产地移动的经济分析——从自然性布局向经济性布局的转变. 中国农村经济,2005,12.
14. 焦宏. 草食畜牧业亟待转变发展方式. 农民日报,2011-07-05(003).
15. 蒋和平,尧珏,蒋黎. 新时期我国粮食安全保障的发展思路与政策建议. 经济学家,2020(01):110—118.
16. 孔祥智. 农业供给侧结构性改革的基本内涵与政策建议. 改革,2016(02):104—115.
17. 匡远配,曾福生. 试论粮食主产区和主销区之间协调机制的建立. 安徽农业学,2005(09):1739—1740+1777.
18. 李靖,张正尧,毛翔飞,张汝楠. 我国农业生产力布局评价及优化建议——基于资源环境承载力的分析. 农业经济问题,2016,37(03):26—33+110.
19. 李新. 中国华北和西北地区水量短缺对农业的压力及对策. 干旱区地理,2002,25(4):290—295.
20. 刘秀丽,汪寿阳. 畜产品供需协调度和生产区域优化布局研究. 北京:科学出版社,2013.
21. 刘耀彬,李仁东,宋学锋. 中国城市化与生态环境耦合度分析. 自然资源学报,2005(01):105—112.

22. 刘源,鲍承辉.加快推进草牧业高质量发展——草牧业典型模式总结交流会在张家口市召开.中国畜牧业,2018(22):10—12.

23. 吕政,郭克莎,张其仔.论我国传统工业化道路的经验与教训.中国工业经济,2003,1.

24. 陆伟国.对中国饲料用粮数量的测算.中国粮食经济,1997,3.

25. 罗其友.农业区域协调发展评价研究.中国农业科学技术出版社,2010.

26. 马建勇,许吟隆,潘婕.东北地区农业气象灾害的趋势变化及其对粮食产量的影响.中国农业气象,2012,2.

27. 满都呼主编、赵金涛副主编.内蒙古地理.北京师范大学出版社,2016.

28. 农业部软科学委员会课题组编.中国农业发展新阶段.北京:中国农业出版社,2000.

29. 祁春节.农业供给侧结构性改革:理论逻辑和决策思路.华中农业大学学报(社会科学版),2018(04):89—98+170.

30. 钱文婧,贺灿飞.中国水资源利用效率区域差异及影响因素研究.中国人口·资源与环境,2011,21.

31. 全国农业区划委员会.中国农业自然资源和农业区划.中国农业出版社,1991.

32. 全国畜牧总站,中国饲料工业协会信息中心.2019年我国饲料工业统计简况.

33. 宋洪远等."十五"时期农业和农村回顾与评价.北京:中国农业出版社,2007.

34. 宋洪远.农村改革三十年.北京:中国农业出版社,2008.

35. 宋洪远.大国根基:中国农村改革40年.广州:广东经济出版社,2018.

36. 王明利,孟庆翔.我国肉牛产业发展形势及未来走势分析.中国畜牧杂志,2008,8.

37. 夏晓平,李秉龙,隋艳颖.中国肉羊生产的区域优势分析与政策建议.农业现代化研究,2009.

38. 夏晓平,李秉龙,隋艳颖.中国肉羊产地移动的经济分析——从自然性布局向经济性布局转变.农业现代化研究,2011,1.

39. 许世卫.中国食物发展与区域比较研究.北京:中国农业出版社,2001.

40. 姚素梅,朱晓翔.我国农业可持续发展的水问题及对策.中国人口·资源与环境,2005,15.

41. 杨春,王明利.考虑空间效应的中国肉牛生产区域集聚及成因.技术经济,2013,10.

42. 杨建利,靳文学.粮食主产区和主销区利益平衡机制探析.农业现代化研究,2012,33(02):129—134.

43. 姚成胜,朱鹤健.福建省粮食生产与畜牧业发展协调状况的时空变化研究.农业现代化研究,2009,30(03):288—292.

44. 叶初升,马玉婷.新中国农业结构变迁70年:历史演进与经验总结.南京社会科学,2019(12):1—9+33.

45. 虞祎.环境约束下生猪生产布局变化研究.南京农业大学博士论文,2012.

46. 赵波.中国粮食主产区利益补偿机制的构建与完善.中国人口·资源与环境,2011,21(01):85—90.

47. 赵秀兰.近50年中国东北地区气候变化对农业的影响.东北农业大学学报,2010,9.

48. 张燕,魏后凯.中国区域协调发展的U型转变及稳定性分析.江海学刊,2012,2.

49. 张越杰,田露.中国肉牛生产区域布局变动及其影响因素分析.中国畜牧杂志,2010,12.

50. 郑有贵.目标与路径:中国共产党"三农"理论与实践60年.长沙:湖南人民出版社,2009.

51. 中国农业科学院. 中国粮食之研究. 中国科技出版社,1989.

52. 中国家禽品种志编写组. 中国家禽品种志. 上海科学技术出版社,1989.

53. 中华人民共和国农业部. 新中国农业 60 年统计资料. 中国农业出版社,2009.

54. 周林,郭祀远,蔡妙颜. 蔗渣的生物利用. 中国糖料,2004(2)：40.

55. 周绍杰,王有强,殷存毅. 区域经济协调发展：功能界定与机制分析. 清华大学学报(哲学社会科学版),2010,25(02)：141—148＋161.

56. 邹华斌. 毛泽东与"以粮为纲"方针的提出及其作用. 党史研究与教学,2010(06)46—52.